발달장애 아동 체육 프로그램의 이해와 실제

Adapted physical activity program for the children with developmental disability

저자 **노형규**

발달장애 아동 체육 프로그램의 이해와 실제

인 쇄	2020년 6월 29일
발 행	2020년 7월 1일

지은이	노형규
발행처	레인보우북스
주 소	서울특별시 관악구 신림로 75 레인보우B/D
전 화	(02)2032-8800
팩 스	(02)871-0935
E-mail	min8728151@rainbowbook.co.kr

www.rainbowbook.co.kr

ISBN 978-89-6206-470-4 (93690)
값 28,000원

이 저서는 2017년 정부(교육부)의 재원으로 한국연구재단의 지원을 받아 수행된 연구임
(NRF-2017S1A6A4A01019733)

*본서의 무단복제를 금하며, 잘못된 책은 구입한 곳에서 교환해 드립니다.

발달장애 아동 체육 프로그램의 이해와 실제

저/ 자/ 서/ 문/

장애아동들에게 체육을 지도하고 연구한지 25년이 흘렀다. 돌이켜보면 열정만 가진 채 미숙했던 시기도 있었고, 견딜 수 없는 무력감으로 아이들과의 만남을 회피하려 했던 때도 있었다. 그럼에도 불구하고 지난 25년의 기간 동안 발달장애 아동에 대한 체육 프로그램을 지속할 수 있었던 것은 어떤 상황 속에서도 아이들 변화에 대한 가능성과 희망을 찾을 수 있었기 때문이었다.

발달장애 자녀를 양육하는 보호자들이나 그 아이들을 가르치는 선생님들의 경우 모든 것을 그냥 포기하고 싶은 상황을 겪을 수 있다. 때로는 그로 인해 심각한 절망에 빠지면서 무엇을 어찌해야 할지 모르는 막막함에 맞닥뜨리기도 한다.

아이들을 통해 겪게 되는 어려운 상황과 경험들이 자신만의 일이 아니라는 것을 이해해야 한다. 저자인 내 자신도 그러했고, 지난 25년간 만났던 수많은 발달장애인들의 보호자들과 지도자들 역시 다르지 않았다. 누구나 겪는 상황이고 언제나 겪을 수 있는 일들이라고 스스로를 다독이는 것부터가 어쩌면 아이들의 변화를 시작할 수 있는 출발점이다. 그렇게 변화를 위한 출발점에 설 수 있게 된다면 그 때부터 내 아이에게 필요한 자극의 수준과 방식들이 무엇인지 찾아 계획적으로 제공한 뒤에 기다려줄 수 있어야 한다.

발달장애 체육 프로그램에 관여하는 모든 이들은 '계획적으로 준비된 기다림'에 능숙해져야 한다. 어떤 아동도 내일 아침 눈 떴을 때 갑자기 다른 모습으로 바뀔 수는 없다는 것을 빨리 인정해야 한다.

이 책에서는 '아이들의 변화'에 대해 '발달'이라는 단어를 사용했다. 그리고 아이들의 발달과 '계획적인 신체활동(체육)'이 어떤 연관성과 가치를 갖는지를 제시하고자 했다.

저자는 체육 전공자로서 계획적으로 제공되는 신체활동이 발달장애 아동들의 신체, 인지, 정서 변화에 매우 긍정적인 자극을 줄 수 있다고 믿는다. 그렇다고 해서 체육 프로그램이 발달장애 아이들을 치료하는 만병통치 방법이라고 생각하지는 않는다.

발달장애 아동 체육 프로그램의 이해와 실제

모든 사람들이 엄마의 뱃속에서부터 변화의 과정을 거치듯이 발달장애 아이들도 변화의 과정을 거친다. 단, 타고난 기질이나 주변의 자극에 따라 저마다 변화하는 속도의 차이를 갖고 있으며 그 속도의 차이를 좀 더 크게 나타내는 아이들이 발달장애 아이들이다.

체육은 발달을 위해 요구되는 자극과 반응을 유발하는데 매우 효과적이다. 발달 수준에 적합한 신체활동 참여는 아동의 운동기술뿐 아니라 다양한 개념 인식과 상호작용의 잠재력을 자극하여 긍정적 변화를 이끌어 낸다. 특히, 체육 활동 참여를 통해 얻게 되는 즐거움과 성취감, 유대감 등의 경험은 발달장애 아동들에게서 제한되는 정서적 자극에 매우 유용한 기회를 제공한다는 측면에서 중요하다.

이 책은 발달장애 아동들의 신체적, 정신적, 사회적인 변화를 위해 어떤 체육 프로그램을 준비하고 진행해야 할지를 단계적으로 설명하고 제시했다. 또한 일반적인 체육 프로그램과 달리 발달장애 아동을 위한 체육 프로그램에서 어떤 것들이 좀 더 주의 깊게 고려되고 강조되어야 할 것인가에 대해서도 충분히 설명하고자 했다. 결국 그러한 내용들이 발달장애 아동을 키우는 부모님들과 교육현장 및 체육시설에서 발달장애인들을 지도하는 선생님들께 조금이라도 도움이 될 수 있기를 진심으로 바라는 마음이다.

이 책의 내용은 지난 25년간 장애아동 체육프로그램을 운영했던 현장 지도 경험과 연구가 바탕이 되었고, 더불어 그 과정에서 나를 이끌어 주셨던 전공 선생님들과 동료 연구자들의 지식 및 경험도 직·간접적으로 포함되어 있다. 평소에 표현하지 못했지만 이 자리를 빌어서 그 분들에게 감사하다는 말씀을 꼭 드리고 싶다.

마지막으로 이 책이 나오기까지 초고 문장 하나하나를 꼼꼼히 읽어가며 내용을 확인해 준 한국체육대학교 특수체육 전공 석·박사 제자들과 몇 번의 걸친 수정 편집을 정성스레 해주신 레인보우북스 편집팀 및 저자에 대한 무한한 믿음으로 출판을 기꺼이 맡아 주신 민선홍 사장님께 깊은 감사를 드린다.

2020년 6월 연구실에서 노 형 규

발달장애 아동 체육 프로그램의 이해와 실제

Ⅰ 발달장애 아동의 개념과 특성	9
1 발달장애 현황과 개념 정의	11
1) 법적 정의	12
2) 학술적 정의	16
3) 임상적 정의	17
(1) 국제 질병 및 건강 문제 분류: ICD-10	18
(2) 미국정신의학회(APA) 정신질환 진단 및 통계 편람 분류: DSM-5	20
2 발달장애 아동의 특성과 지도 시 고려사항	25
1) 인지 특성	25
(1) 지적장애 아동의 인지 특성	26
(2) 자폐성장애 아동의 인지 특성	27
2) 정서·행동 특성	29
(1) 지적장애 아동의 정서·행동 특성	30
(2) 자폐성장애 아동의 정서·행동 특성	31
3) 신체 기능 특성	36
(1) 지적장애 아동의 신체 기능 특성	37
(2) 자폐성장애 아동의 신체 기능 특성	38
4) 발달장애 아동 특성에 따른 지도 시 고려사항	40
(1) 탐색기간의 활용(이해와 적응의 시간이 요구 됨)	40
(2) 대상에 따른 행동관리 계획 수립과 협력체계 조성	42
(3) 최적의 환경 조성	44
(4) 흥미를 보이는 활동부터 단계적으로 접근	45
Ⅱ 운동발달과 발달장애	47
1 발달과 운동발달	49
1) 발달 관련 용어의 정리	49
(1) 성숙(maturation)	50
(2) 성장(growth)	50
(3) 발달(development)	51
2) 발달의 영역	51
(1) 심동적 영역(psychomotor domain)의 발달	53
(2) 정의적 영역(affective domain)의 발달	55
(3) 인지적 영역(cognitive domain)의 발달	61
3) 운동발달의 이론과 관점	70
(1) 신경·생리학적 관점의 운동발달	71
(2) 정보처리 관점의 운동발달	72
(3) 생태학적 관점의 운동발달	73

발달장애 아동 체육 프로그램의 이해와 실제

    4) 운동발달의 영향 요인   76
        (1) 개인적 요인   77
        (2) 사회·문화적 요인   80

2 운동발달 원리와 단계   85
    1) 운동발달의 주요 원리   85
        (1) 개인차의 원리   86
        (2) 순서성과 누적성의 원리   86
        (3) 방향성의 원리   87
        (4) 결정기 / 민감기 원리   88
        (5) 유기성의 원리   89
    2) 운동발달 단계와 특징   90
        (1) Gallahue의 운동발달 단계   91
        (2) Ulrich의 운동발달 단계   95

3 발달장애 아동의 운동발달 특성과 체육 콘텐츠   97
    1) 발달장애 아동의 운동발달 특성   97
    2) 운동발달 수준에 따른 체육 분야와 콘텐츠   99
        (1) 체육활동 분야   100
        (2) 운동발달을 위한 콘텐츠   100

III 발달장애 아동 체육 프로그램의 구성 개념과 원리   117

1 체육 프로그램의 개념과 원리   119
    1) 체육 프로그램의 개념   119
        (1) 운동(Exercise, Motor)   120
        (2) 스포츠(Sport)   121
        (3) 신체활동(Physical activity)   121
    2) 체육 프로그램의 원리   122

2 발달장애 아동의 체육 프로그램   125
    1) 목적과 목표   125
    2) 체육 프로그램 지도 절차와 단계   128
        (1) 포괄적 계획   130
        (2) 초기 진단 단계   131
        (3) 개별화지도 계획 단계   133
        (4) 지도 및 상담 단계   134
        (5) 사후 평가 단계   141
    3) 체육 프로그램 구성 방안   142
        (1) 수준별 프로그램 구성   143
        (2) 종목(특정 활동) 중심의 프로그램 구성   146

발달장애 아동 체육 프로그램의 이해와 실제

Ⅳ 발달장애 아동의 운동기술 진단과 평가	149
1 진단과 평가의 개념 및 필요성	151
1) 진단(diagnosis)과 평가(evaluation)의 관련 용어 정의	151
(1) 사정(assessment)	152
(2) 진단(diagnosis)	153
(3) 평가(evaluation)	153
2) 진단(diagnosis)과 평가(evaluation)의 필요성 및 가치	154
2 운동발달 진단과 평가 방법	156
1) 진단과 평가의 방식	156
2) 감각-지각 운동기술 발달의 진단과 평가	160
3) 대근 기본운동기술 발달의 진단과 평가	164
4) 스포츠 종목 운동기술의 진단과 평가	166
(1) 기존 스포츠 종목 운동기술 검사의 활용	166
(2) 과제분석을 이용한 종목 운동기술 검사의 활용	170
Ⅴ 발달장애 아동의 체육 프로그램 콘텐츠와 지도방법	175
1 체육 프로그램 콘텐츠 개요	177
2 감각운동 영역 콘텐츠	180
3 지각운동 영역 콘텐츠	194
4 기본운동기술 영역 콘텐츠	228
5 게임기술 영역 콘텐츠	252
6 통합체육 프로그램 콘텐츠	272
Ⅵ 발달장애 아동 체육 프로그램 운영 사례	303
발달장애 아동 K 체육교실 프로그램	305
1) 발달장애 아동 K 체육교실의 기본 운영 구조	306
2) 포괄적 계획 단계	307
3) 초기 진단 단계	310
4) 개별화 지도계획 작성 단계	315
5) 지도 및 상담 단계	319
6) 사후 평가 단계	322
참고문헌	326

☑ 〈표 1〉 발달장애 관련 국내 법령과 법적 정의　　　　　　　　　　　　14
☑ 〈표 2〉 발달장애 관련 장애등급표(장애인복지법, 2017)　　　　　　　14
☑ 〈표 3〉 미국 공법에서의 발달장애 정의　　　　　　　　　　　　　　15
☑ 〈표 4〉 ICD-10 중 발달장애 관련 분류 영역 하위 기준(ICD-10, Version 2015)　　18
☑ 〈표 5〉 ICD-10 심리적 발달장애 하위분류 기준(ICD-10, Version 2015)　　19
☑ 〈표 6〉 블룸(Bloom)의 심동적 운동기능 요소(Anderson, 2005)　　　53
☑ 〈표 7〉 블룸(Bloom)의 정의적 영역 요소(Anderson, 2005)　　　　　55
☑ 〈표 8〉 정의적 영역의 발달 단계와 특징　　　　　　　　　　　　　56
☑ 〈표 9〉 블룸(Bloom)의 인지적 영역 요소(Anderson, 2005)　　　　　61
☑ 〈표 10〉 피아제(Piaget)의 인지 발달 단계와 특성(장휘숙, 2001 참조)　　64
☑ 〈표 11〉 0~2세의 인지발달 특성 요약　　　　　　　　　　　　　　66
☑ 〈표 12〉 2~6세의 인지발달 특성 요약　　　　　　　　　　　　　　67
☑ 〈표 13〉 6~11세의 인지발달 특성 요약　　　　　　　　　　　　　68
☑ 〈표 14〉 11~18세의 인지발달 특성 요약　　　　　　　　　　　　　69
☑ 〈표 15〉 반사의 출현과 소멸 시기(김선진, 2013 참조)　　　　　　　93
☑ 〈표 16〉 특수체육의 신체활동 분야(IFAPA, 2018)　　　　　　　　100
☑ 〈표 17〉 발야구 참여를 위한 차기 기술의 초기 진단 체크리스트 예　132
☑ 〈표 18〉 발달장애 아동 적용 가능 운동기술 및 체력 검사도구　　　157
☑ 〈표 19〉 루브릭 방식의 체크리스트 활용 예　　　　　　　　　　　158
☑ 〈표 20〉 감각운동기술의 진단과 평가 체크리스트 예　　　　　　　162
☑ 〈표 21〉 지각운동의 요소(Gallahue & Cleland, 2003)　　　　　　163
☑ 〈표 22〉 지각운동기술의 진단과 평가 체크리스트 예　　　　　　　163
☑ 〈표 23〉 TGMD-Ⅱ의 점수 부여 양식 예　　　　　　　　　　　　165
☑ 〈표 24〉 인라인 기술 사정을 운동기술 검사표　　　　　　　　　　171
☑ 〈표 25〉 발달장애 아동을 위한 영역별 체육 프로그램 활동 콘텐츠 목록　178
☑ 〈표 26〉 인라인 팀 공통 운동기술 사정 양식 예(자세 및 주행 기술 관련)　311
☑ 〈표 27〉 사이클 주제 활동 담당 지도자 초기 진단 사례 1　　　　　313
☑ 〈표 28〉 인라인 주제 활동 담당 지도자 초기 진단 사례 2　　　　　314
☑ 〈표 29〉 개별화 계획 지도일지 주요 항목과 내용　　　　　　　　　316
☑ 〈표 30〉 담당 지도자 개별화 지도일지(5회차 진행 중) 사례　　　　317
☑ 〈표 31〉 체육 프로그램에서의 상담 구분과 내용　　　　　　　　　321

그림 1. 발달장애 아동의 체육 프로그램 지도 시 고려 단계	40
그림 2. 발달 관련용어 핵심 개념	51
그림 3. 인간발달의 주요 분야와 포함 요소	52
그림 4. 발달 연령별 인지발달 주요 내용과 체제	63
그림 5. 비고츠키의 근접발달영역 원리	65
그림 6. 전통적 운동발달의 핵심 정의	70
그림 7. 운동발달의 이론적 관점 변화 경향	71
그림 8. Newell(1986)의 운동발달 다이내믹 시스템 모델	75
그림 9. 발달장애 아동-환경-과제 관계를 고려한 운동행동 변화의 구조	76
그림 10. 운동발달의 보편적 원리	85
그림 11. 운동발달의 단계와 시기	91
그림 12. TGMD-1 대근운동발달의 단계(Ulrich, 1985)	95
그림 13. 체육활동 분야와 운동발달 구조	101
그림 14. 발달장애 아동 체육 분야와 운동발달 콘텐츠 구조	102
그림 15. 지각운동 하위 활동 콘텐츠 분류(Gallahue & Ozmun, 1995)	109
그림 16. 기본운동기술(대근운동) 하위 활동 콘텐츠(Ulrich, 2000, TGMD 참조)	111
그림 17. 소근운동 기술의 하위 구성과 일상생활 기술 관계	112
그림 18. 대근운동발달의 단계(Ulrich, 1985)	114
그림 19. 체육 프로그램의 원리 구조	124
그림 20. 발달장애 아동 체육 프로그램의 목표	127
그림 21. 장애아동 신체활동 지도순환체제(김의수, 2003)	128
그림 22. 발달장애 아동 체육 프로그램 진행 절차(김의수, 2003 참조 변형)	129
그림 23. 발달장애 아동 체육 프로그램 구성 수준	143
그림 24. Level 1 수준 프로그램 구성의 특징	144
그림 25. Level 2 수준 프로그램 구성의 특징	145
그림 26. Level 3 수준 프로그램 구성의 특징	145
그림 27. 종목(특정 활동) 중심의 발달장애 아동 체육 프로그램 구성 특징	147
그림 28. 장애인체육에서의 사정(assessment) 분야 (김의수, 2003 참조)	153
그림 29. 사정, 진단, 평가의 개념적 관계	154
그림 30. 진단, 평가 방식의 구분과 특징	160
그림 31. TGMD-II의 검사 영역과 하위 검사 항목	165

그림 32. 볼링 종목에서의 운동기술 진단, 평가를 위한 과제분석 예　　172
그림 33. 발달장애인을 위한 축구 종목 진단과 평가 체계(스페셜올림픽코리아, 2015)　　173
그림 34. 발달장애 아동 체육 프로그램 구조와 편성 사례　　306
그림 35. 주제 활동 그룹 지도과정의 사례　　320
그림 36. 프로그램 평가회 차례　　322
그림 37. 참가자 수료증 수여식　　323
그림 38. 담당 지도자 개별 사후 평가 사례　　324

I

발달장애 아동의 개념과 특성

이런 저런 이야기

발달장애 Developmental Disorders 에 대해 사람들이 갖고 있는 생각들은 저마다 다르다. 어떤 이들은 대수롭지 않게 주변의 장애 아이들을 일컫는 통칭 정도로 생각하는 사람이 있고, 어떤 이들은 꼼꼼하게 아동의 세부 유형과 특성을 구분해 가며 이야기하는 사람도 있다. 이러한 상황에서 장애 자녀를 둔 부모들이 바라보는 발달장애와 교육기관이나 공공기관에서 발달장애를 해석하는 차이가 존재한다. 심지어 장애인 관련 연구를 하는 전공 학계와 현장에서도 발달장애에 대한 정의와 개념이 다소 차이를 나타내기도 한다.

결국, 이러한 현상들을 볼 때 발달장애는 우리나라에서 아직까지 정확한 정의와 개념에 대해 공감이 부족한 상태임을 확인할 수 있다.

실제로 우리나라의 경우 발달장애에 대한 명칭과 구분이 법률상으로 공식화 된 것도 그리 오래되지 않는다. 물론 학계나 교육 현장, 재활 임상 현장에서는 꽤 오랫동안 발달장애에 대한 명칭을 사용해 왔지만 이미 언급한 바와 같이 동일한 단어를 이야기하면서도 조금씩 다른 의미를 부여하고 있었다.

'발달장애인 권리보장 및 지원에 관한 법률(2014)'이 제정되고 2015년에 시행되기 전까지 발달장애는 법률적 근거를 찾을 수 없는 장애 명칭이었다. 한 때 '장애인복지법'에서 정신장애 영역의 자폐성장애를 발달장애로 이해하고 적용하는 경향이 있었지만 실제로 발달장애를 직접적으로 언급하지는 않았다. 또한 '장애인등에 대한 특수교육법'에서도 발달장애 명칭과 비슷하게 제시된 발달지체[1]가 있지만 이는 우리가 현 시점에서 이야기 하는 발달장애의 의미를 지칭하는 것은 아니다.

결국, 2015년 발달장애인 권리보장 및 지원에 관한 법률(이하 발달장애인법)이 시행되고서야 발달장애는 공식적인 법적 명칭이 될 수 있었다. 발달장애인법에서는 장애인복지법과 장애인 등에 대한 특수교육법에 제시된 '지적장애'와 '자폐성장애'를 발달장애의 구체적 유형으로 제시하고 있다.

---

1) 장애인 등에 대한 특수교육법 시행령 10조 관련 특수교육대상자 선정에서는 '발달지체'를 신체, 인지, 의사소통, 사회·정서, 적응행동 중 하나 이상의 발달이 또래에 비하여 현저하게 지체되어 특별한 교육적 조치가 필요한 영아 및 9세 미만의 아동으로 규정하였다. 최초 법 제정 시 발달지체는 특정 장애 명칭을 지칭하기보다는 취학 전 장애 판정을 받기 전이라도 특별한 교육적 서비스의 대상으로 인정하고 지원하기 위한 목적이었다.

발달장애 아동의
개념과 특성

1 발달장애 현황과 개념 정의

발달장애에 관한 이야기들은 오랜 기간 동안 장애인 교육, 복지 및 의료 현장과 이와 관련된 학계에서 언급되어 왔다. 그러나 최근까지도 발달장애는 전반적 또는 특정한 영역에서 또래 연령에 비해 발달이 늦거나 미숙한 정도로 그 의미가 모호하고 포괄적으로 인식되는 것이 보편적 상황이다. 이러한 이유는 학계와 법령, 임상 및 교육 현장, 가정에서 생각하고 제시하는 발달장애의 개념들이 저마다의 입장과 근거가 조금씩 차이를 나타내고 있기 때문이며, 이로 인해 발달장애 아동들에 대한 복지, 교육, 건강 및 체육 현장 상황에서 혼선을 야기하는 경우도 있다. 장애인에 대한 신체활동과 재활 영역에서 가장 핵심적인 전제가 대상자에 대한 정확한 이해와 판단이라는 측면에서 발달장애를 어떻게 규정하고 인식해야 할 것인가에 대한 공감이 반드시 필요한 상황이다.

발달장애에 대한 개념과 정의를 언급하기 전에 '발달 development, 發達'에 대한 이해와 공감이 필요하다. 왜냐하면 차후에 제시하게 될 여러 학자와 기관들의 발달장애 개념들은 공통된 부분도 있지만 관점에 따라 일부 차이가 있고 이러한 차이를 어떻게 해석하고 판단해야 할지에 대한 합리적 기준이 필요하기 때문이다.

발달에 대한 사전적 정의는 '신체나 지능 따위가 성장하여 제 모양을 갖추거나 성숙함' 또는 '신체, 정서, 지능 따위가 성장하거나 성숙함(국립국어원, 2018)'으로 내려지고 있다. 이러한 사전적 정의는 대부분 일반적 여건과 상황 속에서 인간의 긍정적인 변화 과정 및 결과를 의미하고 있다. 결국 발달의 원론적 단어의 의미를 반영할 경우 발달장애는 여러 가지 원인으로 인해 긍정적 변화의 과정이 제한되거나 그로 인해 실제 연령에 비해 낮은 변화의 수준을 갖게 되는 것으로 추정할 수 있다. 발달장애는 1963년 미국 「지적장애 시설 및 지역사회 정신건강센터설치법」 Mental Retardation Facilities and Community Mental Health Centers Construction Act of 1963에서 처음 언급된 것으로 알려져 있다. 이 법에서는 발달장애를 "지적장애, 뇌성마비, 간질 및 18세 이전에 발생하는 기타 여러 신경학적 장애를 지칭하며 비교적 항구적으로 증상이 나타날 수 있다."라고 정의내리고 있다(김기룡 외 2인, 2016). 이에 기초하여 1975년 미국의 발달장애 지원 및 권리장전법 The Developmental Disabilities Assistance and Bill of Rights Act: PL94-103에서는 발달장애를 "18세 이전에 발생하는 지적장애, 자폐증, 뇌성마비, 뇌전증에 기인한 지속적인 장애"라고 정의하고 있다.

국내에서는 발달장애가 2000년에 시행된 장애인복지법 시행령 제2조에 의하여 공식적인 장애 구분 명칭으로 사용되기 시작하였으나 이 당시 발달장애는 자폐성 장애를 지칭하는 것으로 국한되었으며, 최근 '발달장애인 권리 보장 및 지원에 관한 법률(이하 발달장애인법, 2014)'이 제정됨에 따라 그 범주에 지적장애, 자폐성장애를 명확히 포함하였다. 이처럼 발달장애의 정의는 발달의 개념을 어떻게 내리는지의 여부, 혹은 법적으로 명시하고 있는 범주에 따라 다르며, 국내·외를 막론하고 정확히 합의된 견해를 갖추지 못한 것으로 보인다(허채원, 2017). 발달장애에 대한 개념이 모호했던 상황에서 2015년 11월 '발달장애인법'이 시행됨에 따라 우리나라에서는 발달장애에 대한 사회적 관심이 과거와는 또 다른 변화를 나타내고 있다.

발달장애인법에 의해 정리된 우리나라의 발달장애 인구는 등록 장애인 251만 명을 기준으로 20만 3천 여 명(지적장애 184,355명, 자폐성장애: 19,553명)으로 국내 장애 인구의 약 8.2%로 확인된다(장애인고용공단, 2015). 국내 장애 인구를 고려할 때 발달장애인의 비율은 그리 인상적이지 않은 것으로 보일 수도 있다. 그러나 다른 장애유형과는 달리 최근 10여 년 사이 발달장애 인구가 지속적이고 의미 있는 증가율을 나타내고 있다는 점에서 주목하지 않을 수 없는 상황이다. 또한 발달장애 인구가 학령기의 장애인구 중 가장 많은 비중을 차지하는 것은 또 하나의 중요한 사안이다. 2017년 교육부의 특수교육 통계(교육부, 2017)에 의하면 장애로 인한 특수교육 대상(장애인 등에 대한 특수교육법 기준) 인원은 총 89,353명으로 이 중 지적장애(2016년 47,258명, 2017년 48,084명), 자폐성장애(2016년 10,985명, 2017년 11,422명), 정서행동장애(2016년 2,221명, 2017년 2269명), 의사소통장애(2016년 2,089명, 2017년 2038명), 발달지체(2016년 4,940명, 2017년 5,713명) 등 발달장애 특성을 갖는 아동의 수는 2017년 기준으로 총 6만 9천 5백 명이 넘고 있다. 이는 전체 학령기 장애 인구의 77.8% 수준에 이르는 비율이다(특수교육통계, 2017). 이와 함께 지체장애 학생들로 분류되고 있는 10,777명 중에서도 발달장애 특성을 나타내는 뇌병변장애 등의 아동을 추가로 고려한다면 우리나라 전체 학령기 장애아동 중 80% 이상은 발달장애 특성을 나타내고 있는 대상자들로 추정된다.

최근 발달장애인법의 제정과 시행으로 발달장애에 대한 법적 정의와 유형이 명확히 정리되었다고는 하지만 아직까지 복지, 교육, 체육, 치료, 고용 등의 현장 영역에서 여전히 발달장애는 혼동되고 불분명한 개념으로 존재한다. 이러한 상황에서 발달장애에 대한 바람직한 개념을 이해하고 합리적으로 적용하기 위해서는 발달장애에 대한 법적, 학술적, 임상적 정의의 경향과 특징을 파악할 필요가 있다.

1) 법적 정의

발달장애인법(2016) 제2조 제1항에 따르면 발달장애인은 아래 세 개의 항목 내용을 포함하는 용어로 정의한다. 첫째, 정신 발육이 항구적으로 지체되어 지적 능력의 발달이 불충분하거나 불완전하여 자신의 일을 처리하는 것과 함께 사회생활에 적응하는 것이 상당히 곤란한 사람을 칭하는 '지적장애인'과 둘째, 소아기 자폐증, 비전형적 자폐증에 따른 언어·신체표현·자기조절·사회적응 기능 및 능력의 장애로 인하여 일상생활이나 사회생활에 상당한 제약을 받아 다른 사람의 도움이 필요한 '자폐성장애인'을 포함한다. 그리고 '지적장애'와 '자폐성장애' 외에 통상적인 발달이 나타나지 아니하거나 크게 지연되어 일상생활이나 사회생활에 상당한 제약을 받는 사람으로서 '대통령령으로 정하는 사람'을 포함하고 있다. 결국, 발달장애인법상에서는 발달장애 용어 자체에 대한 통합적 정의를 명확히 확인할 수는 없지만 지적장애와 자폐성장애를 통칭하는 용어로 세부 장애를 구체화하여 제시하고 있는 상황이다.

장애인복지법은 우리나라에서 보편적으로 장애유형과 수준을 구분하는 대표적인 법률이다. 이 법에 의한 유형과 등급의 판정을 통해 국가 의료 혜택과 사회 복지 지원의 기준을 선정하게 된다는 점에서 의미가 있다. 현 장애인복지법(2018)에서는 15가지의 구체적인 장애 명칭을 제시하고 있지만 '발달장애'라는 장애 명칭이 별도로 제시되어 있지 않다. 지난 2007년 장애인복지법 내용이 일부 개정되기 전까지는 정신적 장애영역 하위에 '발달장애 자폐증' 명칭으로 존재하고 있었지만 현재 법에는 발달장애의 용어는 제외되고 '자폐성장애'로 대치되었다. 발달장애인법에서 제시하고 있는 발달장애는 장애인복지법의 지적장애와 자폐성장애로 구분되어 제시되어 있는 상황이다.

발달장애를 전반적인 생활 측면에서 복지 및 의료지원의 대상으로 바라보고 있는 장애인복지법과는 별도로 장애인을 교육 대상으로서 간주하여 이에 대한 지원을 보장하는 '장애인 등에 대한 특수교육법(2017: 이하 특수교육법)'에서도 장애유형을 구분하고 있다. 그러나 특수교육법에서도 발달장애라는 직접적인 명칭은 포함되어 있지 않다. 단, 이 법에서도 발달장애인법에서 명시하고 있는 '지적장애'와 '자폐성장애'를 별도로 구분하여 제시함으로써 특수교육 서비스 대상자로 규정하고 있다. 한편, '장애인 등에 대한 특수교육법' 시행령 제10조 별표에서는 발달장애와 유사한 어감의 '발달지체'라는 명칭이 존재한다. 여기서의 발달지체는 발달장애인법의 발달장애와는 조금 다른 의도를 가지고 있는 용어이지만 그 차이를 명확히 알고 있는 사람들은 그리 많지가 않다. 특수교육법 시행령(2016)에서는 발달지체를 신체, 인지, 의사소통, 사회·정서, 적응행동 중 하나 이상의 발달이 또래에 비하여 현저하게 지체되어 특별한 교육적 조치가 필요한 영아 및 9세 미만의 아동이라고 설명하고 있다. 제시되어 있는 발달지체 장애 특성으로만 보면 해당 법에서 별도로 구분되어 있는 지적장애나 자폐성장애, 정서·행동장애와 큰 차이를 갖는다고 보기는 어렵다. 그러나 특수교육법에서 규정하고 있는 발달지체는 9세 미만의 아동이나 영아들에게 장애유형을 공식적으로 특정하기 어려운 경우(공식 판정을 받지 않았더라도) 조속한 특수교육 서비스를 받을 수 있도록 만들어진 조작적인 법률 용어로 이해하는 것이 바람직하다.

☑ 〈표 1〉 발달장애 관련 국내 법령과 법적 정의

법령 구분	장애 명칭	법적 정의
발달장애인 지원 및 권리보장에 관한 법률	발달장애	장애인복지법 제2조 제1항에 의한 장애인 중 아래 항목의 장애인으로, 이 중 2개 유형의 장애인은 장애인복지법 시행령 별표 1에서 정의하는 내용과 같다. 〈지적장애인, 자폐성장애인〉 그 밖에 통상적인 발달이 나타나지 아니하거나 크게 지연되어 일상생활이나 사회생활에 상당한 제약을 받는 사람으로 대통령령으로 정하는 사람
장애인복지법	지적장애	정신 발육이 항구적으로 지체되어 지적 능력의 발달이 불충분하거나 불완전하고 자신의 일을 처리하는 것과 사회생활에 적응하는 것이 상당히 곤란한 사람
장애인복지법	자폐성장애	소아기 자폐증, 비전형적 자폐증에 따른 언어·신체표현·자기조절·사회적응 기능 및 능력의 장애로 인하여 일상생활이나 사회생활에 상당한 제약을 받아 다른 사람의 도움이 필요한 사람
장애인등에 대한 특수교육법	지적장애	지적 기능과 적응행동상의 어려움이 함께 존재하여 교육적 성취에 어려움이 있는 사람
장애인등에 대한 특수교육법	자폐성장애 (이와 관련된 장애 포함)	사회적 상호작용과 의사소통에 결함이 있고, 제한적이고 반복적인 관심과 활동을 보임으로써 교육적 성취 및 일상생활 적응에 도움이 필요한 사람

2019년 7월 장애인등급제 폐지(장애인복지법 시행규칙, 별표 1)에 따라 발달장애 관련 장애등급 내용은 삭제되었지만 과거 법령에서 제시되었던 등급부여 기준은 아래와 같다.

☑ 〈표 2〉 발달장애 관련 장애등급표(장애인복지법, 2017)

	지적장애인	자폐성장애인
제1급	지능지수가 35 미만인 사람으로서 일상생활과 사회생활에 적응하는 것이 현저하게 곤란하여 일생 동안 다른 사람의 보호가 필요한 사람	ICD-10[2](International Classification of Diseases, 10th Version)의 진단기준에 따른 전반적 발달장애(자폐증)로 정상발달의 단계가 나타나지 아니하고, 지능지수가 70 이하이며, 기능 및 능력 장애로 인하여 주위의 전적인 도움이 없이는 일상생활을 해나가는 것이 거의 불가능한 사람
제2급	지능지수가 35 이상 50 미만인 사람으로서 일상생활의 단순한 행동을 훈	ICD-10의 진단기준에 따른 전반적 발달장애(자폐증)로 정상발달의 단계가 나타나지 아니하고, 지능

발달장애 아동의
개념과 특성

	지적장애인	자폐성장애인
	련시킬 수 있고, 어느 정도의 감독과 도움을 받으면 복잡하지 아니하고 특수기술이 필요하지 아니한 직업을 가질 수 있는 사람	지수가 70 이하이며, 기능 및 능력 장애로 인하여 주위의 많은 도움이 없으면 일상생활을 해나가기 어려운 사람
제3급	지능지수가 50 이상 70 이하인 사람으로서 교육을 통한 사회적·직업적 재활이 가능한 사람	제2급과 같은 특징을 가지고 있으나 지능지수가 71 이상이며, 기능 및 능력 장애로 인하여 일상생활 혹은 사회생활을 해나가기 위하여 간헐적으로 도움이 필요한 사람

미국의 경우 발달장애 용어는 1970년 '발달장애 서비스 및 시설 건축법 Developmental Disabilities Service and Facilities Construction Act of 1970; PL 91-517'에서 처음으로 언급(Accardo & Whitman, 1996)되었으나, 발달장애에 대한 정의가 구체적으로 제시된 것은 1975년에 제정된 '발달장애 지원 및 권리보장법 Developmental Disabilities Assistance and Bill of Rights Act of 1975, PL 94-103'이다. 이를 토대로 1978년 발달장애인들에 대한 재활 및 합리적 지원에 대한 규정 Rehabilitation, Comprehensive Service, and Developmental Disabilities Amendments인 PL 95-602와 PL 94-103의 2000년 개정법인 PL 106-402에서 발달장애를 아래와 같이 설명하였다.

☑ 〈표 3〉 미국 공법에서의 발달장애 정의

미국 공법(PL 106-402, 2000)에서의 발달장애 정의
만 5세 이상에서 나타나는 중증의 만성적인 장애로서 정신적이나 신체적 손상 또는 정신·신체의 복합적인 손상이 기인한다. 22세 이전에 증상이 명확히 확인되고 무기한 지속 가능성이 있으며, 다음의 7가지와 같은 주요한 생활 활동영역 중 셋 또는 그 이상의 상당한 기능적 제한을 초래하여 장기간 개별적으로 계획되고 관리되며 치료 또는 서비스가 요구되는 장애이다. ①자기 관리 ②수용 및 표현 언어 ③학습 ④이동 ⑤자기 지시 ⑥독립생활 ⑦경제적 자급자족

상기의 미국 공법의 정의는 추가적으로 "서비스가 제공되지 않으면 발달장애를 초래할 높은 가능성이 있는 상당한 발달지체 또는 특정한 선천적, 후천적 조건을 지니고 있는 출생에서 5세 사이의 영 유아에게도 적용될 수 있다"고 기술하고 있다. 법에서 제시하고 있는 발달장애의 세부 범주로는 지적장애, 자폐증, 뇌손상, 뇌장애, 최소뇌기능장애, 과잉행동, 학습장애, 지각의 손상, 만성적인 뇌증후군, 미성숙, 발달의 불균형, 최소신경학적 장애, 인지능력손상, 학습장애,

---

2) ICD-10은 질병 및 관련 건강 문제의 국제질병분류(ICD ; International Classification of Diseases) 10차 개정판(1999)으로, 세계보건기구에서 질병과 증상 등을 분류해 놓은 것이다.

언어장애, 난독증과 같은 신경학적 장애, 간질, 뇌성마비 등이다(이승희, 조홍중, 2001).

발달장애와 관련하여 미국에서 중요한 법은 학령기 장애인들에 대한 서비스 제공 기준이 되는 장애아동교육법(IDEA; Individuals with Disabilities Education Act, 2017)이다. IDEA에서는 특수교육 대상학생에 대한 구분을 14가지로 하고 있지만 우리나라의 특수교육법과 유사하게 발달장애 Developmental Disorder 용어를 직접적으로 적시하고 있지는 않다. 단 공법에서 언급된 발달장애 특성 및 유형에 해당하는 자폐증 Autism, 지적장애 Intellectual Disability 를 중심으로 정서장애 Emotional Disturbance, 학습장애 Specific Learning Disability, 언어장애 Speech or Language Impairment, 발달지체 Developmental Delay 등을 발달장애로 인한 특수교육 서비스가 필요한 대상자로 인식하고 있다.

그동안 발달장애라는 용어는 많은 저서와 연구물 등에서 등장했으나 '발달'을 지칭하는 범주에 따라 그 정의가 다소 상이했다. 상기에서 살펴본 발달장애의 법적 정의 내용들을 종합해보면 신체발달에 대한 개념도 일부 포함하였으나 '발달'을 지칭하는 주요 영역을 정신, 내지는 사회적 상호작용 등에 대한 부분으로 강조하는 경향을 볼 수 있다. 특히 미국 장애인교육법에서는 자폐증의 범주를 설명하면서 발달장애에 대한 특성을 언급하고 있다(IDEA, 2017). 또한 발달장애의 판별 기준 등에 있어서 단순 손상 및 상태보다 의사소통 및 사회적 상호작용 등을 들어 기능 수행적 차원에서 판별하고 있음을 볼 수 있다. 이와 같은 관점으로 발달장애를 이해할 때는 단순 인지 손상뿐만 아니라 전반적 발달지연에 따른 적응행동이나 사회성 부분에 미치는 영향을 고려하는 것이 적절할 것이다.

2) 학술적 정의

국내에 등재되어 있는 학술연구 자료 중 발달장애가 처음 언급된 것은 1982년 정도이다. 학술연구정보서비스 Research Information Sharing Service, 이하 RISS 검색 결과 학술저널 정신의학보 精神醫學報 에 '전반적 발달장애아 치료·교육의 실제 : 서울대학교병원 소아정신과 주간 치료센터의 현황(김영미외 3인)'이라는 제목으로 학술지에 투고되었다. 당시 연구자들은 발달장애를 언급하면서 '전반적 발달장애'라는 용어를 사용했는데, 이 개념은 미국정신의학회 American Psychiatric Association, 이하 APA 에서 제공하는 정신질환 진단 및 통계편람 제3판 Diagnostic and Statistical manual of Mental disorders Ⅲ, 이하 DSM-Ⅲ, 1980 에서 차용한 것으로, 그에 따른 용어 정의를 저서에 옮겨 기록한 것으로 추정된다. DSM-Ⅲ-R로 개정되기 이전인 DSM-Ⅲ에서는 '전반적 발달장애'를 유아자폐증, 아동기 출현 전반적 발달장애, 비전형성 발달장애를 포함하는 용어로 정리하였으나 우리나라 학술 저서에는 DSM-Ⅲ-R로 개정되면서부터 자폐성장애와 불특정 전반적 발달장애의 두 분류로 정리되었다. 이후 개정된 DSM-Ⅳ에 이르러 발달장애는 자폐증과 레트장애, 아동기붕괴성장애, 아스퍼거장애 등을 포함한 개념으로 점차 변화하였다. 가장 최근 개정된 DSM-5에 이르러서는 자폐스펙트럼 ASD: Autistic Spectrum Disorder 이라는 용어로

이 병명들을 통합하여 설명하고 있다. 이 개념에 따른 세부적인 진단 기준은 추후 '임상적 정의' 단락에서 자세히 언급할 것이다.

국내에서는 국립특수교육원에서 발행한 특수교육학 용어 사전에서는 발달장애를 '전반적인 발달이 평균으로부터 유의미하게 벗어나 신체적 및 정신적 또는 두 영역 모두에서 심각하고 만성적인 장애가 지속될 가능성이 있는 장애'라고 정의하고 있다(국립특수교육원, 2009). 그 외 발달장애를 대상으로 한 연구 저서에서는 발달장애를 인지적, 감각적, 또는 신체적 손상을 가진 사람들을 포함한 발달, 학습, 행동에 중요한 영향을 미치는 특정 증후군을 포함하는 포괄적 용어로 설명하였으며(방명애, 최하영 2009), 홍은미(2004)는 발달장애란 전반적 정신적, 신체적 발달의 지체를 의미하는 것으로, 불충분하게 발달된 지적능력으로 인해 학습을 하거나 사회활동을 하는 데 있어 심한 능력의 결핍을 보이는 것으로 설명하고 있다.

특수체육 분야의 학술 연구에서는 발달장애의 개념을 자폐성장애와 지적장애 중 상황과 목적에 따라 어느 한 쪽을 선택하거나 어떤 경우에는 함께 포함해 왔다(노형규, 2012). 이러한 학술 연구에서의 경향은 발달장애 하위 유형이 혼동되어 사용되었던 현장의 상황이 학술 분야까지 연결되어 있었던 결과이다. 그러나 최근에 학술적 논평이나 논문에서 제시하고 있는 발달장애는 발달장애인법(2016) 시행에 따른 정의를 발췌하여 사용하고 있다. 그러나 법에서 제시한 발달장애는 여전히 학술 상황에서 집필자의 의도에 따라 지적장애를 지칭하기도 하며, 때로는 자폐성장애를 지칭하기도 한다. 또한 법적 구분과 정의 외에 적지 않은 학술적 상황에서 학자들이 발달장애에 대해 인용할 경우 미국의 DSM Diagnostic and Statistical Manual of Mental Disorders; 정신 장애 진단 및 통계 편람 으로 제공되는 분류를 적용하거나 세계보건기구에서 공표하고 있는 ICD International Classification of Disease and Health Problems; 국제 질병 및 건강 분류 를 인용하기도 한다. 이에 따라 발달장애에 대한 학술적 용어 사용은 시기별 DSM 또는 ICD의 개정 내용에 따라 그에 대한 정의가 변동되면서 적용되는 특징을 나타내고 있다.

3) 임상적 정의

발달장애에 관한 임상적 정의와 판정은 크게 두 가지 근거를 기반으로 한다. 첫 번째는 세계보건기구 WHO 가 공인하는 국제 질병 및 건강 문제 분류 ICD: International Classification of Disease and Health Problems, 1992 이고 다른 하나는 미국정신의학회 APA 가 제작하여 발표하는 정신장애 진단 및 통계 편람 DSM: Diagnostic and Statistical Manual of Mental Disorders, 2013 이다.

상기의 두 가지 임상적 판단 근거는 시대의 흐름과 사회 환경의 변화에 따라 개정되면서 국제적인 질병과 장애에 대한 진단 및 분류 기준을 제시하고 있다.

우리나라 역시 이에 대한 기준을 근거로 발달장애에 대한 임상적 판단을 적용하는 것이 일반적인 상황이다.

(1) 국제 질병 및 건강 문제 분류: ICD-10

국제질병 및 건강문제 분류(ICD-10, 1992)의 경우 2022년에 적용될 ICD-11 개정판이 2019년에 공표될 예정이지만 새로운 분류 기준이 제시되더라도 국가별로 한동안은 ICD-10에 의한 임상적 정의가 지속적으로 적용될 것으로 예상된다.

우리나라에서 법적 발달장애로 인정되는 지적장애와 자폐성장애는 ICD-10에서 아래 제시된 표와 같이 '정신 및 행동장애' 영역(F00~F99)에 포함되어 있다.

ICD-10에서 지적장애(F70-F79)는 발달 연령기에 명백히 나타나는 전반적 지적 능력 손상으로 인하여 인지, 언어, 운동, 사회적 기능에 제한을 받는 것(ICD-10, Version 2010)으로 설명한다. 지적장애 하위의 세부적인 코드 구분은 F70(경증 지적장애), F71(중등도 지적장애), F72(심한 지적장애), F73(극심한 지적장애), F78(기타 지적장애), F79(명시되지 않은 지적장애) 등으로 분류되어 있다.

지적장애와는 달리 ICD-10에서는 자폐성장애에 대한 별도의 중분류 구분 명칭은 제시하지 않고 있다. 단, 심리적 발달장애(F80~F89)의 하위 F84에 전반적 발달장애 Pervasive developmental disorders 하위 소분류에서 아동기 자폐증(F84.0)이 제시되어 있으며, 이 외에 자폐성장애 여러 특징이 포함된 하위 분류코드들이 포함되어 있다. 심리적 발달장애 하위에서는 아래와 같은 장애 특성들을 포함시키고 있다.

☑ 〈표 4〉 ICD-10 중 발달장애 관련 분류 영역 하위 기준(ICD-10, Version 2015)

1		F00-F99 - 정신 및 행동 장애
	1.1	(F00-F09) 기질성 또는 증상성 정신장애
	1.2	(F10-F19) 향정신성의약품 사용으로 인한 정신 및 행동 장애
	1.3	(F20-F29) 조현병, 분열 및 망상 장애
	1.4	(F30-F39) 기분(정동) 장애
	1.5	(F40-F48) 신경증적, 스트레스 관련 및 신체형 장애
	1.6	(F50-F59) 생리적 교란 및 물리적 요인과 관련된 행동 증후군
	1.7	(F60-F69) 성인 인격 및 행동 장애
	<u>1.8</u>	<u>(F70-F79) 지적장애(Mental retardation)[3]</u>
	<u>1.9</u>	<u>(F80-F89) 심리적 발달 장애</u>
	1.10	(F90-F98) 아동기 및 청소년기에 주로 발병하는 기타 행동 및 정서 장애
	1.11	(F99) 명시되지 않은 정신 장애

---

[3] 우리나라와 대부분의 선진 외국 경우 과거 정신지체(Mental Retardation) 용어는 지적장애(Intelligence Disorder)로 변경되었으나 ICD-10에서는 Mental Retardation(정신지체)을 사용하고 있다.

☑ 〈표 5〉 ICD-10 심리적 발달장애 하위분류 기준(ICD-10, Version 2015)

심리적 발달장애(F80-F89)
F80 　말과 언어의 특정 발달장애
F80.0 　특정 말 표현 장애
F80.1 　표현형 언어 장애
F80.2 　수용형 언어 장애
F81 　학업능력 관련 특정 발달장애
F81.0 　특정 읽기 장애 발달성 난독증
F81.1 　특정 철자 장애
F81.2 　산수 능력 관련 특정 장애 발달성 계산 불능증
F82 　운동기능의 특정 발달장애 발달성 협응장애
F84 　전반적 발달장애
<u>F84.0 　아동기 자폐증</u>
F84.1 　상세불명의 전반적 발달장애
F84.2 　레트 증후군
F84.3 　기타 아동기 붕괴성 장애
F84.4 　지적장애 및 상동적 운동과 관련된 과잉활동 장애
F84.5 　아스퍼거 증후군
F88 　기타 심리적 발달장애
F89 　불특정 심리적 발달장애

　ICD-10의 심리적 발달장애 분류에서 자폐성장애 관련 사항은 F84의 전반적 발달장애 범주 내에 아동기 자폐증(F84.0) 명칭으로 포함되어 있지만 우리나라에서 규정하고 있는 자폐성장애 법적 해석 내용과 조금 다른 해석이 적용될 여지가 있다. 즉, 전반적 발달장애에 포함되는 상세불명의 전반적 발달장애(F84.1)나 기타 아동기 붕괴성장애(F84.3)에 대한 것을 명확히 자폐성장애 영역에서 분리하여 특정할 수 있을 것인지는 모호할 수 있다. 임상적으로 자폐성장애의 전형적인 특성이 나타난다면 ICD-10의 구분과는 별개로 자폐성장애에 관련된 지원 서비스가 제공되는 방향으로 결정되는 것이 바람직할 것이다. 이와 관련하여 국내의 자폐스펙트럼장애에 대한 장애판정 기준은 다음과 같다(보건복지부, 2013).

- 1급: ICD-10의 진단 기준에 의한 전반성 발달 장애(자폐증)로 정상 발달의 단계가 나타나지 아니하고 IQ 70 이하이며, 기능 및 능력의 장애로 인하여 전반적 발달 척도(GAS) 점수가 20 이하인 사람
- 2급: ICD-10의 진단 기준에 의한 전반성 발달 장애(자폐증)로 정상 발달의 단계가 나타나지 아니하고 IQ 70 이하이며, 기능 및 능력의 장애로 인하여 전반적 발달 척도(GAS) 점수가 21~40인 사람
- 3급: ICD-10의 진단 기준에 의한 전반성 발달 장애(자폐증)로 정상 발달의 단계가 나타나지 아니하고 IQ 71 이상이며, 기능 및 능력의 장애로 인하여 전반적 발달 척도(GAS) 점수가 41~50인 사람

자폐성 장애는 ICD-10에 근거해 자폐성장애의 진단명을 확인함과 동시에 전문의의 임상적 판단 또는 자폐증 평정 척도 K-CARS를 비롯한 다양한 자폐성 척도를 사용하여 자폐성 장애의 상태를 확인해야 하며, 이로 인한 정신적 능력의 장애 상태를 확인하여 종합적인 등급을 판정하게 된다.

<참고 사항> 발달척도 GAS(Global Assessment Scale)
GAS(Global Assessment Scale)는 1976년에 등장한 발달장애 평가 척도로 자폐성 장애의 정도를 평가할 때 사용된다. 사회생활, 직업생활, 정신적 기능을 잘 수행할수록 100에 가까우며 시작은 1에서 한다. GAS는 10구간으로 나누어져 있으며, 환자의 심리적 증상과 사회적, 직업적 기능에 대해서만 일정한 기간을 정해 1~100점으로 환자를 단일 평가하도록 구성이 되어 있다. GAS를 변형한 척도로 총괄기능평가척도(GAF)와 사회적, 직업적 기능평가척도(SOFAS), 아동용 전반적 기능평가척도(CGAS) 등이 있으며, GAF는 GAS와 국내에서 거의 구별되지 않고 쓰이고 있다. 보건복지부의 2013년 「장애등급판정기준 고시」 일부 개정령에는 자폐성 장애 등급 판정 기준으로 지능지수(IQ)와 함께 GAS가 쓰인다고 나와 있다. GAS는 간단하면서도 신뢰도, 타당도가 높았기 때문에 임상 상황과 연구 상황에서 아주 다양하게 사용되고 있다.

(2) 미국정신의학회(APA) 정신질환 진단 및 통계 편람 분류: DSM-5

미국정신의학회 APA는 정신과 의학 분야의 학술적 개념과 환자로서의 발달장애인을 바라보는 임상적 관점의 정보를 제공하는 권위 있는 기관이다. 미국정신의학회에서 제공하는 정신질환 진단 및 통계 편람 DSM; Diagnostic and Statistical manual of Mental disorders은 미국 뿐 아니라 세계 모든 곳에서 공통적으로 활용되고 있으며, 우리나라 임상분야 및 학술분야에서도 상당한 영향력을 갖고 적용된다.

2013년 최종적으로 개정된 DSM-5는 과거 DSM과는 상당히 변화된 분류와 진단체계로 제

발달장애 아동의
개념과 특성

시되었다는 것이 학계와 임상 현장의 공통적인 의견이다. 특히 우리나라에서 규정하고 있는 발달장애 자폐성장애, 지적장애 에 관해서는 용어와 구성 개념 자체의 획기적 변화를 제시하였다. 그동안 DSM-Ⅳ-TR(2000)에서 사용하였던 '전반적발달장애'의 항목 명칭은 '자폐스펙트럼장애'로 변경되었으며, '정신지체'라는 진단명은 '지적장애'로 변경되었다(권희연, 전병운, 2016). 또한 자폐스펙트럼장애와 지적장애는 의사소통장애, 주의력결핍과잉행동장애, 운동장애, 특정 학습장애와 함께 '신경발달장애'라는 상위 범주로 포함되었다.

먼저 우리나라에서 발달장애로 포함되는 자폐성장애와 관련하여 DSM-Ⅳ(1994)와 DSM-Ⅳ-TR(2000)에서는 자폐성장애, 아스퍼거장애, 아동기붕괴성장애, 레트장애, 비전형성 전반적 발달장애를 하나로 묶어 '전반적발달장애'라고 칭하였다. '전반적발달장애'에 대한 용어는 국내에서 여전히 통용되고 있는 상황이며, 단어 자체에 대한 민감성이 크지 않은 국내에서는 논문이나 저서에서도 흔히 접할 수가 있다. 그러나 2013년에 개정된 DSM-5에서는 전반적발달장애를 자폐스펙트럼장애라는 명칭으로 변경하여 새롭게 제시하고 있다. 즉 과거 전반적 발달장애 하위의 여러 가지 개별 진단명은 생략하고 자폐스펙트럼장애라는 진단명 하에 정도의 심각성을 확인하여 분류하는 방식으로 전환되었다(권희연, 전병운, 2016). 결국 DSM-5의 자폐스펙트럼장애는 카너(1943)의 초기 유아기 자폐증에서부터 통용되는 고기능 자폐, 비전형적인 자폐증이라든지 DSM-Ⅳ의 아스퍼거장애와 달리 분류되지 않는 광범위성 발달장애, 소아기붕괴성장애 등을 모두 아우른다(APA, 2013). DSM-5에서는 자폐스펙트럼 장애를 다음과 같이 설명하고 있다.

> 자폐스펙트럼장애(ASD)는 생각, 감정, 언어 및 다른 사람들과 관련된 능력에 문제를 일으킬 수 있는 복잡한 발달장애이다. 이것은 뇌의 기능에 영향을 주는 신경 장애를 뜻한다. 자폐증의 영향과 증상의 중증 여부는 사람마다 다르다.
> (원문: Autism spectrum disorder(ASD) is a complex developmental disorder that can cause problems with thinking, feeling, language and the ability to relate to others. It is a neurological disorder, which means it affects the functioning of the brain. The effects of autism and the severity of symptoms are different in each person.)
>
> 자폐증은 보통 아동기에 진단된다. 질병통제예방센터(CDC)에 따르면 68명의 어린이 중 약 1명 정도가 자폐증 진단을 받는다. 자폐증 스펙트럼 장애는 여아보다 남아가 3-4배 더 많다.
> (원문: Autism is usually first diagnosed in childhood. About one in 68 children is diagnosed with autism according to the Centers for Disease Control and Prevention. Autism spectrum disorder is three to four times more common in boys than in girls.

> 자폐증은 대부분 평생 동안 영향을 받는 장애이긴 하지만, 사회구성원으로서 독립적인 삶을 영위할 수 있는 자폐스펙트럼 어린이가 더 많아지고 있다. 여기에 있는 정보는 주로 어린이와 청소년들에게 초점을 맞추고 있다.
> (원문: Autism is most often a lifelong disorder, though there are more and more cases of children with ASD who eventually function independently, leading full lives. The information here focuses primarily on children and adolescents.)

또한 APA에서는 임상적 관점에서 자폐스펙트럼장애 진단에 대한 내용을 다음과 같이 언급하고 있다. 미국정신의학회 APA에서는 자폐증에 대한 의학적 검사가 별도로 없다고 설명하고 있으며, 또래와의 상호작용을 통해서 장애여부를 판단할 수 있다고 말한다. 특히 자폐증 여부를 자가 진단할 수 있는 기준을 제시하여 해당 증상에 있는 경우 전문가가 제공하는 정식적인 면담 및 놀이 기반 테스트를 받을 것을 권장하고 있다.

한편 국내에서 자폐성장애에 대한 공식적인 명칭 사용은 '한국표준질병사인분류 Korean Standard Classification of Diseases, KCD' 자료를 통해 확인해 볼 수 있다. 이 분류에는 상위 '정신 및 행동장애' 범주 안에 코드 F84 항목에서 '전반발달장애'라는 용어를 사용하고 있다. 이 자료에서는 전반발달장애가 "상반된 사회적 상호작용과 소통양상에서 제한되거나 상동적이고 흥미와 활동의 반복적 레퍼터리 등으로 대표되는 질적인 손상으로 규정되며 이런 질적 장애는 모든 상황에서 개인의 기능을 수행하는데 있어서 전반적인 양상이다."라고 정의(한국표준질병사인분류, 2018)된다. 또한 전반발달장애에는 소아기자폐증, 비정형자폐증, 레트증후군, 기타 소아기 붕괴성장애, 정신지체 및 상동운동과 연관된 과다활동성장애, 아스퍼거증후군, 기타 전반발달장애, 상세불명의 전반발달장애를 포함한다고 명시되어 있다. 현재까지 국내에서는 발달장애와 자폐성장애에 대한 임상적 개념을 DSM-5가 개정되기 전 미국정신의학회(2000)에서 제공했던 임상적 정의 DSM-Ⅳ-TR를 근거로 두고 있는 상황이다.

> 조기 진단 및 치료는 자폐증 증상을 줄이고 자폐증 환자 및 그 가족의 삶의 질을 향상시키기 위해 중요하다. 자폐증에 대한 의료적 검사는 별도로 존재하지 않는다. 그것은 유사 연령대의 다른 아이들과 비교하여 아이가 어떻게 대화하고 행동하는지를 관찰함으로써 진단된다. 일반적으로 숙련된 전문가는 아이와 이야기하고 부모 및 기타 간병인을 대상으로 한 질문을 함으로써 자폐증을 진단한다.
> (원문: Early diagnosis and treatment are important to reducing the symptoms of autism and improving the quality of life for people with autism and their families. There is no medical test for autism. It is diagnosed based on observing how the child talks and acts in comparison to other children of the same age. Trained professionals typically diagnose autism by talking with the child and asking questions of parents and other caregivers.)

발달장애 아동의
개념과 특성

> 만·약 유아나 영아가 일반적 발달에 대한 우려가 있는 경우, 그 우려를 주치의에게 전달하는 것이 중요하다. 질병통제예방센터(CDC)는 아동들에게 아래 제시한 사항(자가진단사항)들이 나타나는 것에 대하여 관심을 갖고 진단에 활용하고 있다.
> - 생후 12개월까지 이름에 응답하지 않음
> - 생후 14개월까지 관심을 보이는 대상을 가리키지 않음
> - 생후 18개월까지 "따라하기(역할놀이)" 게임을 하지 않음
>
> (원문: If you have concerns that your infant or toddler is not developing normally, it is important to bring that concern to your primary care provider. The Centers for Disease Control and Prevention(CDC) have identified possible red flags for autism spectrum disorder in young children, including:
> - Not responding to his/her name by 12 months of age
> - Not pointing at objects to show interest by 14 months
> - Not playing "pretend" games by 18 months)
>
> 만약 자녀가 이와 같은 자폐증의 징후를 보이고 있다는 심각한 우려가 있는 경우 구체적인 진단 평가를 받아야 한다. 이것은 일반적으로 심리학자, 발달행동 소아과 의사, 아동 정신과 의사 또는 기타 제공자가 함께 한 아이와의 면담 및 놀이 기반 테스트를 포함한다.
>
> (원문: If there is a strong concern that your child is showing possible signs of autism, then a diagnostic evaluation should be performed. This typically involves an interview and play-based testing with your child done by a psychologist, developmental-behavioral pediatrician, child psychiatrist or other providers.)

DSM-5(2013)에서 제시하고 있는 지적장애는 시대의 흐름에 따라 명칭 변화를 보여주고 있다. DSM-5으로 개정되기 전 DSM-Ⅳ(1994)와 DSM-Ⅳ-TR(2000)에서 사용하였던 정신지체 metal retardation 라는 용어는 지적장애 intellectual disability 로 변경되었다. 우리나라의 경우 장애인복지법과 장애인등에 대한 특수교육법에서 정신지체라는 용어가 지적장애로 변경된 것은 이러한 시대적 흐름을 반영한 것이다. DSM-5에서는 지적장애에 대하여 발달시기에 시작되어 '개념/학업', '사회', '실용' 영역의 지적 기능과 적응 기능 모두에 결함이 있는 상태를 말하며 아래의 세 가지 조건을 충족할 때 판정하는 것으로 제시한다.

> 개념/학업 영역: 기억, 언어, 읽기, 쓰기, 수학, 실용지식 습득, 문제해결, 새로운 상황에서 판단
> 사회 영역: 타인의 사고, 감정 및 경험 이해, 공감, 대인 의사소통기술, 우정, 사회적 판단
> 실용 영역: 자조, 직무책임, 돈 관리, 여가, 행동관리, 학교/일터 과제 구성 등 생활에서의 학습과 자시관리

① 추론 능력, 문제 해결 능력, 계획 능력, 추상적 사고력, 판단력, 학업 습득 능력, 경험을 통한 학습 능력과 같은 지적 기능에서의 결함이 임상 평가와 표준화된 개인 지능 검사 이 두 가지를 통해 확인되어야 함
② 적응 기능에서의 결함으로 개인의 독립성, 사회적 책임성과 관련해 발달적 기준과 사회, 문화적 기준에 도달하지 못함. 지속적인 보조 없이는 적응적 결함으로 인해 다음과 같은 일상생활 활동에서 한 가지 이상 기능상의 제한이 초래됨: 의사소통, 사회 활동 참여 및 가정, 학교, 직장과 지역 사회 등 다양한 영역에서 독립적인 생활
③ 지적 결함과 적응 기능에서의 결함이 발달 시기 동안 나타남

또한 DSM-5에서는 지적 능력 및 심리-사회적 적응 기능의 제한 정도에 따라 일반적으로 가벼운 정도(경도), 중간 정도(중등도), 심한 정도(중증) 및 아주 심한 정도(최중도)의 네 가지로 구분한다.

임상 현장에서 지적장애를 판정하는 것은 하나의 기준만으로는 어려움이 있다. 더욱이 지적장애 수준과 정도를 구분하기 위해서는 표준화된 지능검사 및 적응기능 검사와 함께 다양한 임상적 검사 결과가 일관적으로 나타날 때 확정지을 수 있다.

발달장애 아동의
개념과 특성

2. 발달장애 아동의 특성과 지도 시 고려사항

시대에 따른 장애 개념 변화와 발달장애가 갖고 있는 특징을 감안할 때 발달장애 아동의 특성을 단편적으로 규정하는 것이 쉽지 않다. 단, 그 동안의 학술적, 임상적, 교육적 상황과 현실을 고려해 볼 때 발달장애 아동은 신체의 움직임, 운동, 언어, 인지, 정서, 사회성, 생활 신변처리 등에 관련된 기능이 또래 연령의 아동들에 비해 현저히 '저하' 또는 '늦음'을 확인할 수 있다. 또한 발달장애 아동들은 특정한 발달 영역에서만 문제를 갖기도 하지만 종종 인지, 정서·행동, 신체 발달 영역이 복합적으로 손상된 특성을 나타낸다.

체육활동 참여와 관련하여 발달장애 아동들의 특성을 파악하는 것은 두 가지 차원에서의 중요한 의미를 갖는다. 첫째는 발달장애 아동이 어떤 활동을 어떻게 시작하고 진행할 것인가를 결정하는 기준이 되고, 둘째는 체육활동을 통해 얻는 변화와 성과를 확인하는 지표가 된다.

1) 인지 특성

인간의 인지 認知 는 일반적으로 '지각하고 판단'하는 능력을 의미한다. 좀 더 구체적으로는 대상과 환경 및 사물에 대한 개념을 인식하고 이들 사이의 관계와 원리를 분석하여 판단하는 것까지 인지능력으로 간주된다. 일상적으로 사람들은 인지능력을 지능지수 IQ 로 대변하여 언급하지만 발달장애 아동의 인지 특성을 단순히 지능지수로 설명하기에는 충분하지 못하다. 물론 지능지수가 인간의 인지능력 정도를 수치화하여 제공한다는 가치는 있지만 발달장애 아동들이 인간으로서의 삶을 영위하고 체육활동에 참여하는 차원에서 지능지수가 인지 특성을 완벽히 대변한다고 보기는 어렵다.

발달장애 아동의 체육 참여와 진행에서 아동들의 인지 특성은 주로 자신의 신체와 주변 환경 및 대상물의 개념을 이해하는 것이 가장 핵심이다. 계획적인 신체활동은 단순히 외형적 움직임으로 시작되고 끝나는 것이 아니기 때문에 발달장애 아동의 체육활동 참여를 위해서는 인지적 측면의 고려가 필수적이다. 특히 지도자들이 발달장애 아동의 체육활동 지도를 위해서는 아동이 자신의 신체 부위와 움직임 기능에 대해 어느 정도 인식하고 있는지와 공간, 거리, 속도에 대한 지각 및 대상물에 대한 개념 인식이 어느 수준 정도인지를 확인할 필요가 있다.

(1) 지적장애 아동의 인지 특성

지적장애로 판정을 받는다는 것은 지능지수 IQ 70 이하의 수준과 일상적인 생활에서의 적응 행동 수준이 낮다는 것을 기본 전제로 한다. 즉 지적장애 아동들은 체육활동을 수행함에 있어 특정 동작과 규칙을 기억하고 이해하는 능력이 낮으며, 독립적으로 운동 기술을 수행하거나 처리하는데 어려움을 겪는다는 것이다. 그러나 지적장애 아동을 지도하는 지도자 또는 교사에게 상기와 같은 인지 특성은 절대적 기준이기보다는 감안되어야 하는 기준점 정도가 되어야 한다. 모든 장애가 그러하지만 지적장애라는 판정만으로 아동이 갖고 있는 실질적 인지 특성을 정확히 판단하기는 어렵다. 특히 체육활동 참여의 구체적인 콘텐츠와 방식을 결정하기 위해서는 아동 각자가 갖고 있는 개인적 인지 특성이 더 면밀히 파악되어야 한다. 그럼에도 불구하고 지적장애 아동들이 일반적으로 나타내는 주요 인지 특성을 이해하는 것은 체육활동 초기 지적아동에 대한 소통과 접근을 효율적으로 진행하는데 도움을 줄 수 있다.

지적장애 아동들은 특정한 대상, 과제, 생각에 초점을 두는 선택적 주의집중과 방해 자극을 억제하며 주의 집중을 유지하는 전반적 주의집중 능력에서 어려움을 보인다. 특히, 학습 환경에서 중요한 과제 특성을 파악할 때는 주의집중이 떨어지는 반면, 부적절한 자극에 주의를 기울이는 경우가 많다. 또한 주의집중 시간 역시 매우 짧으며, 주의집중 범위가 협소하고, 과제간 주의 이동에서도 어려움을 겪는 경향을 보인다(김원경 외 14인, 2017). 지적장애 아동들은 특히 단기기억 정보를 처리하는데 손상을 나타낸다(Bray, Fletcher, & Turner, 1997). 즉 정보를 회상할 때 일반인들보다 지연시간이 길어진다는 인지적 특성을 보인다.

인지 특성과 가장 밀접하게 연관되어 있는 언어능력과 관련해서는 지적장애 아동들이 비장애 아동들에 비해 언어 발달 속도가 느리지만, 유사한 방향성을 가지면서 발달하는 것으로 알려져 있다(Fowler, 1986). 지적장애 아동은 생활연령 및 정신연령이 발달함에 따라 이야기 능력이 발달하며(Robin 외 3인, 1998), 이야기 추론이해 능력은 발달 속도의 차이가 존재할 뿐 질적인 차이는 크게 존재하지 않는다(최경주, 2006). 지적장애 아동은 어휘 및 구문능력이 높아짐에 따라 말하기 및 이해 능력이 계속적으로 발달할 수가 있다(박지혜 외 2명, 2014)는 연구 결과가 있다.

지적장애 아동들의 일반적인 인지 특성을 감안할 때 체육활동 참여는 상당히 더디고 단순한 방식으로 진행될 수밖에 없다. 그러나 상대적으로 낮은 주의 집중력을 해소할 수 있는 지도방법을 통해 반복적인 동작 인식 자극과 상호간의 의사소통이 지속된다면 체력운동이나 게임 방식의 스포츠 활동에 참여가 가능할 뿐 아니라 언어 표현 및 이해 능력의 발달이 충분히 가능하다.

<지적장애 아동의 인지적 특성에 따른 체육활동 참여 사례>

사례> 12세(남) B, 지적장애

B는 지적장애로 간단한 의사소통은 가능하나 자신의 생각을 말로 표현하는 방법이 서툴고 소극적이다. 또래 아이들보다 신장이 크고 덩치도 크지만 동작은 느린 편이다. B는 먹는 것에 대해 다소 집착을 가지고 있으나 체육활동을 하는 과정에서는 그로 인한 자리 이탈이 심하지는 않다. 그러나 간식거리가 눈앞에 보이는 상황이 되면 다른 것을 제쳐두고 먹을 것으로 향하는 모습을 나타낸다. 운동하러 오고가는 동안 항상 게임기를 손에 들고 그것에 집중하는 모습을 나타낸다. 운동을 시작할 시간이 되면 게임기를 손에서 내려놓는 것이 쉽지가 않다. 그래서 항상 체육활동의 시작은 B가 좋아하는 활동으로 주의를 돌린 뒤 시작해야 하는 상황이 된다. 자전거 활동에 참가 신청한 B는 지도자의 설명을 듣는 경우도 있지만 딴 곳으로 시선을 향하는 경우도 빈번히 나타난다. 지도자가 말로 자전거 타는 방법을 설명하는 것보다 행동으로 보여주고 따라할 수 있게 보조하는 방식이 B에게는 더 유용하게 느껴졌다. B는 자전거 타는 기술을 설명하는 여러 가지 단어와 긴 문장에 대한 개념을 쉽게 이해하지 못하는 것처럼 보인다. 그래서 지도자는 가능한 짧은 단어 위주로 중요한 핵심만 2-3번 반복하여 전달하고 시범을 보이는 방식으로 지도를 계속하고 있다.

(2) 자폐성장애 아동의 인지 특성

자폐성장애는 자폐스펙트럼장애라고도 하는 것처럼 아동의 인지 능력도 개인마다 다양한 특성을 나타낸다. 특히 자폐성장애는 인지에 관련된 기억이나 개념 이해에 대한 획일적 손상보다는 자극에 대한 반응 문제로 인해 지각처리(감각적 정보의 유입과 이를 해석하고 처리하는 과정) 능력의 제한성이 인지적 특성을 좌우하는 경우가 많다. 따라서 발달장애 아동의 체육활동 참여와 학습은 인간의 인지발달 단계에 따른 시스템의 고려가 중요하다. 경쟁적인 스포츠의 유용성에 앞서 신체 감각기관의 자극을 효율적으로 활성화할 수 있는 움직임으로부터 단계적인 접근이 필요한 근원적인 이유이다. 자폐성장애 아동의 계획적인 신체활동은 단순히 육체의 물리적 활동을 원활하게 유도한다는 측면 외에 아동의 감각적 활성화를 통해 지각능력을 향상시킨다는 원리를 포함하고 있다. 결국 자폐성장애 아동의 인지 특성은 체육활동 참여 유형과 단계를 결정짓는 주요 기준점이 되고 적합한 신체활동을 통해 인지능력의 발달을 추구할 수 있는 가능성을 가지고 있다.

자폐성장애 아동들의 주요한 인지적 특징 중 하나는 자극의 작은 부분 혹은 특정 자극에 집중하는 반면 여러 가지 외부자극의 통합적 처리 능력이 떨어지는 특성 때문에 각각의 독립된 정보들을 처리하며 전체와 부분의 맥락을 활용하게 하는 중앙통합능력에 결함을 보인다. 이는 우리가 종종 듣게 되는 발달장애 아동의 감각통합의 제한성에 대한 것이다. 감각정보 통합의 문제는 선행지식들을 읽기, 말하기 등의 표현활동에 적용하고 활용하는데 어려움을 보이는 것(Williamson 외, 2012)으로 알려져 있다. 즉 장애 원인에 대한 논란은 여전히 끊이지 않고 있지만 감각과 지각을 운용하는 신체 기관의 제한성은 신체 내·외부의 지식과 정보의 수용 및 활용을 어렵게 함으로써 자폐성장애 아동의 인지 수준은 유사 연령대의 다른 아동들에 비해 상대적으로 낮게 나타난다. 그러나 종종 아동에 따라 시각적 기억능력이나 특정한 분야, 예를 들어 계산 및 환산, 암기, 미술적인 능력, 음악적인 능력과 같은 영역에서 뛰어난 능력을 보일 수 있는 것(김원경 외 14인, 2017)으로도 알려져 있다. 이는 일부 자폐성장애 아동들이 특정 감각에 대해서만 예민성을 나타내는 경우가 발생하여 그러한 감각을 통해 유입되는 정보에 대해 특출한 경험과 학습이 진행된 결과로 볼 수 있다. 따라서 그러한 경우를 아동의 장기적인 삶과 연관 지어서 생각할 때 인지적 수준이 높은 것으로 인정하기는 어려울 것이다.

<자폐성장애 아동 인지적 특성에 따른 체육활동 참여 사례>

사례〉 6세(여) L양, 자폐성장애

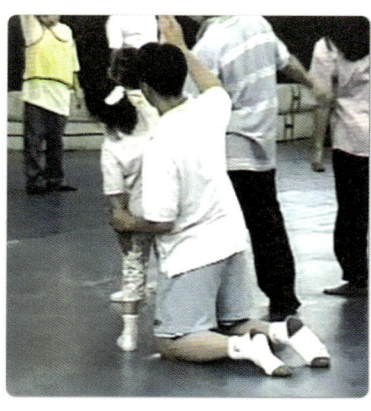

L양은 6살 여자 아이로 의사소통이나 타인과의 상호작용이 매우 제한되는 자폐성장애 특성을 가지고 있다. 체육 프로그램 참여를 시작한 첫 날에는 손가락을 흔드는 정도의 행동을 나타낼 뿐 주변에 대한 관심이나 지도자를 인식하는 행동을 보이지 않았다. 체육활동이 시작될 때 참가자 모두가 함께하는 리듬체조 활동 중에는 들려오는 노래나 리듬에 대한 반응을 보이지 않았고 시범을 보이는 지도자에 대해서도 특별히 관심을 나타내지를 않았다. 지도자가 L양과 마주보고 "손들고!", "머리 돌리고!" 등의 동작 지시에 대한 언어를 제시하여도 그에 대한 신체 반응은 이루어지지 않았을 뿐 지도자와 눈을 마주치지도 못했다. 리듬체조가 끝난 뒤에 지도자는 L양에게 손과 발, 얼굴 등에 대한 신체 부위 인식 활동을 진행하였지만 스스로 자신의 신체 부위를 지적하거나 움직이지 못했다. 지도자는 혹시나 L양이 흥미를 나타낼까 싶어 공을 굴려주었지만 공을 만지작거릴 뿐 공의 특성을 이해하고 활용하는 방식의 움직임을 나타내지는 못했다. 신체활동과 관련하여 L양은 자신의 신체에 대한 개념이나 도구, 기구 등을 이해하지 못하는 듯 보였고 지도자는 하나하나 신체적 접촉과 피부의 부드러운 자극을 통해 대상을 인식하고 이해하는 단순한 것부터 진행하는 것을 주요 활동 계획으로 선정하였다.

학자들에 따라 혹은 현장의 임상 전문가들에 따라 자폐성장애 아동들의 인지 능력을 여러 측면에서 고민하고 있는 가운데 단순히 특정 분야에 국한된 지식이나 기교, 혹은 언어능력만으로 판단하는 것은 바람직하지 못하다. 어느 분야이든 아동의 전반적인 인지 발달이라는 목적 하에 각각의 인지 분야가 유기적인 교육 또는 처치를 연계할 수 있도록 하는 것이 중요하다. 자폐성장애 아동들의 체육활동은 그러한 측면에서 자신과 타인의 신체, 움직임, 주변 환경, 대상물의 상태와 원리, 활동의 규칙 등의 개념을 인식하고 이해하는데 중요한 역할을 하게 된다. 어쩌면 자폐성장애 아동들이 체육활동을 시작하는 과정에서 새로운 환경에 대해 인식하고 이해하는데만 많은 시간이 소요되는 경우도 있고, 자신을 가르치는 지도자의 존재를 긍정적으로 인식하는 것에만 몇 주 혹은 몇 개월이 걸리는 경우도 있다. 그만큼 자폐성장애 아동은 체육활동에 참여하는데 더디고 단계적인 과정이 필요한 인지적 특성을 갖고 있음을 보호자와 지도자들이 알고 있어야 한다.

2) 정서·행동 특성

인간의 정서와 심리 및 행동은 별개의 분리된 영역으로 보기 어려울 정도로 상호 연관성을 띠고 있다. 정서와 심리는 개인의 내부적 상태를 의미하고 이에 대한 외형적 표출이 행동으로 나타난다. 교육학이나 인간발달 학문에서는 이러한 인간의 특성 부분을 정의적 영역 affective domain 이라고 한다.

발달장애 아동들의 정의적 영역의 특성은 일반적으로 감정에 대한 합리적 조절이 어렵고 상황에 따른 적합한 행동이 제한되는 것으로 이야기한다. 한편 발달장애 아동들의 이러한 정서, 행동의 특성들은 단순히 정의적 영역 내의 원인으로 국한되기보다 인지 영역의 발달과 직·간접적으로 연결되어 있다. 즉 자신의 신체와 내면의 자아 존재에 대한 개념, 타인과 사물에 대한 대상 개념 및 상호 관계에 대한 개념 인식 등이 미흡함에 따라 정의적 영역의 능력은 발달이 지체되는 특성을 갖는다.

발달장애 아동들의 정의적 특성을 파악하는 것은 체육활동의 참여의 원활함과 효율성을 확보하는 전제 조건 중 하나이다. 지도자는 아동의 정서와 심리 상태를 정확히 이해함으로써 활동 초기에 상호소통 관계를 형성할 수 있고 신체활동에 대한 동기 및 흥미를 확보할 수 있기 때문이다. 때때로 심리나 정서, 행동에 대한 미흡한 파악은 지도자와 아동간의 부적절한 관계 형성을 초래할 수 있다. 이러한 상황은 체육활동 진행에 있어 두 가지 차원에서 심각한 문제를 발생시킬 수 있다. 첫째는 아동들로 하여금 활동의 공간과 지도자를 회피하는 결과를 유발하여 체육활동을 중단할 수밖에 없게 되고, 둘째는 지도자가 아동과의 의사소통의 제한성으로 인해 실질적 체육활동을 계획하거나 진행하는 것을 불가능하게 한다. 이러한 이유 때문에 발달장애 아동의 활동이나 교육에서 지도자 또는 교사들이 최초 라포 rapport 를 형성하는 것에 중요한 의미를 두어야 한다. 즉 아동의 정서나 심리의 상태는 어떠한 유형으로든 행동으로 표출된다는 것을 인식하고 있어야 한다.

　발달장애의 행동 특성으로 언급되는 것들에는 일탈행동, 과다행동, 부적응행동 등의 문제행동 등이 있는데 이러한 행동들은 신경학적 상태와 심리·사회적 요인에서 기인하는 것으로 볼 수 있다. 최근 들어 발달장애 아동들에게 나타나는 행동적 특성을 기존의 문제행동이라는 용어 대신 '도전적 행동 challenge behavior'으로 변경하여 설명하기도 한다(방명애, 최하영 2009). 이 용어는 발달장애 아동이 갖는 행동적 특성이 부정적 선입견을 유도하지 않도록 하는 중립적 입장을 나타내고 있다. 실제로 사회나 학교 현장에서 발달장애 아동들의 특징적 행동에 대한 인식이 자의적 행동이나 표현이 아님에도 불구하고 부정적으로 받아들여지는 것은 문제행동이라는 용어가 갖는 이미지가 어느 정도는 영향이 있다고 볼 수도 있다.

　현장에서 발달장애 아동들의 정서 및 행동 특성을 파악할 때 지도자들은 일반적으로 나타날 수 있는 공통적인 것과 각각의 아동이 갖고 있는 개별적인 것을 구분해서 확인해야 한다. 지도자들은 발달장애 아동들의 공통적 정서 및 행동 특성을 기반으로 각 아동의 개별적 특성을 고려하여 지도에 반영해야 할 경우가 많기 때문이다.

(1) 지적장애 아동의 정서·행동 특성

　지적장애 아동들의 정서와 행동 특성을 요약하면 유아 幼兒 적인 성향을 갖는 것이다. 즉, 실제 연령과는 별개로 장애로 인한 인지 기능의 손상 정도에 따라 스스로 자신의 심리 상태를 조절하거나 생활 속에서 합리적인 정서 반응을 보이는데 어려움을 갖는다.

　지적장애 아동들은 장애 특징으로 인해 대체로 낮은 지능지수를 갖고 있다. 인지 능력이 낮은 이유로 지적장애 아동들은 자아상을 비롯해 다양한 심리 상태를 스스로 이해하기가 어렵다. 따라서 자신의 정서 상태에 따른 합리적 판단이나 대응 행동능력이 낮은 특성을 나타낸다. 이런 특성으로 인해 지적장애 아동들은 주위의 성인들에게 의존하게 되는 경우가 많으며, 지적능력과 적응행동의 실질적인 제한으로 인한 의사소통, 자기 보호, 가정생활, 사회적 기술, 지역사회 이용, 자기주도, 건강과 안전, 기능적 학업, 여가와 일 등에 대한 능력에서 비장애 아동보다 떨어지는 특징을 갖게 된다(김원경 외, 2017). 그러나 지적장애 아동들에게 나타나는 일반적인 정서, 행동 특성은 개인적인 차이가 크다는 것을 간과해서는 안 된다. 실제 체육 현장에서 어떤 아동은 개념 하나하나를 수 십 번씩 반복하며 의지나 동기 없이 단순 움직임으로 진행되기도 하지만 또 다른 아동들은 한껏 체육활동에 대한 열의를 갖고 적극적인 참여와 즐거움을 만끽할 수도 있기 때문이다. 체육활동 지도자들은 지적장애 아동들이 비장애아동들과 비교하여 상대적으로 일부 영역에서 수행수준이 낮은 모습을 보일 수 있지만 기본적으로는 비장애아동과 동일한 발달상의 자극과 요구를 가진다(한동기, 2004)라는 것도 잊지 말아야 한다. 또한 지적장애 아동의 체육활동 과정 중 주의집중 시간이 짧은 특성과 때때로 활동 참여 거부나 자신이 원하는 것만 하려고 하는 정서 및 행동에 대하여는 사전에 이에 대한 지도법을 계획하고 준비해야 한다.

발달장애 아동의
개념과 특성

<지적장애 아동의 정서·행동 특성에 따른 체육활동 참여 사례>

사례〉 10세(남) J, 지적장애(다운증후군)

J는 다운증후군4)을 갖고 있는 10세의 남자 아동이다. 일반적으로 다운증후군의 경우 지적장애 아동들에게 나타나는 유아적 정서·행동 특성과 비슷하기도 하지만 일반적인 지적장애 성향과는 조금 다른 특성을 나타내는 경우가 종종 있다. J는 다운증후군 아동들에게서 볼 수 있는 전형적인 정서·행동의 특성을 갖고 있었다. 체육교실에 첫 참석하는 J는 조금은 새침하고 낯선 사람들과 주변 환경에 대해 경계하는 모습을 나타내었다. 담당 지도자와의 첫 인사에서도 몸을 돌리며 정확한 의사표현을 숨기는 모습을 나타내었다. 그러나 2주 정도 지나가면서 자신의 흥미를 이끄는 여러 기구들을 자유스럽게 경험하면서 얼굴 표정이 환하게 바뀌었다. 특히 음악에 맞추어 체조를 하는 시간에는 정확한 동작은 아니었
지만 리듬을 타고 흥에 맞추어 동작을 따라하는 적극적인 태도를 보여주었다. J에게 자신 만만한 활동이나 흥미 있는 것에 대해서는 적극적인 참여 의지를 나타내었지만 익숙하지 않은 활동을 하거나 성공률이 낮은 활동에 대해서는 바로 거부감을 나타내며 활동을 지속적으로 거부하는 고집을 나타내었다. 지도자는 J에게 익숙하고 잘하는 활동과 게임으로부터 시작하면서 새롭게 배우는 인라인 활동에 대해서는 성공감을 줄 수 있는 방식으로 차근히 J의 체육 프로그램을 진행해 나갔다.

(2) 자폐성장애 아동의 정서·행동 특성

자폐성장애 아동의 정서와 행동 분야는 발달의 영역 중 가장 독특한 특성을 나타낸다. 우리나라의 경우 발달장애 유형으로 함께 포함되어 있는 지적장애 아동들과도 이 분야만큼은 조금은 다른 접근과 이해가 필요하다. 자폐성장애 아동의 정서·행동영역 발달에 대한 특이성은 장애특성상 신경학적, 생물학적 또는 사회·환경학적 원인이 복합적으로 작용하고 있기 때문으로 추정된다. 장애의 원인이 불명확하고 다양하게 추정된다는 것은 그만큼 아동들에게 나타나는 증상과 특성이 각 개인별로 차이가 크다는 것을 의미한다.

자폐성장애 아동의 정서·행동 특성 중 가장 대표적인 것은 사회적인 상호작용에 심각한 제한성을 갖는 것이다. 흔히 자폐성장애인들에 대해 자신만의 세계에 고립된 사람들로 표현하는 것처럼 타인과의 자연스러운 상호작용이 어렵다. 또한 극도로 제한된 대상물에 대해서만 흥미를 나타내거나 의미를 알기 어려운 반복적인 행동들이 나타나는 경우도 있다. 이러한 자폐성장애

---

4) 다운증후군(Down Syndrome)은 낮은 지능지수와 사회적응기술의 지체 특성 및 발달 시기에 나타나는 특징으로 인해 지적장애 영역으로 포함되어 있다. 인간의 23쌍의 염색체 중 21번 염색체의 변형이 원인으로 선천적 장애이다.

아동들의 체육활동 참여는 기존 체육지도 방식에 대한 상당한 변화를 요구한다.

많은 체육지도자들이 자폐성장애 아동의 지도에서 실수와 혼란을 경험하게 되는 것은 체육활동을 단순히 신체적인 활동 참여로만 생각하는데서 비롯된다. 즉 자폐성장애 아동들의 정서·행동의 특성들을 충분히 이해하지 못하고 일반체육에서 강조되어 왔던 운동기술 향상에만 급급한 지도를 할 경우 아동이나 지도자 모두 낭패를 겪을 수 있는 가능성이 높다. 장애인체육 지도 현장에서 이러한 낭패는 단순히 해당 활동을 중단하는 것에 그치지 않고 자폐성장애 아동에게 신체활동 자체에 대한 장기적인 거부감을 갖게 만드는 심각한 원인이 된다. 또한 지도자들에게도 반복되는 체육활동 지도의 실패는 의욕을 절하시키고 좌절감에 빠지게 만드는 원인이 되기도 한다.

자폐성장애 아동들의 공통적인 정서·행동 특성을 감안할 때 체육지도자들이 가져야할 첫 번째 전략은 조급함을 버리는 것이다. 대부분 지도자들의 조급함은 신체의 외형적 운동기술 향상에 집중하게 될 때 발생한다. 일반체육에서의 적용되어 왔던 목표와 성취기준을 시작 단계부터 똑같이 적용하려고 하는 의도와 방식은 자폐성장애 아동들의 정서·행동 특성을 감안하지 못하는 미숙함을 나타내는 것이다. 자폐성장애 아동에 대한 체육을 지도할 때 지도자는 '상호 교감'에 대한 부분을 철저히 준비해야 한다. 어쩌면 세부적인 동작이나 기술지도는 지도자와 아동간의 상호교감이 전제된 상황에서 가능하다고 봐야할 것이다. 이는 대부분의 교육과 마찬가지로 체육 역시 지도자와 대상자간의 상호작용을 통한 소통으로 진행되는 것이 기본 원칙인데 자폐성장애 아동의 상호작용은 장애 특성으로 인해 제한되는 것이 일반적이기 때문이다. 특히 낯설거나 새로운 환경에 대한 거부감을 나타내는 자폐성장애 아동들의 경우 체육활동 공간과 주변인들에 대한 적응의 시간을 반드시 고려해야 한다. 자칫 성급한 활동 참여를 이끌어 내기 위해 강압적 분위기를 조성하는 것은 긍정적인 것보다 장기적으로 부정적인 결과 또는 부작용을 초래할 가능성도 높다. 따라서 자폐성장애 아동의 초기 체육활동은 정서적 안정과 함께 스스로 동기를 얻을 수 있는 탐색 활동을 진행하는 것이 바람직하다. 특정 주제로 활동을 계획하기 보다는 다양한 기구, 교재, 장비들을 스스로 탐색할 수 있는 여유를 주면서 지도자는 아동의 특성을 세심히 파악하는 과정을 거치도록 하는 것이 바람직하다. 그런 이후 아동이 특정 활동 또는 기구에 관심을 보이기 시작할 때 그것으로부터 세부적인 활동 지도계획을 작성하고 진행하는 것이 효과적이다. 또 다른 관점에서 지도자는 아동이 탐색 활동을 하는 과정에서 친밀감 rapport을 형성하는 것도 매우 중요한 요소이다. 여기서 지도자들이 주의할 것은 무조건 아동에게 호감을 주는 것에만 집중하기 보다는 다양한 방식의 상호작용 관계를 형성해야 한다는 것이다. 예를 들어 지도자는 탐색 활동 중에 아동에게 호의적이고 믿을 수 있는 대상으로 인식시키며 적정한 수준의 약속 관계를 형성함으로써 차후 지도의 효율성을 확보할 수가 있다. 이 때 지도자가 제시하는 여러 약속 관계들이 일관성을 갖는 것이 핵심 사항이다. 정서적으로 불안정한 자폐성장애 아동들의 경우 일관성 없는 대응과 행동은 심리적 불안감을 더 크게 유발함으로써 대상과 환경에 대한 적응을 어렵게 할 수 있기 때문이다. 이러한 과정을 거쳐 아동과 일정 수준의 상호작용 관계가 정립된다면 그 때가 바로 아동에게 필요한 특정 체육활동의 과제들을 시작할 수 있는 준비가 된 것이다.

추가적으로 자폐성장애 아동들은 타인의 신체접촉에 민감한 반응을 보이거나 부끄러움, 회피 등의 감정을 극단적으로 표현할 수 있으며, 때로는 공격적인 행동을 보일 수가 있다(한동기, 2004). 아동이 공격적인 행동을 나타낼 경우 가장 중요한 것은 그러한 행동이 주변인들의 반응으로 인해 강화되지 않도록 하는 것을 기억해야 한다. 공격적인 행동을 통해 아동이 원하는 자극이나 반응이 획득되어 질 때 그 행동은 더 강하게 반복될 수 있기 때문이다.

<발달장애 아동의 정서·행동 특성에 따른 지도법 사례 1>

사례) 9세(남) L군, 자폐성장애

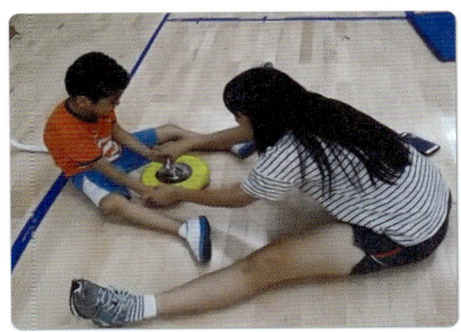

L군은 체육교실에 입학하는 날부터 신문지를 말아 손에 들고 들어와 한시도 그 신문지를 손에서 놓지 않았다. 그리고는 자주 손가락을 흔드는 행동적 특징을 나타내고 있었다. 언어적 의사소통이 거의 불가능 하였으며 지시에 대해 반응하는 것도 매우 미약한 상황이었다. 어떤 상황에서도 동그랗게 말은 신문지를 손에서 떨어뜨리는 경우가 없었으며, 이로 인해 손을 이용한 활동에 제약을 받을 수밖에 없었다. 글을 읽는 것 같지는 않았지만 신문지를 펼쳤다 말기를 반복하며 집착하는 태도를 보였다. 리듬체조 등의 리듬활동에 흥미를 나타내기는 했지만 이리저리 뛰어 다닐 뿐 의도적인 동작 발현은 나타내지 않았다.

L군의 가장 큰 특성은 특정 물건에 대해 집착하는 것과 손가락을 흔드는 상동행동이었다. 아동에 따라 차이는 있지만 적지 않은 자폐성장애 아동들이 특정 물건 혹은 특정 움직임에 집착하는 특성을 나타낸다. 이러한 행동 자체가 큰 문제를 일으키지는 않지만 체육수업 상황에서 여러 가지 과제를 수행하는데 제약을 주는 경우가 종종 있다. L의 경우도 항시 신문지를 말아 들고 다니기 때문에 손을 이용하는 과제 활동이나 움직임을 지도하는 것이 매우 어려운 상황이었다. 더욱이 일정하지는 않지만 대화를 시도할 때마다 손을 떠는 상동행동으로 인해 상호작용 측면에서도 문제를 야기하고 있었다. 때로는 이러한 집착행동들이 예민한 감각적 특징과 관련되어 있다는 것을 확인할 수가 있다. L의 지도자는 신문지를 말아 들고 다니는 것이 신문지에 닿는 손의 촉각적 예민성과 관련이 있다고 판단하였다. 이에 따라 L의 지도자는 신문지를 대치할 수 있는 손의 자극을 주며 활동 참여를 유지하기 위해 막대 형태의 손잡이가 있는 간이 컬링으로 굴리기 기본 운동을 시작하였다. 컬링 손잡이를 잡고 굴리는 동작을 통해 볼링 핀이 쓰러지는 방식으로 활동을 유도하면서 L의 관심과 흥미를 신문지에서 활동 도구로 전환시키기 위한 지도전략을 선택한 것이었다.

<자폐성장애 아동 정서·행동 특성에 따른 체육활동 참여 사례 2>

사례> 8세(여) K양, 자폐성장애

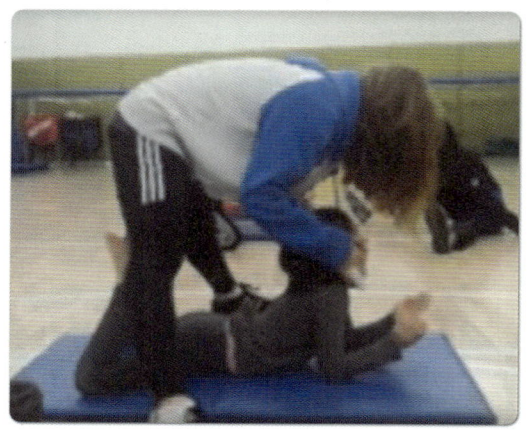

전형적인 자폐성장애를 나타내는 K는 언어적 의사소통이 불가능하고 눈 마주침 행동을 나타내지 않는다. 체육교실에 참여한 일주일(주 2회, 1시간 30분 활동) 동안 대부분의 활동을 거부하거나 관심을 두지 않고 있다. 가끔씩 낯선 환경에 대한 부적응인지 천장과 사방을 둘러보기는 하지만 어느 누구에게도 시선을 멈추지는 않았다. 몇 번의 활동 참가로 가끔씩 주변에서 활동을 하는 다른 아이들의 분위기에 휩쓸려 모방 활동을 나타내기는 하지만 지속적이지 못하다. 2주가 지나면서 의도적인 활동 참여를 촉진하기 위해 교사가 손을 잡아끌거나 신체적 직접 보조를 해보지만 땅에 주저 앉거나 교사를 손으로 때리는 행동을 나타내기도 한다. 한 번은 억지로 평균대 활동을 시키는 상황에서 주저앉아 음식물을 토해내는 경우도 발생했다.

상기와 같은 K의 사례는 아마 자폐성장애 아동을 지도하는 교사들이 흔히 경험하는 일일 것이다. 자폐성장애 아동에 대한 경험이 없는 교사라면 이러한 상황이 지속됨에 따라 지치고 낙심하는 경우가 많다. 하지만 자폐성장애 아동을 지도하는 경우라면 좀 더 여유를 가질 필요가 있다. 자폐성장애 아동들의 큰 특징 중 하나가 변화에 대한 부적응이다. 어떤 상황이든 새롭게 참가하는 장소와 프로그램 그리고 낯선 사람들은 그 아이들에게 쉽게 적응되기 어려울 뿐 아니라 때때로 견디기 힘든 고통이 될 수도 있다는 사실을 교사들은 인식하고 있어야 한다.

발달장애 아동의
개념과 특성

<자폐성장애 아동의 정서·행동 특성에 따른 체육활동 참여 사례 3>

사례〉 11세(남) P군, 자폐성장애

P군의 특성은 자폐성장애가 나타내는 상호작용의 문제나 의사소통의 제한 및 머리를 흔드는 상동행동을 모두 가지고 있는 상태였다. 특히 체육교실 참여에 문제가 되는 행동은 소리(괴성에 가까운)를 지르며 체육관 안을 뛰어다니는 것이었다. 또한 교사의 지시 혹은 대화 시(조금 강압적인 경우)에 교사의 신체 부위를 물어뜯는 공격적 행동을 나타내는 경우도 종종 있었다. 이러한 공격 행동은 타인에 대해서만 행해지는 것이 아니라 자신의 손등이나 입술을 깨무는 형태(타인에 대한 공격적 행위가 여의치 않은 경우 주로 나타 남)로도 나타나고 있었다.

모든 자폐성장애 아동들이 P군과 같은 공격적 성향을 나타내지는 않지만 장애아동 체육교실 교사들에게 예외가 될 수는 없는 사례이다. 이러한 공격적 행동은 의사소통이 여의치 않은 자폐성장애 아동들에게 종종 나타나게 되며 그들에게는 하나의 의사표현 수단으로 자리 잡은 경우들을 확인할 수 있다. 물론 모두가 공격적 행동으로 의사소통의 창구를 만드는 것은 아니다. 따라서 교사들은 이러한 특성이 어떻게 습득 되었는가(이것에는 나름대로의 이유들이 있는 경우가 있다.)를 확인하는 고정도 필요하다. 이러한 문제행동이 적절히 조절되지 않고서는 체육활동의 목표를 가지고 진행할 수 없기 때문이다. 더불어 이러한 문제 행동들은 체육교실 상황에서 안전과 관련된 문제를 야기시킬 경우가 있다는 것도 염두에 두어야 한다. 또한 갑작스럽게 뛰쳐나가는 행동들 또한 사전에 파악하고 이에 대한 주의를 기울일 필요가 있는 것도 교사들이 인식하고 있어야 하는 부분이다. 위의 제시한 자폐성장애 아동들의 특성을 이해하는 것은 지도교사들에게 매우 중요하다. 왜냐하면 지체장애 아동들에게는 기능적으로 부족한 부분에 대한 보조와 욕구를 충족시킬 수 있는 활동을 단계적으로 제공하는 것이 체육교실 지도의 핵심 사항이지만 자폐성아동들의 경우는 실제 그러한 단계까지 도달하는 것 자체가 매우 힘들고 어려운 지도 과정이다. 따라서 체육교실 참여 초기에 나타나는 문제행동에 대한 행동관리와 비언어적 의사소통 체계 정립, 심리적 친근감 형성 등이 가장 관건이 될 수밖에 없다. 그러한 초기 지도 목표가 어느 정도 달성된 후에야 비로서 감각활동, 대근운동기술, 체력 활동, 게임기술이라는 구체적인 과제활동을 전개할 수가 있게 된다.

3) 신체 기능 특성

발달장애 아동의 신체 기능은 인지, 정서 및 행동 발달과 직·간접적으로 연관되어 있다. 특히 유아기를 거쳐 아동기에 이르는 시기는 인간의 각 발달 영역들이 긴밀하게 영향을 주고받는 특징을 갖고 있기 때문에 발달장애 아동들의 신체 기능은 다른 발달 영역과 마찬가지로 낮은 수준을 나타낸다. 발달장애를 신경학적 손상 영역으로 분류하고 있는 것(APA, 2013)은 신경이 관여하는 다양한 발달 영역에서 지체 혹은 정체될 가능성을 전제하고 있기 때문이다. 단, 발달장애 아동들에게서 나타나는 신체 기능의 지체가 구조상의 손상을 갖는 것은 아니기 때문에 신체 내부의 작동 기전에 대한 이해를 통해 발달장애 아동들의 신체 기능 변화를 유도하는 전략이 요구된다. 즉 발달장애 아동의 체육활동을 지도하는 지도자는 외형적 신체 혹은 신체부위의 단편적 기술적 변화에 초점을 맞추기보다 움직임을 유발하고 그 움직임을 의미 있게 만들어 가는 것에 더 관심을 갖아야 한다.

발달장애 아동의 신체 기능에 대해 운동 협응성의 문제를 갖고 있으며(정영숙, 이상복, 2002), 대근 및 소근 운동 기능에서도 또래 연령에 비해 낮은 수준을 갖고 있다(장혜경, 2001, 이은경, 홍양자, 정복자, 2011). 그러나 이러한 신체 기능의 특성은 결과론적으로 나타나는 단편적인 현상으로서 발달장애 아동들에 대한 신체 기능 및 기술의 저조함을 충분히 설명하기에는 부족함이 있다. 더불어 발달장애 아동들의 체육활동의 적합한 방식을 선택하고 유용한 가치를 추구하기 위해서는 인간발달과 관련된 좀 더 근원적인 문제들에 대한 복합적인 이해가 필요하다.

신체 기능에 대한 직접적인 설명은 아니지만 최승오(2017)는 발달장애 아동의 일반적 움직임의 특징을 비일관성, 고집성, 거울성비대칭성, 역동적 평형성 상실, 운동 수행 후 쉽게 넘어짐, 관계없는 움직임, 힘을 제어하지 못함, 부적절한 운동계획의 8가지로 설명을 하였다. 이러한 특징들은 발달장애 아동들이 체육활동에 참여하는데 충분히 고려될 만한 것들로 일부의 특징은 신체의 물리적 특징과도 관련되어 있지만 일부는 발달장애 아동들의 인지 및 정서 발달의 특징과 연관되어 있다는 사실을 주목할 필요가 있다.

발달장애 아동의 체육활동과 관련된 신체 기능은 체력과 운동기술의 범주로 구분이 가능하다. 체육 지도자들은 각각의 신체 기능 범주에 대한 체육학적 지식을 바탕으로 발달에 따른 원리와 과정을 인지함으로써 발달장애 아동에 대한 체육 프로그램의 효과와 가치를 달성할 수가 있다.

발달장애 아동들이 계획적인 체육활동 참여를 통해 얻을 수 있는 긍정적 가치에 대한 많은 연구 결과들이 제공되고 있다. 2000년 이후 10여 년 동안 진행된 연구들을 종합한 결과(노형규, 2012)에서는 정기적인 신체활동 프로그램이 발달장애인의 심동적, 정의적, 인지적 측면에 대해 종합적으로 매우 높은 수준의 효과크기 $ES = 1.11, 95\% CI\ 0.905-1.313$ 를 나타내는 것으로 확인되었으며, 신체 기능과 관련하여 감각·지각활동 형태의 신체활동 프로그램 $ES = 1.59, 95\% CI\ 1.154-2.030$ 이 발달장애인에게 가장 효과적이었음을 제시하고 있다.

(1) 지적장애 아동의 신체 기능 특성

지적장애 아동들은 일반학생과 동일한 발달의 절차를 거치지만 발달 속도가 더디며, 체력과 운동숙달 정도가 평균 이하인 것으로 알려져 있다. 그러나 아동에 따라서는 특정 신체활동에서의 운동수행이 뛰어난 경우가 있을 수도 있다(한동기, 2004). 즉, 평균적으로 지적장애 아동들이 운동기술과 체력에 해당하는 신체 기능이 낮게 나타나기는 하지만 그러한 경향이 절대적인 것은 아니라는 의미이다. 아마도 이러한 신체 기능의 차이와 다양성은 지적장애 아동들마다 갖고 있는 인지적 수준의 차이와 함께 속해 있는 환경과 이에 따른 경험적 차이를 반영한다고 볼 수 있다.

신체의 외형적 성장 측면에서 지적장애 아동들은 또래보다 체중, 키, 골격 등을 포함한 신체발달 및 성숙도 등이 다소 떨어질 수 있다(정대영, 2011)는 것이 학계의 설명이다. 물론 이 또한 연구 대상자들에게서 나타나는 평균적인 차이겠지만 상대적으로 또래 아동들에 비해 신체 외형이 크거나 비만 수준에 이르는 사례도 종종 확인할 수 있다. 학령기 지적장애 아동의 경우 또래 비장애 아동들에 비해 신체활동의 기회가 부족하고 좌식생활 습관의 비율이 높아 비만에 속할 위험이 높게 나타나며, 이러한 현상은 신체활동 참가에 대한 유능감에도 영향을 미쳐, 결국, 운동수행 및 운동기술 능력 형성에 지체를 가져올 수 있다(Okely, Booth, & Chey, 2004).

지적장애 아동들의 부족한 일상적 신체활동의 경향은 운동 및 여가활동을 제한하는 원인으로 작용하여 신체활동에 전반적으로 참여하지 않는 습관이 반복되는 악순환을 유발한다(Frey & Chow, 2006). 이로 인해 지적장애인들은 성인기에 이르러 고혈압, 고지혈증 및 고혈당과 같은 대사증후군에 걸릴 위험성이 높은 것(Rimmer & Yamaki, 2007)으로 보고되고 있다.

상기와 같은 지적장애 아동들의 신체 기능에 대한 부정적인 설명들이 제시되고 있는 반면 지적장애 아동은 일반아동과 비교하여 신체적 그리고 건강상 특징이 크게 다르지 않다고 보는 전문가들도 적지 않다. 특수체육을 다루고 있는 전문 서적들 중에서도 지적장애 아동들이 심동적 **체력과 운동기술** 영역에서 일반아동과 큰 차이를 보이지 않는다고 기술하기도 하는데, 지적장애인에게 발생할 수 있는 운동 기능 발달 지체의 원인이 생리적 요인이나 운동 제어의 결함보다 부족한 주의력 및 이해력과 관련이 높음을 강조하고 있다(최승권 외, 2014). 다만 장애 특성에서 기인한 신체발달, 건강문제, 신체적 손상 등의 복합적인 이유로 운동 분야에서 또래의 일반아동보다 상당히 저조한 성취를 보일 수 있으며, 이러한 경향을 평균적인 운동발달 지체를 보이는 원인으로 볼 수 있다(김원경 외, 2017). 이에 따라 지적장애 아동들에 대한 체육활동은 장애에 대한 섣부른 편견을 버릴 필요가 있다. 지적장애 아동들은 체육활동 참여가 어렵거나 잘 하지 못할 것이다라는 생각보다 어느 정도 할 수 있는가에 대한 사전 진단이 매우 중요하다. 어떤 경우는 평균 이하의 낮은 신체 기능을 확인하고 그에 따른 지도법을 별도로 계획해야 할 수 있겠지만 어떤 경우는 특별한 수정이나 변형 없이도 충분히 즐거운 체육 프로그램 참여가 가능할 수도 있기 때문이다.

> **<지적장애 아동의 신체 기능 특성에 따른 체육활동 참여 사례>**
>
> 사례 3) 15세(남) C군, 지적장애
>
>
>
> 지적장애 2급의 C군은 2년째 체육 프로그램에 참여하고 있다. C군이 처음 체육활동에 참여할 당시에는 신체 움직임에 대한 개념이 낮고 운동기술에 대한 경험의 기회가 적어 대부분의 활동에서 미숙함을 나타내었다. 특히, 특정 운동기술을 발휘할 때 각 신체 부위의 협응력이 낮아 미숙함을 나타내었다. 담당 지도자는 다양한 지각 활동프로그램을 통해 신체 각 부위의 지각 능력을 향상시키면서 여러 환경(다양한 속도와 공간 등)을 체험할 수 있도록 하였다. 주 2회, 1년 체육 프로그램에 꾸준히 참여한 C군은 이동기술과 조작기술을 활용한 게임 활동에 어려움 없이 참여가 가능해졌고 체육을 통해 즐거움을 느끼는데 부족함이 없게 되었다.
>
> 체육활동 참여 2년차인 C는 기본운동과 게임 및 체력활동 이외에 인라인 스포츠 프로그램에 참여하기 시작했다. 새로 시작하는 활동이라 아직은 어색한 동작으로 걸음마부터 시작하고 있지만 차근히 인라인 기술들을 배워나가고 있다. 처음에 인라인스케이트를 신고 균형을 잡아 서기도 어려웠던 C는 3주 정도가 지나가면서 장애물을 피해 인라인 바퀴를 굴려 나가는 동작을 잘 해내고 있다.

(2) 자폐성장애 아동의 신체 기능 특성

자폐성 장애인의 체력과 운동기술 수행수준은 일반적으로 낮은 편으로 알려져 있으며(Reid & Collier, 2002), 사회적 상호작용과 의사소통 능력의 손상으로 인해 신체활동에 대한 관심이 제한되는 특성을 보인다(APA, 2000). 장애 특성상 신체활동에 대한 흥미나 동기가 낮은 것이 체육 프로그램 참여를 어렵게 하는 요인이기도 하지만 상호작용이 전제되는 체육활동에서 타인에 대한 수용과 반응 자체가 쉽지 않은 것이 더 근원적인 문제가 될 수 있다. 즉 신체 기능의 향상은 다양한 신체활동의 자극과 반응의 반복을 통해 성취되는데 자폐성장애 아동은 그러한 자극과 반응의 기회가 제한되는 이유로 신체 기능의 저조함을 나타내는 주요한 원인이 된다. 반면 자폐성장애를 갖고 있는 아동들 중에서도 상당한 민첩함이나 스피드를 나타내는 아동 **타인을 피해 달아나는 특성을 가진**들도 있다. 이러한 아동들의 경우는 자신이 특별히 관심을 갖는 행동이나 선호 자극을 추구하는 가운데 다른 또래의 아동들보다도 특정 신체 기능에서 더 많은 자극과 반응을 경험하고 학습한 결과로 추정된다. 그러나 그러한 아동의 기능적 특이성은 온전한 신체 기능으로 받아들이기는 어렵다. 왜냐하면 필요한 시기와 상황에 적합한 의도로 발휘되는 신체 기능이라 판단하기 어렵기 때문이다.

발달장애 아동의
개념과 특성

<자폐성장애 아동의 신체 기능 특성에 따른 체육활동 참여 사례>

사례〉 11세(남) B군, 자폐성장애

B군은 자폐성 발달장애 2급으로 또래 아동과 비슷한 체격을 가지고 있었다. B군은 간단한 의사 전달은 가능하지만 자기주도적인 상호작용은 어려웠다. 체육활동에 처음 참가했을 때는 어떤 활동에도 관심을 기울이거나 흥미를 나타내지 않아서 적정한 지도 계획을 마련하기가 어려운 상황이었다.

자폐성장애 아동의 발달 특성으로 인해 B는 자기 신체에 대한 인식뿐 아니라 대부분의 감각과 지각기능을 이용한 신체기능이 제한되었다. 이에 따라 지도자는 일단 다양한 방식으로 B의 감각기관을 자극할 수 있는 활동(여러 색의 천 조각을 활용한 시각 활동, 트램폴린과 장애물 넘기 등의 균형감각 활동, 여러 질감의 도구를 활용한 촉각 자극활동 등)으로 신체 기능 향상과 지도자와의 상호작용을 유도하였다. B의 체육활동 초기 참여는 대부분 지도자의 신체적 보조를 통해 동작을 반복적으로 유도해 나가는 방식이었다. 이러한 과정을 거치며 차츰 지도자와의 라포가 형성되기 시작했고 지도자는 점차 신체적인 직접 보조를 줄여가면서 시각적 시범을 통한 B의 모방 동작을 유도해 나갔다. 즉, B는 낮은 신체 기능 수준에 따라 운동 기술 발달 단계에 적합한 활동 과제에 참여하면서 직접적인 지도자의 신체 보조를 통해 신체 활동 기술을 차근히 학습해 갈 수 있었다.

자폐성장애 아동들의 행동들은 감각기관을 통해 들어오는 자극을 정상적으로 받아들이지 못해 발생하며, 수용된 감각정보를 활용하고 처리하는데 있어서도 이상 반응을 보이게 된다(박용천, 으상수, 2003). 이러한 행동적 특성은 신체 기능을 발휘하는 것과도 동일하게 적용된다. 결국 감각기관의 원활한 자극 수용과 자극 정보들에 대한 합리적 처리가 어렵다는 기본 특성은 다양한 신체 기능의 습득과 확장을 어렵게 할 뿐 아니라 구체적이고 세부적인 운동기술의 향상을 제한시키는 근원적 원인이 되고 있다. 더불어 기본 체력, 신체상, 자기개념을 비롯한 평형성과 이동운동기술의 발달에서 크게 뒤처지는 것으로 제시되고 있는데 이러한 원인으로 적절한 운동기술 학습 및 또래와의 상호작용을 통한 운동참여 경험을 방해받거나 소외된 것을 지적하고 있다(Jansma & French, 1994). 위와 같이 신체 기능 학습과 향상의 제한적인 특성에도 불구하고 자폐성장애 아동들은 달리기와 수영처럼 반복적 폐쇄운동의 특성을 갖는 경우 운동 수행력을 높일 수도 있다는 전문가(Staples & Reid, 2010)들의 의견도 있다.

결국, 자폐성장애 아동의 신체 기능은 인지와 정서 영역의 발달 문제와 결합되어 또래 아동들에 비해 상대적으로 저조한 모습을 나타내는 것으로 확인되고 있다. 그러나 자폐성장애 아동 발달의 전반적 특성을 감안한 체계적인 신체활동 기회가 제공될 경우 체력이나 운동기술 등의 신체 기능 향상의 가능성을 충분히 가지고 있다는 것도 간과되어서는 안 되는 사실이다.

4) 발달장애 아동 특성에 따른 지도 시 고려사항

특수체육 지도교사들은 장애유형과 특성에 따라 신체활동 지도에 대한 접근 방식의 차이를 염두에 두고 있어야 할 뿐 아니라 대상자의 특징 및 환경적 조건 등에 관한 사항을 포괄적으로 적용하고 응용할 수 있어야 한다. 장애특성과 신체활동이라는 특수체육의 두 가지의 큰 주제를 독립적으로 학습하였다고 해서 현장 지도가 원활히 수행될 수 있다고 자신해서는 안된다는 것이다. 특히 자폐성장애 아동에 대한 신체활동 지도는 자폐성장애의 특성이라는 원론적인 지식만으로 접근하기 어려운 경우가 많다. 자폐성장애와 유사한 특성을 갖고 있는 정서장애 또는 지적장애 아동의 지도자들에게는 효과적인 상호작용과 의사소통, 행동관리와 같은 장애특성 대처 능력과 운동기술, 체력 및 발달에 관련된 복합적이고도 실질적인 지도 능력이 함께 발휘되는 것이 매우 중요한 준비요건이다(노형규와 오광진, 2005). 다음의 것들은 자폐성장애 아동에 대한 계획적인 신체활동 지도와 관련된 단계적인 고려사항들이다.

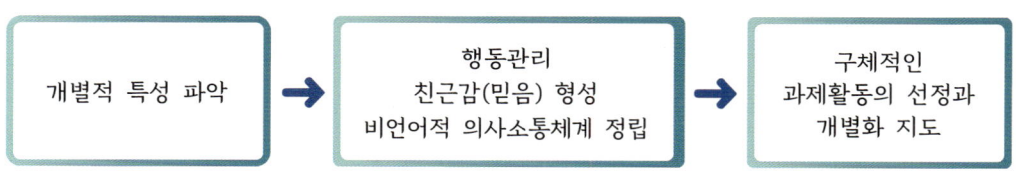

그림 1. 발달장애 아동의 체육 프로그램 지도 시 고려 단계

(1) 탐색기간의 활용(이해와 적응의 시간이 요구 됨)

처음 자폐성장애 아동을 지도하는 시점에서 가장 중요한 것은 대상 아동의 행동특징을 탐색하고 파악하면서 개인적 친밀감 rapport 을 적정 수준까지 형성하는 것이다. 왜냐하면 이러한 친밀감의 형성은 대상 아동과의 무언無言의 의사소통을 가능하게 하며, 최소한의 의사전달 방식의 성립을 통해 실질적인 활동 참여를 유도할 수 있기 때문이다. 처음부터 높은 수준의 목적을 지닌 활동에 강압적으로 참여시키는 것은 대상 아동에게도 어려운 시간을 보내게 할 뿐 아니라 교사도 쉽게 지치는 원인이 된다. 그렇다고 이 기간 동안 아동을 그냥 내버려 두라는 의미는 아니다. 비교적 자유로운 상황 속에서 아동의 행동특성과 아동이 좋아하는 것(흥미를 나타내는 것), 싫어하는 것(문제행동을 유발 시키는 원인)에 대해 확인하는 교사의 꼼꼼한 관찰이 필요하

며, 부모와의 상담을 통해 아동의 특성을 기록해 두는 노력이 필요하다. 이미 앞서 언급한 것처럼 자폐성장애 아동들의 경우 새로운 환경에 대해 극도의 거부감을 나타내는 것이 일반적이다. 새로운 환경으로의 노출로 인해 거부감으로 가득 찬 아동에 새로운 활동을 강제적으로 요구하는 것은 활동의 중단이라는 표면적 문제 외에 향후 활동 자체에 대한 무조건적 거부감을 유발하거나 실패감만을 주게 되는 결과를 야기할 수 있다.

특수체육 교사 또는 특수교사들은 종종 이러한 탐색 기간이 얼마나 지속되어야 하는지를 묻는다. 그러한 질문을 받을 때마다 그것에 대한 명확한 답변을 제시할 수는 없었다. 왜냐하면 실질적인 신체활동 지도를 시작할 때까지의 적응 기간이라는 것이 그야말로 대상자에 따라 천차만별이기 때문이다. 개인적인 경험이지만 때로는 이러한 기간이 3개월 정도가 지속된 사례도 있었으며, 반면 장애특성이 낮은 수준의 아동의 경우는 1주일 정도의 탐색기간을 통해 과제활동 계획을 선정하고 구체적인 지도를 시행한 적도 있다. 탐색기간에 대한 적정한 기간을 판단하는 것이 바로 담당교사가 경험을 통해 얻어야 하는 지식이다. 그러나 개인적인 경험을 통해 몇 가지의 준거를 제시한다면 첫째, 대상 아동이 교사의 행동을 모방하기 시작한 시점. 둘째, 교사에게 안기거나 손을 내미는 등 유사 상호작용 행동이 나타나는 시점. 셋째, 문제행동이 과제활동 진행에 큰 지장을 주지 않는 정도의 시점. 넷째, 다른 아동들의 과제 활동에 관심을 보이기 시작하는 시점이 될 수 있을 것이다. 그러한 탐색기간을 좀 더 앞당기기 위해 교사는 아동에게 '신뢰감' 또는 '믿음'을 제공할 수 있는 기회를 의도적으로 만드는 것이 중요하다. 가능한 많은 시간을 함께 보내는 형태의 물리적 수고가 필요한 것도 사실이지만 능숙한 교사일수록 탐색기간을 줄일 수 있다. 어떻게 아동에게 신뢰감을 빠르게 제공할 수 있을 것인가의 문제는 매우 전략적인 상황 조성과 교사의 태도가 요구되는 것으로 R교사가 시행한 다음의 상황은 좋은 예가 될 것이다.

R교사는 장애아동 체육교실에서 6년째 아이들을 지도하고 있다. R교사는 지금까지 자폐성장애 아동을 4명 째 담당해 왔으며 새 학기가 되어 새로 입학한 K(자폐성장애, 여, 8세)를 맡게 되었다. K는 전형적 자폐 성향을 나타내고 입학 초기에 모든 활동을 거부하며 혼자 있기만을 고집했다. R교사는 비교적 자유스런 분위기를 조성하며 K가 흥미를 보이는 활동이나 물건에 대해서만 조금씩 보조를 하고 있는 상황으로 아직까지 실질적인 과제활동 지도계획을 세우지는 않고 있다. 틈만 나면 R교사는 K에게 말을 건네고 신체적인 접촉을 시도하지만 K는 주의를 기울이지 않는다. 한번은 K가 평균대 활동에 관심을 보이면서 평균대 위에 오르려는 동작을 취했다. R교사는 K를 평균대 위에 올려주었고 K를 지켜보았다. 막상 평균대 위에 오른 K는 약간의 두려움을 나타내며 발을 떼지 못한다. R교사는 그 모습을 지켜만 보고 있다. 여전히 K는 이도저도 못하고 얼굴만 찌푸린다. 그리고는 결국 평균대 위에 올려 준 R교사를 쳐다본다. R교사는 여전히 바로 옆에서 바라만 볼 뿐이다. K는 순간적으로 손을 뻗어 R교사의 어깨를 잡고 안긴다.

R교사와 K 사이의 탐색은 2주째 여전히 진행 중이다. 둘 사이에 몇 번의 상호작용은 있었지

만 R교사는 실질적인 지도의 시작을 위해 결정적인 기회를 찾고 있는 듯 했다. 2주 동안 K는 이리저리 체육교실 상황을 경험하며 나름 좋아하는 것을 발견했다. 그것은 트렘폴린이다. 트렘폴린 위에서 뛰는 것에 대해 즐거움과 만족감을 느끼고 있는 것 같다. R교사는 오늘 수업을 위해 다른 교사들에게 K가 트렘폴린에 오르는 것을 막아달라고 미리 부탁했다. 준비운동 체조가 끝나고 K는 트렘폴린으로 다가가지만 오늘은 아무도 자기를 안아 트렘폴린 위에 올려주지 않을 뿐 아니라 자신이 오르는 것조차 제지한다. R교사는 K의 옆에는 위치하고 있지만 트렘폴린과는 반대쪽에서 K를 지켜만 보고 있을 뿐이다. K가 여러 번 트렘폴린에 오르려 시도하지만 혼자서는 불가능한 상황이다. 잠시의 시간이 지난 후 결국 K는 R교사에게 손을 뻗히며 트렘폴린 쪽으로 이끈다.

상기와 같은 과정을 통해 점차 R교사는 적절한 과제 활동을 선정해 계획적인 신체활동 지도를 시작할 수 있었다. 물론 상기와 같은 긍정적 상황들이 항상 일어나는 것만은 아니다. 한 번은 체육교실 등산 시간에 중간에 주저앉은 K와의 눈치전쟁(R교사는 K가 스스로 일어나게 하기 위해 혼자 놔둔 채 보이지 않는 곳에서 숨어 지켜보았다)을 벌인 적이 있었다. 30분이 지나도록 K는 일어나지 않았으며 결국 R교사는 그 전쟁에서 K에게 참패를 당하고 말았다. K가 있는 곳에 다가가 일으켜 세울 때까지 K는 모래 장난만 하고 있었다.

(2) 대상에 따른 행동관리 계획 수립과 협력체계 조성

탐색기간을 통해 수집한 대상 아동의 문제행동을 비롯한 행동특성들은 담당 교사에 의해 면밀하게 분석되어야한다. 그리고 과제활동에 제한을 줄 수 있는 표적행동을 구체적으로 선정하여 문제행동을 감소시키거나 소거시킬 수 있는 행동관리법을 적용하기 시작해야 한다. 예를 들어 특정 물건이나 동작에 집착 상동행동 을 보여 그와 관련된 신체활동에 제한을 주는 경우 우선적으로 그에 대한 행동관리 계획이 수립되어야 할 것이다. 물론 이러한 과정에서 강압적이거나 물리적인 제압은 오히려 또 다른 문제행동을 유발시킬 수 있다는 것을 주의해야 한다. 행동관리법의 적용이 반드시 문제행동의 소거 측면에서만 사용되는 것은 아니라는 것도 기억해야 한다. 긍정적인 행동의 촉진(예를 들어 자극에 대한 적절한 반응 행동 유발)을 위해서도 행동관리법은 사용될 수 있다. 여러 가지의 행동관리법(정적강화, 부적강화, 계약, 토큰, 타임-아웃, 프리맥원리 등)이 적용될 수 있지만 복잡한 행동관리법을 여러 가지로 사용하는 것보다 단순한 방식을 사용하되 일관성을 갖고 진행하는 것이 무엇보다 중요하다. 또한 한 번에 여러 가지 표적 행동을 선정하는 것은 아동에게 무엇이 변화되어야 할 행동인지를 혼동하게 하는 원인이 될 수 있으므로 한 번에 하나씩 가장 중요한 것부터 순서를 세워 진행하는 것도 주의해야 할 부분이다. 본 원고를 통해 모든 행동관리법을 소개할 수는 없지만 가장 단순한 행동관리법의 예를 소개함으로써 행동관리법 적용의 중요성을 제시하고자 한다.

S는 9세 자폐성장애 남자 아이로 주변 자극에 대한 반응이 거의 없으며 교사와의 상호 작용

이 거의 일어나지 않는다. 체육교실 교사들은 S의 상호작용을 촉진하기 위해 S를 볼 때마다 S의 이름을 부르며 하이-파이브를 시도하기로 했다. 이러한 과정 중 S가 자의적으로 손을 들어 하이-파이브를 시도할 경우 박수를 쳐주며 정적 강화를 주거나 S가 원하는 활동을 할 수 있도록 계획했다. 얼마간 후에 S는 자신의 이름이 불리는 것에 즉각적인 반응을 보이며 상호작용을 나타냈고 교사의 지시와 지도에 주의를 집중하는 모습을 보였다.

P는 12살 자폐성장애 남자 아이로 손을 흔들어 대는 상동행동 때문에 수업에 집중하는 것이 어려웠다. K 교사는 손을 흔드는 상동행동을 문제행동으로 선정하고 상동행동을 감소시키기 위한 행동관리를 시작했다. P가 손을 흔들 때마다 K교사는 P에게 엄한 얼굴로 그것이 바람직한 행동이 아님을 주지시키고 체육관 한쪽으로 데려가 앉았다 일어서기를 시켰다. 이러한 행동관리법이 시행되는 과정에서 잠시 동안 손을 흔드는 문제 행동이 줄어드는가 싶더니 또 다시 상동행동이 예전과 같이 빈번해졌다는 것을 인식하게 되었다. 이유를 확인해 본 K교사는 가정과 학교에서 여전히 그러한 상동행동이 지속되어 왔고 그러한 행동패턴이 체육교실 상황으로 이어진다는 것을 알게 되었다. K교사는 자신이 수행하고 있는 행동관리법을 P의 부모에게 알리고 가정에서도 마찬가지 방식으로 행동관리 요청했다. 또한 P의 특수학급 교사에게도 전화를 통해서 동일한 행동관리를 해줄 것을 요청하였다. 이렇게 학교와 가정, 체육교실에서 일관되게 진행된 P의 행동관리법은 차츰 효과를 발휘했고 그 이후 상동행동은 급격히 감소하는 것을 확인할 수 있었다. 더불어 K교사는 손을 흔드는 상동행동을 제약하기 위해 손을 가지고 하는 활동들을 적극적으로 지도하고 수행하였다. 이렇게 행동관리의 일관성과 과제활동의 연계를 통해 P의 상동행동은 거의 소거될 수 있었다.

행동관리법을 적용할 때에 교사는 아동의 개인적 특성을 고려하여 적절한 방식을 선택해야 한다. 예를 들어 혼자 있는 것을 즐기는 자폐성장애 아동에게 타임-아웃은 문제행동을 감소시키기보다 오히려 자극하는 원인으로 작용할 수 있다. 그리고 공격적 행동(타인을 때리거나 특히 자해행동이 나타나는 경우)이 문제행동으로 나타나는 아동에게 물리적 체벌을 가하는 것 역시 당장은 그 문제행동이 줄어드는 결과로 나타날지 모르지만 더 심각한 공격행동을 유발하는 원인으로 작용할 수 있다는 것을 주의해야 한다. 자폐성장애 아동이 서로 다른 특성을 나타내는 것처럼 정답이 되는 특정한 행동관리법이 존재하지는 않는 것 또한 특수체육지도자들이 인식하고 있어야 한다.

행동관리법의 효과적인 결과를 원한다면 주변인들과의 협력체계를 구축해야 한다. 앞서 언급한 일관성에 관한 것은 담당 교사 자신만 관련된 것이 아니다. 보다 효과적인 문제행동의 소거를 추구한다면 주변의 교사들과 부모들까지도 함께 적극적인 행동관리법을 적용함으로써 일관성을 유지하는 것이 중요하다.

(3) 최적의 환경 조성

자폐성장애 아동들은 환경에 대해 민감한 반응을 나타내는 것이 일반적인 특징이다. 이러한 특성은 새로운 환경에 대한 거부감과 맞물려 체육교실에서의 초기 지도를 더더욱 어렵게 하는 요인이다. 종종 학계와 임상 장면에서 자폐성장애 아동들의 감각적 기능 장애에 대한 문제를 언급하는 경우들이 있다. 여기서 감각적 기능 장애는 감각 기능이 낮다는 것을 의미하는 것은 아니다. 때로는 아주 미세한 소리에 반응하는 아동들도 있고 색감에 대한 탁월한 감각을 발휘하거나 일반인들이 느끼지 못하는 촉각 능력을 가지고 있는 아이들을 흔히 발견할 수 있다. 결국 자폐성장애 아동들은 감각적 자극들을 중화시키고 통합하는 것에 대하여 어려움을 가진다. 이러한 원인에 대해 학자들은 자폐성장애 아동들이 외부에서 유입되는 감각자극을 뇌로 전달하거나 자극에 대해 적절히 반응하는 능력이 손상되어 있다고 설명한다(양문봉, 2000). 어쨌든 자폐성장애 아동들에게 신체활동을 지도하는데 있어 주변 환경의 조정은 다양하게 발현되는 행동문제를 최소화 하고 주의집중을 향상시킬 수 있는 중요한 요건이다.

체육교실 상황에서 고려되어야 할 환경 조정의 대상은 소음, 공간, 인원, 기구에 대한 것이 주를 이룬다. 먼저 소음에 대한 것은 청각이 예민한 자폐성장애 아동들에게 견디기 힘든 자극으로 작용하며 다른 감각들을 전혀 사용할 수 없게 만든다는 측면에서 조정되어야 할 첫 번째 대상이다. 종종 체육교실을 진행하다보면 리듬체조 운동 시 들려오는 음악 소리에 귀를 틀어막는 아이들을 확인할 수 있게 된다. 물론 이런 아이들에게 언제까지나 소리에 대한 노출을 피하게 할 수만은 없다. 하지만 자폐성장애 아동을 지도하는 초기라면 어느 정도의 적응 기간을 갖기까지는 심리적 안정을 도모할 수 있도록 소음을 최소화하는 노력이 필요하다. 실제 참가 초기에 귀를 틀어막던 아이들도 어느 정도의 기간이 지나면 다른 아이들과 함께 리듬체조를 수행하는 것을 확인할 수 있다. 결국 갑작스런 소리자극을 피할 수 있는 환경 조성이 필요하고 점증적인 노출을 통해 적응할 수 있도록 유도해야 한다는 것을 의미한다.

공간의 문제 또한 신체활동 지도에 영향을 미치는 환경적 요소이다. 흔히 처음 장애아동에게 신체활동을 지도하는 경우 넓고 커다란 공간을 요구하는 지도자들이 있기도 하다. 하지만 자폐성장애 아동들에게는 그것이 그다지 유익한 것은 아니다. 일단 공간이 넓으면 아동의 주위를 집중시키는 것이 어려우며, 높은 천장은 심리적인 불안감을 초래하는 것으로 알려져 있다. 더욱이 공간이 넓은 체육관은 여러 사람이 말하는 소리, 뛰어다는 진동 등이 '웅웅' 거리는 청각적 자극까지 초래하게 되는 경우가 발생한다. 따라서 자폐성장애 아동의 지도는 과제 활동이 제약되지 않는 조그만 공간이 더 적절할 수 있다.

대부분 대학과 연계된 장애아동 체육 프로그램이 30여명의 인원을 포함하여 진행하게 된다. 그러다 보니 지도교사 수를 감안한다면 최소 50여 명의 인원이 한꺼번에 활동하는 것이 체육 프로그램의 현실일 것이다. 자폐성장애 아동들을 지도하는 경우 한 공간에서 50여 명이 움직이는 것은 그야말로 최악의 조건일 수밖에 없다. 한 사람 한 사람이 모두 아동에게는 자극의 대상물로서 담당 지도자에게 집중할 수 있는 기회를 빼앗기 때문이다. 그 뿐 아니라 그 50여 명이 입고 있는 옷, 그들이 내는 소리, 그리고 움직임들 모두 도움이 될 만한 것은 없다. 물론 지금 언급하고 있는 환경에 대한 문제는 체육 프로그램 초기에 집중적인 주의가 필요하다는 것을 전제로 한다. 왜냐하면 자폐성장애 아동들도 어느 정도 체육교실 환경이나 사람들에게 적응이 되면 나름대로 무시할 것을 무시하고 필요한 자극을 선택하는 능력을 보여주기 때문이다. 결국 이러한 환경적 문제들을 해결하기 위해서는 소그룹 활동을 통해 과제활동을 진행할 필요성이 높다는 것을 인식할 수 있다. 물론 어느 정도 목표한 과제활동의 교육이 진행된 상황에서라면 전체 인원이 어울릴 수 있는 게임 및 경기에 참여하는 것도 통합이라는 차원에서 중요하게 고려되어야 할 사항임은 분명하다. 그러나 그러한 환경에 대한 자폐성장애 아동들의 일반화는 상당히 긴 시간이 요구된다.

마지막 환경적 조정 요인에 관한 것은 체육교실에서 사용하는 기구에 대한 것이다. 아주 미묘한 자극으로 작용하게 되는 각종 기구들을 어떻게 조정하느냐에 따라 지도자가 선정한 지도 목표를 달성하는데 긍정적 또는 부정적 영향을 끼친다. 예를 들어 탐색기간 중 대상아동에 대한 색감 특징(호감을 나타내는 색, 싫어하는 색 등)을 파악한 지도자라면 같은 공을 쓰더라도 아동이 좋아하는 색깔의 공을 사용할 것이고 그것은 대상아동의 욕구를 일으키는 작용을 할 것이다. 반대로 싫어하는 색깔의 공을 자꾸 들이대는 상황에서는 활동 내용과는 상관없이 활동을 거부할 수도 있는 것이 자폐성장애 아동들이다. 이러한 기구의 활용은 지도자들로 하여금 창의적 적용을 요구하게 된다. 예를 들어 청각 반응이 시각 반응보다 우선시 되는 아동을 지도할 때 풍선 안에 조그만 방울을 집어넣어 치기 활동을 제시하는 것이 경험 많은 지도자들에게서 볼 수 있는 일상적인 방법이다.

체육교실 진행 환경의 문제는 단순하게 생각할 부분이 아니며 자폐성장애 아동의 행동문제와 지도 효율성 측면에서 심각히 고려되어야 하는 사항이다.

(4) 흥미를 보이는 활동부터 단계적으로 접근

인지, 정서상의 손상을 나타내는 지적장애나 정서장애 그리고 자폐성장애를 포함한 발달장애 아동의 신체활동 지도의 공통점은 대상 아동이 흥미를 보이는 활동부터 움직임의 물꼬를 터야 한다는 것이다. 물론 체육 프로그램마다 커리큘럼의 특성이 있기 때문에 그러한 정규 활동 단계를 전혀 무시할 수는 없는 것이 운영상의 현실이다. 그렇다면 담당 교사는 같은 주제의 활동이라도 내가 담당하는 아동이 흥미를 가질 수 있는 세부 활동을 고민하고 시행하는 노력이 절실히 필요하다. 예를 들어 이번 달 체육 프로그램 주제 활동이 던지기와 받기라는 대근운동기술이라면 어떤 형태의 던지기, 받기 활동이 내가 지도하는 아동의 흥미를 끌 수 있을 것인가를 찾아내야 한다는 것이다. 결국 대상아동의 동기를 자극할 수 있는 적절한 시작으로부터 다른 아이들과 함께할 수 있는 활동으로 전이시켜 나가는 창의적 접근이 요구된다는 것이다. 적지 않은 장애아동 체육 프로그램 지도자들은 지도를 하기 전 이러한 고민의 과정을 거치지 못한다. 결국 지도하는 상황에 직면해서야 무엇을 가르쳐야 할지 난감해하고 고민에 빠진다. 그러다가 주변의 지도자들이 하는 것들을 얼핏얼핏 바라보며 그것을 따라 지도하는 경우도 발생하게 된다. 무엇을 하던지 간에 전혀 하지 않는 것보다 나은 것이 사실이다. 하지만 효과적인 지도와 교육이라는 것은 항상 준비의 과정을 요구하게 된다. 교사들은 매 수업 어떤 활동이 담당 아동의 움직임을 보다 수월하게 자극하고 동기를 부여할 수 있는지에 대한 고민을 가져야 한다. 그러한 시작점을 통해 보다 일반화된 활동에 접근할 수 있는 것이며 지도의 효과를 높일 수 있기 때문이다.

II

운동발달과 발달장애

● ─→ 이런 저런 이야기

인간의 발달에 대해 많은 학자들이 저마다의 이론과 논리로 밝혀왔지만 여전히 절대적인 해답을 얻지는 못하고 있다. 여전히 학자들과 임상 전문가들 사이에서는 인간의 발달이 유전에 의해 주도된다는 것과 태생 이후 경험하게 되는 환경에 의해 결정된다는 주장이 공존하고 있으며, 또 다른 한 편에서는 이 두 가지의 원인이 상호 영향을 주면서 인간 발달이 결정된다고 설명하기도 한다.

인간 발달에 대한 근원적 작동 원리가 분분한 이유로 발달 문제를 접근하는 방식도 분야에 따라 조금씩 다르고 다양하게 나타난다. 그럼에도 불구하고 인간 발달에 대한 공통적인 견해는 '인간의 발달은 인간의 총체적인 변화'라는 것이다. 과거 우리는 인간 발달에 대해 상향적이고 긍정적 변화에만 관심과 주의를 기울여 왔다. 즉, 인간의 출생으로부터 신체적으로나 인지, 정서적으로 완성되고 발전되어 가는 일반적인 변화의 과정과 그 원인이 무엇인지에 대해 확인하고자 하는 노력을 계속해 왔다. 그러나 최근 들어 이런 경향은 인간의 하향적 변화나 일반적이지 않은 변화에도 관심을 기울이며 새로운 접근을 시도하고 있다. 예를 들어 노인의 발달은 대부분 퇴화되어 가는 인간의 변화 속도를 늦추려는 관점에서 관심이 증대하고 있으며, 발달장애인의 경우는 지체되거나 정지되어 있는 변화를 개선하고자 하는 방식으로 접근이 진행되고 있다.

전통적으로 인간의 변화는 인지, 정의, 심동 영역으로 구분되어 왔다. 그러나 중요한 것은 각각의 영역이 상호간 지대한 영향을 주고받으며 긍정적 변화를 위한 유기적 관계를 갖고 있다는 것이다.

발달장애 아동들에 대한 체육 프로그램을 진행하면서 보호자를 포함한 대부분의 사람들은 아동의 운동기술과 체력 향상에 대해서만 주로 관심을 나타낸다. 또한 발달장애 아동을 가르치는 지도자들 역시 어떻게 하면 특정한 운동기술을 향상시킬 수 있을 것인가에 대해 집중하는 경향을 나타내곤 한다. 그러나 발달장애 아동들의 체육 프로그램도 인간의 발달은 총체적 변화라는 기반에서 출발해야 한다. 단, 체육 프로그램이 갖는 특징과 방식에 따라 심동적 영역에 해당하는 운동발달을 기준으로 발달장애 아동의 긍정적 변화를 유도할 수 있는 합리적인 자극과 경험을 제공할 수 있도록 해야 한다.

운동발달과
발달장애

1 발달과 운동발달

　발달 development, 發達 에 대한 대부분의 정의들은 인간에게 나타나는 긍정적 변화 또는 점진적으로 완성되어 가는 과정으로 기술하고 있다. 물론 인간의 발달을 설명함에 있어 상향적 혹은 완성적 변화 중심의 관점은 여전히 핵심이 되는 접근 방식이다. 그러나 사회·문화적 인식 변화에 따라 인간의 발달은 긍정적인 것과 부정적인 것을 모두 포괄하는 '총체적 변화'에서의 관점이 요구되고 있다(Lener, Theokas, & Bobek, 2005). 여기서 언급하는 총체적 변화는 두 가지 차원의 개념을 갖고 있다. 첫째는 기존의 상향식 단계적 변화와 함께 일정 수준의 발달 이후 퇴화하는 하향식 변화 과정도 자연스러운 인간의 발달로서 인식할 필요가 있다. 더불어 지금껏 관심과 연구가 집중되어 왔던 정규적이고 일반적인 변화의 단계와 속도 외에도 개인적 특성에 따른 변화의 다양성도 인간의 발달을 이해하는데 중요하다는 것이다. 둘째는 인간의 발달 영역이 주로 학문 분야별로 구분되어 각각의 변화에 집중되어 왔지만 실제적으로 인간의 변화는 어느 하나의 발달 영역이 독립적으로 진행되기보다는 각각의 발달 영역이 상호 유기적 영향을 주고받으며 변화된다는 것에 주목할 필요가 있다는 것이다.

　인간의 총체적 변화라는 발달 기반에서 운동발달은 여러 발달 영역과 밀접한 관계를 맺으며 진행되는 발달의 중요한 영역이라 볼 수 있다. 일반적으로 체육학에서는 운동발달을 인간의 심동 psychomotor 적 발달 영역에서 운동기술과 체력의 변화를 다루는 것으로 설명하고 있다. 본 저서에서도 운동발달은 발달장애 아동의 체육 프로그램을 계획하고 시행하는 차원에서 운동기술 motor skills 의 변화를 중심으로 설명할 것이다.

1) 발달 관련 용어의 정리

　우리는 발달과 관련하여 비슷한 몇 가지의 용어들을 구분 없이 혼동하여 사용하고 있다. 물론 각기 다른 전공 영역에서 이론적 기반이 차이가 있고, 외국의 용어를 해석하고 적용하는 과정에서 관점의 차이가 있을 수는 있다. 이러한 용어의 혼용과 혼동은 일상적인 생활을 할 때는 큰 무리가 없이 사용할 수도 있지만 발달장애 아동의 체육 프로그램을 기획하고 관리하는 전문적인 위치에서는 어느 정도의 명확성이 요구된다. 왜냐하면 장애인체육 연구와 현장에서 용어를 혼동하는 문제는 발달장애 아동의 특성을 기술하는데 불명확함을 유발할 수 있으며, 관계자들 사이에 의사소통의 모호함을 야기할 수도 있기 때문이다. 발달과 관련하여 빈번히 혼용되며 사용하는 용어로는 성숙 maturation, 성장 growth 이 있다.

(1) 성숙(maturation)

일반적으로 성숙 maturation 은 연령과 관련하여 충분히 어른스러운 모습을 표현할 때 자주 사용된다. 그러나 발달을 설명할 때 성숙은 단순히 어른스럽다는 의미 이상의 내용을 포함한다. 즉 성숙은 신경, 생리학적 차원에서 조직적이고 체계적인 질적 변화를 뜻한다(양영외 외 21인, 2014). 인간의 발달을 연구하는 학자들 중 인간의 변화가 유전 정보에 의해 좌우된다는 것을 주장하는 성숙론자들은 인간이 본연히 갖고 태어난 유전 정보에 의해 진행되는 신경, 생리학적 변화를 중요시 한다. 인간의 발달을 설명하고자 했던 초기 발달 이론들의 상당 부분은 성숙론자들이 주도해왔으며, 현재까지도 인간의 변화가 주로 유전적으로 결정되며, 그것에 의한 신경, 생리학적 변화, 즉 성숙의 중요성은 계속 강조되고 있다. 성숙으로 인한 인간의 변화를 확인할 수 있는 것으로 성숙론자들은 뇌신경 구조의 변화, 변성, 초경, 사춘기 등을 예로 든다. 성숙론자들은 이러한 인간의 주요한 변화들이 결정된 유전에 따라 신경, 생리학적 측면에서 매우 체계적으로 진행된다는 것이다.

발달과 관련하여 성숙의 중요성은 여전히 인간의 변화를 설명하는 주요한 접근법 중 하나이지만 인간의 변화를 완벽하게 설명하지 못한다는 이견들이 지속적으로 제기되어 왔다. 특히, 심리학이나 사회학, 교육학 등 인문사회학 전공 연구자들은 같은 부모에게서 태어난 형제들 사이의 차이를 언급하면서 유전적인 원인으로만 개개인의 변화를 모두 설명하는 것은 부족함을 주장하고 있다. 실제로 최근에는 유전으로 결정되는 인간의 변화보다 각 개인에게 주어지는 환경의 요소 경험과 학습 들이 인간의 변화에 더 큰 영향을 준다고 연구자들이 주장하고 있으며, 이들을 경험론자 혹은 환경론자로 일컫는다.

큰 틀에서 본 저서는 인간의 발달이 환경적인 요소에 더 크게 영향을 받는다고 전제한다. 유전에 의한 영향을 무시할 수는 없지만 최소한 발달장애 아동들의 신체적, 정신적, 정서적 변화에 어떤 환경적 요소 경험과 학습 를 제공하느냐에 따라 변화할 수 있는가 혹은 좀 더 효과적인 변화를 이끌어 낼 수 있는가를 제시하는 것이 목적이기 때문이다.

(2) 성장(growth)

성장 growth 은 인간의 외형적 변화를 함축하는 용어이다. 그렇기 때문에 성장이라는 단어로 인간의 다양한 영역의 변화를 대변하는 것에는 분명 한계가 있다. 그럼에도 불구하고 성장이라는 용어로 인간의 총체적 변화를 설명하려는 시도는 종종 이루어진다. 성장의 대표적인 예는 신장, 체중, 허리둘레, 근육의 증대 등이다. 발달장애 아동에 따라 차이는 있지만 지적장애나 자폐성장애 자체가 성장을 지체시키거나 중단시키는 경우는 흔하지 않다. 즉 우리나라에서 법적으로 정해진 발달장애 대상자의 경우 발달장애가 성장 문제와 직접적인 인과관계가 있다고 보기는 어렵다는 것이다. 단, 발달장애가 원인이 되어 나타나는 편식, 신체활동 부족, 관심과 흥미 대상의 제한 등이 성장에 관련된 부가적인 문제를 유발하여 이에 대한 결과로 성장의 문제를 가져오는 경우는 있다. 결국 발달과 혼동되어 사용되는 성숙과 성장은 발달을 설명할 수 있는 발달의 포함 세부 요소들이라는 것을 알 수 있다.

(3) 발달(development)

인간에게 있어 발달은 생명이 시작되는 순간부터 죽을 때까지 진행되는 체계적이고, 누적적인 총체적 변화를 말한다. 발달은 인간의 여러 가지 기능과 역량의 변화가 복잡하게 얽혀있는 개념이지만 이를 핵심적으로 표현하면 인간의 모든 변화 과정과 그러한 과정들의 결과물을 의미한다. 따라서 발달은 유전에 기인한 신경, 생리학적 성숙과 신체의 양적 변화에 해당하는 성장을 모두 포괄한다. 그리고 유전 이외에 환경 속에서 제공되는 다양한 경험과 학습으로 비롯된 변화가지를 모두 포함하게 된다.

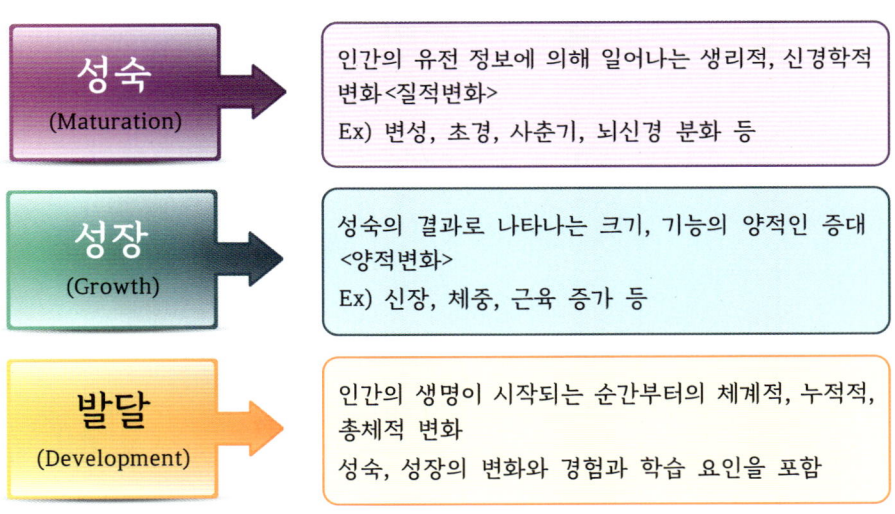

그림 2. 발달 관련용어 핵심 개념

2) 발달의 영역

인간의 발달이 '총제적 변화'라는 측면에서 굳이 발달의 분야를 분리해가면서 이해할 필요가 있을가라는 생각도 들 수 있다. 그럼에도 불구하고 인간의 변화를 좀 더 체계적으로 이해하고 적용하기 위해서는 발달의 주요 분야들이 어떻게 구분되고, 각 분야의 요소와 특징이 무엇인지를 인식할 필요는 있다. 특히 발달장애 아동의 체육 프로그램과 관련하여 체육 프로그램이 추구하는 목적이 단순한 신체 기능의 향상으로 국한되는 것이 아닐 뿐더러 특정 분야로 한정되는 재활적 가치만 추구하는 것도 아니기 때문에 지도자 또는 연구자들은 다양한 인간발달 영역에 대한 이해와 전략이 요구된다.

　발달장애 아동들이 체육 프로그램에 참여하는 것은 비장애아동들이 다양한 신체활동의 경험을 통해 신체, 사회성, 정서, 인지 등 전반적 발달을 추구하는 것과 궁극적 목적 자체는 차이가 날 이유가 없다. 다만 발달장애로 인한 아동들의 개별적 수준과 특성을 고려함으로써 좀 더 효율적이고 안전한 신체활동 프로그램을 경험할 수 있게 하는 것이 발달장애 아동의 체육 프로그램이 추구하는 방향이며 가치이다.

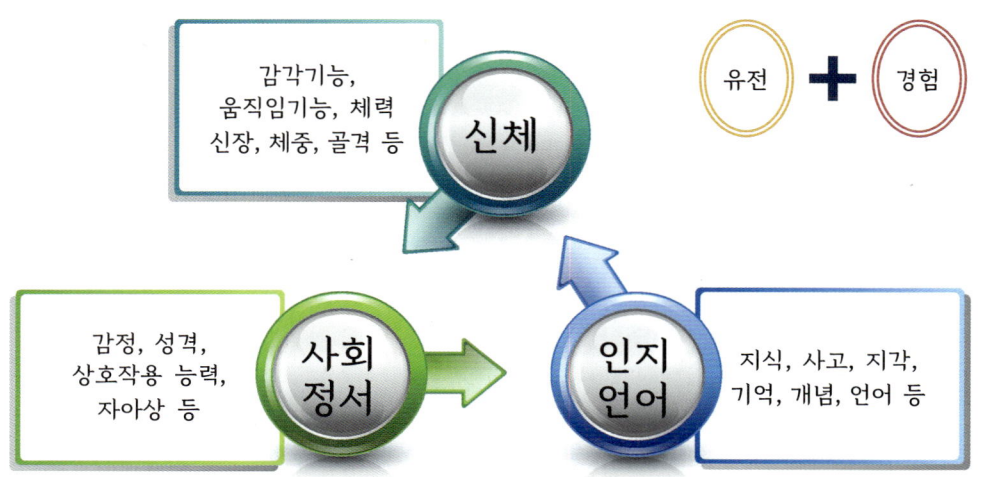

그림 3. 인간발달의 주요 분야와 포함 요소

　인간의 발달 분야와 영역을 구분하는 것은 학문과 전공에 따라 조금씩은 차이가 있지만 보편적으로 체육학과 교육학 전공 분야에서는 심동 psychomotor, 정의 affectivity, 인지 cognitivity 영역을 기준으로 삼는다. 이러한 발달 영역 분류는 Bloom의 교육 목표 분류(Anderson, 2005)와 밀접한 연계성을 가지고 있으며, 체육을 포함한 교육 영역에서 대상자의 전인적 全人的 변화를 추구하는 방향으로서 지침이 되고 있다.

　발달장애 아동에 대한 체육 프로그램의 목표를 어느 영역에 중점을 둘 것인가의 문제는 획일화할 수 있는 사항이 아니다. 실제로 체육 프로그램을 진행하는 사례들을 통해 볼 때 발달장애 참가자의 요구라는 것을 간과할 수 없고, 체육 프로그램이 추구하는 본연의 가치와 목표도 제외할 수도 없다. 따라서 발달장애 아동의 체육 프로그램은 인간 발달의 심동적, 정의적, 인지적 영역을 균형 있게 자극하여 반응할 수 있는 활동 계획을 기반으로 대상 참여자가 흥미를 갖고 요구하는 추가적인 활동들을 합리적으로 구성하는 목표 전략이 필요하다.

(1) 심동적 영역(psychomotor domain)의 발달

발달의 영역 중 심동적 영역은 움직임을 통한 신체적 능력과 기능을 변화시키는 것과 연관되어 있다. 발달장애 아동들의 체육은 다양한 발달 영역들의 긍정적 변화를 추구하지만 체육이 신체 움직임을 매개로 하는 계획적인 활동이라는 점을 고려할 때 심동적 영역은 체육 프로그램과 가장 큰 연관성을 갖게 된다. 이러한 이유 때문에 본서에서는 이후 심동적 영역의 핵심 요소인 운동발달에 대한 것을 별도로 설명하였다. 발달장애 아동들을 위한 체육 프로그램의 합리적인 수준과 내용을 계획하고 진행, 평가하기 위해서는 운동발달의 세부적인 단계와 특성 및 개념들이 요구되기 때문이다.

심동적 영역에서 주요한 요소들은 신장과 체중 같은 체격의 변화와 신체의 내·외적 작용에 의한 운동기술의 변화 및 체력의 변화가 포함된다.

인간 발달의 대부분의 분야가 그렇듯이 심동적 영역의 요소들은 태생 시 타고난 유전적 요인과 출생 후 제공되는 환경에 의해 변화된다. 변화에 더 주도적 역할을 하는 것이 유전인가? 혹은 환경인가? 라는 논란은 여전히 학계에서도 쟁점이 되고 있는 사항이라 이 부분에 대한 결론을 내기는 어렵다. 단 체계적이고 계획적인 체육 프로그램을 통해 발달장애 아동들의 심동적 영역의 요소들이 긍정적으로 변화된다는 것만큼은 그 동안 특수체육 분야에서 진행된 수많은 연구 결과들이 공통적으로 제시하고 있다.

발달장애가 갖는 특성상 외형적인 신체구조의 손상을 갖고 태어나지는 않는다는 측면과 각 발달 영역들이 서로 유기적 영향을 주며 발달한다는 점에서 심동적 영역 요소들의 긍정적 변화는 인지와 정서 요소들의 변화에 긍정적 영향을 줄 수 있다는 가치도 가정할 수 있다.

교육의 목표로서 심동적 영역에 대한 내용과 가치를 정립한 Bloom은 심동적 영역에 관련된 세부 내용들을 아래의 〈표 6〉과 같이 제시하였다. 물론 현대 체육학에서 제시하고 있는 심동적 차원의 운동발달 구분, 설명과는 다소간의 차이가 있지만 근본적으로 심동적 영역의 발달을 이해하는 데는 참고가 될 수 있다.

☑ 〈표 6〉 불룸(Bloom)의 심동적 운동기능 요소(Anderson, 2005)

반사적 운동(reflex movements)	지각(perception)
기본움직임(basic fundamental movements)	자세(set)
운동지각 능력(perceptual abilities)	인도된 반응(guided response)
신체적 능력(physical abilities)	기계화(mechanism)
숙련된 운동기능(skilled movements)	복합적 외현반응(complex overt response)
직관적 의사소통(non-discursive communication)	

발달장애 아동들의 체육 프로그램에서 운동발달과 관련된 심동적 영역이 중요한 이유는 일반적인 체육 프로그램에서 다루어지는 콘텐츠(신체활동 과제)가 발달장애 아동의 경우 운동발달의 수준에 따라 다른 방식과 내용으로 접근될 필요성이 높기 때문이다. 예를 들어 그동안 일반 체육 프로그램들은 운동발달의 상위 단계에 해당하는 스포츠 종목 중심으로 시행되어 왔지만 발달장애 아동들에 대한 체육 프로그램은 상대적으로 낮은 운동발달 단계의 감각·지각 운동기술이나 기본운동기술과 관련된 신체활동 콘텐츠들을 아동의 수준별로 적용해야 할 경우가 많다. 그렇다고 해서 기존의 일반 체육 프로그램 내용들이 완전히 배제된다고 생각해서는 안 된다. 그만큼 발달장애 아동들의 특성과 수준이 다양하다는 것을 전제로 체육 프로그램의 콘텐츠 범위를 넓게 봐야 한다는 것이며, 낮은 운동발달 수준의 맞춤형 체육 프로그램을 통해 단계적으로 참여할 경우 충분히 일반적인 체육 프로그램의 참여로 전환이 가능할 수 있다.

심동적 영역에서 또 하나의 중요한 요소는 체력 fitness 이다. 최근 들어 체력은 체육학 영역뿐 아니라 사회·문화적으로 일반인들에게 많은 관심을 받고 있는 부분이다. 과거의 체력은 선수들의 경기력 향상 기반이라는 측면에서 주로 강조되어 왔지만 2000년대 이후 차츰 체력이 인간의 건강과 생명에 직결되는 필수 조건으로서 인식되어 졌다. 장애인들에게도 체력은 일상생활을 활력 있게 유지하는 원동력일 뿐 아니라 호흡 및 순환계 질환과 비만 등의 질병을 예방하여 건강을 유지할 수 있게 한다는 측면에서 중요시되고 있다. 발달장애 아동들의 경우 본능적 욕구의 방식으로 움직임이 적고 음식물 취식만 과도하게 진행된다면 기본적인 체력은 저하될 수밖에 없는 상황에 처한다. 결국 지속적인 체력의 저하와 관리 부실은 어린 연령에도 불구하고 여러 가지의 성인병 질환 및 질병이 유발되는 결과를 초래하고 있다. 이러한 이유에서 발달장애 아동의 체육 프로그램은 건강의 유지와 향상을 위해 아동 수준에 적합한 체력 활동이 운동기술의 향상 활동과 함께 세심히 고려되어야 한다.

체력에 대한 건강의 가치가 강조되면서 체육학 분야에서는 인간의 건강과 직접적인 연계성을 갖는 체력의 요인들을 '건강관련 체력 health-related fitness' 이라고 규정하여 이에 대한 관리의 중요성을 강조하고 있다. 건강관련 체력의 요인으로는 '심폐능력', '유연성', '근력 및 근지구력'과 적정한 체내 물질의 구성 비율을 유지하는 것에 관련된 '신체조성'이 포함된다. 건강관련 체력과는 다른 목적으로 체력을 강조하는 범주를 나누기도 하는데, 이것을 '운동기술 관련 체력 skill-related fitness' 이라 한다. 운동기술 관련 체력은 최상의 경기력을 수행하기 위해 요구되는 종목이나 활동별 핵심 체력요인을 지칭하고 있다. 체육학에서는 운동기술 관련 체력에 포함되는 주요 요인으로 순발력, 민첩성, 스피드, 파워, 협응력 등을 언급하고 있다. 단, 건강관련 체력이나 운동기술 관련 체력이 상반된 개념이라기보다는 그것이 추구하는 목적에 따라 분류하는 일종의 범주 구분으로 이해하는 것이 바람직하다. 극도의 경기력 향상을 추구하는 선수들에게도 건강관련 체력은 기본이 되는 체력의 요인들이고 건강관리를 추구하는 생활체육 참가자들에게도 효과적인 운동 수행을 위해 운동기술 체력은 필요하기 때문이다.

(2) 정의적 영역(affective domain)의 발달

심동적 영역의 요소와 내용들이 체육 프로그램의 콘텐츠를 선정하고 시행하는 것과 직결되는 측면에서 중요하듯 정의적 영역의 발달은 체육 프로그램에 참여하는 발달장애 아동들의 특성을 이해하는 측면에서 매우 중요하다.

인간 발달에서 정의적 영역은 정서 및 행동에 대한 발달과 관련되어 있는 것으로 심리적 수용과 이에 따른 반응에 대한 능력의 변화로 이해할 수 있다. 이와 관련하여 교육적 차원에서 Bloom이 제시한 정의적 영역의 요소는 아래의 〈표 7〉과 같다.

☑ 〈표 7〉 블룸(Bloom)의 정의적 영역 요소(Anderson, 2005)

수용(receiving)
반응(responding)
가치화(valuing)
조직화(organization)
가치에 의한 인격화(characterization by a value or complex value)

정의적 영역의 발달은 발달장애 아동들이 흔히 갖는 자아 및 타인 존재에 대한 수용의 어려움과 이를 바탕으로 진행되는 환경 및 타인과의 상호작용 제한성에 밀접한 관련을 갖는다. 체육 프로그램을 통해 아동의 정의적 영역에 대한 변화를 추구하는 것에 있어 심리와 정서의 안정감을 도모하거나 타인 및 환경과의 상호작용을 유발하는 것 못지않게 즐거움을 느끼고 경험할 수 있도록 하는 것도 매우 중요하다.

다른 발달의 영역도 공통적인 것이지만 각 영역 변화의 근원적 동력은 해당 요소와 관련된 자극을 통해 반응을 유발함으로써 그것에 대한 반복적 경험을 제공하는 것이다. 결국 자극과 반응에 대한 경험은 내재적 학습으로 연계되고 그 결과 발달이 진행되는 것이다. 따라서 정의적 영역의 발달에서도 어떤 경험을 통해 어떤 자극을 제공할 것인가에 관한 문제는 매우 중요한 체육 프로그램의 고려사항이다.

발달장애 아동의 체육 프로그램 지도자와 관계자들은 일반적인 정의적 영역의 변화 단계와 그 단계에서 진행되는 내용들에 대해 충분히 이해할 필요가 있다. 모든 인간에게 진행되는 정의적 영역의 변화 단계는 공통적인 과정을 겪기 때문이다. 단, 발달장애 아동의 경우 유전 혹은 환경의 원인으로 정서, 행동 작동의 기전 문제나 변화에 필요한 자극의 제한성으로 인해 일반적이지 않은 변화의 속도를 겪고 있다는 점을 놓쳐서는 안 된다. 결국 지도 대상인 발달장애 아동의 정의적 영역과 관련된 변화 요소들이 어느 정도 수준인가를 파악함으로써 체육 프로그램을 진행하는 방식과 태도를 효과적으로 선정할 수 있어야 한다. 또한 발달장애 아동들이 참여하는 체육 프로그램의 목표로서 정의적 영역에 해당하는 요소들이 어떻게 변화되는가를 확인하는 것도 중요한 평가 사항임을 잊지 말아야 한다. 실제 발달장애 아동의 체육 프로그램에서 사회성, 자아개념, 흥미와 태도의 변화 및 즐거움의 가치 수용 등은 매우 중요한 평가 항목이다.

출생 후 유아기와 아동기를 거치는 정의적 영역의 발달 단계와 특성은 최근에도 여전히 학계의 연구 주제이다. 그럼에도 불구하고 많은 연구자들과 임상 전문가들은 아래 제시하는 프로이드와 에릭슨의 주장들을 인용하고 있다. 물론 두 학자가 제시하는 정의적 영역의 발달은 변화의 동력을 다른 측면에서 해석하는 차이가 있다. 에릭슨의 경우 정의적 영역에서의 발달이 사회적 상호작용이 전제된 관계를 통해 변화된다는 기반을 가지고 있으며, 프로이드는 인간이 가지고 있는 본연의 성적 욕구가 정의적 영역의 요소들을 변화시키는 원천이라고 제시하고 있다.

아래에 제시되는 표의 내용은 출생 시점 이후부터 나타나는 일반적인 정의적 영역에서의 특징과 이를 해석하는 에릭슨과 프로이드의 학설을 제시한 것이다. 지도자들은 발달장애 아동 체육 프로그램 시행과 관련하여 발달장애 아동들의 정의적 영역의 변화 특성을 이해하고 정의적 발달 수준을 확인하는데 이를 활용할 수 있다.

☑ 〈표 8〉 정의적 영역의 발달 단계와 특징

구분	정의적 영역의 특징	Erikson_ 심리사회적 발달이론	Freud_ 심리성적발달 단계
만 0~1세	정서발달, 기질, 애착, 자기발달	1단계 : 기본 신뢰 대 불신	구강기
	-사회적 미소와 웃음 -얼굴을 마주보며 하는 상호작용에서 타인의 감정 파악 -정서표현이 자연스러워지고 환경에서 일어나는 사건과 의미가 연결 -분노와 공포 증가 -낯가림 불안과 분리 불안 -양육자를 안전의 기반을 사용 -다른 사람의 정서 표현의 의미를 찾아내어 사회적 참조 -자극으로 접근하거나 회피하면서 정서조절 -친숙한 양육자에게 애착 보임	-어머니는 어린아이 세계에서 최초의 가장 중요한 존재로서 영아의 사회적 관계는 주로 어머니와의 관계 -어머니가 영아의 욕구를 충족시켜 주면 영아는 어머니를 신뢰하게 되며, 기본적 신뢰감을 형성, 적절히 응해주지 못하거나 일관성 없이 대하면 영아는 좌절하고 불신감을 갖게 되는데 이는 발달단계의 전 과정동안 지속될 수 있음 -인생의 초기단계에 신뢰감을 형성하는 것은 후에 맺는 모든 관계의 성공여부와 관련되므로 가장 중요한 시기	-구강기는 태어나면서부터 18개월까지이며, 이때 유아는 리비도가 입에 집중되어 있어, 입으로 빨고, 삼키고, 깨무는 행위를 통해 쾌감을 느낌

구분	정의적 영역의 특징	Erikson_ 심리사회적 발달이론	Freud_ 심리성적발달 단계
만 1~2세	정서발달, 기질, 애착, 자기발달	2단계 : 자율성 대 수치심과 의심	항문기
	-친숙한 어른, 형제들과 함께 놀 수 있음 -거울에서 자신의 이미지를 인식 -공감의 표시 표현 -간단한 명령에 따름 -자의식 정서(수치감, 당황, 죄의식, 자존심) 출현 -정서적 자기 조절을 도와주기 위해 언어 사용 시작 -감정을 표현하는 어휘 습득 -양육자 부재를 더 잘 참음 -자신을 지칭하기 위해 이름이나 인칭대명사 사용 -자신과 다른사람들을 연령, 신체 특징, 좋고 나쁨을 근거로 범주화 -성 유형에 맞는 장난감 선호 -자기 조절이 나타남	-상반되는 여러 충동 가운데 스스로 선택하려 하며 이 과정을 통해 자신의 의지를 표현하는 자율성을 갖게 됨 -대소변 통제가 가능하고 부모의 배변훈련 통해 사회적 기대와 적합한 행동을 알게 됨 -배변훈련과정에서 실수하거나 너무 엄격한 배변훈련을 받을 경우 수치심을 갖게 됨 -언어에서 나, 내것 등의 말을 자주 반복하며 자율성을 드러내며 안해, 싫어라는 말로 자기주장 표현 -부모가 유아로 하여금 자율적으로 할 수 있게 이끌어주는 태도를 보일 때 유아는 자율성 획득 -너무 엄격한 부모는 유아에게 무능감을 주고 이 때문에 유아는 사회가 기대하는 행동을 적절히 수행하지 못하는 자신에 대해 수치심을 느낌	-항문기는 생후 18개월에서 3년까지이며 이때는 리비도가 항문에 집중되어 있어 아동은 괄약근을 조절하면서 최후의 순간까지 배설을 참아 내장의 압력을 증가시켜 마지막 배출의 쾌감을 높이려 한다. -항문기의 폭발적 성격은 물건을 낭비하고 자신을 지저분하게 함으로써 반항하는 것이고, 항문기의 강박적 성격은 부모가 정한 규율에 지나치게 동조하여 발달된 성격으로 깨끗하고 질서정연하며 정돈하고 싶은 욕구를 가지는 성격임 -이 시기에 고착된 사람은 반동형성의 방어기제를 많이 사용하여 배변훈련을 시키는 부모와 권위적 인물에게 분노를 느끼지만 분노 대신에 철저한 복종을 표현함
만 2~6세	정서발달, 자기이해, 도덕발달, 또래 관계, 성 유형화	3단계 : 주도성 대 죄의식	남근기
	-자기 개념과 자기 존중감 발달 -협동과 도구적 공격성이 나타남 -감정 이입 증가 -기본정서의 원인, 결과, 행동적 표현 이해 -성 정형화된 신념과 행동이 증가 -정서적 자기 조정 발달	-언어능력, 운동기능 성숙하며 공격적으로 환경을 탐색하고 성인의 활동에 열정을 보이고 성인의 일에서 자기능력을 평가해보려 함 -자유롭게 움직이는 것을	-3세에서 6세까지로 남아의 경우에는 오이디푸스 콤플렉스를 갖는 시기라 하고 엘렉트라 콤플렉스(Electra complex)를 갖는 시기 -여아의 경우 남아와 비

구분	정의적 영역의 특징	Erikson_ 심리사회적 발달이론	Freud_ 심리성적발달 단계
	-자기 의식적 정서를 자주 경험 -상호작용적 놀이(연합, 협동) 증가 -도구적 공격성 감소 -적대적 공격성(언어적, 관계적) 증가 -친구 관계 형성 -진실과 거짓을 구별 -도덕적, 사회 관습적 규칙, 개인적 선택의 문제 구별 -동성의 놀이친구에 대한 선호 강함 -다른 사람의 정서적 반응 해석 -감정이입을 표현하기 위해 언어에 의존 -도덕적 규칙과 행동을 많이 획득 -성 유형화된 신념과 행동이 지속적으로 증가 -성 향상성 이해	허락하는 부모와 가족에 의해 주도성을 격려 받고 독립적임을 확신하게 됨 -목표나 계획을 이루려는 목표지향적인 행동을 하게 됨 -아동이 무언가를 주도적으로 하려고 할 때 부모가 심하게 꾸짖거나 목표를 이루지 못하면 죄의식을 느낌 -부모가 아동의 주도적 활동과 환상(오이디푸스 콤플렉스)을 처벌하거나 억제하면 새로운 활동을 나쁜 것이라 느끼고 죄책감 발달시킴 -부모나 교사는 아동이 가지는 환상의 좌절, 죄의식, 처벌에 대한 두려움 등에 방해받지 않고 가치 있는 목표를 설정하고 추구하면서 아동이 주도성을 발달시키도록 방해하지 않으면서 감독해야 함	교하여 자신에게 남성의 성기가 없음을 알게 되면서 남근선망을 가지게 되며 이런 실망을 아버지에게서 보상받고자 아버지와 결혼하고자 하지만 그것이 현실적으로 불가능하다는 것을 알게 되면서 아버지에 대한 근친상간 욕구를 포기하게 됨 -이 시기에 고착된 사람은 남성의 경우 대부분 경솔하며 과장되고 야심적이며 항상 남자다움을 나타내려고 노력한다. 또한 여성의 경우에는 난잡하고 유혹적이며 경박한 기질을 갖거나 강하게 자기주장을 내세워 남성을 능가하고자 하는 노력을 함
만 6~12세	정서발달, 자기이해, 도덕발달, 또래 관계, 성 유형화, 타인이해, 가정, 발달 문제	4단계 : 근면성 대 열등감	잠복기
	-자기 개념이 성격 특질과 사회적 비교를 포함하기 시작 -자기존중감이 분화되고 위계적으로 조직화되며, 보다 현실적으로 하향 조정 -자부심과 죄책감과 같은 자의식적 정서가 개인적 의무감에 의해 결정 -한 순간에 하나 이상의 정서를 경험할 수 있음을 이해 -다른 사람의 감정을 해석하기	-인지적 기술과 사회적 기술을 습득하고 숙달시키려는 근면성이 형성됨 -아동이 성공을 경험하면 근면성, 유능감을 가지게 되지만 실패 시 부정적 자아상과 열등감을 가져 미래학습을 방해하게 됨	-6세부터 사춘기 이전의 12~13세까지는 잠복기에 해당 -에너지는 신체의 발육과 성장, 지적인 활동, 친구와의 우정에 집중되어 성적인 관심이 줄어들게 되며, 따라서 이드 보다 자아와 초자아가 강해 짐 -이 시기에 고착되면 성인이 되어서도 이성에

구분	정의적 영역의 특징	Erikson_ 심리사회적 발달이론	Freud_ 심리성적발달 단계
	위해 얼굴과 상황적 단서에 주의를 기울임 -사람들이 각자 다른 정보를 활용하기 때문에 서로 다른 견해를 가질 수 있음을 이해 -책임감과 독립심이 증가 -형평성과 선행을 위해 단순한 평등에서 분배적 정의로 이행 -친구와의 상호작용이 보다 친사회적이 되며 공격성은 감소 -자기존중감이 증가하는 경향 -성공과 실패에서 능력, 노력, 운과 같은 원인들을 구별 -정서를 조절하는 적응적 책략 체계를 가짐 -다른 사람의 관점을 취하여 자신을 바라볼 수 있음 -자신과 다른 사람과의 관계를 제삼자나 편견이 없는 입장에서 바라볼 수 있음 -도덕적 규칙과 사회적 관습을 구분하고 관련지음 -개인의 권리에 대한 이해가 증가 -또래집단이 나타나며, 형제간 경쟁이 증가하는 경향 -우정은 상호 신뢰에 근거 -성 고정관념이 나타나지만 아직은 여성과 남성의 역할에 대해 융통적인 관점을 가짐		대한 정상적인 관심을 발달시키지 못하고 동성간의 우정에 집착하게 됨
만 12~18세	정서발달, 자기이해, 도덕발달, 또래 관계, 성 유형화, 가족, 발달 문제	5단계 : 자아정체감 대 자아정체감 혼란	생식기
	-울적함과 부모-자녀 간의 갈등 증가 -태도와 행동이 더 성에 의해 정형화됨 -또래와 보내는 시간이 더 많아짐 -비슷한 가치를 가지고 있는 무리들이 큰 무리를 형성	-정신적 성장이 급격한 신체적 변화를 따라가지 못하는 변화의 시기 -내가 누구인가에 대한 의문과 탐색 통해 이제까지의 심리적 정체감을 재규정 하게 됨	-사춘기가 시작되어 이성에 대한 관심이 생기면서 생식기(genital stage)가 시작 -이 시기에는 호르몬과 생리적 요인들로 인해 그 동안 억압되었던 성

구분	정의적 영역의 특징	Erikson_ 심리사회적 발달이론	Freud_ 심리성적발달 단계
	-또래 압력에 순응하는 반응 증가 -자신의 특성을 토대로 체계화된 자기 개념을 형성 -자기 존중감이 더 분화되고 증가 -정체감 형성 시작 -사회적 조망 수용을 하기 시작 -도덕적 딜레마를 해결하기 위해 이상적인 상호성과 사회의 법을 점차 강조 -도덕적, 사회 관습적, 개인적 문제들 간의 갈등에 대해 보다 풍부하게 추론함 -성 정형화된 태도와 행동이 감소 -데이트 시작 -부모와 더 긍정적으로 관계함 -또래 압력에 대한 순응이 감소 -정체감 형성을 지속함 -도덕 추론의 성숙이 계속됨 -무리와 큰 무리의 중요성이 감소 -낭만적 유희가 오래 지속	-적절한 제한 속에서 스스로 독립적으로 행동하는 시도를 할 때 정체감이 발달 -긍정적인 자아정체감 확립 시 이후의 심리적 위기를 적절히 넘길 수 있지만 방황이 계속되면 부정적인 정체감 형성 -역할 혼동은 심리적 과거와 현재, 미래를 통합하지 못한 결과임	적 감정들이 크게 강화되어 성적 에너지가 성인과 마찬가지로 직접적으로 표현 됨 -이때 다시 오이디푸스 감정이 의식 속으로 올라와 청소년들은 부모 앞에서 불안하고 떨어져 있어야 오히려 편안한 안정감을 느끼게 됨

일반적으로 밝혀진 정의적 영역에서의 발달 단계와 특성은 발달장애 아동의 체육 프로그램을 관리하고 지도할 때 대상 아동의 정의적 발달 수준을 파악하는데 유용하다. 상기 표에서 제시된 만 연령은 비장애 아동의 생활연령에 대한 일반적 기준으로서 발달장애 아동의 연령에 따라 동일하게 나타나지는 않을 것이다. 오히려 발달장애 아동의 보호자와 지도자들은 아동에게 나타나는 특징과 행동을 확인함으로써 역으로 실질적인 정의적 영역의 발달연령 수준을 추정해 볼 수가 있다. 여기서 중요한 것은 보호자나 지도자들이 아동의 정의적 발달연령을 추정하여 확인하는 것으로 그치는 것이 아니라 정의적 발달연령 수준에 따라 아동에게 적합한 양육과 지도의 방식을 선택해야 한다는 것이다. 종종 생물학적 나이만을 기준으로 한 양육과 교육의 방식은 아동에게는 거부감과 실패감을 초래하고 지도자들에게는 강압적이고 물리적인 태도를 유발하는 원인이 된다. 다음 단계로의 자연스러운 정의적 발달을 위해 아동이 가지고 있는 현재 수준에서 어떤 방식과 내용의 정의적 자극이 요구되는지를 명확히 파악하는 것이 중요하다.

(3) 인지적 영역(cognitive domain)의 발달

인지적 영역의 발달은 인간의 알아가는 능력과 그에 대한 변화와 관련되어 있다. 발달장애 아동들의 경우 지적장애와 자폐성장애 모두 인지 영역에서의 손상을 공통적으로 나타낸다. 물론 두 장애에서 나타나는 인지적 특성은 단순히 지능 지수가 낮다는 것만으로 그 특성을 확정하기는 어렵지만 새로운 개념을 받아들이는 과정과 수용된 정보를 처리하는 방식은 일반적인 인지발달 양상과는 다르다. 발달장애 아동을 지도하는 경우 인식해야 할 것은 지능이 낮다는 결론적 판정보다는 인지발달을 좌우하는 각각의 요인들이 어떻게 변화되는지와 어떤 방식의 접근이 인지적 요소들을 보다 효과적으로 자극할 수 있는지 확인해야 한다는 것이다.

인지적 영역에 대한 교육 목표를 제시하였던 Bloom은 인지 분야의 요소를 아래 〈표 9〉와 같이 지식부터 평가에 이르는 6가지로 구분하였다.

☑ 〈표 9〉 불룸(Bloom)의 인지적 영역 요소(Anderson, 2005)

- 지식(knowledge)
- 이해(comprehension)
- 적용(application)
- 분석(analysis)
- 종합(synthesis)
- 평가(evaluation)

발달장애 아동의 체육 프로그램을 진행함에 있어 Bloom의 인지적 발달 요소에서 참고할 수 있는 것은 각 인지 발달의 요소들이 단계적인 절차를 거치게 된다는 것이다. 특정 신체활동에 대한 지식 개념을 새롭게 접하는 경우 아동들은 그것을 이해하고 적용하는 과정을 거쳐 자신의 수행에 대한 분석과 평가를 하는 인지의 과정을 거친다. 즉, 인지적 발달의 시작은 새로운 지식을 접하는 경험이 전제되어야 하고, 그것에 대한 충분한 이해를 통해 스스로 적용하고 해석할 수 있는 인지의 완성이 이루어진다. 여기서 중요한 것은 각 단계들이 진행되는 속도의 개별성과 진행 과정의 특수성을 지도자들이 인식하는 것이다. 발달장애 아동들은 새로운 개념에 접근하는 것도, 그것에 대한 이해의 과정을 거치는 것도 다른 아동들과는 차이를 갖기 때문이다.

발달장애 아동을 지도하는 경우 흔히 실패하는 가장 큰 원인은 가르치는 사람이 배웠던 경험을 그대로 지도에 적용하려고 하는 것이다. 물론 그것이 의도치 않은 것이라도 무의식적으로 지도자가 배웠던 일반적인 방식과 기간이 발달장애 아동들에게도 동일하게 적용될 것이라는 기대를 갖는 경우가 흔히 발생한다. 이러한 지도자들의 기대는 실제 아동의 수행 결과와 어긋나는 경우가 빈번히 발생함으로써 아동에게는 반복적인 실패감을 유발하고 지도자들에게는 무능감을 촉발시킨다. 결국 아동은 무언가를 본격적으로 시도하기도 전에 회피 또는 거부의 행동을 나타냄으로써 오랜 기간 체육활동 참여와 멀어지는 최악의 상황이 초래되기도 한다. 이런 이유로 발달장애 아동에 대한 지도 경험이 풍부한 지도자일수록 초기 지도 과정에서 '여유'를 강조한다. 그들은 발달장애 아동이 새로운 체육 프로그램의 과제들을 접하게 될 때 충분히 새로운 것들을 이해할 수 있는 시간이 필요하다는 것을 잘 알기 때문이다. 그리고 그러한 이해 과정이 아동 스스로 목적이 있는 동작과 활동을 수행할 수 있는 필수 조건이 된다는 것을 수많은 경험을 통해 채득했기 때문이다. 물론 어느 정도의 시간적 여유를 가져야 하는가에 대한 정해진 답은 없다. 때로는 한 가지 신체활동의 과제를 본격적으로 지도하기 전에 1-2주 정도의 개념 탐색 시간이 필요한 아동이 있고 때로는 3-4개월이 요구되는 아동도 있기 때문이다. 지도자들은 똑같은 개념 하나를 이해하는 속도에서 아동에 따라 차이가 날 수 있다는 것을 반드시 기억해야 한다.

　1950년대 이후 인간 발달에 대한 본격적인 연구가 이루어지면서 인지발달에 대한 연구도 활성화되었다. 대표적인 인지발달 이론으로는 적응이라는 생물학적 개념을 중심으로 하는 Piaget의 인지발달 이론, 사회적 맥락 안에서 인지발달이 일어난다고 주장한 Vygotsky의 사회문화 이론, 인간의 마음을 하나의 정보처리체계로 바라보는 정보처리 이론 등이 있다. Piaget의 인지발달 이론은 발달이 비연속적으로 진행된다고 주장하였지만 사회문화 이론과 정보처리 이론은 발달이 아동기부터 성인까지 점차 확장하는 형태로 연속성을 갖는다고 주장하였다. 각각의 인지발달 이론들은 그것들이 갖는 관점에 따라 인지 능력 변화의 주요 원인과 단계의 차이가 있다. 그럼에도 불구하고 각 이론들이 제시하는 발달 연령별 인지 수준과 내용들에는 어느 정도의 공통점이 나타난다. 발달장애 아동의 보호자 또는 지도자들이 인지발달 이론들로부터 얻을 수 있는 내용적 가치는 자신이 양육하거나 지도하는 아동이 인지적 발달 내용을 확인함으로써 실제적인 인지 발달 연령을 확인하고 그에 따른 지도 내용의 수준과 방법을 합리적으로 결정할 수 있다는 것이다.

　인지발달 이론 외에 인지 변화에 결정적인 영향을 주는 요소로 언어가 있다. 언어는 의사소통의 목적을 가지고 있기도 하지만 논리적 사고, 추론 등의 기초가 된다는 점에서 고등 인지발달의 핵심적 요소이고, 각 발달 이론과 매우 밀접한 연관성을 가지고 있기 때문에 인지발달 이론과 함께 살펴볼 필요성이 있다. 연령별 인지발달의 주요 체제는 그림 4와 같다.

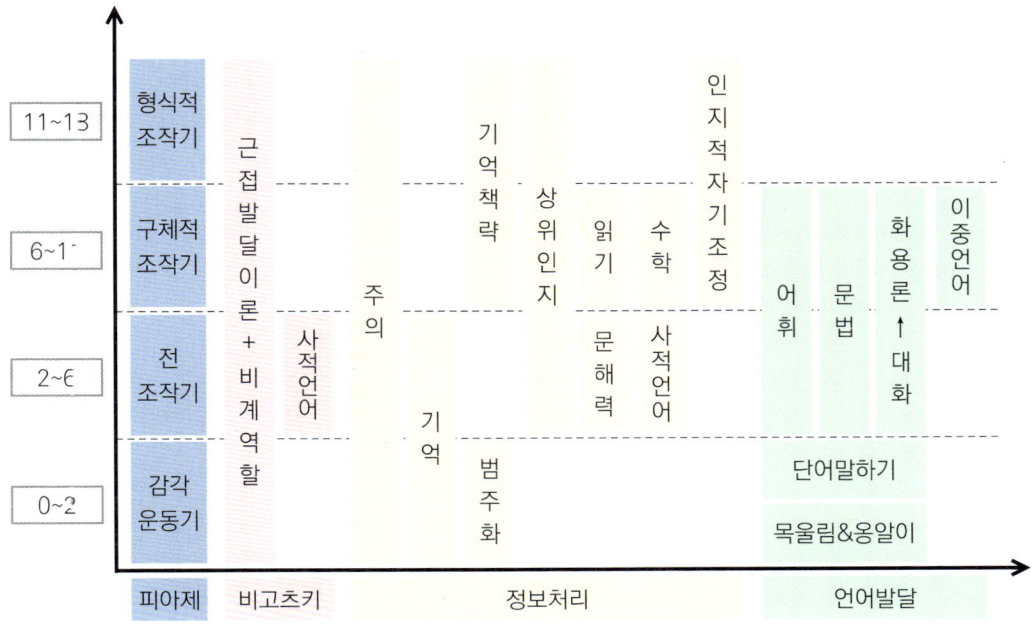

그림 4. 발달 연령별 인지발달 주요 내용과 체제

인간의 인지발달을 설명해 온 대표적인 세 가지 축은 Piaget의 인지발달 이론과 이를 근간으로 재해석된 정보처리접근5), 그리고 Vygotsky의 사회문화 이론이다. 이러한 큰 주류의 변화는 인지발달이 개인 차원의 변화에서 점차 외부 환경과의 상호작용을 중시하는 변화로 이어오고 있다는 것을 제시하고 있다.

특징적인 것은 인간을 바라보는 행동주의적 관점에서 벗어난 피아제가 환경과 상호작용에 직접적으로 연관되어 있는 적응 개념을 자신의 인지발달 이론에 제시하였다는 것이다. 피아제는 인지발달 이론에서 신체가 구조에 적합하게 적응하는 것과 같이 마음의 구조도 외부에 적합하게 변화하여 균형을 이루며 발달한다고 주장하였다. 피아제는 기본적으로 물리적 세계에 대하여 탐색을 실시하였으나 개인의 발견을 통한 발달을 강조하여 사회적 또는 문화적 영향의 가능성을 배제하였다. 또한 피아제는 청년기 이후에 새로운 차원의 인지발달 단계가 일어나지 않는다고 주장하며, 인간의 인지발달 단계를 감각운동기, 전조작기, 구체적조작기, 형식적조작기의 4단계로 제시하였다.

---

5) 정보처리접근은 인지발달에 관한 단일 이론이기보다는 인지에 관한 다양한 측면을 연구하는 방법이다. 정보처리접근 방식을 선택하는 이론가들은 정신을 컴퓨터처럼 정보를 처리하는 다양한 상징과 조작 체계로 보는 관점을 갖고 있다.

☑ 〈표 10〉 피아제(Piaget)의 인지 발달 단계와 특성(장휘숙, 2001 참조)

구 분	특 성
감각운동기 (출생 – 2세)	영아는 눈과 귀 그리고 손을 사용하여 세상을 지각한다. 그들은 음악을 듣기 위하여 스위치를 잡아당기고 숨겨진 장난감을 찾아내며 용기 안에 물건을 넣고 꺼내는 것과 같은 감각운동문제를 해결하는 방법을 고안해 낸다. 신생아의 단순한 반사들이 나타나는 출생에서 시작해서 초기의 유아적 언어가 나타나는 상징적 사고가 시작되는 2세 즈음에 끝난다. 이 단계에서 독립적이지만 상호 관련된 6개의 하위단계들을 제시한다.
전조작기 (2-7세)	아동초기 유아들은 이전의 감각운동적 발견을 표상하기 위하여 상징을 사용한다. 언어와 상징놀이의 발달이 이루어지나 사고는 아직도 논리적이지 못하다. 아동의 언어가 급격히 발달하고 상징적으로 사고하는 능력도 증가하지만 여전히 논리적인 조작이 가능하지 않기 때문에 전조작기라고 부른다. 조작은 과거에 일어났던 사건들을 내면화시켜 서로 관련지을 수 있는 논리적인 관계를 말한다. ※ 상징놀이, 자기중심적 사고, 물환론, 직관적 사고
구체적 조작기 (7-11세)	아동의 추론은 논리적으로 변화한다. 아동중기 아동들은 우유나 진흙의 모양이 변한 후에조차도 그 양이 그대로 유지된다는 것을 이해한다. 그들은 또한 사물의 범주와 하위범주의 위계로 조직할 수도 있지만 아직도 추상적 사고는 불가능하다. 아동은 전조작기에서 갖지 못한 가역성이라는 특성을 갖는다. 또한 조작의 순서는 전환될 수 있고, 조작 전 상황의 특성들이 회복될 수 있다는 것을 이해한다. ※ 보존개념의 획득, 유목화, 분류화, 서열화
형식적 조작기 (11세 이후)	추상적 사고가 가능하다. 청소년들은 실제 세계에서의 사물과 연결되지 않은 상징을 사용하여 추론할 수 있으므로 고차적 수학도 가능하다. 과학문제의 해결 시에 모든 가능한 결과를 생각해 낼 수도 있다. 새로운 상황에 직면했을 때 현재의 경험뿐만 아니라 과거와 미래의 경험을 이용한다는 것, 체계적인 과학적 사고가 가능하고, 추상적 사고가 가능하고, 이상주의적 사고를 한다.

발달장애 아동의 체육 프로그램과 관련하여 피아제의 인지발달 이론에서 주목되는 것은 인지 발달의 시작 단계가 '감각운동'을 통해 시작된다는 것이다. 즉 인간의 인지 능력이 감각적 자극과 반응에 기반 한 신경계의 활성화를 통해 비롯된다는 것을 의미한다. 낮은 인지 능력을 나타내는 발달장애 아동의 체육 프로그램에서 감각기관을 자극할 수 있는 신체활동프로그램의 중요성을 암시하는 부분이다. 이는 특히 발달장애 아동에 대한 체육 프로그램의 적용이 심동적 영역의 변화뿐 아니라 인지 영역의 변화에도 긍정적 영향을 줄 수 있다는 것의 근거가 되고 있다.

정보처리접근은 피아제의 이론과 같이 인간을 적극적으로 학습하는 존재로 간주하였다. 하지만 피아제와 달리 발달의 단계를 구분한 것이 아닌 지각, 주의, 기억 책략, 정보의 범주화 같은 특성으로 제시하였고 이런 특성이 연속적으로 발달한다고 주장하였다. 즉 각 단계별로 차등적인 발달을 하는 것이 아닌 인지발달의 특성들이 모든 연령대의 아동에게 있으나 그 정도의 차이에 따라 발달이 결정됨을 설명한다. 그러므로 정보처리 이론은 아동의 인지체계상태와 과제에 대한 수행력을 통해 아동의 행동을 구체적으로 예측할 수 있다는 장점이 있다. 하지만 정보처리이론은 피아제의 인지발달이론과 같이 사회적 맥락을 고려하지 못한 이론이기 때문에 실험실 연구라는 문제점을 가진다. 반면 발달장애 아동들의 신체활동 경험은 그와 관련된 지식 정보들을 뇌에 축적시켜 도식을 구축함으로써 유사한 상황에서 효율적으로 적용하거나 더 높은 기능 수준으로 발전시키는 원리로 적용될 수가 있다.

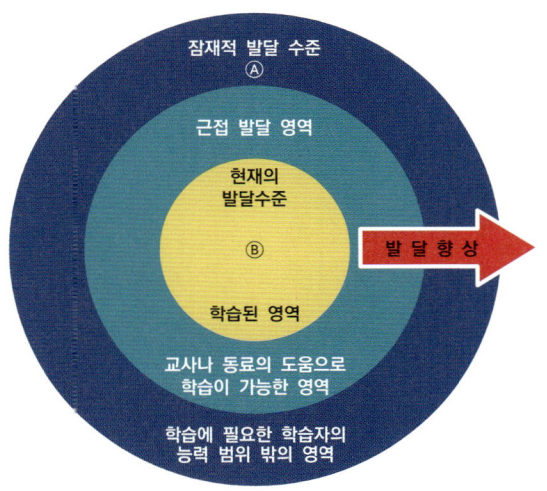

그림 5. 비고츠키의 근접발달영역 원리

비고츠키의 사회문화이론은 아동의 인지 발달을 사회적 맥락 안에서 고려해야한다는 이론이다. 즉 인간의 인지발달은 개인 내적 역량보다는 외부의 환경과 어떤 관계로 상호작용이 진행되는가에 달려있음을 의미한다. 이 이론은 피아제의 이론과 능동적 학습을 강조했다는 점이 유사하나 개인 내적인 추론의 반복이 아닌 사회와의 상호작용, 즉 사회 구성원과의 대화를 통해 사고나 행동방식을 습득할 수 있다고 주장한다는 점에서 차이를 보인다. 그러므로 발달은 연속적으로 일어나며 인간은 사회 안에서 적극적인 상호작용을 할 때 가장 효과적으로 발달한다는 기조를 가지고 있다. 비고츠키가 강조한 인지발달의 사회적 상호작용의 매개는 언어이다. 결국 비고츠키의 인지발달은 언어의 발달과 밀접한 연계성을 가지고 있으며, 인지발달이 언어에 의한 학습을 통해 이루어진다는 것이 핵심이다. 비고츠키는 피아제와는 달리 연령별로 발달단계의 특성을 구분해 놓고 있지는 않다. 그의 주장은 연령에 의존하여 발달이 특정화된다는 것보다는 '근접발달영역'이라는 원리를 통해 아동에게 주어지는 사회적 환경과 그것과의 상호작용에 따라 인지 능력의 변화가 주도된다는 것을 강조한다. 체육 프로그램에서도 비고츠키의 근접발달영역 원리는 유용하게 활용될 수 있다. 발달장애 아동의 ⓑ현재 발달수준은 신체활동에 대한 지도자의 도움과 보조를 통해 미발달된 분야의 근접발달영역을 ⓐ잠재적 발달 수준으로 확장시키는 변화를 가져올 수 있게 된다. 발달장애 아동의 경우 다른 또래 아동들에 비해 상대적으로 신체와 신체움직임에 대한 개념적 ⓑ현재 발달수준이 낮은 경우가 대부분이기 때문에 또래 수준으로의 변화를 도모하기 위해서는 근접발달영역에 대한 적극적인 개입이 요구되며, 이를 위해 체육지도자들의 역할이 매우 중요하다. 물론 비고츠키가 강조했던 주변인들과의 언어 상호작용을 통한 학습의 원리를 고려할 때 발달장애 아동의 체육지도자들은 체육 프로그램 진행과정에서 아동과의 반복적인 언어적 자극과 소통을 세심히 고려할 필요가 있다.

아래의 〈표 11〉부터 〈표 14〉까지는 인지발달과 관련된 주요 이론과 접근 방식에 따른 연령별 인지발달 특성에 관한 내용이다. 많은 학자들의 탐구 및 연구 결과로 정리되어 온 일반적 발달 속도를 기준으로 정리된 것이기 때문에 발달장애 아동들의 생물학적 연령과 비교하는 것에는 한계가 있을 수 있다. 단, 발달장애 아동이 나타내는 인지적 특성을 확인함으로써 실질적인 인지 영역의 발달 연령을 추정하고 교육과 양육에 참조하는데 활용할 필요가 있다.

☑ 〈표 11〉 0~2세의 인지발달 특성 요약

구 분		특 성
Piaget 인지 발달이론 (감각운동기)	우연적 행동	- 출생부터 1개월까지는 반사움직임을 나타냄 - 1~4개월까지는 일차순환반응기로 영아 자신의 몸을 중심으로 단순한 움직임을 나타내며 외부 환경에 호기심이 적음 - 4~8개월은 이차순환반응기로 주변 환경에서 발생하는 흥미로운 효과들을 반복하기 위해 행동을 하고 모방행동을 시작함
	의도적 행동	- 8~12개월은 이차순환반응들의 통합기로 의도적 혹은 목적 지향적 행동을 나타냄. 또한 숨겨진 장소에서 물건을 찾아낼 수 있으며(대상영속성) 모방의 형태가 조금 더 구체화 됨 - 12~18개월은 삼차순환반응기로 새로운 방식으로 물건을 조작하여 물건의 특성을 탐색함. 새로운 행동의 모방을 실시하고 숨겨진 물건을 찾기 위해 몇 가지 장소를 탐색함 - 18~24개월은 정신적 표상[6])을 가질 수 있는 시기로 문제에 대해 갑작스럽게 해결하고 자리에 없는 동안 사라진 물건을 찾을 수 있음. 지연 모방, 가장 놀이에서 암시한 것처럼 물건과 사건에 내면적 묘사 가능
정보 처리 접근	주의	- 1~2개월 된 영아들은 대비되는 특징에 주의를 집중하며 점차적으로 대상의 형태를 탐색하기 시작함. 쉽게 새로운 자극에 주의를 빼앗김 - 12개월까지는 새로운 자극에 2~3분 노출되면 주의가 빼앗김 - 생후 1년 이후 통제기능에 따라 주의를 기울이는 시간이 점차 향상됨
	기억	- 1세 이전의 유아들은 친숙해지는 형태로 정보를 받아들이고 재인기억을 통해 새로운 자극을 수용함. 또한 1세 이후의 아이들은 회상기억으로 숨겨진 물건을 찾을 수 있고 다른 사람의 행동을 보고 추후에 모방할 수 있음
	범주화	- 3개월 된 유아는 가장 단순한 알파벳과 숫자 등의 나열 중 동일한 것을 범주화할 수 있음 - 6개월에는 두 개의 연관성이 있는 물체를 범주화할 수 있음 - 7~12개월이 된 유아들은 음식, 가구, 새, 식물 등의 의미 있는 범주들로 구조화함

구 분		특 성
	수리력	- 14~16개월 사이 걸음마기 아동들은 서열성, 혹은 수량간의 순서적 관계를 획득하기 시작
언어		- 2개월에는 목울리기를 함 - 4개월에는 옹알이를 하고 성인이 정보제공자라는 것을 인식함 - 4~6개월에는 성인과 '까꿍' 같은 놀이를 할 수 있음 - 7개월쯤의 유아는 성숙한 구어에 해당되는 많은 소리를 포함하여 옹알이를 하며 10개월에는 억양을 반영할 수 있으며 이는 점차 첫 단어로 변화 - 12개월에는 더욱 적극적으로 역할놀이 게임에 참여함 - 1세에는 일주일에 1-3개의 어휘를 익히며 200개 정도의 단어를 산출함 - 18개월에서 24개월 사이에는 하루에 한, 두 개의 단어를 습득함

☑ 〈표 12〉 2~6세의 인지발달 특성 요약

구 분		특 성
Piaget 인지 발달이론 (전조작기)		- 외부정보의 유입을 통해 정신적 표상이 발달함 - 정신적 표상을 활용하여 역할 놀이와 같은 가장 놀이를 실시함 - 역할 놀이를 통해 다른 아이들과 상호작용할 수 있고 협동심이 발달함 - 3세의 아이들은 이중표상을 가지고 물체를 탐색할 수 있으며 6세에는 지도, 사진, 그림책을 보고 실물과 비교할 수 있음 - 다른 사람 지각을 이해하지 못함 - 자기 중심화로 인해 보존 과제를 수행하지 못함
정보처리 접근	주의	- 초기 아동기 아동은 중기 아동기 아동보다 과제에 집중하는 시간이 상대적으로 짧기 때문에 쉽게 주의가 분산됨 - 행동의 계획을 수립하여 목표에 도달하는 능력이 발달 - 친숙하지 못하거나 단계가 세분화된 과제에는 순차적인 과정을 잘 결정하지 못함
	기억	- 4~5세에는 재인기억을 완벽하게 수행할 수 있고 2세경의 아동은 1~2개만을 회상하지만 4~5세 아이들은 3~4개의 항목을 회상할 수 있음 - 학령전기 아이들은 스크립트와 자서전적 기억을 사용할 수 있음
	마음 이론	- 2~3세의 아이들은 틀린 믿음을 이해하지 못하나 4세 이후에는 마음이론의 발달과 함께 틀린 믿음을 이해함
	문해력	- 2~4세의 아이들은 상징화된 문자를 통해 문해력을 가질 수 있음 - 5~7세에는 철자가 단어의 일부이고 언어가 체계성을 갖추고 있음을 이해함

---

6) 정신적 표상 : 외부 정보의 유입이 후의 행동에 영향을 주는 방식으로 저장되는 것

구 분		특 성
	수리력	- 3세경이 되면 아동들은 수를 세기 시작하고 의미를 명확하게 알지 못하지만 10까지 셀 수 있음 - 3세 반에서 4세 정도에는 10까지 정확히 세며 그 의미를 숙달하고 기수성의 원리를 습득함 - 4세경의 아이들은 계산문제를 풀기 시작
	언어	- 2세의 아이들은 200단어 정도의 어휘를 구사하고 6세 즈음에는 약 1만 단어를 획득 함 - 2세의 학령전기 아동은 주어-동사-목적어의 기본형태의 어순을 따라 말하기 시작하며 3세 이후 수동태를 이해하기 시작함 - 4세~5세에 이르면 아동들은 2개의 절이 들어간 문장을 사용함

☑ 〈표 13〉 6~11세의 인지발달 특성 요약

구 분		특 성
Piaget 인지 발달이론 (구체적 조작기)	조작	- 6~7세 아동은 수, 덩어리, 액체 보존, 8~10세 아동은 무게 보존에 대해 조작을 통하여 해결할 수 있음 ※ 조작 : 정신적 표상에 대해 정신적으로 행하는 활동
	분류	- 7~10세 아동들은 유목과제를 수행하면서 범주의 위계를 알 수 있으며 3가지의 범주의 관계를 구분할 - 10세에는 수집된 물건을 다양한 하위 단위를 선정하여 구분 가능함
	서열화	- 7~8세의 아이들은 정신적으로 서열화를 실시할 수 있음
	공간 추리	- 초기 학령기 아이들은 지도에 따라 이정표를 표시할 수 있으나 능숙하게 그리지 못함 - 8~10세의 아동들은 지도를 조직화하여 그릴 수 있음
정보처리 접근	주의	- 9세의 아이들은 학습할 과제의 우선순위를 정함 - 이후 이러한 주의는 계획하기로 발전함
	기억 책략	- 8세의 아이들은 한 단어를 시연할 수 있으나 10세에는 4개 단어를 시연함 ※ 시연 : 특정 단어를 반복적으로 생각하여 기억하는 것을 뜻함 - 10세의 아이들은 같은 범주에 속하지 않은 둘 이상의 정보를 유사점을 만들어 기억함
	마음 이론	- 마음을 능동적으로 정보를 선택하는 실체로 생각함 - 과제를 잘 수행하기 위해서는 주의를 기울여야함
	인지적 자기 조정	- 목표를 이루기 위해 계획을 수립, 평가하고 잘못되었을 경우 방향을 재조정함

구분		특성
언어	읽기	- 글자와 글자조합을 지각하고, 자신의 말소리로 변환하며 의미를 해석하고 읽을 수 있음
	수리력	- 숫자세계와 계산절차를 발전시키고 기초적인 산수의 연산이 가능함
	어휘	- 11세에는 사용하는 단어가 4만 단어가 넘으며 하루에 20개씩 학습함 - 복잡한 단어를 분석하여 어휘 수를 늘려갈 수 있음
	문법	- 복잡한 문법을 아동들은 완전하게 익힐 수 있음 - 영어의 경우 수동태와 수동태를 축약한 형태가 아닌 완전한 문장으로 진술
	화용론	- 8~9세의 아이들은 평가적 언급을 사용하여 사건을 이야기함
	이중 언어	- 아동기에 제 2언어를 학습할 경우 유창하게 할 수 있음

☑ 〈표 14〉 11~18세의 인지발달 특성 요약

구분		특성
Piaget 인지 발달이론 (형식적 조작기)	가설 연역적 추론	- 논리적인 사고를 통해 직접 경험하지 않아도 문제를 해결할 수 있는 능력이 발달 - 다양한 변인을 분리하여 결합시키면서 논리적으로 검증할 수 연역적 추론을 시작
	명제적 사고	- 실제 상황에 참여하지 않고 명제의 논리(언어의 진술)로 사고하여 문제를 해결 하는 것을 의미
정보처리 접근	주의	- 보다 더 선택적이 되고 변화하는 과제의 요구에 빠르게 적응할 수 있음
	억제	- 부적절한 상황에서 관계없는 자극과 잘 학습된 반응의 억제가 증가하며, 더 잘 주의하고 추론할 수 있도록 도와줌
	기억 책략	- 책략은 더 효과적이 되어 정보의 저장, 표상, 회상을 증진시킴
	마음 이론	- 상위인지가 확대되어, 정보 습득과 문제해결을 위한 효과적인 책략을 발견하는 새로운 통찰력을 갖도록 해준다.
	인지적 자기 조정	- 인지적 자기 조정은 증가하고 사고를 매 순간 탐지하고 평가하여 새로운 방향을 제시함

3) 운동발달의 이론과 관점

발달은 일생동안 진행되는 인간의 총체적 변화를 말한다. 인간이 가지고 있는 잠재적 변화 요인은 다양하고 그것에 대한 연구는 여전히 진행 중이다. 그러한 측면에서 운동발달은 인간의 움직임 기술에 관련된 변화 요인으로 '일생동안 진행되는 운동행동의 총체적 변화'를 뜻한다고 볼 수 있다.

전통적으로 운동발달을 정의 내렸던 학자들은 문장을 기술하는 방식이 조금씩은 달라도 '운동행동' 또는 '움직임'과 '변화'라는 핵심적 단어를 공통적으로 포함하고 있다.

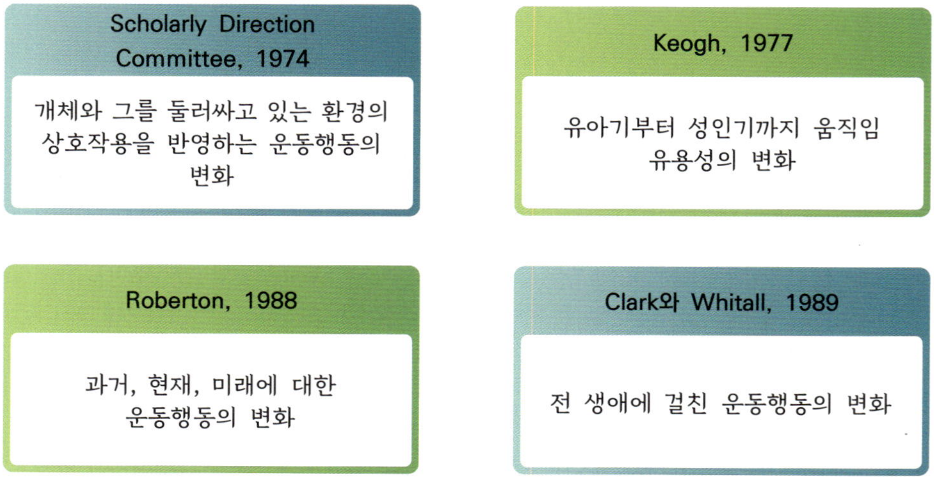

Scholarly Direction Committee, 1974
개체와 그를 둘러싸고 있는 환경의 상호작용을 반영하는 운동행동의 변화

Keogh, 1977
유아기부터 성인기까지 움직임 유용성의 변화

Roberton, 1988
과거, 현재, 미래에 대한 운동행동의 변화

Clark와 Whitall, 1989
전 생애에 걸친 운동행동의 변화

그림 6. 전통적 운동발달의 핵심 정의

발달장애 아동의 체육 프로그램을 진행하는데 있어 운동발달을 이해하는 것은 프로그램의 핵심 콘텐츠가 신체활동이기 때문에 매우 중요하다. 즉, 발달장애 아동의 체육 프로그램에서 신체활동 콘텐츠를 선정하고 구성하는데 운동발달을 고려하는 것은 프로그램의 타당성과 적합성을 확인할 수 있는 기준이 된다.

운동발달 이론은 인간 발달을 접근하는 배경 및 관점에 따라 유사한 변화 경향을 갖고 있다. 즉, 인간 발달이 내재되어 있는 유전 요인을 중심으로 설명하였다가 점차 환경의 영향을 강조한 것처럼 운동발달 역시 초창기는 성장, 성숙과 같이 신경·생리학적 요인에 의한 운동행동의 변화에 중점을 두다가 점차 경험과 학습과 같은 환경과의 상호작용을 강조하는 추세이다.

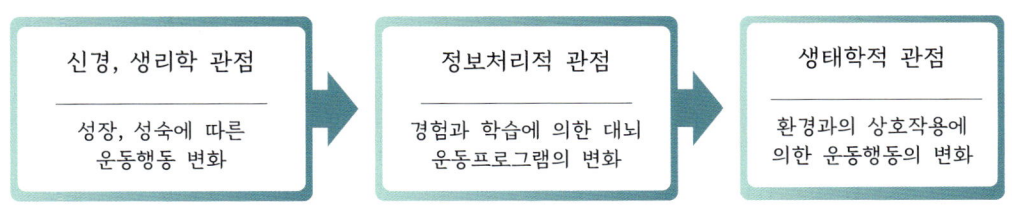

그림 7. 운동발달의 이론적 관점 변화 경향

(1) 신경·생리학적 관점의 운동발달

인간의 운동발달이 이미 정해져 있는 유전적 요소들에 의해 주도된다는 것을 강조한 관점이 성숙과 성장 중심의 운동발달이다. 성장과 성숙에 의한 관점은 운동발달 연구의 초창기에 주류를 이루었다. 운동발달에 관한 연구가 시작된 것에 대해서는 학자마다 조금씩 다르지만 Keogh(1977)과 Thomas 등(1989)은 유아 발달에 관심을 갖던 의사들에 의해 1920-1930년대 시작되었다고 보고하였으며, Clark와 Whitall(1989)은 1789년~1928년 사이를 운동발달 연구의 전조기로 제시한 바 있다(김선진, 2003). 이 시대의 Gesell(1928)과 McGraw(1935)는 신경 생리학적 성숙에 의한 운동발달을 주장한 대표적인 학자이다. 이들이 주장한 운동발달은 운동을 잘 할 수 있는 능력이 이미 부모에게 물려받은 것으로 외부 환경에 의한 신체기능의 변화는 한계가 있다고 설명하였다. 이러한 관점에 의해 일부 국가에서는 한 때 엘리트 선수를 선발하고 육성하는데 부모의 운동능력을 기준으로 삼기도 했다. 부모의 신장, 체중에 따라 자녀의 성장이 유사한 변화 결과를 나타내는 것과 함께 운동기능 역시 밀접한 관련성을 갖고 있다는 것이 성숙과 성장 관점의 근거로 제시되었다. 그러나 인간의 운동발달에서 유전에 의한 변화가 어느 정도는 인정되더라도 경험이나 학습과 같은 운동행동 변화의 요인을 고려하지 못했다는 것은 제한점이 되었다.

이 시기에 이어서 인간의 운동발달을 기술적 記述的 인 관점에서 연구하는 방식이 또 하나의 흐름으로 진행되었다. 여기서의 기술 description 이란 움직임의 변화를 자세히 서술하는 것을 뜻한다. 즉, 연령대에 따라 변화되는 움직임 기술을 상세히 확인하고 묘사하여 운동행동 변화의 단계별 규준을 제시하고자 하였다(Clark와 Whitall, 1989). 또한 Glasgow와 Halverson은 역학적인 차원에서 효율적인 동작을 습득하는 운동수행의 과정을 상세히 기술하고자 하였다. 이러한 연구 결과들은 운동행동 변화의 단계적 형태를 구체화하여 운동발달의 계열성을 확립하였다는 가치를 갖고 있다. 예를 들어 아동의 차기 혹은 달리기 모습을 관찰하면 그 대상의 운동발달 연령을 유추할 수 있고, 그것을 통해 다음 운동행동 변화를 위해 필요한 지도를 할 수 있는 장점이 있다. 그러나 기술적 관점의 운동발달 해석은 성숙 중심의 운동발달 관점과 마찬가지로 운동행동 변화의 원인이나 영향 요소를 충분히 설명하지 못하는 한계점을 갖고 있다.

발달장애 아동의 체육과 관련하여 성숙 중심의 운동발달 이론은 출생 직후부터 유아기까지 나타나는 운동행동의 수행 수준을 확인하고, 일반적인 운동발달 규준과의 상이점을 파악함으로써 적절한 지도의 내용과 방식을 찾는데 유용하게 적용할 수 있다.

(2) 정보처리 관점의 운동발달

인간의 운동행동 변화에 대한 여러 관점들 중 정보처리 관점은 이전에 제시되어 온 성숙이론과는 다른 방식의 접근이다. 즉, 인간의 운동발달이 주로 유전에 의한 신경·생리학적 변화이기 보다는 인간으로서 경험하게 되는 다양한 방식의 움직임들이 의미 있는 정보로서 대뇌에 유입되어 대뇌의 운동프로그램을 구축하고 이것에 의해 운동행동이 발현되며 변화된다는 것이다. 이러한 운동발달의 관점은 1970년대 Schmidt(1975)에 의해 구체화되었고 체육학 이론에서도 운동발달 및 운동학습 분야에 지대한 영향을 끼치게 되었다. 정보처리적 관점에서의 운동발달을 설명하는 학자들은 운동발달의 과정과 원리에 대해 주로 관심을 가지고 인간 운동행동의 능동적 변화 가능성을 주장하였다. 더불어 이들 학자들은 운동프로그램의 구축 및 양적 질적 변화를 위한 정보 유입 체계를 컴퓨터로 비유하면서 구체적 절차를 제시하였다.

정보처리적 관점에서 운동행동의 변화는 외부 환경의 정보가 감각기관을 통해 유입되고 뇌에서의 정보 인식과 선택의 과정을 거쳐 운동프로그램이 구조화됨을 가정하고 있다. 이렇게 구축된 운동프로그램은 다시 상황과 개인의 의지에 따라 말초 신경을 통해 신체의 각 부위에 전달됨으로써 운동행동이 발현되는 것으로 설명한다. 결국 인간의 운동수행 능력의 변화는 많은 경험적 정보들이 대뇌 운동프로그램에 축적됨으로써 질적 변화를 유발하고 그 결과 개인별로 운동발달 수준이 결정된다는 것을 의미한다.

발달장애 아동의 체육 프로그램을 진행함에 있어 정보처리적 관점은 아동들에게 다양한 신체활동의 경험이 충분히 제공됨으로써 지체되어 있는 대뇌의 운동프로그램 체제와 내용을 긍정적으로 변화하게 할 수 있다는 원리로 적용될 수 있다. 물론 발달장애 아동에 따라 갖게 되는 뇌기능 및 감각기관의 개별적 특성으로 인해 운동행동 변화의 속도와 정도가 차이가 나겠지만 근본적으로 다양한 움직임 정보를 체험하고 습득하는 것은 대뇌 운동프로그램의 양과 질을 향상시켜서 운동발달에 긍정적 영향을 주는 것으로 추정할 수가 있다. 이런 원리에서 중요한 문제는 지도자들이 발달장애 아동들이 쉽고 효율적으로 참여할 수 있는 다양한 신체활동 콘텐츠를 선정하고 거부감 없이 보다 효과적인 신체 움직임에 대한 정보가 뇌로 유입되게 하는 것이다. 따라서 발달장애 체육 프로그램을 운영하는 지도자에게는 참가대상 아동이 어느 정도의 인지, 정서 수준과 감각 기관 활용 능력을 가지고 있는지를 파악하는 것이 전제될 필요가 있다.

이와 관련하여 Piaget(1952, 1985)의 인지발달 이론은 현장 지도자들이 곱씹어 봐야 할 필요가 있다. Piaget는 인간의 발달이 인지적 측면을 중심으로 4단계(감각운동기-전조작기-구체적조작기-형식적조작기)를 거치며 변화된다는 것을 주장하였다. 또한 각 단계마다 인지적 수준에 대한 변화 내용을 설명하면서 그러한 단계들이 계열적 순서를 따르고 있으며, 각 개인마다 주어지는 자극에 따라 수준의 차이가 나타남을 제시하였다. 여기서 중요한 것은 Piaget가 인지발달의 첫 단계로 제시한 것이 '감각운동기'로 출생 이후 감각 자극에 따른 움직임 반응이 인간의 인지 능력을 변화시키는 시발점이 되는 것이다. 또한 이러한 감각운동기의 자극과 반응을 통해 운동행동 변화, 즉 운동발달도 시작되는 것을 설명하고 있다.

흔히 발달장애 아동들이 갖는 주요 특성 중 하나가 감각 자극에 대한 반응이 너무 무디거나 반대로 지나치게 예민한 것이다. 이러한 감각적 이상 반응에 대한 원인은 명확히 밝혀져 있지 않지만 감각기관을 통해 자극을 수용하고 이로 인한 정보들을 분석 통합하는 과정에서 뇌를 포함한 신경 기능이 원활히 작동되지 못하는 것으로 추정된다. 결국, 발달장애 아동들은 출생 이후 감각 자극에 대한 합리적 반응이 어려운 상태로 인해 운동발달은 물론 전반적인 영역에서의 발달이 지체될 가능성이 있음을 짐작할 수 있다.

정보처리적 관점에서의 운동발달 역시 감각기관을 통한 신체와 외부의 정보 유입이 첫 시작이라는 점은 체육 프로그램 지도자에게 의미하는 바가 크다. 그 동안 일반적인 체육 프로그램은 주로 대근운동을 매개체로 한 게임이나 종목활동에 집중되어 왔다. 이러한 흐름은 장애인체육에서도 동일하게 적용되어 왔고, 여전히 많은 장애인체육의 학계와 현장 관련자들은 대근운동기술, 체력 및 전문 운동기술 향상을 위한 체육활동에 집중하고 있다. 그러나 발달장애 아동에 대한 체육 프로그램은 장애 특성에 따른 또 다른 측면에서의 접근이 요구된다. 즉 발달 지체를 고려한 체육 프로그램의 시작과 접근방식에 대한 것이다. 발달장애 아동들에 대한 체육 프로그램은 참가 아동의 발달 특성과 수준 파악을 전제로 감각 자극 활성화에 대한 활동 콘텐츠를 충분히 고려하고 준비해야 한다. 물론 전통적인 체육 프로그램이 추구해왔던 대근 운동기능 향상과 심리적 가치 및 사회적 관계 형성 등은 여전히 체육 프로그램을 통해 추구하는 중요한 가치임이 분명하다. 단, 그러한 전통적 체육의 가치들을 지나치게 서두르지는 않아야 한다. 발달장애 아동들이 처음 접하고 시도하는 체육 프로그램으로부터 실패하고 멀어지는 주요한 이유 중 하나가 대상과 환경에 대한 부적응이기 때문이다. 아동들이 새로운 변화를 받아들일 수 있는 프로그램의 수준과 경험을 제공하는 것이 성공적인 참여를 이끌어 낼 수 있는 중요한 요건이고 그러한 측면에서 감각과 지각 자극을 활성화할 수 있는 신체활동은 필수적인 과정이다.

(3) 생태학적 관점의 운동발달

인간의 운동행동 변화에 대한 이론적 기반 중 가장 최근의 흐름은 생태학적 관점의 운동발달이다. 즉, 인간을 둘러싼 여러 가지 환경의 요소들이 운동의 주체인 대상과 상호작용을 반복하는 과정에서 운동행동의 변화를 만들어 간다는 것을 의미한다(Haywood와 Getchell, 2014). 어찌 보면 기존의 운동발달 이론들보다도 생태학적 관점 이론은 환경이라는 광범위한 영향 요소를 운동행동 변화의 원인으로 지목함으로써 인간의 운동발달을 설명하기가 조금 더 복잡해진 것처럼 보인다. 인간 운동행동 변화의 원인을 명확히 개수로 특정하기도 어렵고 변화 과정에 대한 가시적 도식을 제시하기도 애매하다. 그럼에도 불구하고 생태학적 관점은 과거 운동발달 관련 이론들이 유전이나 인간 내적인 원인만으로 설명하지 못했던 운동행동의 변화를 설명하는 데 충분한 역할을 하고 있다. 생태학적 관점의 발달 이론들은 신경생리학자였던 Bernstein(1967)의 운동조절 개념과 원리로부터 기반을 두고 1980년대를 거치며 발전되었다. Bernstein이 인간의 움직임을 신경생리학적 시스템에 기반을 두고 연구하였던 학자라는 측면에서 인간의 내적 원인에서 운동행동의 변화를 완벽히 설명해 내지 못했던 고민으로부터 생태학적 관점의 운동발달은 시작된 것으로 보인다. 이러한 역사적 과정을 고려할 때 현대 사회에서도 운동발달을 설명하고 현장에 적용하고자 할 때 어느 한 쪽 이론만이 정답이라고 맹신하는 것은 부족함을 갖게 될 가능성이 있다. 특히 발달장애 아동들에 대한 교육과 지도의 분야에서는 유전적, 신경생리학적 손상으로부터 발달의 문제를 겪는 경우도 있으며, 다른 한편으로는 분명 환경적 차원의 손상이 원인이 되는 경우도 존재하기 때문이다. 따라서 발달장애 아동의 체육 지도자들은 제시되고 있는 여러 측면의 운동발달 이론들을 동시에 고려하고 대상 아동의 특성을 고려한 프로그램의 전략을 세울 필요가 있다. 즉, 어떤 아동은 신경생리학적 손상 관점에서 요구되는 활동 자극에 초점을 맞추고 또 다른 아동들의 경우는 환경적 손상 차원에서의 신체활동 지도 과제 및 지도 방식을 제공해야 한다.

생태학적 관점의 운동발달은 Newell(1986)의 다이내믹 시스템 모델로 구체화되었다. Newell은 인간의 운동행동을 개인과 환경 및 과제에 의한 상호작용의 결과로 제시하였으며, 이것은 장애인들의 체육 프로그램을 계획하고 진행하는데 있어 신체활동 과제와 환경을 적합하게 구성하는데 중요한 지침이 되고 있다.

오늘날 체육학 분야에서 운동학습과 발달을 주도하는 관점은 생태학적 관점과 여기에서 비롯된 다이내믹 시스템 모델이다. 그만큼 인간의 운동행동 변화에 환경에 대한 중요성을 강조하고 있다는 것을 의미한다. 물론 여전히 성숙론적 관점에서 인간의 내적 요인을 운동행동 변화의 원인으로 주목하고 있는 학자들도 존재한다.

발달장애 아동들에 대한 체육 프로그램은 단순히 아동들이 시간을 보낼 수 있는 신체활동의 기회를 제공한다는 것 이상의 의미와 가치를 가져야 한다. 체육이 갖는 근본적 가치들이 발달장애 아동들에게도 동일하게 적용될 수 있도록 지도자들은 다양한 측면에서의 고려와 준비가 필요하다. 특히 운동행동 기술의 향상을 통한 생활 및 여가 활동의 기반마련, 건강한 삶을 영위하기 위한 체육 프로그램을 제공하기 위해서는 발달장애 아동에게 적합한 이론적 기반을 이해하고 적용할 수 있어야 한다.

그림 8. Newell(1986)의 운동발달 다이내믹 시스템 모델

예를 들어 체육 프로그램에 처음 참여하게 되는 자폐성 발달장애 아동 A에 대한 지도자의 접근 방식과 과정은 생각보다 고려해야 할 사항들이 많다. 먼저 개인의 속성 individual constraints 차원에서 아동 A의 신체 구조적, 기능적 특성에 대한 사항을 면밀히 파악해야 한다. 특수체육 분야 전공에서는 이러한 과정을 초기진단으로 이야기 한다. 특별한 중복장애를 갖고 있지 않다면 대부분의 발달장애 아동들은 신체 구조적 측면에서 손상을 갖지는 않는다. 단 지체된 발달 특성으로 인해 움직임 및 운동 기능적 측면은 또래 아동들에 비해 상대적으로 낮은 수준을 갖는다. 이 때 지도자는 단순히 기능적 수준이 낮은 것을 인지하는 것보다 어느 정도 운동기능 발달 수준인지를 확인해야 차후 시작하게 될 구체적 활동의 방향과 과제 콘텐츠를 적합하게 선정할 수 있다. 진단을 통해 아동 A가 감각운동 수준의 기능을 갖고 있는 것으로 확인되면 이에 따라 잔존 능력을 강화하면서 상위 운동발달 기능을 경험하고 익힐 수 있는 과제 콘텐츠의 선정과 지도가 이루어져야 한다. 또한 아동 A가 갖는 심리·정서적 속성에 대한 정확한 인식은 공간, 시간 등의 환경 조절과 함께 기구, 장비의 효율적인 선택을 유도함으로써 보다 효과적인 체육 프로그램 참여를 가능하게 해준다.

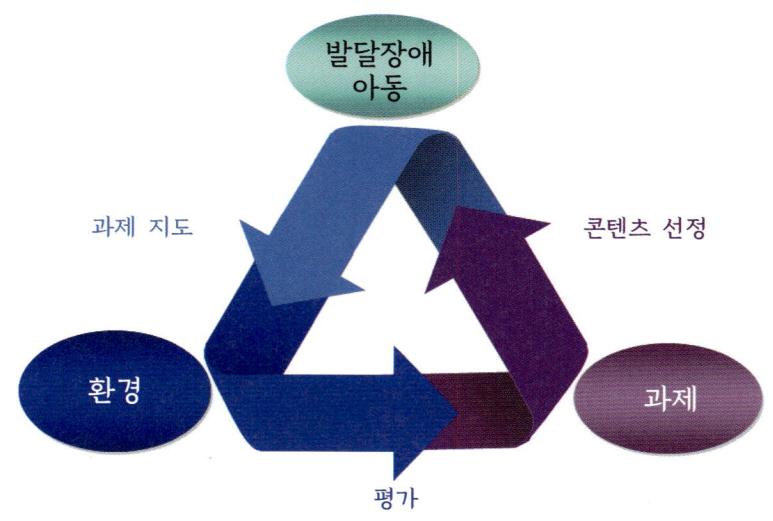

그림 9. 발달장애 아동-환경-과제 관계를 고려한 운동행동 변화의 구조

발달장애 아동을 지도하는 체육지도자들의 경우 생태학적 관점의 운동발달에 관심이 필요한 이유는 아동들의 장애 특성상 새로운 환경에 대한 적응의 문제를 겪기 때문이다.

각 아동의 개인적 기능 수준을 적절하게 파악하지 못하는 것도 체육 프로그램 참여 지속의 실패 원인이지만 아동들이 환경에 충분히 적응할 수 있는 기회의 시간을 제공하지 못하는 것 또한 주요한 실패 원인으로 작용한다. 더불어 소음이나 빛에 의한 주변 자극에 의해 활동 시 주의집중을 하지 못하거나 부적응 행동을 나타내는 경우도 있기 때문에 이와 관련된 환경 조성도 지도자로서 반드시 준비가 요구된다.

4) 운동발달의 영향 요인

발달장애 아동에 대한 체육 프로그램을 진행하는 목적은 계획적인 신체활동의 제공을 통해 아동의 전인적 발달을 추구하는 것이다. 특히 심동적 영역 발달에서의 운동발달 부분은 체육지도자들의 최대 관심사임이 분명하다. 다양한 신체활동의 경험적 자극은 아동의 운동행동 변화에 가장 직접적인 영향 요인이 될 것이다. 그러나 체육지도자들은 신체활동 자극 이외에도 발달장애 아동의 운동발달에 영향을 미치는 요인들에는 개인적, 사회·문화적으로 여러 가지가 있다는 것을 인지할 필요가 있다. 체육 프로그램 지도자들은 단순한 스포츠 코치 역할 이상의 교육자로서 역할을 할 가능성이 높기 때문이다. 체육지도자들이 다각적인 측면에서 아동 운동발달의 긍정적인 영향을 줄 수 있는 내용과 경험을 제공할 수 있다면 신체활동 참여의 효과성을 극대화할 수가 있다.

(1) 개인적 요인

인간의 운동행동 변화에 영향을 미치는 것 중 하나는 각각의 개인이 갖게 되는 내·외적 요인들이다. 이러한 개인적 요인들은 인체 내에서 태생적 원리에 의해 작동하기도 하며, 주변의 대상자들과의 지속적인 관계를 통해 영향을 받기도 한다.

① 유전자

운동발달에 있어 가장 대표적인 개인적 요인은 부모로부터 물려받은 유전자이다. 인간은 23쌍의 염색체를 갖고 태어나며 염색체 내에는 아직도 밝혀지지 않은 수많은 DNA 정보들이 포함되어 있다. DNA는 인간의 변화를 결정하는 전체적인 설계도라고 할 만큼 성숙과 성장의 기본 바탕으로 인정된다. 염색체나 DNA는 부모의 양측에서 복합적으로 물려받는 것으로 인간 변화의 초기 세팅은 유전자로 결정된다고 받아들여도 무방할 것이다. 물론 유전자에 의한 초기 세팅 이후 추가적인 변화에 대한 것은 여러 가지 출생 이후 조건에 따라 변동 가능성이 열려 있지만 여전히 유전자 요인은 인간발달에서 중요한 개인적 요인으로 받아들여지고 있다. 특히 외부 환경 조건이 큰 차이를 갖지 않는 유아기 및 아동 초기 동안은 유전 요인에 의한 성숙과 성장이 비교적 크게 작용할 수 있는 가능성을 갖고 있다. 발달에 대한 유전 요인의 영향을 뒷받침 하는 것으로는 동일한 부모에게서 출생한 쌍생아의 유사한 변화, 부모와 자녀의 체격에 대한 높은 상관관계, 우수 운동선수들 자녀의 운동기능 상관관계 등의 연구들이 있다. 그러나 유전에 의한 개인적 요인들의 관계성을 일부 영역에서는 인정하고 있는 반면 점차 출생 이후 인간발달에 관여되는 요인들에 대한 관심이 학계와 임상현장에서는 증가하는 상황이다.

발달장애 유형 중 유전에 의한 발달 손상 문제가 공식적으로 밝혀진 것은 지적장애 유형으로 포함되는 다운증후군 Down Syndrome 이다. 의학적으로 다운증후군 아동들은 23쌍 염색체 중 21번 염색체가 1쌍(2개)이 아닌 3개로 구성되어 태어난다. 세포 분열의 오류로 인해 염색체 개수가 다른 방식으로 구성된 다운증후군은 유전적 요인으로 인해 신체와 기능 측면에서 다른 발달 양상을 나타내는 대표적인 예이다. 그러나 발달장애로 판정되는 다운증후군 외의 지적장애 및 자폐성장애 등에 대해 과학적으로 명확히 판명된 유전자 원인은 제시되지 않고 있다. 여전히 발달장애와 관련된 여러 가지 유전적 원인에 대한 추정 학설들은 제시되고 있지만 발달장애의 주요 공통적인 원인으로 인정되지는 못하고 있는 상황이다.

발달장애 아동의 체육 프로그램 지도자에게 유전 요인에 의한 사항이 그리 큰 고려의 대상은 되지 못한다. 체육지도자로서 유전 요인에 대한 중재 혹은 조취를 취할 수 있는 것은 한계가 있기 때문이다. 단, 가끔씩 다운증후군과 같은 유전 원인에 의한 발달장애 아동이 참가하는 경우에는 원인보다는 그로 인해 전형적으로 나타나는 특성들이 반드시 고려되어야 하는 필수 사항이다. 예를 들어 다운증후군 아동들은 염색체 이상으로 인해 선천적으로 심장 기능이 매우 약한 경우가 많으며, 경추 부위가 손상될 수 있는 가능성도 높다. 체육활동 중에는 평형성을 유지하기 어려운 기능적 특성을 갖는 아동이 많고, 평발로 인해 신속한 이동기술 수행도 제한을 받기도 한다. 이에 따라 지도자들은 활동 콘텐츠를 선정함에 있어 부가적인 상해를 유발할 수 있는 것들을 피하고 제한된 기능을 긍정적으로 자극할 수 있는 단계적인 구성이 요구된다.

② **사회적 지지자**

운동발달의 개인적 요인 중 개인의 외적인 관계를 통해 영향을 받는 것이 사회적 지지자 요소이다. 사회적 지지자가 운동발달에 영향을 주는 것은 대부분 지지자들의 경험과 인식에 대한 2차적인 영향으로 볼 수 있다. 발달장애 아동뿐 아니라 대부분 아동들의 운동발달에 영향을 지대하게 미치는 지지자는 가족이다. 그만큼 가족이 많은 시간을 함께 공유하고 서로간의 상호작용의 밀도가 높다는 것을 의미한다. 발달장애 아동들의 경우 가족 중 부모가 끼치는 영향력은 절대적이라고 볼 수 있다. 즉 아동의 부모가 어떤 신체활동의 경험을 가지고 있으며, 어떤 인식을 갖고 있는가는 자녀의 운동발달에 결정적 원인이 될 수 있다는 것을 의미한다. 과거 발달장애 아동의 부모들은 자녀의 장애를 신속히 인지하지 못하고 회피, 부정하는 과정을 길게 거침으로써 발달 시기의 중요한 조치들을 놓치는 경우도 있었다. 또한 발달장애를 인식하고 있더라도 많은 부모들이 인지, 언어 치료에만 상대적으로 집중하면서 아동의 운동발달에는 큰 관심을 두지 못하는 사례들도 적지 않았다. 그러나 발달장애 아동의 경우 여러 발달 영역의 전반적 지체를 나타내는 경우가 많고, 각 발달 영역이 상호 유기적 관계를 갖는다는 점에서 운동발달을 위한 자극과 경험이 중요한 것을 인식할 필요가 있다. 특히 이미 언급한 것처럼 Piaget의 발달이론 측면에서도 감각적 운동 자극 및 활성화가 인지발달의 기초가 된다는 점에서도 발달장애 아동의 운동발달은 큰 의미가 있다.

발달장애 아동의 부모는 사회적 지지자로서 자녀에게 필요한 운동자극을 다양하고 충분히 받을 수 있는 기회를 제공해 주어야 한다는 것을 기억해야 한다. 비장애아동의 경우 연령이 증가하면서 가족 이외의 사회적 지지자가 동료집단 또는 가족 이외의 소속집단으로 이전된다. 요즘 같은 시대에는 이미 초등학교 고학년만 되더라도 아동 본인의 활동 선택에 대한 지지자가 가족보다는 또래의 친구나 학교 선생님이 되는 경우가 흔하다. 반면 발달장애 아동의 경우 특성 차이는 있겠지만 적지 않은 수가 중등학교 연령 이상까지도 부모 등 가족 보호자에 의해 활동이 선택되기 때문에 운동발달에 대한 가족들의 관심과 기회 제공이 필요하다. 물론 이러한 상황에서 체육 프로그램을 관리 운영하는 체육지도자는 또 다른 사회적 지지자로서 의미 있는 역할을 해야 할 것이다.

발달장애 아동의 경우 적합한 신체활동에 참여하는 것은 분명히 운동발달과 함께 인지, 정서 발달에 긍정적 영향을 줄 것이다. 주요 발달 사항의 민감기[7]가 만 3세 전후에 존재하는 것을 감안할 때 아동의 사회적지지자가 중요한 발달의 시기를 인식하고 필요한 교육적, 활동적, 치료적 조치를 취하는 것은 매우 중요한 영향 요인이 된다.

③ **심리적 요인**

운동발달에 있어 개인의 심리는 신체활동 참여에 대한 욕구와 동기를 갖게 됨으로써 체계적인 신체활동에 대해 지속적인 경험을 쌓고 이로 인해 운동행동의 변화를 가져오게 한다. 일반적으로 스포츠심리학에서는 체육 참여와 관련하여 자긍심에 대한 관심이 중심을 이루고 있다(김선진, 2003). 즉 스포츠 활동 참여를 통해 개인의 자긍심이 어떤 영향을 받는지에 대한 관심이 집중되어 있다는 것을 뜻한다. 반면 유아적 성향을 갖는 아동들의 경우 체육활동 참여에 대한 지속성과 관련하여 흥미와 동기라는 측면이 중요한 요소로서 고려될 필요가 있다. 특히 발달장애 아동들의 경우 새로운 것에 대한 진입 의도가 낮고, 주의집중 능력이 떨어지기 때문에 지도자들은 이에 관련된 지도 전략을 충분히 고려하여야 한다. 따라서 발달장애 아동에 대한 체육 프로그램을 운영하는 지도자는 심리적 요인 중 동기 motivation 에 좀 더 집중하고 고민해야 할 필요가 있다.

동기는 무엇을 하고자 하는 의욕에 관련된 것으로 내적 요인과 외적 요인으로 구분되고 있다. 지도자들은 내·외적 동기 요인들을 조절함으로써 발달장애 아동의 활동 참여를 적극적으로 유도할 수 있다. 먼저 내적 동기 요인은 흥미와 재미, 도전감, 기술습득, 체력증진 등이 포함(김선진, 2003)되어 있다. 이 중 발달장애 아동의 체육 지도에서 특별히 주목해야 할 것은 흥미와 재미 요소이다. 이러한 요소들은 체육 지도자로서 가장 큰 고민인 발달장애 아동들이 보다 쉽고 편하게 프로그램에 적응할 수 있는 것과 직결되어 있기 때문이다. 발달장애 아동들에게 내적인 동기 요소로 운동기술의 습득이나 체력 증진을 처음부터 기대하는 것은 쉽지가 않다. 장애 특성을 잘 이해하지 못하는 지도자의 경우 이로 인해 프로그램이 중단되는 사례도 흔히 발생된다. 체육 프로그램이 단순히 기술과 체력을 향상시키는 목적에만 집중되어 있는 경우 지도자와 아동이 모두 실패를 반복하게 될 수 있다는 점을 기억해야 한다. 이러한 관계는 발달장애 아동의 보호자들도 똑같이 인식해야 할 필요가 있다. 지나치게 성급한 운동기술과 체력의 변화를 요구하는 보호자들로 인해 지도자는 조급해지고 아동들은 여러 환경들에 대한 적응과정도 거치지 못한 채 활동을 강요당하는 상황을 초래할 수가 있다. 따라서 발달장애 아동 체육 프로그램 초기에는 특정 활동에 대한 성급한 계획보다는 흥미를 줄 수 있는 여러 가지 활동들을 다양하게 경험하면서 아동의 특성을 파악하는 일정 기간을 갖는 것이 효과적이다. 그러한 과정을 통해 개인별 장애 특성과 운동기술의 발달 수준을 파악하는 것도 중요한 절차이다. 그 후에 아동이 흥미를 보이는 활동 또는 기구를 활용한 과제활동 목

---

7) 발달 민감기: 발달 결정기라고도 불리는 것으로 출생 이후 발달 영역별로 주요한 발달 사항들이 민감하게 반응하고 급격하게 변화되는 시기

표 및 계획을 진행한다면 초기 체육활동은 순조롭게 진행될 가능성이 높다.

외적 동기 요인으로 주목해야 할 것은 성공과 성취이다. 발달장애 아동이 체육활동을 통해 얻게 되는 성공 및 성취는 비장애인들과 마찬가지로 대표 선수 발탁이나 메달 획득 등의 가시적인 것들도 포함되지만 프로그램을 진행하는 지도자들에게 있어 내적 성취감이나 성공감을 느끼고 경험할 수 있도록 하는 것이 더 중요할 수 있다. 체육활동 참여를 통한 성취감은 발달장애 아동의 지속적인 참여를 보장하고, 이를 통해 긍정적 운동행동의 변화를 유발하기 때문이다. 발달장애 아동들이 느끼는 성취감은 본인 스스로 인식하는 것과 함께 지도자의 긍정적 강화를 통해 더욱 그 효과를 발휘하게 된다. 즉 발달장애 아동에 따라 자신의 성취를 스스로 인식하고 의미를 부여하는 경우가 어려운 경우도 있기 때문에 작은 것이라도 성공했을 때 칭찬, 토큰, 스티커 획득 등의 강화물을 활용함으로써 외적 동기 요인을 최대화 할 수 있다. 이와 관련하여 지도자들은 아동에게 성공이 쉽게 가능한 활동 콘텐츠를 미리 준비하여 제시할 필요도 있다. 특히 체육 프로그램 초기에는 신체활동 자체에 대한 거부감을 나타내는 아동들도 있기 때문에 조그만 움직임의 시도나 요구된 것과 유사한 동작이 발현되는 즉시 긍정적 피드백을 제공함으로써 외적 동기 요인을 극대화할 수 있어야 한다.

때때로 발달장애 아동의 흥미를 진작시키고 동기를 부여하는 과정에서 지도자들은 아동의 실제 연령대와는 맞지 않을 것 같은 낮은 수준의 과제들을 제시하는 경우들이 생긴다. 또한 지도자들은 아동의 태도와 행동에 대해 과장된 리액션이나 칭찬을 사용하기도 한다. 이러한 상황들에 대해 어떤 이들은 아동의 연령대와 맞지 않는다며 갸우뚱거리거나 눈살을 찌푸리기도 한다. 어떤 것이 옳고 그르다고 섣불리 판단하지 말아야 한다. 눈으로 보이는 아동의 연령대가 절대적이지는 않다는 것을 인정하고 이해할 수 있어야 한다. 반면 아동이 가지고 있는 발달 수준에 비해 지나치게 유아적 방식으로 체육활동을 지도하는 것도 경계해야 할 부분이다. 따라서 발달장애 아동에게 체육 프로그램을 제공하는 지도자들은 가장 먼저 지도 대상 아동의 장애특성과 함께 기술, 심리, 정서 분야의 발달 수준을 명확히 파악해야 한다.

(2) 사회·문화적 요인

인간의 운동행동 변화는 개인적 요인과 더불어 사회, 문화적 요인들에 의해서도 직간접적으로 영향을 받는다. 학술적인 차원에서 언급되는 주요 사회·문화적 요인은 성역할, 대중매체, 인종, 자극과 결핍 등이다(김선진, 2003). 발달장애 아동의 체육 프로그램을 운영하는 지도자에게 운동발달의 사회·문화적 요인이 직접적인 지도의 고려사항은 아닐 수도 있다. 그러나 대중매체의 영향이나 자극과 결핍, 사회 제도와 조직에 관한 사회·문화적 요인들은 운영자 또는 지도자로서 감안해야 할 내용들도 있다. 특히 장애아동을 위한 프로그램들이 보호자들과의 긴밀한 연계와 협조가 필요하다는 측면에서 운동발달과 관련되어 있는 사회·문화적 요인들을 보호자들과 함께 공유하며 필요한 조치들을 시행해 볼 필요가 있다.

① 대중매체

　대중매체는 운동, 건강에 대한 중요성 인식과 함께 다양한 스포츠 프로그램을 접할 수 있는 기회를 확산시키기 때문에 개개인의 운동발달에 간접적인 영향을 끼쳐왔다. 즉, TV와 인터넷 매체 등을 통해 노출되는 체육활동의 유용성은 사회적으로 더 많은 사람들이 체육활동에 참여할 수 있는 기회를 제공함으로써 국민들의 운동발달에 긍정적으로 작용하게 되는 것이다. 장애인들에게도 대중매체는 직·간접적으로 체육활동 참여를 촉진시키는 중요한 사회·문화적 요인이라고 볼 수 있다. 실제적으로 우리나라의 장애인체육은 비장애인들의 체육보다 상대적으로 늦은 시기에 시작되었고 활성화 정도도 낮은 편이다. 우리나라의 장애인체육이 본격적으로 시작된 시점을 1988년 서울 장애인올림픽으로 보는 것은 그 시기 대중매체를 통해 전달된 긍정적 가치와 이미지의 역할이 지대하였다는 것을 추정해 볼 수 있다. 그 후로도 대중매체를 통해 지속된 장애인에 대한 올바른 인식과 장애인체육 참여에 대한 독려는 장애인 생활체육 참여율의 급속한 증가에 주요한 역할을 하고 있다.

　발달장애인과 체육활동의 관계에서도 대중매체는 중요한 역할을 해왔다고 볼 수 있다. 실제 20여 년 전까지만 해도 우리 사회에서의 발달장애인은 여러 장애유형 중에서도 소외된 대상이었고 체육활동은 물론 사회활동에서도 공공연히 배제되는 현실을 겪었다. 그러한 가운데 발달장애인에 대한 드라마와 영화 및 다큐멘터리 영상들이 대중들에게 제시되면서 사회적으로 발달장애인에 대한 이해 수준이 높아지고 외부의 활동 영역이 확대되는 계기가 되었다. 스포츠 분야에서도 점차 발달장애인들의 참여 관련 보도와 영상들이 반복적으로 노출되면서 자연스럽게 장애인들의 체육 참여에 대한 긍정적 기대와 함께 장애인들이 참여할 수 기회도 확산되는 결과를 가져왔다. 이에 따라 과거 발달장애 아동들의 경우 소극적인 가정 내에서 돌봄이나 최소한의 교육기관 활동 및 치료로 제한되던 생활이 좀 더 적극적인 외부활동을 시도할 수 있는 분위기로 변화될 수 있었다.

　최근 발달장애 아동들의 보호자들은 다양한 대중매체들로부터 얻게 된 정보들을 통해 자녀들의 적극적인 운동 참여에 관심을 갖게 됨으로써 자녀의 운동발달에 긍정적 영향을 주고 있다. 특히 인터넷과 모바일 네트워크의 이용 확산에 따라 좀 더 쉽고 효과적으로 자녀가 체육활동에 참여할 수 있는 기회를 찾음으로써 대중매체의 영향력은 강화되고 있다.

　발달장애 아동의 체육 프로그램 관계자들은 이러한 측면에서 자신들이 운영하는 체육 프로그램의 내용과 효과를 대중매체에 노출시키거나 인터넷 네트워크 등을 통해 안내될 수 있도록 하는 것에도 관심을 가져야 한다. 다양한 매체를 통해 더 많은 발달장애 아동들이 체육활동에 참여할 수 있는 기회를 제공하는 것은 발달장애 아동들의 긍정적인 운동발달을 가져올 수 있는 유효한 방법이기 때문이다.

② 자극과 결핍

인간 발달의 핵심 작동 원리는 자극에 따른 반응의 경험과 이를 통해 이어지는 학습이다. 운동행동의 변화인 운동발달도 단순하지만 적정한 자극들을 적정한 시기에 받느냐의 여부에 따라 결정된다고 볼 수 있다.

운동행동의 변화가 신체활동에 관련된 여러 가지 학습 과정 및 결과를 통해 상위 수준으로 이루어진다고 할 때 이와 관련된 기초적인 자극들을 충분히 제공할 수 있도록 하는 것은 매우 중요하다. 실제 이러한 기초 자극들은 태아 시기부터 관련되어 출생 이후에도 지속적으로 이어진다. 예를 들어 태중의 아기에게 전달될 수 있는 청각, 시각 자극에 대한 부분도 이미 출생 후 발달에 영향을 주는 중요한 요소가 될 수 있다는 의미이다. 우리가 흔히 태교라고 언급하는 것은 부모에 의해 이루어지지만 다분히 사회·문화적인 측면에서 영향을 받는 것으로 볼 수 있다. 또한 출생 직후 영유아에 대한 관심의 정도와 방식은 가족의 문화 혹은 주변 집단의 문화적 방식에 의해 직접적인 영향을 받고 있는 것도 현실이다.

본격적인 학습이 진행되기 전 학습과 관련된 초기 경험을 준비성이라고 하며, 준비성의 정도에 따라 학습에 직접적인 영향을 주게 된다(Magill, 1993). 발달장애 아동의 경우 장애 원인은 개인에 따라 다르지만 초기 경험에 대한 자극이 상당히 제한될 수 있는 경우가 공통적으로 발생한다. 때로는 장애 특성에 의해 비장애 아동들과 같은 일상적인 자극과 경험이 늦게 되고 때로는 의도적으로 보호자들에 의해서 적극적인 자극을 피하거나 회피하게 되는 경우도 발생한다. 이러한 상황들이 반복되면 아동들은 새로운 것을 학습할 수 있는 준비성을 갖추는 것이 어려워지고 발달에 대한 손상 문제를 가중시키는 결과를 초래할 수가 있다. 따라서 발달장애로 의심되거나 판정된 경우 가능한 더 적극적으로 필요한 자극의 내용과 방식을 찾아 향후 학습을 위한 준비성을 갖추도록 하는 것이 중요하다.

자극과 결핍에 연관된 또 하나의 개념은 민감기에 대한 것이다. 민감기는 원래 인간의 발달 과정에서 있어 유아기와 아동기에 걸쳐 자극에 민감하여 변화의 가능성이 높은 시기를 뜻한다. 즉 특정 발달 영역이 해당 자극에 민감하게 반응하는 시간적 구조를 가지고 있음을 의미한다. 또한 특정 발달 영역에 해당하는 민감기에 적절한 자극을 받지 못하게 될 경우 상대적으로 발달이 지체됨으로써 이후 이와 관련된 발달이 연쇄적으로 저조한 결과를 초래한다는 의미도 포함되어 있다. 운동발달에 있어 만 2-3세 사이에 감각운동이나 지각운동 기술의 민감기를 거치는 것이나 정서발달 영역에서 만 3세를 전후하여 애착관계 형성의 민감기를 거치는 것들은 중요하게 인식되고 있다. 발달장애 아동들의 경우는 일반적으로 추정되는 민감기와 다른 시기적 구조를 갖는 경우들이 존재할 수 있다. 그럼에도 불구하고 민감기로 추정되는 연령대와 시기에 적극적인 자극을 제공하고 반응을 유도하는 것은 발달에 긍정적인 영향을 끼칠 수 있다.

민감기에 대한 또 다른 설명은 정해져 있는 시기로서 민감기를 설명하기보다 특정 발달 영역과 내용을 보다 용이하게 습득하고 변화시킬 수 있는 가변적 시기로 주장(Bernard, 1987)하기도 한다. 이러한 관점에서는 운동발달 단계 항목들이 연령에 따라 민감기가 정해지는 것이 아니라 개개인이 가지고 있는 운동기술의 조건과 수준에 의해 좀 더 효과적으로 변화될 수 있는 민감기가 각기 달라질 수 있다. 예를 들어 실제 생활연령 8세의 발달장애 아동의 경우 일반적인 운동발달 민감기를 기준으로 할 때는 대근운동기술이 급속한 변화를 겪게 되는 시기이지만 아동이 갖는 운동행동 수준이 감각운동 정도에 머무른다면 지각운동 기술 향상을 위한 민감기로 해석하여 그에 해당하는 자극을 집중적으로 제공하는 것이 효과적일 수 있다는 것이다.

③ 제도와 조직

운동발달에 영향을 미치는 사회·문화적 요인 중 제도와 조직은 각각의 개인이 그것에 의한 영향을 직접적으로 느끼기는 어려울 수도 있지만 체육활동 참여에 관한 사회적 환경을 조성한다는 측면에서 중요하다. 특히, 우리나라와 같이 정부 중심의 국민체육 정책이 진행되는 경우는 법과 규정에 따른 체육관련 제도와 조직 구성이 체육 참여 여건에 지대한 영향을 끼치게 됨으로써 개인의 운동발달에도 충분한 영향력을 갖고 있다고 볼 수 있다.

장애인들의 체육활동 참여는 비장애인에 비해 상대적으로 제도와 조직에 더 큰 영향을 받는다. 장애인들이 체육에 참여할 수 있는 물리적 환경과 참여 가능한 프로그램 자원이 비장애인들에 비해 제한되기 때문이다. 실제로 1988년 서울 장애인올림픽 이전 시기에 국내 장애인들에게 정규적인 체육활동 기회는 거의 전무한 실정이었다. 그 당시 사회적으로 장애인체육에 대한 인식이 부족하였을 뿐 아니라 장애인들 역시 신체활동을 재활 또는 치료의 작은 분야로만 생각했을 뿐 적극적인 체육활동 참여에 대한 기대를 갖지 못하였다. 그러나 88년 서울 장애인올림픽의 개최가 확정되고 장애인체육에 대한 국가적 관심이 모아지면서 장애인체육 관련 제도의 재정과 정비는 급속히 진행되었다. 특히 2005년 국민체육진흥법에 장애인체육이 법제화되면서 장애인들이 체육에 참여할 수 있는 사회적 환경이 단계적으로 조성되었고 장애인체육에 대한 국민적 인식도 변화되었다. 이와 함께 1997년 장애인·노인·임산부 등의 편의증진보장에 관한 법률이 제정된 이후 지속적으로 개정 보완되면서 체육시설에 대한 편의 제공을 통해 시설, 장비 등 물리적 환경의 개선도 지속적으로 이루어지고 있다. 한편, 제도에 의한 조직 설립과 구성은 장애인들의 실질적 체육참여 프로그램을 확대시키는 역할을 함으로써 개개인의 운동발달에 직·간접적으로 영향을 주고 있다. 예를 들어 장애인체육이 국민체육진흥법에 구체적으로 명시됨에 따라 문화체육관광부에 장애인체육과 조직이 개설되고, 2005년에는 대한장애인체육회가 설립됨으로써 다양한 체육 프로그램을 제공·확대해 나가고 있다. 실제로 2005년 대한장애인체육회 설립 이후 2006년 장애인 생활체육 참여율은 4.4%로 조사되었으나 2018년은 23.8%로 6배 가까이 증가하였다(대한장애인체육회, 2019).

특별히 발달장애와 관련하여 2015년 제정된 '발달장애인 권리보장 및 지원에 관한 법률(보건복지부, 2015)'은 발달장애인들의 다양한 활동 참여를 보장하는 제도를 마련할 수 있는 근거가 됨으로써 정규적인 체육활동 참여의 확대를 가져오고 있다. 발달장애인법에 의해 적극적으로 활성화되고 있는 발달재활서비스(보건복지부, 2018), 발달장애인 주간활동서비스(서울시 장애인자립지원과, 2018) 사업에서는 놀이, 운동, 체육에 대한 신체활동 서비스가 포함됨으로써 발달장애 아동의 정규적인 체육 프로그램 참여 기회가 확산될 것으로 예상된다.

결국 국가의 제도 마련과 조직의 설립은 다양한 체육활동의 참여 기회를 확산시키고 사회적인 분위기를 마련함으로써 국민 개개인의 운동발달에 주요한 영향을 끼치게 된다. 특히 최근 우리나라의 장애인체육 및 보건복지 관련 제도와 조직의 변화는 발달장애 아동들의 적극적인 신체활동 참여를 유도함으로써 운동발달의 긍정적 변화를 가져올 가능성이 높다.

2 운동발달 원리와 단계

인간의 발달에는 공통적으로 적용되는 원리가 있으며, 그와 유사하게 운동발달 영역에서도 누구나에게 적용되는 보편적 원리와 단계가 있다. 이러한 운동발달의 원리와 단계는 발달장애 아동의 체육 프로그램에서도 지도자가 반드시 숙지해야 하는 내용으로 체육 프로그램의 내용과 난이도를 결정하고 지도의 방향을 선정하는 주요한 근거가 된다.

1) 운동발달의 주요 원리

인간 운동행위의 변화는 여러 가지 개인적 요인이나 사회·문화적 요인 등에 의해 영향을 받지만 이에 대한 영향의 정도와는 달리 모두에게 적용되는 보편적 원리가 존재한다. 이러한 보편적 원리는 장애를 갖는 이들에게도 적용되며 그에 따라 적합한 자극의 방식과 내용을 고려하면 보다 효과적인 운동발달을 추구할 수도 있다.

발달장애 아동의 체육 프로그램에서 고려되어야 할 운동발달의 주요 원리는 '개인차의 원리', '순서성과 누적성의 원리', '방향성의 원리', '결정기 또는 민감기의 원리', '유기성의 원리'이다. 각각의 보편적 운동발달의 원리의 개념을 인지하는 것도 중요하지만 그러한 원리들이 실제 발달장애 아동 체육 프로그램에서 어떻게 적용되어야 하는지를 이해하는 것이 지도자들에게는 더 중요하다.

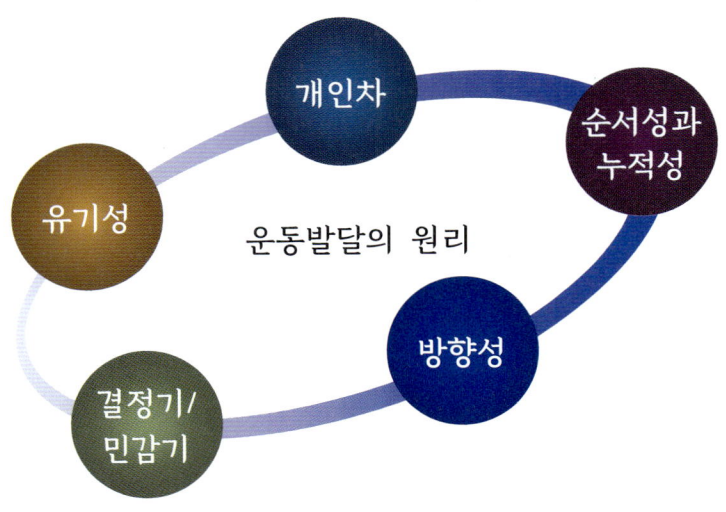

그림 10. 운동발달의 보편적 원리

(1) 개인차의 원리

모든 인간은 저마다 가지고 있는 유전적 특성과 함께 출생 후 자신에게 제공되는 환경에 따라 운동발달의 차이를 갖는다. 즉, 보편적으로 거치게 되는 운동발달 단계는 동일하지만 개인에 따라 각 단계에 이르게 되는 연령과 거치는 시기가 다를 수 있다는 것을 의미한다. 일반적인 공교육 상황이나 체육센터에서 제공되는 체육 프로그램은 운동발달의 보편적 단계와 함께 생활 연령에 따른 일반적 수준을 기준으로 삼는다. 다시 말해 각 개인이 가지고 있는 운동발달의 개인차를 면면히 고려하여 체육 프로그램을 진행하지는 못한다는 것이다. 발달장애 아동들의 체육 프로그램에서 가장 중요시 되어야 할 전제 조건은 아동들이 갖고 있는 특성과 수준의 차이를 파악함으로써 긍정적이고 효과적인 신체활동 경험을 제공할 수 있어야 한다는 것이다. 그러한 전제 조건이 충족될 경우에 비로소 발달장애 아동들이 참가하게 되는 체육의 가치와 목표를 달성할 수 있다.

일반 체육의 전문성을 가지고 있는 지도자라고 해서 발달장애 아동의 체육 프로그램을 잘 운영할 것이라고 확정하지 못하는 이유는 아동들의 개인차에 대한 충분한 이해를 담보할 수 없기 때문이다. 물론 발달장애 아동들의 개인적 특성과 수준을 잘 인식하고 있더라도 체육활동과 종목 지도에 대한 경험이 없는 경우 역시 좋은 지도자가 되는 것도 어려운 일이다. 따라서 발달장애 아동의 체육 프로그램에서는 체육에 대한 이론적 지식과 경험을 기반으로 발달장애 아동들의 개인차를 인식하여 지도 내용과 방법을 고려할 수 있는 지도자가 요구된다.

실제 발달장애 아동들의 체육 프로그램 시행 현장에서는 동일한 활동 과제 혹은 종목을 진행함에 있어 참가하는 아동에 따라 세부적인 지도의 내용과 속도가 다르게 진행된다. 이러한 근본적인 이유가 아동들 개개인이 가지고 있는 발달의 개인차를 고려하기 때문이다. 특히 발달장애 아동의 체육 프로그램은 운동발달의 개인차이 뿐 아니라 아동의 인지 및 정서 발달의 개인차를 확인함으로써 효과적인 지도의 방식과 태도를 선택할 수가 있다.

(2) 순서성과 누적성의 원리

운동발달에서 순서성의 원리는 모든 인간들이 운동행동 변화의 단계를 예외 없이 순서에 따라 거친다는 것을 의미한다. 학자에 따라 인간의 보편적인 운동발달 단계는 조금씩 명칭이 다르기도 하지만 대부분 출생 직후 반사운동 단계부터 시작하여 전문 스포츠 종목의 특성화된 운동기술까지 변화되는 것으로 그 과정을 제시하고 있다. Gallahue의 운동발달 모델(Gallahue, Ozmun, & Goodway, 2012)에서는 인간의 운동발달 단계를 반사운동, 기초움직임, 기본움직임, 전문화된 움직임으로 구분하면서 개인과 환경 및 경험하는 과제들의 상호작용 과정을 통해 운동행동 수준이 순차적으로 변화됨을 제시하고 있다. 또한 Ulrich(1985)는 대근운동기술에 대한 수준 평가를 위해 검사 도구 TGMD; Test of Gross Motor Development 를 개발하면서 인간 운동기술 발달의 단계가 반사운동, 감각·지각운동기술, 기본운동기술, 리드업 lead-up 게임기술, 전문화된 스포츠 기술로 변화되어 가는 것을 설명하고 있다.

결국, 각 개인이 가지고 있는 내적 요인과 외적인 영향 요인들의 차이에 따라 운동행동이 변화되는 속도는 개인차를 가지고 있지만 변화되는 과정의 단계는 동일하게 적용되는 것을 확인할 수 있다. 이러한 운동발달의 순서성 원리가 발달장애 아동의 체육 프로그램에서 중요한 것은 아동이 나타내는 움직임의 특성을 파악함으로써 발달 단계상의 운동 수준을 구체적으로 확인할 수 있기 때문이다. 발달장애 아동들의 긍정적 신체활동 경험의 시작은 참가 대상아동의 운동발달 수준에 따라 결정되어야 신체 움직임 기능 향상은 물론 심리, 정서적인 만족감과 즐거움을 제공할 수가 있다.

누적성의 원리란 상위 운동발달을 효과적으로 수행하기 위해서는 그 전 단계의 낮은 운동기술을 충분히 습득해야 한다는 것을 의미한다. 발달장애 아동 체육 프로그램에서 운동발달의 누적성은 아동에게 꼭 필요한 체육 프로그램 콘텐츠 수준을 선정하는 기본 원리로 적용된다.

발달장애 아동들의 경우 또래 연령의 아동들에 비해 운동발달이 늦는 경우가 많다. 따라서 동일한 연령대의 아동들에 비해 대부분 운동기술 수준이 낮은 특성을 나타낸다. 여기서 문제는 일반적으로 적용되는 체육활동 및 프로그램들이 발달장애 아동들의 운동수행 수준에 맞춰지기보다는 생물학적 연령에 따라 보편적 과제들이 주로 제시된다. 즉, 발달장애 아동의 운동발달 수준에서 요구되는 자극과 경험보다 높은 수준의 활동 과제들이 제시됨으로써 아동들은 참여를 시작하는 것도 어렵고 참여를 통한 다음 단계로의 운동행동 변화를 이끌어 내기도 어렵게 된다는 것이다. 이러한 이유는 바로 운동발달이 하위 수준에 대한 충분한 경험과 습득이 없는 상태에서 상위 운동발달 기술을 받아들이기 어렵다는 누적성의 원리가 적용되기 때문이다. 예를 들어 12세 발달장애 아동은 초등 5-6학년으로서 교육기관에서 기본운동동기술 이상의 과제 활동에 참여하도록 유도된다. 초등 5-6학년 아동들에게 제공되는 체육교육은 보편적 운동발달 단계에 따라 완숙한 대근운동기술을 발휘할 수 있는 것으로 인정되기 때문이다. 그러나 장애 특성으로 인해 발달장애 아동들은 대근운동기술을 상황에 맞추어 발휘할 수 있는 발달 수준이 되지 못하는 경우가 많기 때문에 제공되는 보편적인 체육활동 참여에 어려움을 겪거나 실패를 하는 경우가 많게 된다. 결국 발달장애 아동에게 제공되는 체육 프로그램은 누적성의 원리를 기반으로 다음 상위 운동기술 습득을 위한 충분한 경험과 자극이 제공될 수 있도록 해야 한다. 물론 체육 프로그램의 세부 활동 콘텐츠는 아동이 현재 갖고 있는 운동기술 발달 수행수준이 기준점이 되어야 한다.

(3) 방향성의 원리

운동발달에서의 방향성의 원리는 신체의 움직임의 활성화가 일련의 방향성을 가지고 있다는 것이다. 단순한 예로서 출생 직후 유아는 가장 먼저 목가누기에 대한 움직임이 시행되고 차츰 팔과 몸통 다리 방향으로 활성화된다. 이렇게 움직임의 활성화가 머리 방향에서 하체의 방향으로 진행되는 것을 두미 頭尾 방향성 원리라고 한다. 또 다른 하나의 운동발달 방향성은 신체의 움직임이 몸의 중심으로부터 시작하여 손끝과 발끝으로 활성화가 진행됨에 따라 이를 근위-원위 방향성의 원리라고 한다.

   방향성의 운동발달 원리가 발달장애 아동 체육 프로그램에서 직접적으로 활용되는 범위는 그리 크지 않지만 아동에게 특정 자극에 대한 단계적인 경험이 신체에 요구될 경우 방향성의 원리에 입각한 방식이 효과적일 수 있다.

   운동발달의 상승적 변화가 마무리되면 점차 퇴화의 과정을 거치게 되는데 노령자에게 나타나는 움직임 기능의 퇴화는 반대로 하체에서 머리 방향, 신체의 끝 부위부터 몸통 중앙 방향으로 진행된다(김선진, 2013).

(4) 결정기 / 민감기 원리

   결정기와 민감기는 유사한 뜻으로 사용되는 단어로서 특정한 운동발달 영역과 내용을 습득하는데 민감하고 폭발적으로 반응하는 특정 시기가 존재한다는 개념이다. 민감기와 결정기는 운동발달 측면에서 두 가지 관점으로 해석할 수 있다.

   먼저 보편적인 운동발달의 단계와 속도를 전제할 경우 생물학적 연령에 따라 특정한 움직임과 운동기술이 급격하게 영향을 받는 것이다. 예를 들어 보편적인 발달과정에서 만 2세 전후 연령은 감각기관의 활성화를 통한 감각운동 기능의 민감기로 감각기관 자극이 충분할 경우 감각운동의 급격한 변화를 갖게 된다. 운동발달뿐 아니라 정서나 인지발달 영역에서도 그러한 민감기에 대한 원리는 동일하게 적용된다. 만 2-3세를 전후하여 타인과 애착관계 형성의 민감기를 겪는 것으로 알려져 있으며, 이 시기의 충분하고 바람직한 상호작용이 향후 아동의 사회성에 큰 영향을 주는 것으로 알려져 있다. 보편적 발달과정에서 결정기는 조금 다른 의미로 해석되기도 한다. 즉 민감하게 반응하는 행동과 신체의 특정한 변화 시기를 결정기 critical period 라 하며 (Bailey & Gariepy, 2008), 이 시기를 놓치는 경우 그로 인해 향후 발달에 부정적 영향을 끼쳐 발달이 지체된다는 것이다(김선진, 2013).

   또 다른 측면에서 민감기와 결정기는 개인이 가지고 있는 특성에 따라 긍정적 발달을 위한 특정한 시기들이 존재한다는 것이다. 이러한 해석은 인간의 보편적 발달보다는 개인차에 기반을 두고 있다. 발달장애 아동들은 보편적 발달의 속도에 맞추어 발달이 진행되지 않는 경우가 많다. 보편적 민감기와 결정기의 원리에 의하면 발달장애 아동들은 한번 놓친 특정한 민감기의 기회를 평생 동안 가질 수 없다는 결론에 도달한다. 그러나 발달장애 아동들도 지속적인 변화의 과정을 겪고 있기 때문에 보편적 발달 시기와 속도는 다르지만 그들만의 민감기와 결정기를 가질 수가 있다. 예를 들어 보편적 감각운동 기능의 민감기는 만 2세 전후로 특정되지만 발달장애 아동들은 특성과 수준에 따라 다른 연령에서 민감기를 거칠 수 있다는 가정이다. 여기서 중요한 것은 체육 프로그램에 참가하는 발달장애 아동이 어떤 운동발달 수준을 가지고 있으며, 그 단계에서 어떤 자극에 대한 민감성을 갖는지를 확인하는 것이다. 발달장애 아동들마다 갖고 있는 운동발달 단계의 민감기를 확인하여 체육지도자들이 그에 필요한 자극을 충분히 제공할 수 있다면 상위 수준의 운동행동 변화를 효과적으로 이끌어 낼 수가 있다. 이러한 과정들이 체계적으로 지속될 경우 또래 아동들과의 발달 수준의 차이를 좁힐 수 있으며, 이를 통해 향후 통합체육 참여의 가능성을 높일 수도 있다.

결정기와 민감기에 대한 실질적인 검증은 일부 동물에게서는 진행(Crair, Gilespie, & stryker, 1998)되었지만 인간을 대상으로 검증하는 연구는 실험의 제한성으로 미진한 상태이다(김선진, 2013).

발달장애아동의 체육 프로그램을 시행하는 현장에서 민감기와 결정기 원리를 어떻게 적용하느냐의 문제는 전적으로 지도자의 이해와 신념이 작용한다. 그럼에도 불구하고 많은 현장의 사례와 연구들이 보편적인 발달의 민감기와 결정기 외의 연령에서 긍정적 운동발달의 가능성을 제시하고 있는 것은 발달장애 아동들에게도 그들만의 민감기와 결정기가 존재할 수 있다는 가정을 뒷받침해 주고 있다.

(5) 유기성의 원리

운동발달의 유기성의 원리는 인간의 주요 발달 영역에 해당하는 심동 psychomotor, 정의 affectivity, 인지 cognition 가 서로 유기적인 연관성을 갖으며 변화되는 것을 가정한다. 즉, 출생 후 인간의 변화에서 신체, 심리, 지능에 관련된 기능이 서로 밀접한 관계를 유지하면서 서로 영향을 주고받는다는 것이다.

발달장애 아동의 체육 프로그램에서 유기성의 원리는 두 가지의 가치를 추구하는 기반으로 적용된다.

첫쩌는 전반적 발달영역에서 지연을 나타내는 발달장애 아동들에게 가장 최적화된 자극과 경험을 동시에 제공할 수 있다. 체육은 근본적으로 체계적인 신체활동을 통해 심동, 정의, 인지 영역의 발달을 공통적으로 추구한다. 발달장애 아동들의 특성과 수준에 적합한 체계적인 신체활동 프로그램은 신체와 정서, 지능 변화에 필요한 자극을 동시 다발적으로 제공함으로써 보다 효율적인 전인적 발달을 추구할 수가 있다.

정규적인 신체활동이 인지와 정서에 직·간접적 영향을 끼친다는 증거들은 그 동안 학계에 지속적으로 보고되었다. 신체활동을 포함하는 스포츠 활동이 뇌세포의 생성과 시냅스(신경세포 사이의 연결점)의 가소성[8]에 중요한 영향을 끼치며(Ratey & Hagerman, 2008), 시냅스의 가

---

8) 가소성(Plasticity): 변화하고 적응할 수 있는 능력으로 인간의 두뇌가 경험과 자극에 의해 변화되는 능력(장호연 역, 2018)

소성은 운동의 지속성과 정도에 따라 영향을 받는 것(Berchtold, Chinn, Chou, Kesslak, & Cotman, 2005; Hillman, Erickson & Kramer, 2008)으로 알려져 있다. 더불어 시냅스의 가소성이 향상되지 않으면 정서조절에 문제를 일으키고 이러한 자기통제의 어려움은 폭력으로 이어질 수도 있다(조남기, 김택천, 2012). 따라서 발달장애 아동들에 대한 정규적인 체육활동 참여는 단순히 신체 기능 향상이라는 것에 국한되는 가치가 아니라 다양한 발달영역 사이에서 복합적인 영향을 줌으로써 발달의 효율성을 극대화할 수 있다.

둘째는 전반적 영역의 발달이 지체되어 있는 발달장애 아동들에게 다양한 자극을 가장 용이하게 자극을 제공할 수 있는 신체활동을 발달의 원동력으로 활용할 수 있다는 것이다. 정규적인 신체활동을 제공하는 체육 프로그램은 일차적으로 운동행동의 변화를 촉발하는 자극과 경험을 제공하면서 인지와 정서에 관련된 발달 요인을 함께 자극시키는 효과를 발휘한다. 실질적으로 체육 활동 중 발달장애 아동은 언어적, 비언어적 상호작용이 지속됨으로써 인지와 정서에 대한 자극을 동시에 받게 되어 활동 중 다양한 발달영역에서의 유기적 상호작용을 기대할 수 있다. 결국 이러한 신체활동의 특징과 효과를 통해 체육 프로그램은 발달영역 사이의 긍정적 시너지를 유발할 수가 있다. 따라서 발달장애 아동 체육 프로그램의 지도자는 다양한 발달영역에 대한 긍정적 경험과 자극을 고려해서 프로그램의 내용과 방식을 선정해야 한다. 획일적으로 운동기술의 향상만을 추구하는 것이 아니라 체육활동 과정에서 아동의 발달에 유익한 언어적, 비언어적 경험까지도 고려해야 진정한 발달장애 아동 체육 프로그램으로서의 가치를 발휘할 수가 있다.

2) 운동발달 단계와 특징

운동발달의 단계를 인식하고 있는 것은 발달장애 아동에 대한 체육 프로그램을 계획하고 시행하는데 있어 핵심 사항 중 하나이다. 보편적이고 일반적인 체육 프로그램과 달리 발달장애 아동의 체육은 각각의 아동들의 발달 및 운동발달 수준에 따른 체육활동 콘텐츠와 방식이 제공되어야 한다. 이러한 부분이 충분히 고려되지 못할 경우 체육 프로그램이 추구하는 가치와 효과를 달성하기 어려울 뿐 아니라 부작용이 유발될 가능성도 있다.

운동발달 단계에 대한 여러 가지 이론들이 존재하고 있는 가운데 발달장애 아동 체육 현장 프로그램과 관련하여 대표적으로 활동될 수 있는 것은 Gallahue의 운동발달 단계(Gallahue & Ozmun, 1995)와 Ulrich(2000)가 제시한 운동기술 향상의 단계이다. 각각의 운동행동 변화 단계는 일부 관점과 명칭의 차이가 있지만 큰 틀에서 유사한 운동발달의 방향성을 제시하면서 비교적 구체적으로 각 변화의 단계를 설명하고 있다.

(1) Gallahue의 운동발달 단계

운동발달 분야의 학자인 Gallahue와 Ozmun(1998)은 인간의 운동발달 단계를 '반사동작 Reflexive Movement'단계 - '초보 또는 기초 동작 Rudimentary Movement'단계 - '기본동작 Fundamental Movement'단계 - '전문화 된 동작 Specialized Movement' 단계로 구분하면서 이러한 단계적 변화가 각 개인의 특성과 과제경험, 환경에 의해 결정된다는 것을 제시한다. 또한 각 단계의 상향적 변화 과정이 일련의 순서성과 누적성을 전제하고 있다는 운동발달의 원리(김선진, 2003)는 중요한 의미를 시사하고 있다.

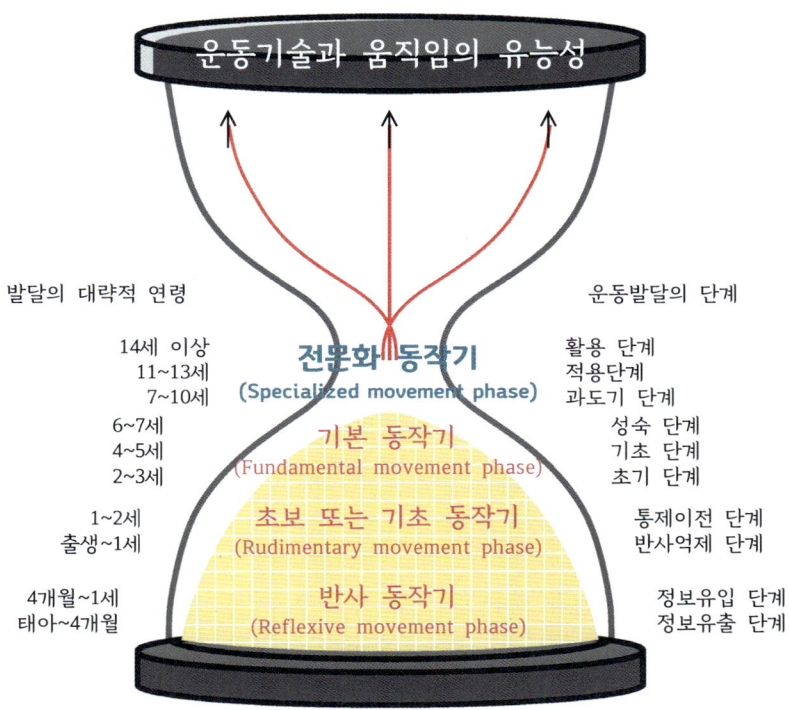

그림 11. 운동발달의 단계와 시기
(Gallahue와 Ozmun ,1998 원저, 오연주 외 3인, 2000 재인용)

상기의 Gallahue와 Ozmun(1998)이 제시한 운동발달의 단계는 시간적 흐름에 따라 운동 능력이 변화되면서 운동기술과 움직임의 유능성을 향상시킨다는 것을 제시하고 있다. 결국 인간 운동발달의 단계적 과정을 통해 적정한 운동기능 수준을 확보하는 것은 생활과 사회에서 요구되는 활동에 참여하고 즐길 수 있는 기본이 된다는 것을 의미한다.

발달장애 체육 프로그램은 아동의 상향적 운동발달 단계 성취를 위해 수준에 따라 요구되는 활동 과제에 참여할 수 있게 하는 것이 중요하다. 따라서 체육 프로그램 콘텐츠는 대상 아동의 운동발달 수준을 확인하는 과정을 거쳐서 꼭 필요한 자극이 무엇이고 구체적으로 어떤 활동이 그러한 자극을 효과적으로 제공할 수 있는지 고민되어야 한다.

Gallahue가 제시한 운동발달 단계의 반사 동작은 반사운동에 대한 것이다. 반사운동은 외부 자극에 의해 나타나는 인간의 무의식적이고 불수의적인 반응이다. 반사운동이 인간의 움직임 패턴 중 가장 먼저 나타나는 이유에 대해 학자들은 생존을 위한 본능적 행동이라고 설명한다. 즉, 엄마 젖을 통해 영양분을 섭취하기 위한 빨기 반사, 외부의 불안전한 환경(소리, 위치 변화 등)으로부터 안정성을 확보하기 위한 모로 반사, 손바닥 자극에 대해 안전을 확보하려는 잡기 반사 등과 같이 생명을 유지하거나 보호하기 위한 것들이다. 그래서 이러한 가치를 갖는 반사 동작을 생존반사 또는 원초반사라고 일컫기도 한다. 이 외에도 반사 동작은 찾기 반사, 대칭 목경직 반사, 비대칭 목경직 반사, 손바닥 턱 다물기 반사, 바빈스키 반사, 손바닥 턱벌리기 반사 등 10여 가지 이상이 출생 전부터 생후 1년까지 나타난다. 반사 동작 중에는 중력과 환경 변화에 대해 신체의 균형을 맞추는 형태의 반응 동작이 나타나는데 이를 자세반사라고 하며 낙하 반사, 미로 반사, 턱걸이 반사 등이 이에 포함된다. 또한 걷기 반사, 기기 반사, 수영 반사와 같이 향후 이동 움직임에 대한 준비 동작의 형태로 나타나는 반사를 이동 반사로 분류한다.

반사 동작들이 체육 프로그램에서 실제 활동 콘텐츠로 실행되는 경우는 흔하지 않다. 그러나 발달장애 아동의 체육 지도자들은 반사 동작이 갖는 의미와 가치에 대해서는 중요하게 인식할 필요가 있다. 운동발달은 일련의 순서성과 누적성을 가지고 있기 때문에 인간의 최초 움직임 단계인 반사 동작이 어떻게 진행되는가에 따라 차후 운동발달 단계에 연쇄적으로 영향을 줄 수 있기 때문이다. 때로는 나타나야 할 반사운동이 나타나지 않게 됨으로써 이후 운동발달의 중대한 지연을 초래하기도 하고 반대로 소멸되거나 의식적인 동작으로 변환되어야 할 반사운동이 지속됨으로써 발달의 문제를 야기하게 된다. 따라서 지도자들은 발달장애 아동들의 반사 동작들에 따라 발현 및 소거되는 상황을 파악함으로써 운동발달의 이상적 징후 혹은 상태를 파악할 수 있어야 한다.

☑ ⟨표 15⟩ 반사의 출현과 소멸 시기(김선진, 2013 참조)

	출생 전(개월)	출생 후(개월)
		출생 1 2 3 4 5 6 7 8 9 10 11 12
빨기반사	4	
찾기반사		
모로반사		
손바닥턱다물기반사	7	
바빈스키반사		
쥐기반사		
미로반사		
턱걸이반사		
낙하반사		
기기반사		
걷기반사		
수영반사		

초보 동작은 무의식적 반응의 반사운동 이후에 진행되는 운동발달 단계로서 자신의 의지에 의해 자세와 움직임을 수행할 수 있는 것이 특징이다. 자신의 의지대로 신체를 조정하는 것을 수의적 움직임 능력이라고 하고 이 단계에서 인간은 필요와 판단에 의해 의도적인 움직임을 수행할 뿐 아니라 자극이 있더라도 동작 반응을 나타내지 않을 수가 있다.

수의적인 움직임을 수행할 수 있는 것은 그 시점부터 인지적 역량이 움직임에 관여할 수 있다는 것으로 초보 동작은 보편적으로 만 1세~2세에서 나타나며 이 단계에서는 그 이전까지의 반사 움직임을 수의적 움직임으로 전환해 가는 과정에서 반사를 억제하는 단계를 거친다. 반사를 억제하는 과정은 뇌의 인지 능력에 의한 중추신경계의 통제가 세련되지는 않지만 최소한 무의식적인 반응이 발현되는 것을 스스로 조절이 가능한 것을 의미한다. 예를 들어 1살 이전에 엄마의 젖을 먹기 위해 입가에 닿는 것을 무조건으로 빨던 반응은 점차 감각적 자극과 반응에 대한 경험을 토대로 원하는 것에 대한 선별적 빨기 반응이 가능해지는 단계로 변하게 된다. 또한 초보적 움직임들은 향후 세련되고 능숙한 움직임을 수행하기 전 경직되지만 안전성을 추구하는 방식의 동작들이 다양하게 반복적으로 나타나게 된다. 대표적인 동작으로 초보 동작기에서 시작되는 걷기는 기저면이 넓고 팔을 들어 벌리는 방식으로 비효율적이기는 하지만 최대한의 안전성을 확보할 수 있는 형태로 경험을 쌓게 된다. 그러한 경험의 반복은 가장 효율적인 세부 신체 분절의 동작을 선택하면서 각 신체 분절 간의 협응 능력을 향상시키게 된다.

결국 초보 또는 기초 동작기에 발달되는 여러 대근 운동기술들의 기반은 서투르기는 하지만 반복적인 기초 움직임의 경험과 다양한 감각·지각 자극과 반응에 의해 확립된다.

Gallahue가 제시한 기본동작 단계(만 2~7세)는 본격적인 신체 운동기술의 발달이 진행되는 단계로 체육활동 참여의 필수적인 대근운동기술 습득이 활발히 진행되는 보편적인 민감기이다. 이 단계에서는 초보동작 단계에서 자세와 움직임의 패턴을 경험하고 중추신경계의 활성화 과정을 거친 후 기본운동 기술에 대한 확장과 능숙함을 확립한다. 기본동작 단계는 기본운동 기술의 민감기와 결정기라 할 만큼 급격한 운동기술 능력의 변화를 갖게 됨으로써 일상생활 기능과 체육활동 참여 기능 확립의 중추적인 역할을 하는 단계로서 의미가 크다. 물론 이러한 변화는 아동의 운동발달을 위해 요구되는 충분한 신체활동 자극이 전제될 때 가능하다. 학령기 이전 어린이집과 유치원 학습이 진행되는 과정에서 다양하고 충분한 놀이, 게임 등의 신체활동이 강조되는 것은 그러한 경험들이 향후 학교에서나 일상생활에서 필요한 기능을 세련되게 발휘할 수 있는 결정적 요건이 되기 때문이다. 이 시기 발달장애 아동들의 상황은 운동발달 측면에서 긍정적인 환경이 제공되지 못하는 것이 일반적인 현실이다. 일반적으로 발달장애 가정에서는 이 시기 자녀의 발달 이상 징후를 조금씩 인식하게 되지만 장애를 부정하거나 회피하려는 상황들이 발생하면서 발달에 필요한 신체활동 자극과 경험적 요소들을 오히려 축소하게 된다. 때로는 발달장애 아동들이 반사동작이나 초보동작 수준부터 운동발달이 정체되는 특징을 갖는 경우도 있는데 이럴 경우 연쇄적으로 운동발달의 지연이 심각하게 누적되는 결과를 초래하기도 한다. 따라서 보편적으로 진행되는 기본동작 단계 시기(만 2-7세)에 아동이 현재 어느 수준의 운동발달 과정을 거치고 있는지와 어떤 신체활동 자극에 민감하게 반응하는지를 확인하여야 한다. 기본동작 발달에 대한 중요시기를 필요한 자극 없이 지나치게 될 경우 초기 운동발달의 보편적 진행 속도와 방식을 되돌리는 것이 쉽지 않기 때문이다.

발달장애 아동의 체육 현장에서는 초등학생 또는 중학생이 처음 체육 프로그램에 참여할 때 나타나는 운동발달 수준이 초보동작 단계 수준에 머물러 있는 경우가 흔하다. 이미 보편적인 운동발달 단계에서의 민감기를 지나친 상황일 경우가 많다는 것이다. 따라서 지도자는 운동발달의 기본 원리에 따라 아동이 갖고 있는 운동발달 단계에 대한 충분한 신체활동 자극 프로그램을 통해 상위 운동발달 단계로의 전이를 위한 의도적 프로그램 계획과 구성이 요구된다.

Gallahue의 보편적 운동발달 마지막 단계는 전문화 된 동작 단계이다. 이 시기는 보편적으로 초등학교에 입학하는 정도의 만 7세부터 시작되는 것으로 중학교 연령대에까지 민감기를 갖는다. 기본적 동작으로 습득된 개별적 신체움직임과 대근운동기술들이 특정 게임이나 종목 등에서 복합적으로 발휘될 수 있는 유능성과 협응 능력을 향상시키는 단계이다. 이 단계는 단순히 신체의 기술적 기능의 향상으로만 확립되기 보다는 게임이나 종목에서 요구되는 개념 이해와 전략 전술 활용 능력 및 승리에 대한 동기나 의지의 복합적 발달 영역이 상호 결합될 때 완전한 운동발달의 성취를 갖게 된다. 물론 그러한 인지와 심리적 발달은 그 이전의 운동발달 단계를 충실히 거치면서 신체 기능적 발달과 함께 변화되어 왔을 때 얻을 수가 있다. 전문화 된 동작 단계를 충실히 거치게 되면서 전문 종목 스포츠나 전문 여가활동에서의 다양한 적용과 활용이 가능하게 된다. 발달장애 아동의 체육 프로그램도 분명히 전문화 된 동작 단계의 진행을 위한 활동 콘텐츠들이 제시될 수 있다. 실제로도 적지 않은 지적장애, 자폐성장애 아동들이 종목 형태의 경쟁적 체육 프로그램에 참여하고 있는 상황이다. 단, 지도자들은 지도하게 되는 아동의 운동발달 및 인지, 정서 발달의 수준과 특성이 전문화된 경기나 여가활동에 부작용 없이 참여할 수 있는 지를 반드시 확인할 필요가 있다. 자칫 생물학적 연령대만 고려하여 발달장애 아동들이 높은 운동발달 단계의 활동에 참여하도록 강요될 경우 체육 프로그램을 통해 얻을 수 있는 긍정적 발달의 가치를 놓칠 수도 있다.

(2) Ulrich의 운동발달 단계

발달장애 아동 체육 프로그램과 관련하여 참조할 수 있는 운동발달 단계 이론 중 하나는 1985년 TGMD Test of Gross Motor Development: 대근운동발달검사 를 개발한 Ulrich(1985)의 대근운동발달 단계이다. Gallahue의 운동발달 단계와는 맥락의 유사성을 갖고 있지만 조금 더 각 단계를 구체화된 문구로 표기하였다는 차이가 있다. Ulrich는 운동발달을 '반사와 반응' 단계, '기본 대근운동기술과 양상' 습득 단계, '리드-업 게임 기술' 습득 단계, '스포츠와 여가활동 및 댄스 기술' 습득 단계로 구분하였다. Gallahue의 운동발달 단계와 마찬가지로 Ulrich도 위계적 운동기술의 변화를 설명하면서 하위 단계의 성취를 통해 상위 단계 운동기술의 습득이 가능하다는 것을 제시한다.

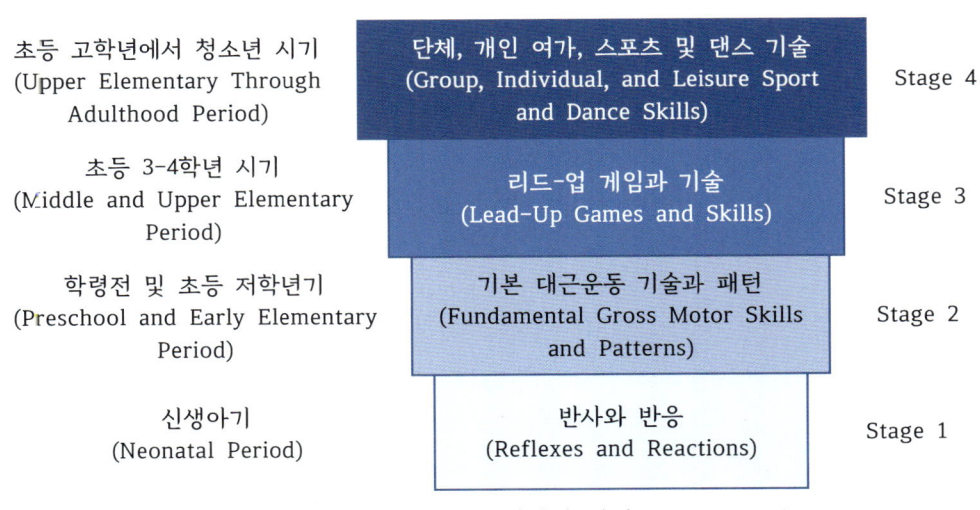

그림 12. TGMD-1 대근운동발달의 단계(Ulrich, 1985)

Ulrich의 운동발달 단계는 운동발달 학문 분야에서 자주 인용되는 학설 차원의 이론은 아니지만 발달장애 아동 체육 프로그램의 콘텐츠 설정을 위한 구체적 기준으로 유용성을 가지고 있다. 물론 Ulrich의 운동발달 단계에서 제시된 연령대도 Gallahue의 운동발달 연령과 마찬가지로 보편적 상황을 전제로 한 기준이기 때문에 발달장애 아동의 생물학적 연령을 직결시켜 적용하는 것은 한계가 있다. 단, Ulrich에 의해 제시된 운동발달의 단계적 순서를 발달장애 아동의 수준에 따라 비교함으로써 제공해야 할 구체적 체육 프로그램 콘텐츠를 선정하는 방식으로 활용할 수는 있다.

　　한편, Ulrich의 운동발달 단계가 갖고 있는 제한점도 있다. Ulrich는 대근운동 중심의 운동발달 과정에 초점을 맞추었기 때문에 낮은 하위 운동발달 수준에서 진행되는 과정의 세밀함이 부족하다. 예를 들어 1단계 영유아기 반사운동으로부터 2단계 대근활동 중심의 기본운동기술 습득 단계 사이에는 기초 움직임 측면에서의 자세조절과 감각·지각운동의 활성화 단계 과정이 존재하지만 인체 내부의 신경학적인 운동 중심 기능이기 때문에 생략된 것이다. 그러나 발달장애 아동들의 감각조절 기능 손상 특성을 고려할 때 감각 신경계 자극에 의한 하위 운동기능의 활성화는 매우 중요한 사항이다.

　　장애아동들의 체육 프로그램 시행을 위해서 대상 아동의 운동발달 수준을 확인하는 것은 프로그램의 세부 콘텐츠와 방식을 선정하는데 매우 중요하다. 기본적으로 모든 발달의 과정이 일련의 순서성과 누적성을 갖기 때문이다. 그러나 운동발달의 이론들에서 제시하고 있는 보편적 운동발달 단계의 연령을 발달장애 아동에게 직접적으로 비교하거나 적용하는 것은 큰 의미를 갖지 못한다. 발달장애가 갖는 개별적 발달 차이가 보편적 발달 연령과는 차이가 있기 때문이다. 그렇기 때문에 기존 이론에서의 보편적 운동발달 단계를 기본적인 변화의 순서로서 인지하면서 각 아동의 개별적 수준에 대한 진단을 토대로 상위 운동기능 습득을 위한 체육 프로그램을 제공할 수 있어야 한다.

3. 발달장애 아동의 운동발달 특성과 체육 콘텐츠

발달장애 아동들은 운동발달의 단계와 순서는 비장애아동들과 동일하게 거치지만 각 단계를 성취하거나 습득하는 시기는 장애발생 원인과 장애 정도에 따라 다르게 나타난다. 따라서 체육 지도자들은 발달장애 아동의 개인별 운동발달 특징과 수준을 진단하여 체육 프로그램의 세부 콘텐츠와 지도방법을 선정해야 한다. 지도 대상 아동의 운동발달 수준과 특성을 판단하기 위해서는 브편적 운동발달의 단계와 특징을 명확히 숙지하고 비교할 수 있어야 한다. 그 이후에 발달장애 개별 아동의 운동발달 수준에서 목적에 따라 필요한 구체적인 콘텐츠를 선정·적용할 수 있어야 한다.

1) 발달장애 아동의 운동발달 특성

발달장애 아동에 대한 많은 연구와 임상 결과들은 발달장애 아동들이 또래 비장애아동들에 비해 낮은 운동기술과 체력 수준을 나타내는 것으로 언급하고 있다 .

의사소통과 사회적 관계 형성에 문제를 나타나고 있는 자폐성 장애아동들은 체력 및 운동기술 수준이 비장애아동들에 비해 낮고(Morin & Reid, 1985), 특히 유연성과 평형성, 협응력 등 감각운동 측면에 있어 발달이 지체되며, 이동기술이나 물체조작기술과 같은 대근운동 능력을 수행하는데 어려움을 겪고 있다(Auxter et al., 2001). 한편 일부 연구에서는 자폐성 장애아동의 신장 및 체중과 같은 체격이 일반아동과 유사하게 발달하며, 운동 수행력 또한 일정 시기까지는 정상적으로 발달한다(Reid et al., 1983)는 결과도 함께 제시되고 있다. 그러나 자폐성 장애 아동의 특성 범위가 넓기 때문에 일부의 경우 신장, 체중 등과 같은 성장 요소들이 장애로 인한 부정적인 영향을 덜 받을 수도 있지만 운동발달과 관련된 대다수 요소들이 전반적으로 지체되어 있다는 것이 인정되고 있다. 지적장애 아동들의 경우 운동기술 및 체력 수준이 또래 비장애아동들에 비해 2~4년 정도 뒤처진다고 알려져 있다(Fernhall 외 2인, 1988; O'Brain & Hayes, 1995; Winnick, 2014). 지적장애 아동의 개별적 사례에 따른 차이가 있지만 국내 연구에서도 지적장애 아동들은 근력, 근지구력, 심폐지구력, 유연성, 평형성과 같은 체력 요인의 수준이 낮고, 비장애아동들에 비해 운동발달 지연 현상이 나타난다(정지완 등, 2012)는 의견이 공통적으로 제시되고 있다.

결과론적으로 발달장애 아동들은 실제 생활연령에 의해 기대되는 보편적인 운동발달 수준을 성취하지 못하고 있다. 문제는 이러한 운동발달 지체 경향이 장애 특성으로 인해 피할 수 없는 것인지 혹은 발달장애 본연의 속성과는 별개로 나타나는 간접적인 영향인지에 대한 것을 명확하게 검증하기 어렵다는 것이다. 이러한 상황에도 불구하고 발달장애 아동들이 출생 시 신체 구조적 측면에서 대부분 손상이 없이 태어나고 외형적 성장은 또래 아동들과 큰 차이를 갖지 않는다는 점에서 기능적 운동발달의 지연이 타고난 장애 본성이라고 확정하기는 어렵다. 더불어 발달장애 아동 중에는 전형적인 자폐성장애 또는 지적장애 성향을 갖고 있지만 활동적 행동 특성을 나타내는 사례도 확인되고 있기 때문에 발달장애 아동들의 운동발달 지연 문제는 아동에 따라 주의 깊게 판단될 필요가 있다.

발달장애 아동들의 운동발달 지연 특성은 두 가지 측면에 의한 영향성을 추정해 볼 수 있다. 첫째는 발달장애 아동들이 갖는 인지적 측면의 손상 또는 지연이 운동기능의 변화에 필요한 의식적 반응을 둔화시킴으로써 운동기술 학습을 제한하는 경우이다. 지적장애와 자폐성장애는 공통적으로 사물이나 대상에 대한 인식 및 개념화에 어려움을 겪는 특징이 있다. 운동발달은 자신의 신체에 대한 인식으로부터 자극 정보에 대한 분석과 판단을 통해 신체 반응을 반복적으로 일으킴으로써 진행된다. 그러나 발달장애 아동들의 인지적 능력의 제한성은 이러한 운동발달의 작동 기전을 느리고 어렵게 하는 원인이 될 가능성이 높다. 따라서 발달장애 아동들의 운동발달 지연 정도와 개별적 차이는 인지발달 수준과 함께 고려되어야 한다. 또한 지도자들은 체육 프로그램을 진행할 때 발달장애 아동들의 운동발달 수준과 함께 인지 능력을 고려한 지도 방식을 선택하는 것도 중요하다. 둘째는 발달장애 아동의 장애 특성으로 인해 폐쇄적이고 소극적인 생활양식이 운동발달에 부정적 요인으로 작용할 가능성이다. 영유아기와 아동기를 거치는 만 10세 이전은 보편적 운동발달의 단계에서 중요한 운동기술 습득의 민감기와 결정기를 포함하고 있다. 그러나 발달장애 자녀를 양육하는 가정에서는 이 시기에 비장애아동들이 일상적으로 겪게 되는 신체활동 참여를 여러 가지 이유로 꺼리게 된다. 물론 발달장애 아동의 행동 특성으로 인해 초래될 수 있는 안전 문제나 타인의 불편한 시선 등 적극적인 신체활동 참여가 쉽지 않은 것이 현실이기도 하다. 그러나 신체 구조적인 손상이 없는 발달장애 아동들이 유아기와 아동기에 충분한 신체활동에 참여한다면 운동발달의 지연 문제는 최소화될 수 있는 가능성이 있을 뿐 아니라 인지와 정서 발달 영역에 긍정적 자극으로 작용할 가능성도 높다. 따라서 발달장애 자녀를 둔 가정에서는 발달의 이상이 감지되는 시점에서 신속히 자녀에게 적합한 신체활동 참여의 기회를 확보할 수 있는 노력이 필요하다. 더불어 발달장애 아동을 지도하는 체육 분야의 지도자들은 아동에게 요구되는 신체활동 자극을 정확히 판단하여 체계적이고 다양한 프로그램을 제공할 수 있어야 한다.

발달장애 아동들의 공통된 운동발달 특성과는 별개로 자폐성장애 아동들에게서는 감각과 관련된 특징을 추가적으로 고려해야 한다. 자폐성장애 아동들의 감각기관은 특정 자극에 대해 매우 예민하거나 반대로 지나치게 무딘 반응성을 나타내는 경우가 있다(Ozonoff, Dawson, & McPpartland, 2002). 어떤 이들은 이에 대해 감각통합 능력이 떨어진다고 언급하기도 하고 또 다른 한편에서는 감각조절의 기능이 손상되어 있다고 설명하기도 한다. 국내 연구에서도 자폐성장애 아동들이 소리자극에 대한 이상반응, 후각적 왜곡반응, 특정촉각에 대한 회피/거부반응, 두려움에 대한 인식, 정서의 과잉표현 등의 영역에서 비장애아동들과는 유의미한 차이가 있는 것으로 보고(송은희, 2002)되고 있다.

자폐성장애 아동들의 감각 조절과 통합 문제는 대뇌와 신체 각 부위의 신경계의 전달과 기능의 손상에 기인한 것으로 이것은 유아기 운동발달의 초기 과정에서 뒤집기, 기기, 앉기 등의 기초움직임부터 부정적 영향을 미치기도 한다(김경미 외 7인, 2006). 또한 수의적 운동기술의 첫 단계인 감각·지각운동 기능 습득을 어렵게 하는 근본적인 원인이 된다.

발달장애 아동들이 갖는 신경학적 체계와 기능의 문제는 감각 조절 기능의 손상을 유발하게 되고 이로 인해 단계적으로 변화되어야 할 운동발달이 지연되는 결과로 나타난다. 결국 운동발달이 순차적이고 누적적인 원리로 진행된다는 측면에서 기초움직임, 그리고 감각운동 발달의 제한과 지연은 운동발달의 전반적 지체로 이어질 가능성이 높다. 그러나 발달장애 아동의 운동발달 지체 현상이 운동발달의 완전한 중단을 의미하는 것은 아니다. 또래 연령대 아동들에 발달장애 아동들의 운동발달은 지체된 특성을 나타내지만 관련 자극과 반응의 반복적 경험이 지속될 경우 감각기능이나 대근운동기술 기능이 변화된다는 많은 연구와 현장 지도 결과들이 제시되고 있기 때문이다.

발달장애 아동들의 운동발달 특성이 느리고 지체된다는 것을 인식하는 것만으로는 체육 프로그램을 효과적으로 진행하기에 부족하다. 각각의 아동들이 어느 정도의 낮은 운동발달 수준을 갖고 있는지에 대한 정확한 확인을 바탕으로 운동행동 변화에 필요한 신체활동의 자극을 적합하게 선정할 수 있어야 한다. 특히, 아동들의 인지 능력과 신경계 작동의 이상적 특성을 고려하여 감각체계의 활성화로부터 기본운동기술 및 게임 기술에 이르기까지 폭넓은 지도 내용이 체육 프로그램 콘텐츠에 포함되어야 한다.

2) 운동발달 수준에 따른 체육 분야와 콘텐츠

운동발달 특성과 수준에 따라 제공되어야 할 신체활동들의 내용을 콘텐츠라 할 때 발달장애 아동의 체육 분야와 제공되어야 할 신체활동 콘텐츠는 기존의 통상적인 체육보다는 좀 더 확대되고 세분화된 접근이 필요하다. 발달장애 아동들은 동일한 장애 명칭을 갖고 있지만 운동발달 수준의 폭이 넓고 다양하기 때문이다. 이에 따라 기존 체육 분야에서 주로 진행되는 대근운동 중심의 게임이나 스포츠 외에도 하위 운동발달 단계를 습득하고 연습할 수 있는 기초움직임 기술과 감각자극 활동 및 다양한 여가 활동 기술 등의 콘텐츠가 추가적으로 포함될 필요가 있다. 실제 현장 지도 분야에서 만나게 되는 대부분의 발달장애 아동의 경우는 낮은 운동발달의 수준 때문에 시작부터 전통적인 방식의 게임 활동이나 스포츠 종목으로 특성화된 신체활동 콘텐츠에 참여하는데 여러 가지 어려움을 겪게 된다. 이러한 경우 발달장애 아동의 운동발달 수준에 맞는 콘텐츠를 선정하고 적용함으로써 체육이 추구하는 가치와 목적을 효과적으로 달성할 수 있다.

(1) 체육활동 분야

세계특수체육학회 International Federation of Adapted Physical Activity, 2018에서는 장애인들이 참여하는 체육을 '수정과 변형이 필요한 장애 대상의 원활한 참여를 위해 요구되는 운동학, 체육교육, 스포츠 및 인간 움직임 과학 관련 분야'로 정의 내리면서 아래의 〈표 16〉과 같은 체육활동의 분야를 제시하고 있다.

☑ 〈표 16〉 특수체육의 신체활동 분야(IFAPA, 2018)

- 학교에서의 통합체육과 별도의 장애학생에 대한 특수체육
- 레크리에이션 및 여가 활동
- 경쟁적인 전문 엘리트 스포츠
- 재활 및 건강 운동

세계특수체육학회 IFAPA에서 제시하고 있는 특수체육의 신체활동 범주에 근거할 때 발달장애 아동을 위한 체육의 신체활동 분야 역시 유사하게 선정할 수 있다. IFAPA에서 제시한 특수체육 범주를 기준으로 인간 운동발달을 연계시킬 때 특수체육의 활동 콘텐츠는 매우 광범위한 인간의 움직임 활동을 포함할 수 있다. 발달장애 아동들의 경우 다양한 체육 환경과 범주에서 참여에 제한을 받는 경우 아동들의 수준에 따라 수정·변형된 운동발달 콘텐츠를 체계적으로 제공받을 수 있도록 하는 것이 중요하다.

(2) 운동발달을 위한 콘텐츠

발달장애 아동의 운동발달 특성에 따른 콘텐츠는 지도자로서 무엇을 지도해야 하는지를 선정할 수 있게 하고, 연구자로서는 어떤 과제 변인들에 관심을 자져야 할 것인가를 안내하는 기준이 된다.

발달장애 아동들의 특성과 욕구들을 고려할 때 체육 분야에서 제공되어야 할 콘텐츠는 인간의 운동발달 단계와 연계하여 '반사운동부터 종목별 전문스포츠 운동기술'에 이르기까지 상당히 넓고 다양하다. 이와 함께 발달장애 아동에게 제공되는 콘텐츠를 선정하고 적용할 때 활동의 목표와 운동발달의 원리에 기반을 두어야 한다.

발달장애 아동의 체육 분야와 그것을 수행하기 위한 운동기술 발달 단계를 구조화 하면 그림 13으로 제시될 수 있다. 그러한 구조는 발달장애 아동들의 체육 활동 분야와 제공되어야 할 활동 콘텐츠를 선정하기 위한 기본 개념으로 활용이 가능하다. 그러나 더 중요한 것은 그러한

기본 구조를 바탕으로 발달장애 체육 참가자의 수행 수준에 따른 활동 분야의 합리적 선택과 실제적인 운동발달 콘텐츠를 구체화할 수 있어야 한다는 것이다. .

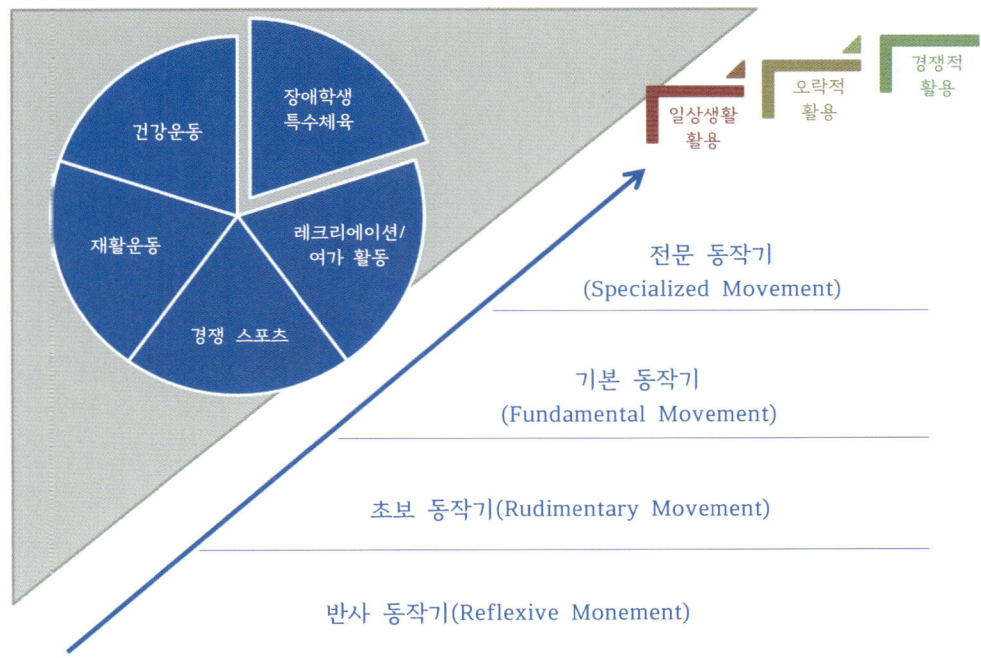

그림 13. 체육활동 분야와 운동발달 구조
(IFAPA, 2018 및 Gallahue & Ozmun, 1995 참조)

체육 현장에서 발달장애 아동들이 참가하는 경우 지도자들이 어려움을 겪는 가장 큰 이유 중에 하나는 아동의 운동발달 단계별로 어떤 콘텐츠를 선택하고 지도해야 하는지를 명확히 선정하지 못하는데 있다. 실제 참가 아동의 운동발달 수준을 확인하였다고 하더라도 그러한 발달 단계어서 요구되는 효과적인 활동 과제 콘텐츠를 연결시키지 못하고 있다는 것을 의미한다.

아러 그림 14는 발달장애 아동들이 참여할 수 있는 체육의 분야와 운동발달 단계에 따른 신체활동 콘텐츠 유형을 구조화한 것이다. 그림에 적용된 운동발달의 단계와 세부 콘텐츠는 발달장애 아동들의 특성을 감안하여 Gallahue와 Ozmun(1998)의 운동발달 이론 및 Ulrich(1985, 2000)의 운동기술 습득 단계가 복합적으로 고려되었다.

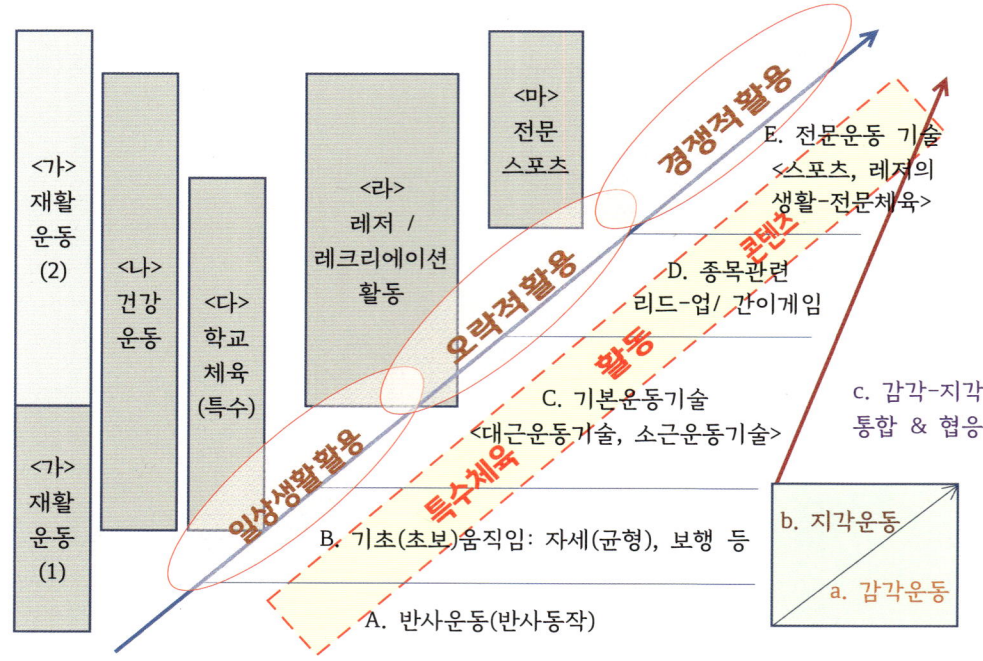

그림 14. 발달장애 아동 체육 분야와 운동발달 콘텐츠 구조

　　상기 제시된 발달장애 아동의 체육 분야들은 위계적 수준을 나타내는 것은 아니다. 세계특수체육학회 IFAPA 에서 제시한 것을 기반으로 발달장애 아동의 체육으로서 적용 가능한 범위를 특성과 목적에 따라 병렬적으로 나열한 것이다. 예를 들어 <다> 장애학생들에 대한 학교체육은 다른 범주와는 운동발달 단계상 위계성이 맞지 않는다. 그러나 특수체육 분야 에서 장애학생들에 대한 체육교육이 중요한 부분으로 강조되고 있고 지속적으로 강조되어야 하는 사한이기 때문에 별도의 체육 분야로서 구성할 필요가 있다. 특별히 <가> 재활운동 분야는 우리나라의 상황을 고려하여 재활운동(1)과 (2)로 변형된 구조가 필요하다. 왜냐하면 국내의 경우 스포츠의학에 기반을 둔 스포츠재활 영역이 확고히 분리되어 있다는 측면과 전통적으로 체육활동에 대한 시작 개념이 대근운동기술을 향상시키는 것부터 적용됨에 따라 이를 재활 개념으로 보기는 어렵기 때문이다. 노형규와 이동철의 연구(2016)에서는 재활체육과 장애인체육의 연계과정을 제시하면서 재활운동이 생활체육으로 연계되기 전까지의 신체 기능 및 기술을 확보하는 것으로 제시하고 있다. 따라서 특수체육에서의 재활운동(1)은 반사움직임에 대한 자극 제공으로부터 기초 움직임(자세, 균형 조절, 초기 감각-지각운동 및 보행)에 대한 적응 활동을 제공하며, 일부 기본 운동 기술의 연계활동을 계획 시행하는 것으로 보는 것이 적합할 것이다. 재활운동(2)에 대한 것은 운동 상해에 따른 회복 활동으로 개념적 정의를 내리고 이에 대해 특수체육 활동 범주 포함시킬 것인가는 인접 전공 영역과의 논의가 필요한 부분이다. 따라서 실제 발달장애 아동에

대한 체육에서의 재활운동 콘텐츠는 재활운동(1) 분야에 해당하는 반사운동에 대한 자극과 반응 유도, 자세와 균형, 보행 및 감각·지각운동 정도로 구성된다.

제시된 기타 체육 분야는 일반적인 체육에서 추구하는 목적 및 내용과 크게 다르지 않다. 발달장애 아동의 체육 지도자들은 아동들에게 무엇을 지도하고 경험할 수 있게 할 것인지 각각 단계별 콘텐츠의 의미와 내용에 대해 숙지할 필요가 있다.

① 반사운동

인간의 최초 움직임으로 볼 수 있는 반사운동은 일반적인 체육학에서 주요 관심 대상은 아니다. 학교체육과 생활체육, 엘리트스포츠 중심으로 부각되는 우리나라의 체육 발전 경향에서 반사운동은 일부 운동발달이나 운동학습 전공 영역에서 이론적으로만 언급되는 정도이다. 그러나 발달장애 아동의 경우 반사운동은 운동발달의 보편적인 진행 여부를 확인할 수 있는 지침이 될 뿐 아니라 신경학적 문제 여부를 진단할 수 있는 주요한 근거가 된다. 반사운동은 자극에 따라 불수의적 무의식적으로 발생되는 인간의 최초 운동 양상이다(Goldfield & Wolff, 2002). 반사운동이 인간의 의식과 의지가 관여되지 않는다는 점과 전통적 체육활동9)과의 활용성이 낮다는 측면에서 일반체육뿐 아니라 특수체육 분야에서도 연구나 현장지도의 주요 내용으로 인식되지 못하고 있는 상황이다.

반사운동이 가지고 있는 가치에 대해 발달 관련 학문분야에서는 생존을 위한 본능적 움직임이라는 것을 강조한다. 실제 반사운동을 설명할 때 생존반사 혹은 원시반사라는 용어를 대표적으로 사용한다. 물론 반사운동이 빨기반사나 모로반사, 잡기반사와 같이 인간의 생존과 안위에 직접적인 연관성을 가지고 있는 중요한 역할을 한다는 것은 누구나가 동감하는 것이다. 한편 반사운동이 차후 단계의 운동기술 변화 기반을 마련하는 가치10)에 대해서는 소홀히 지나치게 된다. 단순한 예로 우리는 걷기반사, 수영반사와 같은 이동반사 유형이 향후 신체활동 이동기술과 연결되어 있다는 것을 알고 있다. 특수체육에서 반사운동 자체가 연구 또는 지도 내용의 주요 콘텐츠로 포함될 수 있는가의 문제는 여전히 논란의 여지가 있다. 그럼에도 불구하고 반사운동이 향후 상위 운동기술의 습득과 향상의 필수적인 전제 조건이 된다는 것과 반사운동의 유형과 특징 및 기전에 대한 것은 주요한 특수체육 시행의 기반 지식이 될 수 있다는 것은 부인할 수 없는 사실이다. 예를 들어 신생아와 유아기에 반사운동의 부재는

---

9) '전통적 체육'을 따로 규정하고 있지는 않지만 체육의 핵심적인 개념이 "목적을 가진 계획적인 신체활동"으로 설명되고 있고 일반적으로 학계와 대중들은 대근운동 중심의 경쟁적 활동이나 건강을 위한 체계적 활동을 전통적인 체육으로 인식하는 경향을 가지고 있다.

10) 반사운동은 향후 운동기술 변화에 필요한 가장 기초적인 신경계 회로의 형성 및 중추신경과 말초신경의 연결 활성화를 유발할 수 있다. 마치 온전하게 컴퓨터 프로그램을 작동시키기 위해서 하드웨어 차원의 회로를 마련하고 각 하드웨어 간의 기본 연결선을 생성하여 향후 소프트프로그램의 처리 능력의 확장과 효율성을 높이기 위한 것과 비슷한 원리가 존재함을 가정한다.

출생 전후 신경학적인 손상을 추정할 수 있으며, 이로 인해 향후 일반적인 운동기술의 습득이 제한될 뿐 아니라 장애로 이어질 가능성도 높다. 따라서 적정 시기에 반사운동 발현 여부와 특징을 이해하는 것은 체육 전공자들이 장애 여부를 신속히 판단하여 향후 필요한 조치(지도, 교육, 중재 등)를 취할 수 있는 조건이 된다. 이와 관련하여 발달장애 아동들의 반사운동 여부 혹은 특징을 확인함으로써 운동 motor 기능의 활성화 수준을 진단하고 필요한 자극을 계획하는 것에도 요긴하게 활용될 수 있다. 또한 보편적인 시기에 반사운동이 발현은 되었으나 적정 시간이 흐른 이후에도 반사운동이 지속되는 경우 또한 운동발달의 문제를 추정할 수 있다. 반사운동은 출생 직후 발현하여 생후 한 살 전후 시점에는 사라지는 것11)이 일반적이다. 최근 생태학적 접근 이론에 의하면 이러한 반사운동이 사라지는 것은 자극에 반응하는 불수의적 운동과정이 지속적인 경험과 학습을 통해 의식적 움직임으로 전환됨을 추정하고 있다. 결국 무의식적으로 나타나던 반사운동이 수의적인 동작으로 전환되기 위해서는 적정한 '자극-경험 동인'이 요구되고 이러한 자극-경험 동인의 유형과 방식 및 빈도의 계획적인 조정은 지체된 운동기술의 변화를 유도할 수도 있다는 가정이 성립될 수 있다. 따라서 영유아기 정상적인 발달을 유도·촉진하는 과정에서 반사운동의 활용은 발달장애 아동 체육이 의도하는 가치를 발휘할 수 있을 것이다. 실제 상기와 같은 원리를 기반으로 치료 영역12)에서는 이미 적용되고 있는 부분이기도 하다(신경계 운동치료학 편찬위원회, 2018). 발달장애 아동의 체육에서 운동발달의 지체나 이상 문제가 발생된 경우 유용한 능력을 되찾도록 하는 목적으로 영유아기 반사운동 대한 것을 '〈가〉재활운동(1)' 콘텐츠로 포함할 수도 있지만 전통적 체육이 가지고 있는 자발적인 대근 활동과의 상충 문제는 여전히 존재한다.

② 기초(초보)움직임: 자세(균형)조절, 보행_감각-지각 운동

반사운동에 의해 무의식적으로 수행되던 인간의 움직임은 점차 자극과 반응을 통한 경험의 과정을 거치며 선택적이고 수의적인 동작을 가능하게 만든다(김선진, 2003). 또한 반사운동은 향후 다양한 동작이 가능할 수 있도록 하는 최소한의 근력을 형성시키고 관절의 가동성 경험을 갖게 할 것으로 추정된다.

---

11) 학자들에 따라 '반사운동이 이미 계획된 유전 정보에 의해 사라지는 것이다'라고 설명하기도 하지만 최근 생태학적 접근을 추구하는 학자들의 경우에는 '환경적인 경험 자극을 통해 신경계통의 통합 과정을 거치며 의도적 움직임으로 대치되는 것'(Eliot, 1999)으로 해석하는 추세이다.

12) 반사운동과 관련된 치료적 방식으로는 보바스 또는 보이타 요법이 적용되고 있다. 보바스 요법은 뇌병변장애인들에게 존재하는 원시 반사가 환자의 능동적인 움직임을 방해하는 장애물로 작용하므로 원시반사를 억제하는 자세를 유도하여 정상 운동발달을 도모하는 방식이다. 보이타 요법은 무의식적인 반사행동을 불러들여서 정상적인 움직임을 유도해나가는 것으로 반사동작을 불러들이기 위해 특정한 자세가 필요하고 반사를 일으키는 유발점을 이용하여 자극을 주면서 반응을 나타나도록 하는 것이다. 즉, 보이타 요법이란 사지나 몸통의 일정한 감각 유발점을 자극하여 기거나 뒤집는 등의 반사 동작을 유도해내는 방식이다(신경계 운동치료학 편찬위원회, 2018)

운동기술의 변화 단계에서 초보 또는 기초 움직임 rudimentary movement 은 세련된 운동기술을 발휘하기 전 단계에서 신체 자체적으로 안정적 움직임의 기반을 만드는 과정이다.

운동발달의 과정에서 기초움직임 단계는 외형적으로 향후 환경과 과제에 따라 다양하고 세심한 운동기술을 활용하기 위한 '자세 유지와 조절(목가누기~보행)'에 대한 적응과 기술 습득의 과정이다. 또한 내면적으로는 반사운동 단계에서 구축한 신경로의 확장13)과 활성화를 통해 중추신경계 뇌, 척수 와의 효과적인 연합체계를 형성한다. 기초움직임 단계에서의 내면적 변화는 신체의 동작 자극을 통해 대뇌 초기 발달 기전과 작동에 영향을 준다는 측면에서 중요한 가치를 갖는다.

일반적인 발달 상황에서 기초움직임 단계는 특별한 개입 없이 개인 간 속도의 차이는 일부 있더라도 무리 없이 달성된다. 이 말은 운동발달의 특징이 보편적인 경우 의도적으로 계획된 기초움직임에 대한 자극을 제공해야 할 여지가 크지 않다는 것이다. 반면 기초움직임과 관련하여 보편적 운동발달이 진행되지 못하는 아동들에게는 특별히 고려된 신체활동 자극이 매우 중요한 역할을 할 수가 있다. 예를 들면 유아기에 적절한 자극 환경을 제공받지 못했거나 선천적 원인으로 인해 신경학적 손상을 갖게 된 경우, 기타 원인으로 인해 장기간 움직임에 제한을 받게 된 경우, 급격히 신경계통의 퇴화가 진행된 경우 등은 의도적이고 계획적인 활동 개입이 필요하며 이에 대해 의도적으로 계획된 신체활동들은 운동발달을 촉진시키는데 의미 있는 역할을 하게 된다.

기초움직임 단계에서 외형적 자세 유지와 조절은 목가누기→몸통 뒤집기→팔다리의 뻗기→기기→앉기→서기→걷기의 순차적 이정표를 갖는다. 이러한 순서는 운동발달의 방향성의 원리14)에 의해 모든 인간이 동일하게 거친다. 모든 동작이 일련의 순서를 갖는다는 것은 해당 동작 수행을 위해서 미리 준비되어야 할 조건이 있다는 것을 의미한다. 물론 동작을 위해 필요한 물리적인 준비는 근력을 확보하는 것이 핵심이다. 때로는 자신의 신체부위 중량을 스스로 움직일 수 있게 할 힘이 필요하고 때로는 중력을 이겨내야 하는 근육의 힘이 필요하다. 유아기의 아동들은 이러한 근육의 힘을 의미 없이 행해지는 스테레오타입 stereotype 15) 동작을 통해 얻기도 하지만 근력 확보의 주요 기전은 자극에 의해 발생되는 반사운동일 것이다. 즉, 자극이 주어질 때마다 나타나는 반사운동은 신체부위 근육의 수축과 이완을 반복하게 하면서 이를 통해 최소한의 자세 유지와 조절에 필요한 근력을 확보하게 된다. 실제로 인간의 최초 자세

---

13) 신경로의 확장은 뉴우런 단위에서 발생하는 시냅스의 증가를 의미하며, 이러한 시냅스의 발생과 증가는 신경 전달의 용량과 효율성을 높이는 것으로 알려져 있다.

14) 운동발달의 방향성의 원리는 인간 움직임이 머리에서 아래로, 몸의 중심에서 바깥으로 발달하는 특성을 의미한다.

15) 반사와 달리 자극이 없어도 발생하는 리듬이 있고 패턴화 된 움직임으로 임신 10주~생후 10개월 사이에 나타남

유지와 조절이 목 부위 **목가누기** 에서 나타난다(중력의 영향에도 불구하고)는 것은 출생 직후 가장 빈번하게 유발되는 찾기반사, 빨기반사 동작이 목 부위의 필요한 근력을 확보했기 때문이다. 목가누기 이후 점차 몸 아래 방향으로 진행되는 자세의 조절과 유지 원리도 상기 방식과 유사하다. 단 일정 시간이 지나면서 자의적 움직임이 진행되면 신체 부위별로 상대적인 근력 차이를 나타낸다. 이러한 유아기 자세조절의 과정을 복기하는 이유는 아동기 이후에 외부적 원인(사고, 질병, 질환 등)으로 인해 자세 유지 혹은 조절 기능이 손상되었을 경우 어떤 원칙과 방식으로 신체활동 프로그램을 적용해야 되는지에 대한 원리도 엿볼 수 있기 때문이다. 최소한 발달장애 아동의 체육지도자 혹은 보호자로서 자세조절의 과정에서 어떤 자세가 다음 단계로 전환되기 위해 준비 **연습** 되어야 할 것인지 알아야 한다. 그리고 향후 적극적인 대근운동과 직접적인 연계성을 갖게 될 '서기', '걷기' 자세에 대한 전문성이 요구된다.

기초움직임에 대한 전문성을 확보함으로써 특수체육 활동 범위 '〈가〉재활운동(1)' 접근이 가능할 수 있다. 기초움직임 단계의 내면적 작동은 신경계 변화를 만들어 내는 과정이다. 기초움직임 운동발달 단계 이전인 반사운동은 중추신경에 해당하는 대뇌의 관여 없이 유발되었다. 하지만 자의적이고 목적을 가진 기초움직임 이상의 단계부터는 필수적으로 대뇌의 명령 신호가 필요하다. 그러나 만 1세 이전 시기에는 신체 각 부위와 대뇌가 신호를 주고받을 수 있는 신경계 연결 구축이 미흡[16]하기 때문에 이를 해소하기 전까지는 반사운동 수준의 움직임만 가능하게 된다. 반사운동이 진행되는 동안 인체 내에서는 원초적 감각(시각, 청각, 촉각, 미각, 후각)과 고유수용기 감각들이 주변 환경의 다양한 자극을 통해 각각의 감각신경과 이와 인접한 주변 신경들이 활성화되고 뉴우런 사이의 연접을 일컫는 시냅스가 발생하고 확장하게 된다. 이러한 시냅스의 확장은 결국 중추신경인 척수와 연결되고 척수신경을 통해 대뇌로 유입되는 반복적인 과정을 거쳐 신경정보의 전달체계를 완성한다. 이런 의미에서 다양한 감각적 자극은 대뇌의 초기 발달과 움직임 변화에 지대한 영향을 주는 요인이 된다. 또한 감각기관 자극에 대한 감각운동은 상위 운동발달을 위한 기반을 마련하는 것 외에도 발달장애 아동들에게 또 다른 가치를 갖게 된다. 이와 관련하여 피아제(Piaget, 1952)의 인지발달 첫 단계로 제시되었던 '감각운동기'를 주의 깊게 볼 필요가 있다. 피아제는 인지발달의 첫 시작이 유아의 감각적 자극과 반응을 통해 이루어진다고 제시하였다. 피아제가 당시에 내면적 신경 운동발달의 기전을 의식하였는지는 알 수 없지만 그가 제시한 감각운동기는 시기적으로 기초움직임 발달단계 시기와 매우 유사하다. 결국, 감각에 대한 자극 수용과 이에 대한 반응은 대뇌가 동작이나 움직임 개념을 수집하고 판단하여 향후 자의적인 운동기술 수행을 명령할 수 있는 상태로 전환될 수 있다는 것을 추정할 수 있다. 따라서 기초움직임 단계에서 운동신

---

[16] 대뇌와 신체 각 부위에는 출생 이전부터 신경계의 최소 단위인 뉴우런이 존재하고 있지만 각각이 따로 분리되어 있기 때문에 정보를 전송할 수 없다. 단 이러한 뉴우런들은 외부 자극에 의해 활성화되면서 다른 뉴우런들과의 연결(시냅스)이 진행되면서 비로소 필요한 정보를 주고받을 수 있게 된다.

경계 변화를 유발하는 활동 콘텐츠로 'a.감각운동 sensory motor'과 'b.지각운동 perceptual motor'은 운동발달 뿐 아니라 인지발달에서도 중요한 역할을 하게 된다. 국내 장애인체육 분야에서 'a.감각운동'과 'b.지각운동'에 대한 것이 주요한 신체활동 대상으로 연구되거나 프로그램화 된 공식적 사례는 찾기 어렵다. 오히려 이러한 신체활동 분야는 작업치료 OT: Occupational Therapy 와 물리치료 PT: Physical Therapy 분야에서 관심과 연구가 더 활발하게 진행(김경미 외 7인 번역, 2006; 양영애 외 21인 번역, 2014; Julia & Denis, 1997) 되고 있는 상황이다.

'a.감각운동'은 인체 내·외부 감각기관의 기능을 촉진하기 위한 운동(최승권, 2018)이다. 대부분 인간의 의도적 움직임은 감각 정보를 전제로 한다. 특히, 감각운동의 낮은 발달 단계(대근운동기술 수준 이하 또는 반사운동 직후 신경운동발달의 초기)에서 감각기관을 충실하고 효과적으로 자극할 수 있는 움직임으로 가치를 갖는다. Motor 운동 라는 단어가 내포하는 인체 내부에서의 신경 기전 동작 의미를 충실히 반영한다면 감각신경들을 자극하고 활성화시키는 것은 운동발달의 중요한 기반으로 작용한다고 볼 수 있다. 발달장애 아동 체육 현장에서의 적용을 고려했을 때 복잡한 방식의 동작을 유발하도록 하는 것은 감각운동으로 적합하지 않다. 단순하게 인간의 원초적 감각들을 자극할 수 있는 움직임과 동작 및 활동들이 이 단계의 감각운동으로 제시되어야 그 의미와 가치를 발휘할 수 있다. 예를 들어 2000년대 초반 발달장애 아동들을 대상으로 교육기관마다 모래놀이판을 설치하는 것이 유행이었다. 정해진 규칙이나 방식이 없이 단순하게 모래판 위의 모래와 다양한 촉감의 재료들을 만지고 느끼게 함으로써 대상자의 촉각 신경을 자극하는 방식이었다. 그것에 대한 기본 원리를 Ayes(1974)의 감각통합 활동이라 불리기도 했고, 혹자는 그것이 Montessori(1964)의 유아교육 접근 방식이라고도 했다. 일부 서로 다른 시행 방식이 존재하지만 감각자극을 통해 신경과 신경계의 활성화를 추구하는 근본 원리는 동일하다. 발달장애 아동들 중에는 신경계 손상으로 인해 감각자극 수용에 어려움을 겪는 경우가 있다. 예를 들어 실제 연령은 10세 이상이지만 감각정보의 처리나 감각을 조절하여 신체활동을 수행하는 것에 어려움을 겪는다. 발달장애 아동의 운동발달 및 신체활동 수행 수준에 따라 감각운동이 체육의 콘텐츠로서 포함되고 적용되어야 하는 이유이다.

'b.지각운동'은 감각정보를 해석하여 감각통합을 하고, 이를 하고자 하는 움직임으로 표출하는 것(최승권, 2018), 또는 수용되는 정보를 저장된 정보와 조직화하여 움직임을 유발하는 것(김경원 외 1인 공역, 2009)이다. 감각운동에 대한 경험과 학습이 진행되면서 중추신경계(척수, 대뇌)로 향하는 신경 통로가 구축되면 반대 방향으로의 정보 전달도 가능해진다. 즉, 대뇌로부터 척수를 거쳐 신체부위의 말초신경으로 명령을 전달하는 기능성과 효율성이 확보되는 것이다. 중추신경계인 뇌에서 운동 제어를 담당하는 곳은 대뇌 피질, 기저핵, 소뇌, 뇌간 등으로 알려져 있다(Horvat, 1992). 뇌의 여러 기관들은 감각정보를 비롯한 수많은 데이터들을 저장하고 판단하며 명령하는데, 여기서 상황(시간, 공간, 대상 등)에 적합한 자의적 움직임을 발휘할 수 있게 하는 것이 지각운동이다. 지각운동은 감각운동 경험에 대한 자극과 반응이 많을수록 빠른 수행이 가능하고 지각운동에 대한 실패와 성공 경험의 반복을 통해 정교하고 능숙해진다.

발달장애 아동의 체육에서 b.지각운동은 유입된 감각정보들을 활동 과제나 환경에 따라 적합하게 움직임을 수행할 수 있도록 하는 신체활동으로 볼 수 있다. 손상의 원인과 특성에 따라 지각운동 능력이 적절히 발휘되지 않는 발달장애 아동 사례들을 어렵지 않게 확인할 수 있다. 지각운동이 기능을 발휘하는 시기부터는 동작에 대한 인지적 작용이 적극적으로 개입된다고 볼 수 있다. 인지능력은 개념에 대한 인식, 환경에 대한 인식, 대상에 대한 인식으로부터 이것을 분석하고 판단하는 역할이 핵심이기 때문이다. 실제 우리가 행하는 사소한 〈일상생활 활동〉부터 전문 스포츠의 〈경쟁적 활동〉에 이르기까지 지각운동 능력이 개입되지 않는 움직임은 거의 없다. 단 각 활동마다 목적을 달성하기 위해 어느 정도나 정교하고 세련된 지각운동 능력을 발휘하느냐의 차이를 가질 뿐이다. 그리고 이러한 지각운동 기술의 발달은 개인의 삶의 효용성과 질을 결정하는 중요한 역할을 하게 된다. 예를 들어 공간지각 신체활동(가깝고 멀고 좁고 넓은 것에 대한 적절한 신체 움직임)에 대한 능력이 낮은 경우 일상생활에서 주변 사물에 반복적으로 충돌하는 사고로 이어질 수 있으며, 이는 개인의 건강 뿐 아니라 삶에도 부정적 영향을 미치게 될 것이다. 한편, T-bar 위에 놓인 공을 배트로 치는 단순한 과제에서도 거리와 속도, 방향에 대한 지각운동 능력을 갖추고 있지 않을 경우는 성공적인 동작 수행과 원활한 참여를 보장하기 어려워진다.

지각운동 기술을 향상시키기 위한 세부 활동 콘텐츠는 신체지각 Body Awareness, 공간 Spatial지각, 방향 Direction 지각, 속도 또는 시간 Temporal 지각으로 분류된다(Gallahue & Ozmun, 1995). 지각운동 기술이 습득되지 않았거나 지체되어 있는 발달장애 아동들에게 제공되어야 하는 첫 번째 지각운동 콘텐츠는 자신의 신체 부위를 인식하고 각 신체부위가 어떻게 움직일 수 있는지를 깨닫게 하는 신체지각 활동이다. 체육 현장에서 발달장애 특성을 갖는 많은 대상자들이 연령에 상관없이 이러한 지각운동 능력을 가지고 있지 못할 가능성이 있다. 이 상황을 간과한 채 체육 프로그램이 진행될 경우 제공되는 대부분의 프로그램은 대상자들로 하여금 실패감, 좌절감 등의 부정적 결과를 초래할 가능성이 높다. 이 외에 공간과 위치에 따라 동작을 적정하게 조절하고 유지하는 공간 지각활동, 수평과 수직 및 방향에 대한 인식에 따라 움직임을 조정하는 방향 지각활동, 리듬, 박자, 순서, 속도 등에 맞추어 운동기술을 수행할 수 있게 하는 시간 지각활동들은 지각운동 능력을 향상시킬 수 있으며, 이를 통해 상위 기본운동기술을 습득할 수 있는 준비가 된다.

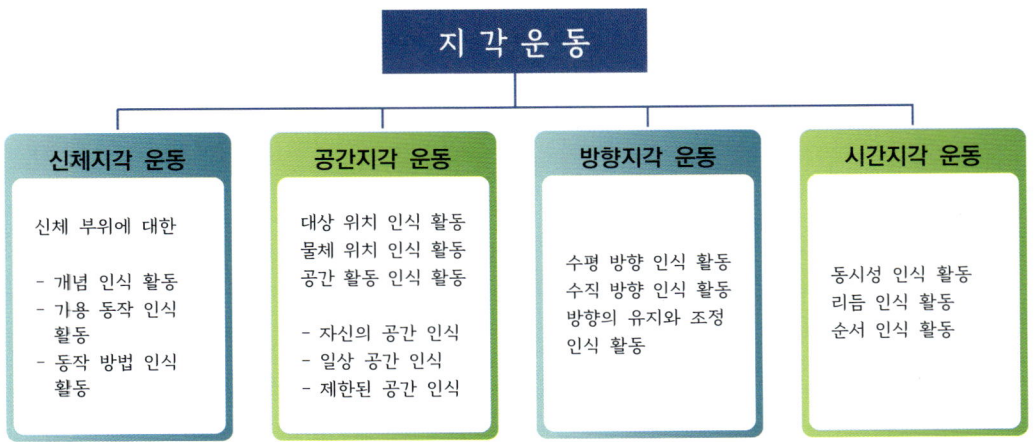

그림 15. 지각운동 하위 활동 콘텐츠 분류(Gallahue & Ozmun, 1995)

    체육 현장에서 흔히 신체 모방이 수행되지 못하거나, 운동기술 수행 과정에서 타이밍을 맞추지 못하는 대상자들에게는 계획적인 지각운동 콘텐츠의 경험이 요구된다.

    장애인체육 분야에서 대상자들의 외형적 대근 운동기술과 체력에 집중하여 지도가 진행되어 온 경향은 감각·지각 관련 신경학적 운동 변화 및 정서, 인지 변화를 상대적으로 소홀하게 만드는 결과를 초래했다. 다른 장애 유형과 달리 발달장애 아동들은 장애 특성으로 인해 기초 움직임에 제한성을 갖게 됨에도 불구하고 원활하게 참여할 수 있는 체육에서의 콘텐츠가 활성화 되지 못했다. 발달장애 특성을 나타내는 아동들의 점진적인 운동기술의 향상과 재활을 위해 자세조절과 감각·지각 운동에 관련된 기초움직임에 대한 체육 콘텐츠의 준비와 시행은 점차 중요한 역할로 부각되고 있다.

    그림 14에서 제시된 발달장애 아동 체육 분야와 운동발달 콘텐츠 구조에서 '〈가〉재활운동 rehabilitation exercise'으로서 〈가〉재활운동(1)의 콘텐츠는 아동기 발달상의 손상이나 중도의 사고 또는 질환으로 낮은 운동기술 수준에 적용되는 활동 콘텐츠로 볼 수 있다. 반면 일상적 운동 상해나 전문스포츠 선수들의 상해 손상에 이르기까지 기능적 회복을 추구하는 것은 〈가〉재활운동(2)로 구분이 가능하다. 따라서 발달장애 아동들에게 적용될 재활운동은 하위 운동발달 기술인 감각·지각운동을 포함하여 기초움직임과 일부의 기본운동기술 콘텐츠로 활용이 가능할 수 있다.

③ 기본운동 기술

　기본운동 기술은 기초움직임과 감각·지각운동 능력을 기반으로 한 상향적 운동행동 변화의 결과이다. 기본운동 기술의 기능적 분류는 '이동'과 '조작' 기술로 구분되고 각각의 하위 기술들은 독립적으로 습득되는 과정을 거친 후 점차 이동기술과 조작기술을 결합하는 방식으로 발전하게 된다(김경원, 송우엽 공역, 2009). 기본운동 기술의 습득과 활용능력은 발달장애 아동들이 향후 원활한 학교체육 참여와 또래 친구들과 적극적인 상호작용을 이끌어 낼 수 있는 게임 및 종목별 스포츠 참여를 가능하게 한다는 측면에서 중요한 가치를 갖는다.

　전통적으로 체육학 내에서 운동기술에 대한 접근 방식은 큰大 근육을 사용하는 기본운동 기술부터 시작하고 있다. 이러한 이유는 우리나라 체육학 연구의 시작점이 '학교의 교과교육으로서 체육'[17]이었고 점차 생활체육이나 전문 엘리트 체육 영역으로 확대되었기 때문이다. 보편적 운동발달 단계에서 대근운동의 기본운동기술이 습득되는 시기는 만 3세부터 10세 이상에 걸쳐 진행된다. 학령기 이전 아동기에서는 이동기술과 조작기술의 단순한 동작체제를 구축하는 운동행동 변화의 과정을 거치지만 대부분 초등학교 연령대에 진입하면 각각의 하위 기본운동 기술들을 복합적으로 활용할 수 있는 수준에 이르게 된다. 이와 같이 각 기본운동 기술들은 경험의 기회와 반복적인 자극 정도에 따라 시작단계→ 초보단계→ 성숙단계를 거치며 단계적 발달과정을 거치게 된다(김경원, 송우엽 공역, 2009). 또한 기본운동 기술의 원활한 습득을 위해서는 이전 발달 단계에서의 기초움직임 기술의 충분한 경험과 습득이 전제되어야 한다.

　대근을 사용하는 기본운동 기술은 '이동기술 locomotor skill'과 '물체조작기술 object control skill로 구분된다. 이동기술과 조작기술은 우리에게 〈일상생활 활용〉을 위해 필수적일 뿐 아니라 게임 등의 〈오락적활용〉의 실질적 움직임이 된다. 또한 향후 스포츠 종목 참여를 위한 복잡하고 세련된 〈경쟁적 활동〉의 기반으로서 역할을 한다. 기본운동의 이동기술과 조작기술 역시 소근운동기술과 마찬가지로 〈C.감각-지각의 통합 및 협응〉 과정을 거치며 시작단계로부터 초보단계, 성숙단계로 전환된다. 물론 이러한 각 단계의 전환은 대상자가 얼마나 기술적 변화에 필요한 자극과 경험을 외부 환경으로부터 충분히 받느냐에 달려 있을 것이다. 이와 관련하여 우리는 인간의 운동행동 변화가 생태학적 ecological 관점에서 개인과 환경의 상호작용을 통해 발생된다는 것을 이미 중요하게 인식하고 있는 바(Sherrill, 2003)이다. 특수체육 전공자로서 기본운동 기술의 이동과 조작 기술의 적정한 자극을 줄 수 있는 단계적 활동 제시는 그래서 중요한 의미를 갖는다. 구체적으로 무엇을 기본운동의 대근운동기술 향상을 위한 콘텐츠로 구성해야 할 것인가는 Ulrich(2000)의 TGMD Test of Gross Motor Development 를

---

[17] 초창기 국내 체육학의 진행이 '중등 체육교육 전공'에서 학문적 기반이 형성되고 연구가 진행됨에 따라 운동기술 변인이 종목 중심의 대근운동기술과 게임 및 스포츠 기술에 집중되어 이후에도 학령기 이상 연령에 대한 운동발달의 상위 기술 중심으로 연구와 현장 적용이 진행되어 왔다.

통해 구체화 할 수 있다. TGMD가 특수체육 대상자의 대근운동 기술을 검사하는 것으로 적합한 것인지에 대해서는 다양한 대상자 특성과 현장 상황에 달라질 수 있기 때문에 단정적으로 결론 내리는 것은 바람직하지 않을 것이다. 단, 현재 상황에서 특수체육 대상자들에게 기본운동의 대근운동기술 자극을 합리적으로 제공하기 위해 세부적인 활동 콘텐츠를 가늠하기에는 충분한 근거가 될 수 있을 것으로 사료된다. TGMD에서는 이동기술(달리기, 갤럽, 홉, 슬라이딩, 립, 두발모아 제자리 멀리뛰기)과 조작기술(던지기, 받기, 차기, 치기, 굴리기, 튀기기)을 각각 6개의 하위 동작기술로 구분하여 기본운동의 대근운동기술 수준을 파악할 수 있게 제시해 놓고 있다. 결국 기본운동 분야의 대근운동기술의 향상을 위해서는 각각의 하위 동작기술에 대한 활동 콘텐츠를 포함할 수 있다는 것을 유추할 수 있다.

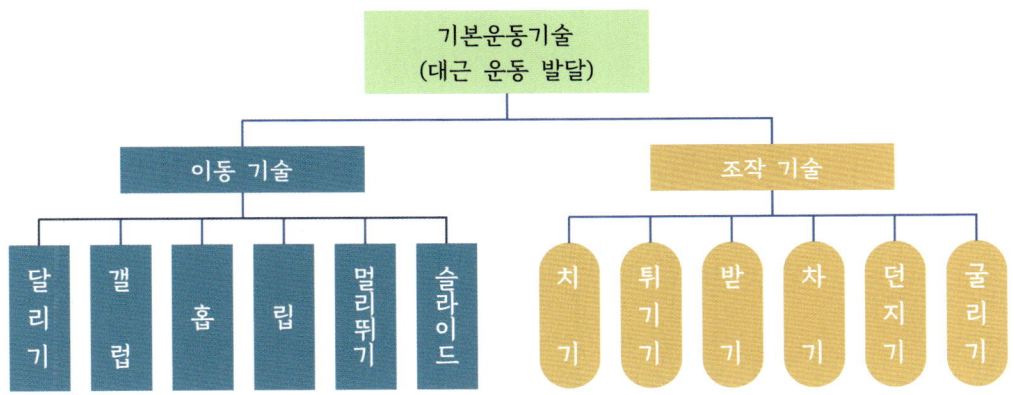

그림 16. 기본운동기술(대근운동) 하위 활동 콘텐츠(Ulrich, 2000, TGMD 참조)

학교체육에서 경험하게 되는 다양한 게임과 스포츠에서 발휘되는 낱개의 운동기술에 해당하는 것이 대근육을 이용하는 기본운동 기술이다. 예를 들어 초등학교에서 많이 진행되는 피구는 기본운동 기술의 던지기와 받기의 조작기술과 홉과 슬라이드 형태의 이동기술이 발휘될 수 있을 때 참여가 가능하다. 마찬가지로 초등학교 고학년부터 고등학교 연령까지 학생들이 즐겨 참여하는 축구에서는 기본운동 기술의 차기와 달리기 기술을 능숙하게 수행할 수 있을 때 효과적인 경기 참여가 가능하게 된다.

발달장애 아동들의 체육은 수준에 따라 필요한 운동기술을 습득할 수 있는 활동 콘텐츠를 아동에 따라 별도로 적용하는 것이 단기적 목표이지만 장기적으로는 또래 연령 친구들과 함께 체육활동에 참여할 수 있는 기능적 준비를 한다는 측면에서 기본운동 기술의 경험과 학습은 매우 중요한 가치를 갖는다.

소근운동의 경우 대표 운동기술은 잡기 power grasp 와 쥐기 precision grasp 같이 손과 손가락의 조작기술과 관련되어 있다(양영애 외 공역, 2014). 일상적 운동발달 과정에서 출생 후

15개월 정도가 되면 자발적인 '놓기'가 시작된다. 이 시기는 반사운동 패턴이 마무리되고 기초움직임에 대한 변화의 민감성이 왕성한 시기이다. 잡기나 쥐기와 같은 소근운동은 놓기 동작 이후 활동과 놀이가 증가하면서 정형화되지 못한 영아의 손이 활arch 18)과 근육으로서 역할이 구분되면서 진행된다. 소근운동 역시 다른 운동기술의 발달 기반과 같이 다양한 자극과 경험을 통해 적응하는 과정을 거치며 세련된 기술로 변화한다. 물체를 통한 놀이나 운동감각의 탐색에 실패한 경우 손 근육이나 손바닥 활이 적절히 발달하지 못하게 된다(Henderson & Pehoski, 1995). 또한 손의 소근운동 발달은 이후 대근을 사용하는 조작운동 기술의 발달과 함께 진행되면서 향후 상위 운동기술 발달에 영향을 주게 된다. 소근운동 기술에 대한 변화는 <c.감각-지각의 통합 및 협응> 과정을 반복적으로 거치며 시작단계로부터 초보단계, 성숙단계로 전환된다. 이와 관련하여 M. Rhonda와 Rebecca(2000)는 소근운동기술은 잡기, 쥐기 기술과 함께 '시각-운동 통합visual-motor integration'의 기술도 주요한 소근운동 기술의 하위 요소라고 제시하였다. 즉 작은 근육들의 기술적 향상에는 감각-지각의 지속적인 통합과 협응 과정이 병행된다는 것을 의미하고 발달장애 아동의 체육 지도자들은 이것에 대한 인식과 고려가 필요하다.

소근운동 기술은 이후 대근운동 기술에 직·간접적인 영향을 끼치는 측면에서도 체육 프로그램에서 함께 고려되어야 하지만 소근운동 기술이 일상생활에 필요한 기술을 발휘할 수 있게 한다는 것도 중요한 가치로 인정된다(Bruni, 1998).

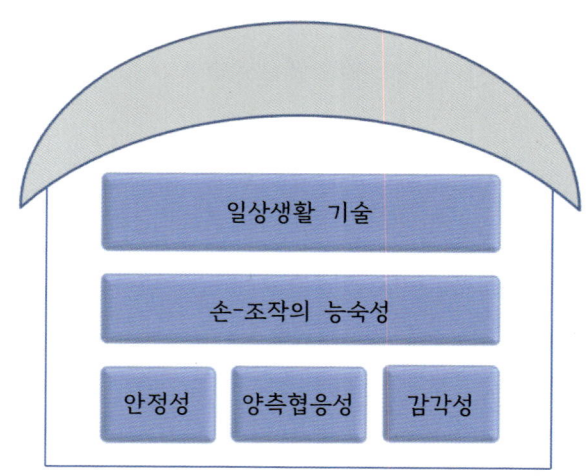

그림 17. 소근운동 기술의 하위 구성과 일상생활 기술 관계
(Bruni, 1998의 House model 참조)

---

18) 활(arch)은 손 조작의 안정성과 운동성을 조절한다. 몸 쪽 가로 손바닥 활은 단단하지만 바깥쪽 가로 손바닥 활과 세로 손바닥 활은 유동성이 있어 내재근의 작용으로 형태가 유지된다.

소근운동 기술 발달의 기반 요소는 안정성 stability 과 양측 협응성 bilateral coordination, 그리고 감각성 sensation 로 구성되어 있다. 이 세 가지 구성요인에 대한 준비를 통해 소근운동 기술의 핵심인 손-조작의 능숙함을 확보할 수 있는 위계적 과정을 거친다. 안정성은 물이 든 컵을 들고 옮기는 것이나 신발을 떨어뜨리지 않고 들어 옮기는 것과 같이 손의 힘과 균형성의 조화를 유지하는 것을 의미한다. 양측 협응성은 한 손으로 종이를 든 상태에서 다른 한 손으로는 가위질을 하는 것과 같이 두 손을 동시에 효과적으로 사용하는 것이다. 감각성은 자신의 머리를 스스로 묶는 것처럼 보지 않고도 손이나 손가락에 대한 지속적 주의를 기울이지 않더라도 위치와 움직임을 알고 의도된 동작을 수행할 수 있는 것을 뜻한다. 결국 손과 손가락에 주어지는 다양한 자극에 대한 반응 과정을 거치게 됨으로써 안정성, 양측 협응성, 감각성을 확브하게 되면 손-조작의 능숙성의 단계에 도달할 수 있고 이러한 소근운동 기술의 활용을 통해 생활에서의 자조활동, 가사활동 및 여가활동 등에 관련된 일상생활 기술을 원만히 수행할 수 있게 된다.

대근을 사용하는 기본운동 기술은 손-조작의 능숙성으로 대표되는 소근운동 기술이 어느 정도 확보된 이후에 발휘될 수 있게 된다. 왜냐하면 대근운동의 대표적인 기술인 던지기는 최소한 손으로 공을 정확히 잡는 기술이 확보되어야 가능하기 때문이다. 그 동안 장애인 체육 분야의 지도자들은 소근운동 기술 수준에 대한 관심이나 지도 의욕이 낮았다. 장애인들에게 대근운동기술 중심의 활동을 제시하여 빨리 스포츠 종목 활동에 참여시키고 싶은 목적이 앞서기 때문이었을 것이다. 그러나 각 대상자별 세심한 운동기술 수준의 차이를 반영하여 지도하는 것이 장애인체육 지도의 정체성인데 여전히 이러한 부분은 현재의 장애인체육 분야 지도자들이 미흡한 실정이다. 예를 들어 발달장애 아동에 대한 운동기술 사정 assessment 에서 소근운동 기술의 수준을 주의 깊게 확인하는 경우가 많지 않다. 기본운동 기술의 한 축을 담당하고 있는 소근운동 기술에 대한 무관심은 대상자 수준에 따른 합리적인 체육 프로그램의 구성과 시행을 제한하는 요인이 될 수 있다.

④ 게임 기술

기본운동과 관련된 소근 및 대근 운동기술이 일차적 수준에서 습득되면 반복적인 자극과 경험 과정을 거치며 기본운동 기술들을 복합적으로 활용할 수 있는 상향적 기술 변화를 거친다. 보편적인 발달과정에서는 초등 학령기의 중반부 연령대부터 다양한 방식의 놀이와 게임 참여가 이러한 변화를 급격하게 진전시킨다. 발달장애 아동들의 경우는 실제 생활연령과 다르게 발달 정도와 특성에 따라 기본운동 기술의 복합적 활용능력이 낮은 경우가 발생하게 되견 게임 기술 습득에 어려움을 겪게 된다. 게임 기술 발달 단계는 여러 가지의 기본운동 기술을 상황에 따라 복합적으로 사용할 수 있을 뿐 아니라 단순한 규칙이나 규정에 맞추어 운동기술을 발휘할 수 있는 수준을 의미한다. 게임 기술의 충분한 경험은 다음 상위 운동발달 단계에 해당하는 전문 스포츠 기술 습득의 기반이 된다.

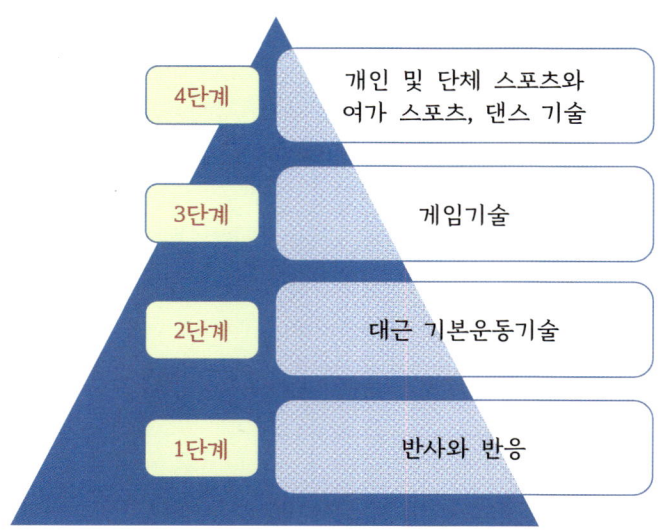

그림 18. 대근운동발달의 단계(Ulrich, 1985)

발달장애 아동들의 경우 일정 기간 동안 별도로 계획된 체육 프로그램을 통해 기본운동 기술에 관련된 이동기술과 조작기술 수행은 비교적 쉽게 달성된다. 그러나 낮은 인지적 수준의 특징으로 인해 여러 기본운동 기술이 결합된 복합기술을 수행하거나 규정과 규칙이 적용된 게임 활동에 참여하는 것에 어려움을 겪는 상황이 빈번히 발생한다. 따라서 발달장애 아동에 대한 체육에서 대상 아동이 기본운동 기술의 습득 후 정규 스포츠 참여를 위한 중간 단계로서 간이 게임기술 습득과 향상을 위한 계획적인 콘텐츠의 계획과 시행을 진행해야 할 필요성이 있다. 게임기술과 관련된 체육 콘텐츠는 현장에서 발달장애 체육 대상자들의 높은 참여 동기를 제공할 뿐 아니라 게임 참여를 통한 인지적 자극 및 자신감, 만족감, 사회성 등의 정의적 목적을 달성할 수 있는 기회를 제공한다는 측면에서도 중요한 가치를 갖는다. 또한 간이 게임을 통한 단순한 규칙과 규정 준수에 대한 연습은 일상생활에서 접근할 수 있는 〈라〉여가 및 레크리에이션 활동의 〈오락적 활용〉 기회를 확보함으로써 장기적으로 발달장애 아동들의 삶의 질을 향상시킬 수 있다.

⑤ 전문운동 기술

　운동기술 향상을 위한 활동 콘텐츠 단계에서 전문 운동기술은 최고 상위 단계의 성취 수준이다. 전문운동 기술은 생활체육과 엘리트스포츠 장면에서 〈경쟁적 활용〉을 목적으로 시행하는 세련되고 능숙한 운동기술을 의미한다. 장애인체육 분야에서도 전문운동 기술은 스포츠 종목에 대한 관심과 참여가 높아지면서 광범위하게 적용되고 있다.

　우리나라의 경우 장애인올림픽이나 장애인전국체전 등과 같이 종목 중심의 경쟁적인 장애인 스포츠 대회에 대한 관심이 높기 때문에 그동안 전문운동 기술에 대한 접근과 활용이 활발히 진행되어 왔다. 발달장애인들 역시 최근 들어 종목별 지역대회를 비롯해 스페셜올림픽과 같은 경기 참가가 활발해지면서 전문운동 기술에 대한 연습과 훈련에 대한 요구가 많아지고 있다. 실제로 하위 운동기술에 대한 경험이 풍부한 경증 수준의 발달장애인들은 상당히 높은 전문운동 기술을 활용하여 경기 또는 대회에 참가하는 사례가 늘고 있다. 전문 운동 기술을 수행할 수 있는 발달장애인들은 이와 관련된 과제에 대해 지속적인 연습과 훈련을 진행함으로써 수준 높은 〈c. 감각-지각 통합과 협응〉까지 더해져 경쟁적인 스포츠 참여는 물론 자신의 한계를 극복하는 레저스포츠까지 참여할 수가 있다.

　발달장애인들의 체육 분야에서 전문운동 기술 프로그램은 단순히 운동발달 차원에서 상승을 추구하는 것 이상으로 자신이 참가하는 종목에서의 경기력을 극대화시키기 위한 목적으로 진행되기도 한다. 즉, 발달장애인들에 대한 전문 운동기술 프로그램은 특정 종목에서 최고의 경기 성과를 달성하기 위해서 제공되는 신체활동 콘텐츠로서 운동기술의 연습과 함께 그 기술의 수행을 강력하게 뒷받침할 수 있는 운동기술 관련 체력에 대한 것도 중요하게 부각되고 있다.

　단, 지도자들이 유념해야 할 것은 운동기술 수준이 높은 발달장애인이라도 기본적인 특수체육 프로그램의 시행 원리는 동일하게 적용된다는 것이다. 즉 발달장애인들이 갖게 되는 기능적, 인지적 제한성을 각 개인별로 면밀히 고려함으로써 전문운동 기술 향상 프로그램의 효과를 극대화할 수 있다.

　특정 종목에서 발달장애 아동들이 전문 운동기술을 능숙하게 발휘할 수 있게 된다는 것은 최소한 해당 종목이 시행되는 환경 내에서 정상화 normalization 의 가치를 구현하였다고 볼 수 있다. 체육을 통해 발달장애 아동들이 정상화 단계에 이를 수 있게 된다면 체육 프로그램의 궁극적인 목적을 달성했다고 볼 수 있다.

　발달장애인들이 여러 가지 스포츠를 제한 없이 즐기고 이를 통해 다양한 분야에서 개인의 삶을 자기 주도적으로 영위할 수 있게 된다면 굳이 별도로 계획된 장애인체육이라는 범주 내에서 참여할 필요성이 없게 될 것이다. 발달장애 아동들이 체육을 통해 정상화 과정에 도달할 수 있는 것은 아동들의 특성과 수준에 따라 필요한 활동 콘텐츠들이 얼마나 효과적으로 제공되느냐에 달려있다.

III

발달장애 아동 체육 프로그램의 구성 개념과 원리

이런 저런 이야기

최근 들어 여러 분야에서 '프로그램'이라는 단어를 즐겨 사용한다. 방송에서는 물론 공공기관과 회사, 교육기관에 이르기까지 무언가를 시행하는 것에 대해 너 나 할 것 없이 프로그램이라 명칭을 붙인다. 이렇게 제공되는 프로그램들은 과연 어떤 의미와 실체를 가지고 있는 것일까?

장애인체육 분야에서도 적지 않은 프로그램들이 제시되고 있다. 장애인 수영, 축구, 농구 프로그램 등 종목 중심의 프로그램들이 개설되는가 하면 재활운동 프로그램, 신체활동 서비스 프로그램 등 무엇을 제공하고, 어떻게 진행되는 것인지 피부로 와 닿지 않는 프로그램들도 확대되고 있는 실정이다.

주변에서 제시되고 있는 장애인체육 프로그램을 면면히 살펴보면 프로그램을 제공하는 사람들과 그것에 참여하는 사람들 사이에는 입장 차이가 존재한다. 제공하는 사람들은 프로그램 명칭 하에 실행 자체에 큰 의미를 부여하지만 참가자와 보호자들은 실행되는 것 이상의 세부적인 내용과 절차 및 효과에 대해 관심을 가지고 있다. 어쩌면 장애인체육 분야에서 진행되고 있는 여러 프로그램들은 공급자와 수요자 사이의 동상이몽(同床異夢)을 겪고 있을 수 있다.

'프로그램'이란 단어는 원래 '미리 쓴다'라는 의미의 라틴어에서 출발했다. 그러다 1940년대 '컴퓨터를 작동시키기 위해 작성된 순차적인 명령어'의 뜻으로 사용된 이후 꽤 오랜 기간 동안 공학 분야에 주로 사용되었다. 2000년대 들어서면서 프로그램은 방송계나 사회 조직에서 '미리 계획한대로 움직인다'라는 뜻으로 확장되었고 지금은 포괄적인 의미로 여러 분야에 활용되는 실정이다.

발달장애 아동 체육 프로그램에 대해 설명을 해야 하는 저자로서 프로그램 제공자나 수요자가 모두 공감할 수 있는 프로그램의 실체적 개념을 먼저 정립할 필요성을 느끼게 된다. 이와 관련된 기존 문헌이나 장애인체육 전공 학자들 사이에 합의된 것은 없지만 발달장애 체육 현장에서의 경험과 활용 가능성에 기반을 두고 몇 가지 기준과 요건들을 제시하고자 한다. 이러한 내용을 통해 향후 발달장애 아동 체육 프로그램에 대한 내용적 실체를 서로가 공감한 상태에서 유익한 발달장애 아동 체육 프로그램들이 진행되기를 바란다.

발달장애 아동 체육 프로그램의
구성 개념과 원리

III

1 체육 프로그램의 개념과 원리

　최근에 프로그램이란 용어는 과거 음악회나 운동회의 순서를 제시하는 것 또는 컴퓨터를 작동하기 위한 일련의 명령어 조합을 의미하는 것에서 벗어나 여러 분야에서 광범위하게 사용되고 있다. 체육 분야에서도 프로그램이라는 명칭을 사용하는 여러 활동 및 사업들을 흔하게 접할 수 있게 되었다. 장애인이나 비장애인들을 대상으로 진행되고 있는 각종 체육 프로그램들은 어떤 기준을 가지고 있는 것일까? 무심코 사용하는 체육 프로그램의 명칭들은 외형적으로는 그럴싸하게 보이기는 하지만 이제까지 그것에 대한 요건이나 실체 등을 구체적으로 제시한 내용은 찾기가 어렵다. 발달장애 체육 프로그램이 교육과 재활 서비스로서 효과적인 실행을 보장하기 위해서는 공급자와 수요자가 함께 프로그램에 대해 공감할 수 있는 최소한의 구체적 개념이 요구된다.

1) 체육 프로그램의 개념

　프로그램의 어원은 '미리 쓴다'라는 의미의 라틴어로부터 시작되었다. 어원을 기준으로 해석해보면 프로그램은 '무엇을 시행하기 전 그것에 대해 미리 작성한다'라고 할 수 있다. 프로그램의 원론적 의미를 체육 현장에 접목한다면 체육 프로그램은 '체육 활동 시행과 지도에 앞서 진행될 순서와 내용을 작성'하는 정도로 개념화 할 수 있다. 그러나 실제 현장에서의 체육 프로그램 지도와 시행을 위해서는 몇 가지 구체적인 조건이 추가될 필요가 있다.

　체육 프로그램의 핵심 조건은 신체활동 내용들을 일련의 실행 순서에 따라 치밀하게 구성하는 것이다. 신체활동 내용들이 치밀한 방향성을 갖기 위해서는 하나의 조건이 더 고려될 필요가 있다. 프로그램의 목표는 시행되는 과제 활동들이 지향해야 할 방향을 명확히 지정하고 각각의 활동들이 지도되어야 할 순서를 합리적으로 결정할 수 있게 한다. 따라서 발달장애 아동 체육 프로그램은 구체적인 신체활동 내용과 그 내용들의 순서 및 목표가 명확히 제시될 때 실제성과 효과성을 높일 수 있다.

　체육 프로그램에서 체육은 무엇을 다루는가에 대한 정리가 필요하다. 현대 사회에서 체육은 오래전 기억에 남아있는 학교에서의 공놀이 수준의 단순 활동 개념과는 차원이 다르게 변화되었다. 체육학 학문 내에서도 전통적 체육의 근간을 담당하던 학생들의 학교체육에 대한 주된 관심은 이제 국가적 차원에서 지역사회와 모든 국민을 대상으로 한 생활체육으로 이전되고 있다. 이에 따라 체육 프로그램에서의 '체육' 역시 제공되어야 할 주된 콘텐츠로서의 유형 구분과 가치 정립이 요구된다.

119

전통적으로 체육은 '전인적 인간 육성을 위한 계획적인 신체활동'으로 정의 내려져 왔다. 이러한 정의는 다분히 교육기관에서 교과로서의 목적이 전제되었다고 볼 수 있다. 현 시대의 체육학 전반 영역에서 체육 體育은 영문으로 'physical education'으로 표현됨으로써 여전히 교육에 기반을 둔 하나의 교과로서의 의미를 크게 가지고 있다. 물론 학교 교과로서의 체육은 여전히 우리에게 주요한 가치를 가지고 있고, 앞으로도 학령기 아동의 신체와 정신, 정서의 바람직한 자극과 경험을 제공하는 영역으로 지속될 것이다. 한편 전통적으로 사용된 체육 명칭은 단순히 학교에서의 체육교과를 지칭하는 이상의 의미로도 사용되어 왔다. 우리가 흔히 듣게 되는 생활체육, 재활체육, 전문체육 등의 용어에서 사용되는 체육은 교육기관의 교과로서 계획적인 신체활동이 아닌 지역사회나 특정 경기 영역에서의 또 다른 방식과 목적을 지닌 계획적인 신체활동으로서의 의미로 활용되고 있다.

모든 개념들이 시대의 변화와 사회적 요구에 따라 조금씩 변화되고 있듯이 체육 분야에서 추구하는 목적과 내용에 따라 체육을 뜻하는 용어의 부분적 차이가 진행되고 있다. 특히, 장애인체육 현장에서 전통적 체육 용어와 혼용되고 있는 대표적인 것은 운동 運動, exercise, motor, 신체활동 身體活動, physical activity, 스포츠 sport이다. 실제로 이러한 용어들은 별다른 의미의 구분 없이 '○○운동프로그램', '○○신체활동프로그램', '○○스포츠프로그램'으로 개설되어 진행되기도 한다. 그러나 각각의 용어를 사용함에 있어서 프로그램 콘텐츠의 특성을 반영할 필요성이 있고, 명칭에 따라 프로그램이 추구하는 목적과 방향성을 나타냄으로써 공급자와 수요자 사이의 공감대를 형성할 필요가 있다.

(1) 운동(Exercise, Motor)

운동이라는 명칭은 과거부터 체육과 가장 많이 혼용되어 사용된 신체활동 개념이다. 우리나라에서 통용되는 운동은 영문의 exercise와 motor의 두 가지 세부 개념이 포함되기 때문에 더욱 더 과거의 혼용이 당연시 되었을 수가 있다. exercise나 motor는 모두 운동으로 번역되지만 조금 다른 방향성을 가지고 신체 움직임을 통해 추구하는 가치도 차이가 있다.

Exercise는 체육학에서 인체의 생리학적 변화에 초점을 두는 계획적 신체활동을 대변한다. 즉, 체육 분야에서 정기적인 트레이닝을 통해 인체의 호르몬, 근육 등 내부 기관 변화를 추구하는 경우에 주로 exercise 운동이라는 표현을 사용하게 된다. 국제적으로 저명한 운동 exercise 프로그램을 제시하고 연구하는 ACSM(American College of Sports Medicine, 2002)에서는 질병의 개선과 건강의 향상을 목적으로 한 계획적인 신체활동들을 exercise의 용어로 사용하고 있다. 이에 따라 체육 프로그램 중에서 근력, 근지구력, 순발력, 심폐능력, 신체조성 등의 체력을 향상시키는 목적으로 계획적인 신체활동을 구성하고 시행한다면 운동 exercise 프로그램으로 표기하는 것이 바람직하다.

Motor는 동일하게 우리나라에서 운동으로 번역되지만 동작과 운동기술에 대한 변화와 함께

발달장애 아동 체육 프로그램의
구성 개념과 원리

신경학적 기전을 강조하는 신체활동의 의미를 담고 있다. Motor 연구의 시작을 이끈 Franklin M. Henry가 실험 심리학자라는 측면에서 움직임이나 동작의 변화에 대한 것을 바라보는 관점은 자극과 반응에 의한 신경학적 기전(Henry, 1961)이었다. 이후 이러한 관점과 경향은 운동학습과 제어분야의 거목이 된 Schmidt(1975)의 도식 schema 이론을 통해 체육학에 지대한 영향을 끼쳤다. 최근 motor의 개념을 가지고 재활이나 의료적 처치를 통해 소근운동 fine motor 의 변화를 설명하는 경우가 많아지고 있다. 그러나 체육의 영역에서는 계획적인 신체활동 실행 분야보다는 운동학습과 제어를 연구하는 분야에서 주로 거론되고 있다. 영유아기 체육 프로그램에서 움직임의 변화 또는 장애인들의 소근 및 대근 운동기술 변화를 해석하고 추구하는데 있어 운동 motor 프로그램은 적절히 활용될 수 있는 명칭이다.

(2) 스포츠(Sport)

체육 분야에서 스포츠라는 명칭은 최근에 더 혼동스럽게 되었다. 전통적으로 국내 체육학 용어에서는 스포츠가 '엄격한 규정이 있는 경쟁적 활동'의 경기 개념으로 명확한 개념을 가지고 있었지만 2000년대 들어서며 스포츠는 각종 체육 활동을 포괄하는 의미로 확대 해석되어 사용되기도 한다. 이러한 스포츠 용어의 해석은 북유럽과 독일 등에서 사용되는 광의의 스포츠의 개념이 받아들여지면서 국내 학계에 수용된 결과로 보인다. 또한 스포츠는 시대와 지역, 환경에 따라 정의되어야 한다(Coakly, 2004)는 일부 학자들의 주장들도 영향을 끼쳤다. 그러나 여전히 국내 체육계에서는 전통적인 관점의 경기 종목으로서의 스포츠에 대한 의미지가 깊게 남아 있다. 장애인체육 현장 분야에서도 스포츠는 생활체육이나 전문 엘리트체육의 경쟁적인 경기 종목에서 주로 사용되고 있다. 따라서 장애인체육 프로그램 중 종목 중심으로 진행되는 상황인 경우에는 아직까지 ○○ 종목 스포츠프로그램으로 표현하는 것이 가장 그 성격을 잘 나타내는 방법이 될 수 있다. 그럼에도 불구하고 최근 스포츠에 대한 용어 활용이 광의적으로 진행되는 경우가 많기 때문에 상황에 따라 스포츠에 대한 의미를 선별하여 해석할 필요가 있다. 실제로 2014년에 개편된 국가공인 체육지도자 자격제도에서는 과거 체육지도자란 명칭을 스포츠지도사로 개칭하여 적용하고 있으며, 장애인체육 분야의 지도자 명칭도 장애인스포츠지도사로 공식화하였다.

(3) 신체활동(Physical activity)

전통적인 체육학에서 체육을 '계획적 신체활동'으로 정의했듯이 신체활동은 체육을 구성하고 설명하는 가장 핵심적인 단어이다. 2000년대 이후 체육학에서는 인간의 움직임에 대한 과학적인 측정과 평가에 관심을 가지면서 '계획적인 신체활동'이라는 체육의 전통적 범주를 벗어난 신체활동의 다양한 영역에 관심을 나타냈다. 이러한 용어 사용의 시도는 측정과 평가 measurement & evaluation 전공 영역에서 인간의 움직임을 계량화하는 연구로부터 시작되었다.

꼭 계획에 의한 지도나 체계적인 교육이 개입되지 않더라도 신체활동량이나 이동량을 계산함으로써 얻을 수 있는 체육학 정보의 가치가 높았기 때문이다. 이로부터 신체활동은 전통적 체육에서 포함되었던 놀이, 게임, 스포츠, 댄스 및 레저 활동을 포함하여 인간의 하위 동작과 움직임까지도 포괄하는 용어로서 활용되었다.

미국 장애인체육 분야의 경우 과거에는 특수체육을 지칭하는 용어로 adapted physical 'education'을 사용하였으나 2000년대 이후로는 adapted physical 'activity'로 변경하여 제시하고 있다. 이러한 변화에는 장애인들의 체육이 단편적인 교육적 목적에만 한정되지 않고 장애 발생 이후부터 생을 마칠 때까지 제공되어야 하는 서비스이어야 한다는 강한 철학과 신념이 전제되어 있다. 물론 여전히 미국에서는 장애학생들의 체육교과로서 adapted physical education의 용어가 사용된다. 그러나 특수체육이 지향하는 바가 공간적인 차원에서는 지역사회로의 확대, 시간 차원에서는 전생애로 확대되는 의미로 activity를 사용하고 있다(Sherrill, 1997). 우리나라에서도 지난 2006년부터 한국특수체육학회지가 영문 명칭을 Adapted Physical Education에서 Adapted Physical Activity로 변경 기재하며 신체활동에 대한 활동 콘텐츠와 시행 대상의 개념을 확대 적용하고 있다. 따라서 장애인을 대상으로 시행되는 다양한 체육 프로그램은 장애인 신체활동프로그램으로 표기 되어도 무방하다. 특히 기존 체육에서의 특정 종목이 주요 진행 내용이 아닐 경우 장애 특성과 수준에 따라 낮은 수준의 자세조절이나 기초 움직임부터 게임을 즐길 수 있는 운동기술 향상 콘텐츠로 다양하게 구성된다면 '▲▲ 장애인을 위한 ○○신체활동프로그램' 정도의 명칭을 사용하는 것이 적절할 수 있다.

2) 체육 프로그램의 원리

체육은 기본적으로 신체의 움직임을 매개로 하는 계획적이고 체계적인 활동이다. 체육 프로그램을 계획하고 시행하는 것은 궁극적으로 참가 대상의 바람직한 신체적, 정신적, 사회적 변화를 위한 자극과 경험을 제공하기 위한 것이다. 체육을 단순히 움직이는 것 혹은 노는 것 정도의 유희 활동으로만 인식하게 되면 체육 프로그램이 갖는 가치를 올바르게 반영하기가 어렵다. 체육 프로그램에서 진행되는 모든 동작들과 활동 과제들은 저마다의 발달 영역 목표를 지향하는 자극과 경험의 순차적 과정으로 인식되어야 한다.

인간은 출생 이후 생명이 끝날 때까지 끊임없는 변화의 과정을 겪는다. 이러한 인간의 변화가 추구하는 목적은 신체적으로나 정신적으로 건강한 인격체를 완성시킴으로써 자신과 공동체 삶에 대한 만족을 추구하는 것이다. 체육 프로그램에서 시행되는 다양한 신체활동 콘텐츠는 건강[19]한 인격체로 변화될 수 있는 기회를 제공하게 된다.

---

19) WHO(세계보건기구, 2005)의 세계보건기구 헌장에서는 건강(health)은 단순히 "질병이 없거나 허약하지 않을 뿐만 아니라 육체적·정신적·사회적으로 안녕한 상태"로 정의 내리고 있다.

발달장애 아동 체육 프로그램의
구성 개념과 원리

인간의 발달, 즉 변화는 자극에 대한 반응으로부터 시작된다. 그런 의미에서 대뇌의 작용이 활성화되지 못한 출생 직후 외부의 자극에 대해 무조건으로 반응하던 반사운동은 인간의 실질적 변화의 첫 단계이다. 실제로 반사운동은 자극에 의한 불수의적인 반응의 반복적 과정을 통해 기본적인 인간의 신경계 활성화를 가져오고 이를 바탕으로 신경계의 구조와 기능을 확장시키는 주요한 역할을 하고 있다. 반사운동 움직임 양식과 달리 생후 1년 정도가 지나면 자극에 대한 수의적 반응이 진행되면서 대뇌의 판단에 의한 선별적 움직임이 수행된다. 대뇌 기능에 의한 의도적 움직임이 나타난다는 것은 인간 변화의 과정에서 가장 의미 있는 첫 단계를 거쳤다고 볼 수 있다. 신경학적으로 해석하면 이 시기부터 중추신경계인 뇌와 척수로부터 말초신경계인 각 신체 부위와 기관들이 기능적 연계 활동을 활발히 할 수 있게 되었다는 의미이다.

인간의 신체적, 정서적, 인지적 변화는 기본적으로 자극에 대한 반응을 나타내며 의도적 기술과 행위, 태도 및 사고 능력을 정립해 가는 변화의 과정을 거치게 된다. 그러나 자극에 대해 반응이 일시적 혹은 단기간에 이루어졌다고 해서 변화가 바로 나타나지는 않는다. 수십 혹은 수백 번의 반복 과정을 통해 대뇌가 해당 유입되는 정보들을 일괄적으로 인식하고 명령을 전달할 수 있는 상태 조건이 필요하다. 즉, 감각기관을 통해 유입되는 특정 정보에 대해 이미 여러 번의 반복과정을 거치면서 추가적인 분석이나 해석의 복잡한 과정을 거치지 않아도 되는 학습 상태에 이르게 된다. 신체의 기술이나 정신적인 감성 혹은 그로 인한 태도들의 변화는 해당되는 자극과 반응의 반복적 경험을 통해 습득되고 고착되는 과정을 겪게 된다.

체육 프로그램에서의 계획된 신체활동들은 수시로 참가자에게 자극과 반응을 유도한다. 물론 치밀하게 계획되지 못한 체육 프로그램 중에서도 신체활동을 통한 자극과 반응의 과정은 유발될 수 있다. 그러나 그러한 자극과 반응이 학습을 통한 인간의 긍정적 변화를 완성하기 위해서는 계획이 전제된 목표 지향적 절차를 거치는 것이 필요하다.

전통적으로 체육은 건강한 인격체의 완성이라는 목적 하에 심동적, 정의적, 인지적 영역의 발달을 추구한다. 체육 프로그램은 각각의 발달 영역의 건강한 변화를 위해 신체활동을 매개로 필요한 자극을 제공하는 가치를 갖는다. 따라서 체육 프로그램의 운영 및 지도자들은 단순한 자극의 유발로 그치는 한계에서 벗어나 의미 있는 목표를 달성할 수 있는 자극과 반응 경험을 단계적으로 제공할 수 있는 지식과 안목을 갖추어야 한다. 체육 프로그램 지도자들은 상황과 목적에 따라 체육 프로그램을 구성하는 콘텐츠를 재구성하는 방식으로 운영할 수 있지만 어떤 콘텐츠를 선택하든지 목표를 달성하기 위한 변화의 원리는 동일하게 적용된다. 더불어 보편적으로 제공되는 체육 프로그램은 일부 발달 영역에 대한 편협한 변화에 급급해하기보다는 체육의 고유한 목표인 신체적, 정신적, 사회적으로 균형 있게 건강한 인간을 완성할 수 있도록 계획되고 운영되는 것이 바람직하다.

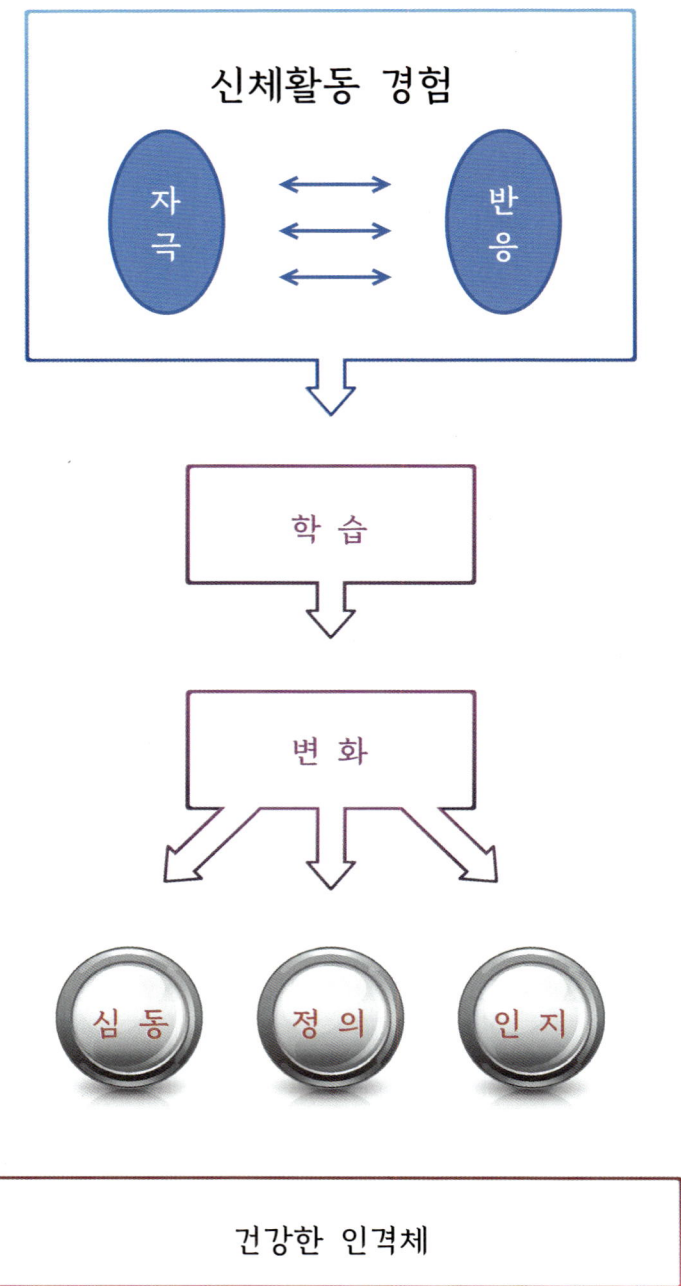

그림 19. 체육 프로그램의 원리 구조

발달장애 아동 체육 프로그램의
구성 개념과 원리

2 발달장애 아동의 체육 프로그램

발달장애 아동에 대한 체육 프로그램은 여러 장애 유형을 대상으로 하는 특수체육 프로그램 중 하나이다. 특수체육 프로그램은 일반적인 체육 프로그램 참여에 어려움을 겪는 사람들에게 특성과 수준을 고려하여 '수정·변형 adaptation'된 신체활동들을 체계적이고 계획적으로 제공하는 것이다. 따라서 발달장애 아동의 체육 프로그램은 참가 아동의 특성과 수준을 정확히 진단하여 아동에게 요구되는 신체활동의 내용과 방식을 적합하게 적용하고 평가하는 절차를 거치는 것이 핵심이다. 또한 체육 프로그램을 통해 달성하고자 하는 목적과 목표를 명확하게 인식하고 제시함으로써 프로그램의 방향성을 유지하고 효용성을 높일 수 있다.

1) 목적과 목표

체육이 추구하는 궁극적인 목적은 계획적인 신체활동의 기회를 제공하여 인간으로 하여금 '건강한 인격체'가 될 수 있도록 하는 것이다. 이러한 체육의 목적은 장애인이나 비장애인 사이에 큰 차이가 없다. 단, 여기서 건강하다는 것은 단순히 신체 외형적으로 튼튼하다거나 질병이 없는 상태만을 의미하는 것은 아니다. 건강은 신체적, 정신적, 사회적으로 안녕한 상태를 뜻하는 것(WHO, 2005)으로 발달장애 아동들의 체육 프로그램의 목적은 아동들에게 적합한 신체활동 참여 기회를 제공함으로써 신체적, 정신적, 사회적으로 건강한 인격체를 육성하는 것이다. 종종 발달장애 아동들이 참여하는 체육 프로그램의 목적을 의료적 차원의 치료로 오해하는 경우가 있다. 물론 발달장애 아동들에 대한 체육 프로그램이 아동들의 특성을 사전에 진단하고 그에 따른 개별화된 신체활동을 적용한다는 차원에서 일반적인 체육 프로그램 방식과 차이가 있는 것이 사실이다. 그러나 발달장애 아동들의 체육이 추구하는 목적이 체육이 갖는 일반적 목적과 근본적으로 다르지 않다는 것을 지도자와 보호자들이 인식할 필요가 있다. 더불어 발달장애 아동의 체계적인 신체활동 참여가 단순히 신체적인 기능만 향상시키는 것에 치중되는 것이 아니라 정신적, 사회적 측면에서의 건강함을 균형 있게 추구할 수 있도록 해야 한다.

발달장애 아동의 체육 프로그램은 체육이 추구하는 근원적 목적을 지향하면서 프로그램의 방향성과 구체적인 활동 과제를 선정하기 위한 세부적인 목표가 필요하다. 일단 큰 틀에서 체육 프로그램은 심동적, 정의적, 인지적 영역의 목표를 갖는다. 이러한 세 가지 영역의 체육 목표는 교육 분야에서 전인적 인간을 육성하려는 목적으로 제시된 것이지만 광의적 차원의 체육에서도 건강한 인격체의 형성을 위한 목표로 선정하는데 부족함이 없다. 특히, 발달장애 아동들이 신체, 정서, 인지의 전반적 발달 영역에서 정체 또는 지연을 나타내는 특성을 갖고 있기 때문에 체육 프로그램이 추구해야 할 방향성을 선정하는데 적합하다고 볼 수 있다.

심동적 영역 psychomotor domain 의 목표는 신체의 운동기술과 체력에 대한 변화에 대한 것으로 전통적 체육에서 추구하는 대표적인 목표 분야이다. Harrow(1972)는 심동적 영역의 내용을 반사동작, 기초적-기본동작, 지각능력, 신체적 능력, 숙련 동작, 동작적 의사소통의 여섯 가지로 구분하고 있다. 발달장애 아동들의 경우 실제 연령에 비해 움직임 및 운동기술의 발달이 낮은 경우가 많다. 움직임과 운동기술의 미숙함은 자조생활 기능의 저하로 연결될 뿐 아니라 학교생활에서의 부적응을 유발하게 하는 원인이 된다. 따라서 발달장애 아동이 갖고 있는 운동기술의 특성과 수준을 정확히 확인하여 운동발달 단계와 원리를 고려한 체계적인 운동기술 향상 프로그램이 제공되어야 한다.

정의적 영역 Affective domain 의 목표는 인간의 감성과 인성 및 태도 변화와 관련된 것으로 체육 프로그램에서는 친밀감, 상호작용 등의 사회성 함양과 자신감, 성취감, 집중력 등을 함양하는 것에 초점을 맞춘다. Krathwohl, Bloom과 Masia(1973)는 정의적 영역의 세부 항목들을 감수, 반응, 가치, 조직, 인격의 다섯 가지로 구분하였다. 정의적 영역의 목표는 발달장애 아동들이 가지고 있는 타인과의 의사소통 문제나 사회 적응 문제를 완화시키는 차원에서 매우 중요한 체육 프로그램의 목표로 인식된다. 특히 발달장애 아동들이 체육 프로그램에 참여하는 과정에서 경험하는 즐거움과 만족감 역시 정의적 영역에 해당하는 사항으로 프로그램의 진단과 평가 과정에서 반드시 고려될 필요가 있다.

인지적 영역 cognitive domain 의 목표는 대상에 대한 인식 및 내용에 대한 지식과 이해에 관련된 분야로 체육에서는 동작에 대한 지식과 원리, 규칙 이해, 대상 개념 인식, 자아 인식을 변화시키는 것에 주로 연관되어 있다. 또한 체육 프로그램 중에 청취되고 발화되는 언어에 대한 습득도 인지적 영역의 목표로 선정될 수 있는 내용이다. Bloom 외 4인(1956)은 교육의 목표를 제시하며 인지적 영역의 목표 내용을 지식, 이해, 적용, 분석, 종합, 평가로 구분하여 제시하였다. 발달장애 아동들에게 나타나는 인지적 손상은 학습에 대한 지체를 유발하고 이로 인한 인지 발달의 지연은 다른 영역의 발달 지연과의 유기적 연관성을 갖고 있는 경우가 대부분이다. 발달장애 아동의 체육 프로그램은 자아에 대한 인식으로부터 대상에 대한 인식 및 그 사이의 관계 개념 등을 이해할 수 있는 경험을 제공하게 된다. 물론 이러한 경험은 아동의 특성에 따라 다양한 수준의 활동 방식과 자극을 통해 지속적인 반응을 유발하는 과정을 거쳐야 한다. 발달장애 아동의 체육이 인지적 영역의 목표를 달성하는데 유용한 것은 단순히 책상에 앉아 수행하는 암기나 기억의 방식이 아니라 신체적 경험과 연계하여 지식과 개념을 습득할 수 있기 때문이다.

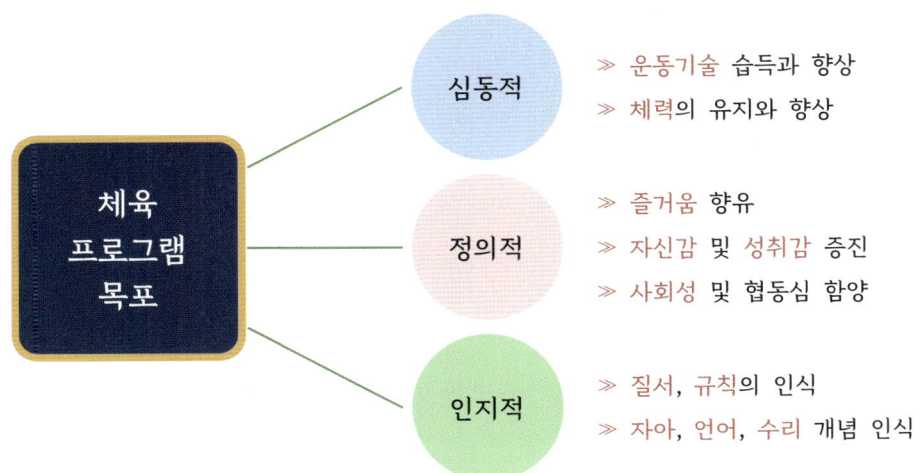

그림 20. 발달장애 아동 체육 프로그램의 목표

발달장애 아동의 체육 프로그램을 운영하는 지도자들은 아동의 특성과 수준에 맞는 계획적인 신체활동을 제공하는 과정에서 무엇을 성취하고 달성하고자 하는 것인지에 대한 목표를 명확히 선정하고 기억해야 한다. 자칫 단순한 경험만을 제공하는 것으로 체육 프로그램이 진행될 경우 방향성을 잃고 발달 시기별로 요구되는 것들을 놓치게 될 수 있기 때문이다. 더불어 체육 프로그램이 지향하는 궁극적인 목적이 건강한 인격체를 육성한다는 측면에서 심동적, 정의적, 인지적 영역의 하위 목표들이 고르게 반영될 수 있도록 해야 한다.

실제 체육 프로그램을 진행할 때 지도자들은 목표 설정과 관련하여 고려해야 할 주요한 사항이 있다. 첫째는 반드시 대상 아동의 신체적, 인지적, 정서적 특성과 수준에 대한 사전 진단이 선행되어야 한다는 것으로 진단 결과로부터 타당한 목표가 선정될 수 있어야 한다. 둘째는 선정된 목표가 모호하지 않게 과제, 조건, 달성 수준을 구체적으로 작성해야 한다. 예를 들어 '축구를 즐겁게 잘 참여할 수 있다' 혹은 '유연성을 향상시킬 수 있다' 등의 목표 선정은 차후 목표 달성 여부를 확인할 때 목표로서의 의미를 갖지 못한다. 어떤 것이 잘 참여하는 것인지, 어느 정도나 향상되어야 하는 것인지에 대한 기준 없이는 목표를 달성하였는지 확인할 수 없기 때문이다. 따라서 축구와 유연성에 대한 목표는 '언어 지시에 따라 도움 없이 10m 거리에서 골대에 슛을 하여 10번 중 7번 이상 성공시킬 수 있다'와 '좌전굴 측정기를 이용하여 영점 기준 -10cm 이상 손을 닿을 수 있다'와 같은 문장으로 작성되어야 한다. 즉 체육 프로그램의 목표는 달성 여부를 눈으로 확인할 수 있는 구체성을 가져야 한다. 셋째는 목표 달성 여부를 확인하는 평가 절차를 거침으로써 차후 아동의 프로그램 진행 내용과 연계성을 갖도록 해야 한다. 발달장애 아동의 체육 프로그램에서 목표는 단순히 표상적인 것이 아니라 실제 목표 달성을 위한 체계적인 과제활동으로 연계됨으로써 프로그램의 방향성과 효율성을 확보할 수 있다.

2) 체육 프로그램 지도 절차와 단계

체육학을 전공하거나 특수교육학을 전공한 지도자들이 발달장애 아동들의 체육 프로그램을 담당하게 되는 경우가 늘어나면서 무엇을 어떻게 시작해야 하는지에 대해 막연함을 갖게 된다. 이러한 원인은 장애인들에 대한 체육 프로그램이 체육학 또는 특수교육학 전공 영역의 한 쪽 준비만을 가지고 효과적으로 수행하기가 어렵기 때문이다.

장애인체육 프로그램의 진행 절차와 단계에 관련된 사항은 별도의 구조적 모형들이 제시되어 있다. 미국의 특수체육 학자 Sherrill(1998)은 특수체육 전달 체계 adapted physical activity delivery system 모델을 제시하면서 장애인체육의 절차를 계획 planning, 사정 assessment, 준비 및 세부계획서 작성 preparation, paper work, meetings, 지도 및 상담 teaching, counseling, 평가 evaluation 의 단계로 제시하였다. 국내에서도 Sherrill의 특수체육 전달 체계에 대한 구조를 기반으로 장애인체육의 진행을 '포괄적 계획-사정과 배치-세부계획-지도 및 상담-평가' 요소로 재해석하여 장애아동 신체활동 지도순환체제로 제시되었다(김의수, 2003). 그리고 장애아동들에 대한 신체활동 지도가 1회성의 단일 과정이라기보다는 한 차례의 과정이 끝나면 또 다시 처음의 단계로 돌아가 새로운 내용을 지도하거나 미흡한 부분을 재교육하는 반복적인 순환과정의 특징도 갖고 있다(김의수, 2003)는 것을 강조하였다.

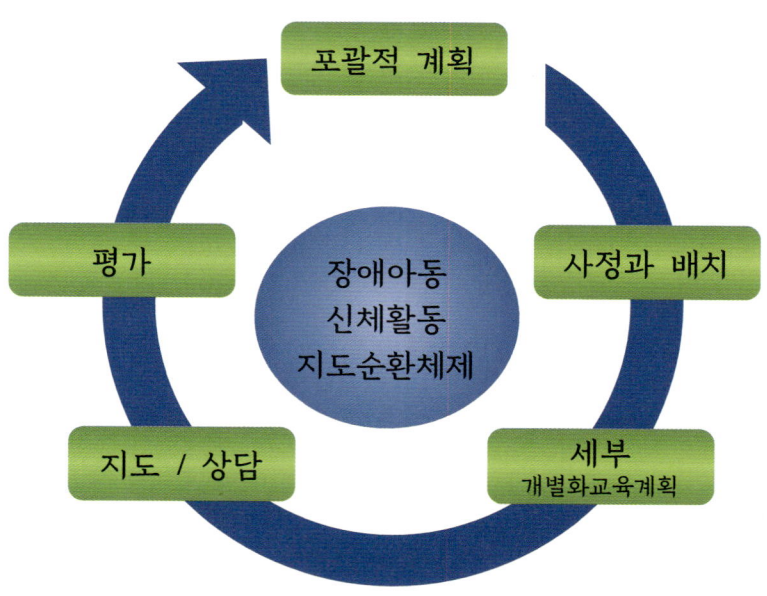

그림 21. 장애아동 신체활동 지도순환체제(김의수, 2003)

발달장애 아동의 체육 프로그램을 진행하는 것은 치밀한 계획과 준비가 필요하며, 그러한 계획과 준비는 상호 유기적 연계성을 가지고 진행되어야 한다. 따라서 프로그램의 합리적인 시행과 함께 목표 달성의 효율성을 높이기 위해서는 특수체육 분야에 제시되어 있는 장애인체육 지도의 순환체제에 따른 과정을 참고할 필요가 있다.

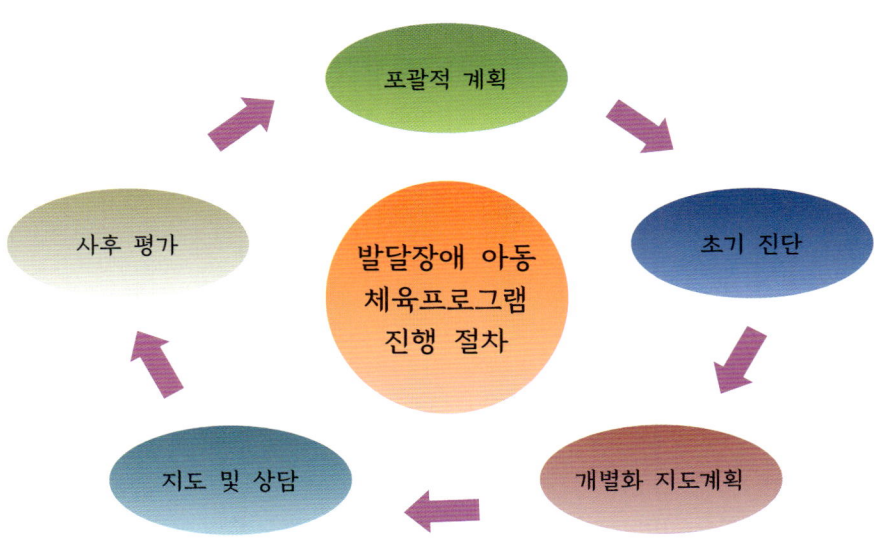

그림 22. 발달장애 아동 체육 프로그램 진행 절차(김의수, 2003 참조 변형)

본 저서에서는 장애아동 신체활동 지도순환체제(김의수, 2003)의 전반적 진행 절차를 기반으로 하되 일부 용어를 변경하여 '포괄적 계획'-'초기 진단'-'개별화지도계획'-'지도 및 상담'-'사후 평가'의 단계로 설명하도록 한다. 일부 절차의 용어 변경은 발달장애 아동의 특성을 추가적으로 고려하면서 용어가 갖는 복합적 의미의 혼동을 피하기 위해서이다. 제시된 발달장애 아동 체육 프로그램의 진행 절차는 프로그램을 운영하는 합리적인 기준이지만 여건과 상황에 따라 지도자는 일부 수정된 방식으로 진행할 수도 있다. 더불어 발달장애 아동의 체육 프로그램 진행 절차는 참여하는 아동들에 대한 개별화지도 원리[20]를 기반으로 하고 있다. 발달장애 아동들의

---

20) 개별화지도(individualized teaching)의 원리는 지도 대상의 특성과 수준에 따라 개별적인 목표와 지도 내용을 선정하여 지도하는 방식으로 지도자와 아동의 비율이 1:1인 방식을 의미하는 것은 아니다. 지도자와 아동의 인원 비율도 참가자의 특성에 따라 효율적인 비율을 선택하는 것이 개별화지도 원리를 충실히 반영하는 것이다.

장애정도와 수행수준을 진단하여 개별화지도계획을 작성, 지도한 후 대상 아동의 목표 성취 여부를 확인하는 전체적인 구조를 인지하는 것도 중요하지만 세부 단계에서 어떤 것이 실제로 수행되어야 하는 지를 이해하고 숙련하는 것이 실행적 측면에서는 더 중요할 것이다.

발달장애 아동 체육 프로그램 진행 절차는 지도자가 보호자들에게 프로그램 진행 과정 중 수행되어야 할 구체적인 항목들을 제시함으로써 프로그램의 진행 내용을 형상화할 수 있도록 한다. 즉, 무엇부터 시작해야 할 것인지, 어떤 단계를 거쳐야 할지, 그리고 각 단계에서 시행되어야 할 사항들은 무엇인지를 인식하게 해준다. 단 이러한 절차를 진행하는 과정에서 모든 시행 내용들이 한 사람의 역량이나 노력으로 충실히 진행되기는 힘들다. 보다 효과적인 체육 프로그램의 진행 절차를 적용하기 위해서는 각 단계의 시행 사항들을 도와줄 수 있는 협력자를 선정하여 효율성을 높일 수 있어야 한다.

(1) 포괄적 계획

발달장애 아동에 대한 체육 프로그램 지도자 또는 운영자들은 프로그램 시행을 위하여 전반적인 원칙들을 세워야 할 필요가 있다. 즉, 지도자는 세부적인 수업을 시행하는 데 있어 프로그램 진행 시기와 일정, 장소, 신체활동 주제, 주요 운영방침 및 가용 자원과 사용 방안에 대한 기안 작성 과정을 거친다. 예를 들어 교육기관의 경우 해당 장애아동의 체육 수업을 일반학급에서 할 것인지 아니면 어느 정도 분리와 통합 수업을 혼합할 것인지 등 수업 시수 및 배치에 관련된 문제를 조정해야 하며, 장애학생의 체육 수업을 진행하는데 있어 도움을 줄 수 있는 인적자원과 관련된 사항도 계획해야 한다. 특히 발달장애 아동들에 대한 프로그램 계획 시에는 적절한 행동관리를 보조해줄 수 있는 보조 인력을 선정하고 수업에 활용할 수 있도록 하는 계획이 필수적이다. 이처럼 발달장애 아동의 체육 프로그램과 관련된 여건이나 지침 및 전반적 준비 사항을 검토하고 문서화하는 과정이 포괄적 계획 단계이다.

공공기관이나 복지시설에서 발달장애 아동에 대한 체육 프로그램을 운영하게 되는 경우는 좀 더 많은 사항들이 포괄적 계획 단계에 포함될 수 있다. 예를 들어 체육 프로그램 시행 장소 확보와 전문성을 갖춘 특수체육 지도자의 확보, 예산 운영, 일정과 시간, 참가자 모집 등과 같이 지도와 직접적인 관련은 없지만 반드시 프로그램 전에 고려되어야 할 사항들이 포괄적 계획 단계를 통해 충분히 협의되고 결정되어야 한다.

포괄적 계획을 온전하게 마련하기 위해서는 프로그램 지도자, 업무 담당자, 관리자가 포함된 최소한의 협력팀이 구성되어야 한다. 더불어 필요할 경우에는 참가 아동 보호자의 사전 협의와 협조가 요구되는 경우도 고려해야 한다. 특히 체육 프로그램에서의 아동의 배치와 지도자 배정 사항은 부모와의 협의를 거침으로써 부모 또한 프로그램에 간접적으로 개입할 수 있는 여지(예를 들어 보조 인원이 부족할 경우 보조자로 활용)를 두는 것이 바람직하다. 이러한 협력팀의 구성이 현재의 교육기관이나 공공기관의 상황에서는 쉽지 않을 수도 있지만 효과적인 체육 프로그램의 진행과 성과 달성을 위해서는 반드시 필요한 과정임을 인식하고 있어야 한다.

포괄적 계획이 잘 진행되지 못하는 경우 프로그램을 진행하는 과정에서 적지 않은 오류와 실수를 거치게 될 가능성이 높다. 포괄적 계획의 단계는 실제 체육 프로그램 지도와는 직접적인 관련성이 낮지만 프로그램의 성패를 좌우할 수 있는 절차이다.

(2) 초기 진단 단계

체육 프로그램에서의 실제 지도가 시작되기 전 참가 대상 발달장애 아동들의 전반적 특성과 운동 수행능력을 파악하는 초기 진단 과정은 개별 아동의 목표를 설정하고 그에 따른 구체적인 지도 내용을 계획하기 위해 필요하다. 체육 프로그램 주제와 목적에 따라 초기 진단의 내용은 차이가 있겠지만 발달장애 아동의 체육 프로그램에서는 대상자의 장애 특성과 개별적 인지 및 행동 특성, 활동 주제별 운동기술과 체력에 관한 것이 포함된다. 특히, 지적장애와 자폐성장애 아동들의 경우 심리, 행동, 인지적 특성에 대한 초기 진단 자료들은 향후 프로그램을 진행하는 데 있어 필수적인 사항이다. 지도자는 초기 진단 결과를 단순히 문서로 남겨 두는 것이 아니라 실제 지도 상황에서 활용할 수 있도록 해야 한다.

발달장애 아동의 체육 프로그램과 직접적으로 관련되어 있는 운동기술이나 체력의 영역의 초기 진단은 체육과 특수체육 전공 영역으로 이에 대한 전문성이 필요하다. 특히 운동기술의 발달 관련 사항들에 대해서는 보편적인 내용과 함께 장애아동들이 갖게 되는 개별성을 이해하고 있어야 효과적인 초기 진단이 가능하다. 또한 대상 아동의 인지 수준과 행동 및 심리적 특징들은 보호자나 장애 전문성을 갖춘 주변 협력자 등을 통해 수집할 수 있어야 한다. 그러나 발달장애 체육 프로그램에 대한 경험이 축적된 지도자의 경우는 프로그램의 초기 진단 과정에서의 관찰과 상호작용을 통해 얻을 수 있는 정보를 정리함으로써 인지와 행동 특성을 파악하기도 한다.

체육 프로그램 현장에서 운동기술에 대한 초기 진단은 체육 프로그램 주제 활동에 대한 과제 분석을 통해 지도자가 체크리스트를 만들어 아동의 수행 수준을 파악하는 방식이 주로 활용된다.

예를 들어 일정 기간 동안 발달장애 아동을 대상으로 발야구 프로그램을 진행한다고 할 때 지도자는 구체적으로 어떤 운동기술을 진단할 지를 먼저 판단하게 된다. 대부분의 지도자들은 기본운동기술 중 발야구 참여에 관련되어 있는 '차기'와 '받기'기술을 초기 진단 항목으로 선정하게 될 것이며 이것과 관련된 발달장애 아동의 수행 수준을 파악함으로써 차후 구체적인 지도 계획과 목표를 설정할 수 있게 된다. 아래 〈표 17〉은 차기 기술 진단을 위한 체크리스트 항목 구성과 진단 결과의 예이다.

☑ 〈표 17〉 발야구 참여를 위한 차기 기술의 초기 진단 체크리스트 예

학생 성명	○철수	학년	초등 5	초기진단일자	19년 3월5일
장애유형	지적장애	연령	13살	검사자	△성실
1. 앞에 놓인 공을 주시하는가?				지시할 때만 공을 주시 한다.	
2. 공을 차기 위해 공쪽으로 몸을 신속하게 이동하는가?				신속히 이루어지지는 않지만 공을 차기 위해 몸을 움직인다.	
3. 공을 차기 직전 디딤 발을 공의 뒤 또는 옆에 위치시키는가?				디딤 발의 위치가 불규칙적이며 부정확하다.	
4. 공의 가운데 혹은 그 아래 부분을 정확히 맞추는가?				공의 일정한 부분을 차기 못하고 공의 윗부분을 맞히는 경우가 많다.	
5. 킥은 발등부분을 이용하여 수행하는가?				발끝으로 공을 찬다.	
6. 킥을 하고 난 후 폴로우 동작이 진행될 만큼 강한 동작이 이루어지는가?				공을 맞추는 수준이지 강한 힘이 전달되지 못한다.	
7. 킥을 하고 난 후 정해진 목표 지점(1루)을 향해 달려가는가?				지시에 의해서만 달려갈 뿐 스스로	

상기와 같은 초기 진단 결과를 통해 지도자는 철수의 발야구 활동 참여를 위해 어떤 부분을 집중적으로 지도해야 할 것인지에 대한 구체적인 지도 계획을 세우는 데 충분한 도움을 받을 수가 있다.

장애아동의 체육 프로그램을 운영하는 지도자들은 중간 또는 종료 시기에 프로그램 평가에 대한 부담과 곤란함을 언급하는 경우가 많다. 상기의 사례와 같은 초기 진단은 향후 시행 후 평가를 위한 기준을 제공한다는 측면에서 중요한 가치를 가지게 된다. 지도자들 중에서 좀 더 객관화된 초기 진단 결과가 필요할 경우는 초기 진단내용을 운동기술 수행에 대한 조건과 기준이 관찰 가능할 수 있게 구성할 수도 있다. 예를 들어 차기 운동기술에 대한 초기 진단 결과를 '2m 앞에 놓인 축구공을 5회 차서 10m 이상 공을 보낸 횟수는 1회이다'라고 초기 진단 결과가 기재되었다면 앞서 제시한 설명적 체크리스트보다는 좀 더 객관화된 자료로 사후 평가에 활용될 수가 있다.

발달장애 아동의 체육 프로그램에서 주제 활동을 시행하기 전 진행되는 초기 진단의 결과는 개별화지도 계획 작성 시 목표를 구체적으로 선정할 수 있게 하고 지도 내용의 방향성과 연계성을 갖게 하는 가치를 갖는다.

(3) 개별화 지도계획 단계

개별화지도 계획 단계는 참가 대상 발달장애 아동에 대한 개별적 진행 계획을 작성하는 과정이다. 물론 이 절차를 수행하기 위해서는 이전 진단 단계에서 산출된 초기 진단 결과가 확보되어야 한다. 초기 진단에서 파악된 참가 아동의 특성과 운동기술 수준은 개별화지도 계획에서 제시되어야 할 장·단기 목표 선정의 합리적 근거가 된다. 체육 프로그램의 목표는 프로그램의 기간이나 목적 등에 따라 단기 목표만 선정할 수도 있으며 장기 목표의 선정이 요구되는 경우 단기 목표들은 장기 목표를 달성하는 것에 긴밀하게 연계되어야 한다. 개별화지도 계획서에 개인별 목표가 작성되면 선정된 목표를 효과적으로 달성하기 위한 일자별 또는 회차별로 활동 내용을 작성함으로써 프로그램에 대한 실질적 지도 준비를 갖출 수 있게 된다.

간혹 개별화지도가 1:1 형식 개인지도의 의미로 잘못 인식되어 지도자와 아동 비율이 반드시 1:1로 선정되어야 하는 것으로 혼동하는 경우도 있는데 개별화지도 계획이 반드시 1:1 지도방식을 즈건으로 하는 것은 아니다. 물론 아동의 특성과 수준에 따라 지도자와 아동의 비율이 1:1로 계획될 수 있지만 가능한 소그룹 형태의 지도 형태가 프로그램의 효율성을 높일 뿐 아니라 프로그램 참여 과정 중 발달장애 아동들의 상호작용을 증진시킬 수도 있다.

체육 프로그램 진행 절차상 발달장애 아동의 개인적 특성과 수준을 먼저 진단하는 것은 개별화지도 계획을 실제적으로 작성하기 위한 필수 전제 조건이다. 이후 개별화지도 계획을 작성하는 단계에서 구체적인 장·단기 목표를 선정하고 그에 따른 구체적 지도방법을 작성하면서 지도를 위해 필요한 자원 및 지원 요소들까지 기록하는 것이 이 단계에서의 핵심적인 사항들이다.

이 과정에서 지도자가 주의할 것은 장·단기 목표들이 초기 진단 항목 및 결과와 직접적인 관련성을 갖고 있어야 한다는 것이며, 그러한 목표들을 달성할 수 있는 구체적 지도 방법들이 체계적인 목록으로 제시되었을 때 개별화지도 계획은 의미를 갖게 된다.

발달장애 아동 체육 프로그램 진행 현장에서 지도자들이 작성한 개별화지도 계획서를 살펴볼 때 목표가 명확히 제시되어 있지 않거나 목표가 기술되어 있지만 실제 진행되는 프로그램의 내용과는 연관성이 없는 경우가 있다. 예를 들어 개별화지도 계획서에 '철수는 발야구에 적극적으로 참가할 수 있다.' 혹은 '철수는 한 학기 후에 다른 아이들과 어울려 발야구 경기를 수행할 수 있다.'라는 식으로 모호한 목표가 기술되었다면 이미 개별화지도 계획서의 가치를 반영하기는 어렵다고 볼 수 있다. 개별화지도 계획서의 목표는 초기 진단 결과를 기준으로 구체적이고 확인 가능하며 측정 가능한 방식으로 기술해야 한다. 예를 들어 발야구의 '차기' 기술에 대한 초기 진단 결과로부터 교사는 '철수가 2m 앞에 놓인 축구공을 5번 차서 4회 이상 10m 거리를 보낼 수 있다'는 것을 목표를 선정했다면 프로그램이 끝난 후 지도자가 선정했던 목표 달성 여부를 정확하게 확인할 수 있을 것이다. 또한 명확한 목표 선정에 따라 지도자는 지도 내용에 목록을 작성할 때 목표를 달성하기 위한 세부 동작과 기술들에 대해 순서적으로 계획서에 제시할 수 있게 된다. 또한 개별화지도 계획서의 마지막 단계에는 프로그램이 종료되는 시점에 진행해야 할 평가의 방식과 내용이 제시되어야 한다.

(4) 지도 및 상담 단계

개별화지도 계획서가 작성되면 실질적인 현장 지도가 진행된다. 발달장애 아동을 대상으로 하는 신체활동 지도는 체육학적 지식과 지도법 및 실질적 행동관리 방법들이 고려되어야 한다. 특히 지적장애와 자폐성장애 아동들의 경우 발달과 운동발달 이론, 과제분석, 행동관리법 등의 지도 원리의 적용이 요구되며 참여 대상의 개인적 특성과 활동 과제에 따라 지도방식 및 기구 또는 기자재들이 적합하게 수정·변형되어 적용될 때 효과적인 체육 프로그램 지도가 이루어질 수 있다. 이에 따라 지도자들은 기본적으로 다양한 운동기술 활동, 체력운동, 기타 신체활동 분야(여가활동, 리듬운동, 수중운동 등)에 대한 경험이 갖추어져 있을 때 대상과 상황에 따른 창의적 수정·변형이 가능할 수 있다. 특별히 발달장애 아동들에 대한 체육 프로그램 지도 상황에서 아래와 같은 주요 개념들이 인식되고 효과적으로 적용되어야 한다.

① **과제분석(task analysis)**

과제분석 기본 개념은 체육 프로그램 내에서 시행되는 과제 활동 또는 동작들에 대해 소폭의 단계로 세분화하여 첫 시작부터 완성 단계까지 분류하거나 낮은 난이도에서 높은 난이도까지 순서적으로 구분하는 것이다. 발달장애 아동들이 갖게 되는 낮은 인지와 운동기술 수준을 고려했을 때 프로그램의 활동 과제를 수행하고 참여하는 것이 일반적 방식으로는 어려운 경우가 많다. 따라서 과제 활동에서 수행되는 동작이나 운동기술을 낱개의 단위로 구분하여 단순한 방식으로 수행할 수 있게 하는 과제분석이 필요하다. 체육교육 분야에서는 이러한 과제분석의 유형을 '과정적 과제분석'과 '계층적 과제분석'으로 구분한다(신기철, 2012).

과정적 과제분석은 신체활동 과제들을 움직임 측면에 주목하여 일련의 움직임 과정을 낱낱의 단위로 분석하여 순서적으로 구분하는 방식이다. 예를 들어 자전거의 페달 돌리기에 대한 과제활동을 지도하는 경우 자전거 고정 장치 위에서 '안장에 앉기-두 손으로 핸들 잡기-페달 위치 조정하기-페달에 발 올리기-한쪽 페달에 힘주어 돌리기-양쪽 페달에 힘주어 돌리기'로 단위 동작을 구분하여 단계적으로 지도할 수 있다. 보편적으로 자전거 타는 기술을 지도할 때에는 상기와 같은 세부 동작을 구분하여 지도하지는 않지만 각각의 동작 개념을 동시에 이해하기 어려운 발달장애 아동들의 특성을 감안한다면 과제분석은 충분히 효과적인 지도로 이어질 수가 있다.

계층적 과제분석은 최종적인 운동기술 또는 활동 기술을 발휘하기 위해 반드시 선행되어야 할 하위 기술적 과정들을 도출하여 쉬운 것부터 어려운 것까지를 구분하는 방법이다. 즉 좀 더 상위 기술을 수행하기 위해 선행되는 하위 기술들을 확인하고 나누는 방식에 해당한다.

예를 들어 줄넘기 기술은 점프와 줄 돌리기의 두 가지 기술이 복합적으로 수행되어야 할 뿐 아니라 기술 간의 정확한 협응이 요구되는 상위 기술이다. 발달장애 아동들에게 처음부터 일반적 줄넘기를 설명하거나 동작을 보여 주는 방식으로 지도할 경우 줄넘기 기술을 습득하는 것이 불가능해질 수 있다. 따라서 줄넘기 기술을 시행하기 전 과제분석을 통해 두발 점프에 대한 개념과 기술을 습득할 수 있는 활동과 별도의 줄 돌리기 기술 과제를 먼저 경험하도록 진행하는 것이 줄넘기 기술을 지도하는데 효과적이다. 이렇게 상위 기술을 낮은 수준의 하위 기술들로 구분하여 낮은 기술부터 지도함으로써 결국에 목표한 운동기술을 습득할 수 있도록 하는 방식의 과제분석이 계층적 과제분석이다.

발달장애 아동의 체육 프로그램 지도에서 수많은 신체활동 기술 지도는 대상 아동의 발달 수준에 따라 조금씩 달라질 수는 있지만 대부분 과제분석을 전제로 단순하고 낮은 수준의 기술부터 단계적으로 접근하는 것이 필수적 고려사항이다.

② **행동관리와 수정(behavior management & modification)**

발달장애 아동 체육 프로그램의 지도자들이 겪는 대표적인 어려움은 아동의 다양한 행동 특성을 관리하고 수정하는 것이다. 다양한 유형의 장애인 체육 프로그램 중에서도 특별히 발달장애 아동을 지도하는 체육 프로그램의 지도자와 운영자는 아동들이 갖는 문제행동들에 대해 깊은 이해가 요구되고 적절히 관리할 수 있는 지식과 경험을 갖고 있어야 한다.

행동관리와 수정의 핵심은 프로그램 중에 발생될 수 있는 아동들의 문제행동을 긍정적 행동으로 전환하는 것에 달려 있다. 그 동안 교육학 분야에서 발달장애 아동들이 나타내는 문제행동에 대한 접근 이론은 비교적 풍부하게 다루어져 왔지만 실제 지도 상황에서 적용하는 하는 문제는 또 다른 차원을 갖고 있는 것이 현실이다. 즉 이론에서의 문제행동 대응 원리는 지도자들에게 기본 지식으로서 이해되어야 하는 전제 조건일 뿐 현장에서 나타나는 문제행동들은 아동들이 갖는 선행 경험과 지속되어 온 환경 및 기질적 성향에 따라 다양한 대처 방식이 필요하다. 따라서 체육 프로그램 지도자에게 행동관리와 수정에 대한 준비는 뾰족하게 빠른 길이 없다고 해도 과언이 아니다. 다수 사례의 발달장애 아동들에 대한 만남과 지도의 경험들이 축적되는 절대 시간이 필요한 분야이다. 그럼에도 불구하고 발달장애 아동에 대한 체육 지도자들은 기본적으로 문제행동에 대한 특징과 이에 대한 행동관리 및 수정에 대한 이론적 접근법을 숙지해야 할 필요가 있다.

문제행동에 대한 설명은 학자들에 따라 조금씩 다르지만 자신이나 타인의 신체에 상처를 내는 파괴적 행동, 즉각적으로 자기 또는 다른 사람을 해롭게 하지는 않지만 지속되면 학습과 긍정적 상호작용에 악영향을 주는 행동, 학습이나 사회적 상호작용에 직접적으로 방해가 되지는 않지만 사회적 수용을 어렵게 하거나 자신의 이미지에 부정적 영향을 주는 방해 행동으로 규정된다(Bambara & Kern, 2005). 문제행동을 좀 더 체육 프로그램 현장의 상황을 반영하여 설명한다면 첫째, 활동 중 자신의 신체에 위험을 초래하는 행동 둘째, 지도자 혹은 프로그램에 참가하는 다른 대상자들의 신체와 정신적 측면에 위험 및 불안정을 초래하는 행동 셋째, 운동기술과 활동 과제에 참여하고 습득하는 것을 방해하는 행동들이 문제행동에 포함된다.

지도자로서 참가 아동이 문제행동을 나타낼 때 가장 중요한 원칙은 그러한 문제행동에 대한 대응을 서두르지 않는 것이다. 물론 급박한 위험 상황을 피하기 위한 분리, 차단은 언제든지 필요할 수 있지만 외형적으로 나타난 아동의 문제행동을 단순하게 강압적 혹은 억압적으로 막는 대응 방식은 체육 프로그램 참여에 긍정적인 영향을 주지 못한다.

만약 지도 상황 중 아동이 문제행동을 나타내었다면 그 문제행동이 유발된 원인을 찾으려는 노력이 우선되어야 한다. 때로는 상황 관찰의 방식으로 이러한 원인을 찾아낼 수도 있고 때로는 보호자와의 상담을 통해서 찾을 수도 있다. 문제는 원인을 찾는 과정에도 긴 시간이 필요할 수 있다는 것을 감안하고 있어야 한다. 예를 들어 프로그램 진행 중간에 갑작스럽게 머리를 흔드는 상동행동이 나타날 경우 아동의 심리에 급격한 변화를 줄 수 있는 무엇이 자극되었는지를 관찰함으로써 원인을 찾아 제거할 수 있다. 또는 프로그램 시작 단계부터 소리를 지르고 과잉행동을 나타내는 경우 그 원인이 프로그램 이전의 특별한 상황으로 인해 감정이 정리되지 못했는지를 보호자로부터 확인하여 그러한 원인에 대한 심리적 갈등을 해소할 수 있도록 조치해야 한다.

대부분의 발달장애 아동 교육 및 치료의 영역에서 진행되는 보편적 대응 원리가 상기의 예와 같이 문제행동의 원인을 찾아 그것을 제거하는 방식이다. 능숙하고 경험이 많은 지도자일수록 문제행동 증후를 신속히 인식하고 그 원인을 효율적으로 찾는 능력을 갖고 있다. 반대로 경험이 적은 체육 지도자들의 경우는 아동들의 문제행동을 인식하기는 하지만 그것을 어떻게 대응하고 접근해야 할지에 대해서는 미숙함을 나타낸다. 결국 지도 상황에서 발달장애 아동들이 나타내는 문제행동을 적절히 관리·수정하지 못할 경우에는 이후 과제 활동 진행 자체가 어렵게 됨으로써 지도자나 참가 아동 및 보호자들에게 실패감을 갖게 하는 주요 원인이 된다.

너무나 다양한 형태로 나타나는 아동의 문제행동을 한 번에 해결할 수 있는 방법은 없다. 마치 장애 특성이 어떤 짧은 기간의 치료나 조치, 교육으로 변할 수 없는 것과 마찬가지 이치이다. 단 부정적인 문제행동을 긍정적 행동으로 변화시키는 몇 가지 원리들이 이론과 현장에서 지도의 팁으로 활용되고 있으며, 현장에서 지도자와 보호자들이 감안할 수 있는 방법으로 긍정적 행동지원, 행동수정, 응용행동분석 등이 있다.

긍정적 행동지원(PBS: Positive Behavior Support)은 발달장애 아동이 보이는 문제행동을 감소시키고 예방할 뿐만 아니라 그 아동에게 필요한 사회적, 학습적 성과를 달성할 수 있도록 지원하는 체계적이고 종합적인 개별화 전략으로, 새로운 긍정적인 행동의 지도를 통해 그 아동이 할 수 있는 기능의 범위를 확장하려는 교육적 측면과 아동이 속한 다양한 환경의 재구성을 도모하는 체제 개선 측면을 동시에 포함한다(부산광역시교육청, 2014). 긍정적 행동지원 계획은 개인의 행동문제를 제거하기보다는 바람직하고 적절한 행동을 보일 가능성을 최대화시키도록 환경을 조정하는 데 초점을 둔다. 그리고 행동 문제를 감소 내지 제거하기는 하지만, 바람직한 행동을 격려함으로써 해결한다. 긍정적 행동 지원 계획을 수립하는 기본 절차는 첫째, 특정 문제가 발생할 가능성이 높은 상황이나 맥락을 판별해낸다. 둘째, 문제가 덜 발생하도록 환경과 관련 맥락을 조정한다. 셋째, 대상 아동에게 적절한 행동을 연습하게 하고, 강화를 주며, 필요한 때에 적절한 행동을 하도록 촉구하며, 학생의 변화를 점검한다. 체육 프로그램에서의 긍정적 행동지원은 문제행동과 관련되어 있는 활동 환경과 프로그램과 관련된 사람들의 이해와 인식, 협력 관계를 먼저 조정하는 방식으로 접근된 후 지도 대상 아동의 문제행동에 대한 직접적인 지도와 연습을 하는 절차를 거친다.

행동수정은 행동의 뒤에 따라오는 후속결과에 따라 행동이 증가되거나 유지되며, 부정적인 자극을 피하기 위해 행동이 증가 또는 유지되는 원리를 적용한 방법이다(부산광역시교육청, 2014). 행동수정 방식의 목적은 문제가 되는 행동들을 최대한 감소시키는 동시에 긍정적 행동에 대해서는 증가시킴으로써 일상생활 및 교육 기관에서의 참여 효율성을 최대한 확보하는 것이다. 물론 체육 프로그램에서 제시되는 여러 과제의 학습 과정에서도 행동수정의 적절한 시행은 지도 과정을 원활하게 할 뿐 아니라 목표 달성의 수월성을 보장하게 된다.

행동수정은 강화, 모델링, 소거 등의 행동수정기법을 아동의 특성과 도출된 문제행동에 따라 적용함으로써 효과를 얻을 수 있다. 그러나 최근 시대적 변화와 사회적 인식이 전환되면서 인권 문제를 일으킬 수 있는 체벌, 격리 등의 행동수정기법은 가능한 지도 상황에서 배제되는 것이 바람직하다. 지도자들은 아동에게 필요 이상의 신체적, 정신적 고통과 불안 등을 주는 행동수정 방식들을 반드시 제외시켜야 한다는 사실을 주지해야 한다. 실제로 체육 프로그램 지도 상황에서도 지도자 또는 보호자의 극단적이고 과격한 행동수정의 방식은 장기적 관점에서 아동이 프로그램에 참여하고 목표를 달성하는데 효과적이지도 못하다.

체육 프로그램 진행 상황에서 지도자들이 행동수정의 방법으로 활용할 수 있는 기법은 강화 reinforcement 이다. 강화란 어떤 행동 후에 즉시 자극을 제시하거나 제거함에 따라 그 행동의 발생 가능성을 높이는 행동수정기법이다. 즉, 행동에 뒤이어 제공되는 정적자극 제시나 혐오자극의 제거로 인해 바람직한 행동이 증가되고 개선될 수 있도록 하는 것이다. 우리가 흔히 광고에서 듣는 '칭찬은 고래도 춤추게 한다'라는 문구는 정적강화의 유용성을 나타내는 대표적인 예이다. 마찬가지로 체육 프로그램 중 아동이 성공적 운동수행을 보이거나 참여의 긍정적 태도를 나타냈을 경우 즉각적인 칭찬의 후속 결과를 제공함으로써 바람직한 태도와 행동이 자주 나타날 수 있게 유도하는 것이다. 또한 체육 프로그램 진행 중 외부 소음으로 인해 자리이탈 행동이 나타났을 경우 소음을 제거함으로써 아동이 지도 장소로 되돌아오게 하는 방식도 강화기법에 해당한다. 지도자들은 칭찬 외에 정적 강화물로서 사용할 수 있는 대상, 물건, 활동들을 미리 파악해 둠으로써 정적강화를 효과적으로 수행할 수 있다. 지도자들의 경우 프로그램 진행 절차의 초기진단 단계에서 아동이 좋아하는 것과 싫어하는 것을 확인하는 것은 이후 지도과정에서 강화물로 활용하기 위한 중요한 준비 요건이다.

모델링 modeling 은 대상에 대한 모방을 통해 바람직한 행동을 증가시키는 행동수정기법이다. 체육 프로그램에서 자주 시행되는 시범 지도와 유사한 방식으로 진행된다. 즉 바람직한 지도자 또는 프로그램 참가자 행동을 따라하는 과정이 반복됨으로써 긍정적 행동이 증가하고 습득될 수 있도록 하는 기법이다. 이러한 행동수정기법은 아동들이 타인의 행동을 관찰하고 따라함으로써 새로운 행동의 학습이 이루어진다는 Bandura(1977)의 관찰학습이론에 근거를 두고 있다. 그러나 의외로 체육 지도자들은 발달장애아동들의 모방을 통한 행동수정에 대해 큰 관심을 갖지 못하는 경향이 있다. 지도자들은 모방을 운동기술과 동작을 지도하는 중요한 방식으로 활용하면서도 항상 아동들이 대면하는 대상(지도자, 보호자, 동료 참가자 등)의 일상적 태도와 행동이 모델링 차원에서 어떤 영향을 끼칠 수 있는지에 대해서는 주의를 기울이지 못한다. 발달장애 아동들의 인지 특성은 유아적 성향을 나타내기 때문에 학습의 주요 방식이 모방이다. 그러한 모방은 지도자 혹은 보호자들이 의도치 않더라도 생활 또는 프로그램이 진행되는 과정에서 행동 변화의 자극제로서 영향을 끼칠 수 있다는 것을 잊지 말아야 한다. 특히 공격적인 행동, 극한 감정적 대화와 같은 자극적인 행위와 언어는 아동들에게 쉽게 모방되어 부정적 행동을 습득하게 할 수 있다는 점도 주의해야 한다.

행동수정기법에서의 소거는 아동이 이미 습득된 문제행동들에 대해 강화될 수 있는 것을 철회함으로써 해당 행동이 감소되도록 하는 것이다. 즉 바람직하지 못한 문제행동이 유지되게 하는 것으로 보이는 강화요인을 찾아 제거하는 것이 소거의 핵심이라 볼 수 있다. 발달장애 아동에 대한 체육 프로그램 상황 중에 아동들은 여러 가지 형태의 문제행동을 나타내는데 지도자들은 무심코 그러한 문제행동들을 더 강화시키는 대응을 하는 경우가 있다. 예를 들어 아동이 참여 거부를 목적으로 자리이탈 행동을 할 때마다 아동이 원하는 핸드폰을 주거나 과자를 주는 조치를 취함으로써 아동의 자리이탈 행동은 점점 증가하는 결과를 초래한다. 문제행동을 해결하기 위해 선택한 지도자의 대응 행동이 오히려 문제행동을 증가하게 만드는 강화물로 사용된 것이다. 만약 이러한 상황이 지속된다면 아동의 활동과제 참여는 점점 더 어려워지게 된다. 따라서 문제행동을 강화했던 핸드폰과 과자의 제공을 철회함으로써 자리이탈 행동을 감소시키는 소거 기법을 적용해야 한다. 물론 당장은 아동의 자리이탈 문제를 즉각적으로 해소하기 어려운 상황을 맞게 되겠지만 최소한 더 이상의 문제행동 강화는 피할 수가 있다. 그리고 다른 행동수정기법과 행동관리법을 통해 문제행동의 변화를 이끌 수 있는 과정을 시도해야 한다.

발달장애 아동을 지도하는 상황에서 행동관리와 수정에 대한 것은 단시간 혹은 즉각적으로

발달장애 아동 체육 프로그램의
구성 개념과 원리

해결될 수 있는 문제는 아니다. 그럼에도 불구하고 체육 프로그램의 효과성이나 효율성을 확보하기 위해서는 지속적인 관심과 적용이 필요한 지도자의 필수 고려사항이다. 아동의 사례마다 문제행동의 형태와 그것을 대응하는 방법이 다양하기는 하지만 몇 가지 핵심적인 공통사항을 관계자들은 기억할 필요가 있다. 첫째는 행동관리와 수정은 가장 중요한 기반은 지도자 또는 보호자와 아동 사이의 충분한 라포 rapport 의 형성이 전제되어야 한다는 것이다. 아동들로 하여금 충분히 친근감을 갖지 못하거나 신뢰의 대상이 되지 못한다면 수많은 행동수정 기법은 효용성을 발휘하기 어렵다. 둘째는 발달장애 아동에게 제공되는 새로운 환경과 대상, 활동에 대해 적응할 수 있는 시간을 충분히 제공하는 것이다. 어쩌면 아동들에게 지적되는 문제행동이라는 것들은 인간으로서 낯선 것에 대해 갖게 되는 본능적 행동일 수 있다. 무조건 그러한 행동을 문제행동으로 지정하고 관리·수정하려고 하는 것은 오히려 본능적 보호행위를 억압적으로 막게 되어 더 큰 부정적 결과를 초래할 수 있다는 가능성을 배제해서는 안 된다. 셋째는 아동이 나타내는 문제행동은 아동 본연의 속성이라기보다는 특정 원인이 있다는 것을 인정하고 그러한 원인을 찾고 미리 제거할 수 있는 노력이 먼저 선행되어야 한다. 어떤 행동수정기법도 문제행동이 발생하지 않도록 사전에 준비하는 것보다 효과적일 수 없다. 그만큼 체육 프로그램을 운영하는 사람들은 참가 아동에 대한 특성을 맥락 차원에서 미리 잘 살피고 파악해야 된다는 것을 의미한다.

③ 신체활동의 변형과 수정을 통한 맞춤식 지도

지도 단계에서 지도자의 역량으로 가장 중요한 것은 계획된 신체활동에 대한 변형과 수정 adaptation 능력이다. 결국 발달장애 아동에 대한 체육 프로그램은 보편적인 일반 체육에 참여하기 어려운 아동들에게 안전하고 효과적으로 참여할 수 있는 다양한 신체활동을 제공함으로써 체육의 근원적 목적을 달성하기 위해 필요한 것이기 때문이다.

신체활동의 변형과 수정은 발달장애 아동의 개별적 특성에 따라 필요한 과제활동에 효과적으로 참여하기 위해 지도방식, 지도의 내용 및 단계, 기구 및 장비, 환경 등을 조정하는 것을 의미한다.

지도자들이 대상 아동에 대한 탐색을 효과적으로 수행하고 적정한 행동관리법을 적용하고 운동기술 및 체력에 대한 초기 진단이 진행된 상황이라면 신체활동의 특정 과제를 선택하여 목표를 세우고 지도를 시작한다. 예를 들어 기본운동기술의 굴리기 과제활동을 지도한다고 가정하면 어떻게 활동을 시작하고 진행할 것인가? 일상적인 체육 지도자들이 수행하는 방식으로 몇 번의 기본개념 설명과 함께 2-3회 정도의 볼링 게임 활동으로 정서 및 지적장애 아동들에게 충분한 굴리기 개념과 기술을 습득하게 할 수 있을까? 결론적으로 말하면 발달장애 아동의 체육 프로그램 지도는 그렇게 간단한 문제가 아니다. 대다수의 바람직한 사례들이 굴리기 기술을 지도함에 있어 공에 대한 개념 인식과 관련된 반복적 경험부터 시작하게 된다.

여러 가지 재질과 색감의 공들을 만지고 느껴보면서 힘을 주면 굴려지거나 튀겨진다라는 개념을 인식시킨다. 많은 경험을 가지고 있는 지도자들은 그러한 과정 중에 수시로 그것이 '공'이라는 것을 알려주기 위해 단어를 반복하여 말함으로써 차후 아동과의 의사소통의 문을 열기 위한 준비 작업을 시행하기도 한다. 이러한 과정은 보편적인 체육 프로그램의 지도 과정이나 내용에서는 기대할 수 없는 변형된 방식에 해당된다. 결국 그러한 개념적 인식에 소요되는 시간만 최소 1-2주차 이상의 시간이 흘러가는 경우가 대부분이다. 그러다보면 아동이 굴리기 활동에 참여하는 것을 최적화 할 수 있는 여러 가지 공에 대한 변형과 선택이 요구되고 활동이 시작될 시점에는 다양한 목표물을 바꿔가며 경험할 수 있는 타깃 장비의 변형도 필요하게 된다.

아동에 따라 일정 기간 동안의 기본적인 과제 개념과 단순 운동기술이 학습되었다면 점차 규칙이 있는 게임 기술로 전환되는데 게임 기술의 습득과정 역시 다양한 변형의 방법이 절대적으로 요구된다. 물론 이러한 활동과제 전환에 대한 기간적 판단 역시 일반적인 것과 달리 대상 아동에 따라 기간적 수정이 필요하다. 굴리기 기본기술을 활용한 게임 활동은 목표물의 거리를 아동의 기술 수행 수준에 따라 짧게 혹은 길게 수정할 수 있어야 하며, 목표물의 크기, 게임공간의 축소 등 대상자가 성공적인 참여의 경험을 느끼게 할 수 있는 것이라면 무엇이든 변형의 대상이 되도록 조정할 수 있어야 한다.

상기의 굴리기 운동기술 지도에 대한 예는 수많은 프로그램 과제들 중 하나로서 지도자들은 아동의 욕구 혹은 프로그램 주제에 따라 모든 지도의 과정에 수정과 변형이 필요하다는 것을 인식해야 한다. 발달장애 아동의 계획적인 신체활동 참여를 위한 적절한 수정과 변형은 아동이 성취감과 즐거움을 느끼게 하고 다양한 운동기술들을 일반화시킴으로써 다른 사람들과 함께 체육에 참여할 수 있는 기회를 제공하게 된다.

④ **상담**

체육 프로그램에서 상담은 아동을 직접 지도하는 것과는 별개의 일이지만 참여 당사자 또는 보호자들과의 적절한 관계를 맺고 체육 프로그램 진행의 효율성을 끌어올리는 중요한 요건이다. 특히 발달장애 아동 체육 프로그램에서는 참가 아동들에 대한 특성과 요구를 파악하는 주요 방법이 보호자들과의 상담이기 때문에 간과될 수 없는 부분이다. 그러나 체육 프로그램 지도에 대한 적지 않은 경험과 노-하우를 가진 지도자들에게도 상담은 어색하고 부담스러운 과정으로 여겨진다. 이는 신체활동 과제를 준비하고 지도하는 노력만큼 상담에 대한 별도의 준비와 충분한 상담 관련 경험이 필요하다는 것을 의미한다.

지도자들에게 요구되는 상담 준비는 참가 아동에 대한 기본적인 장애유형 특성을 인식하고 장애 자녀가 있는 가정에 대한 공감을 바탕으로 체육 프로그램에 대한 근본적 목적과 가치, 방향 및 원리에 대한 지식을 갖추는 것이 선행되어야 한다. 상담의 주요 목적 중 하나는 상담자와 피상담자 사이의 바람직한 신뢰 관계를 구축하는 것이기 때문에 지도자 또는 운영자의 건전하고 바람직한 철학과 신념을 제시하는 것은 매우 중요한 요소이다.

상담을 통해 획득할 수 있는 또 하나의 주요 목적은 참가 아동에 대한 개별적인 특성을 상시하게 파악하고 프로그램 참여 관련 사항들에 대한 정보를 공유하는 것이다. 지도자는 체육 프로그램을 시행하기 전 초기 진단의 절차를 거침으로서 참가 아동에 대한 전반적 장애 특성과 운동발달 관련 기술 수준을 확인한다. 이러한 사전 진단의 내용들 중에는 아동의 개인적 특성과 성향에 관한 것들이 포함되어 있으며, 이는 상담 과정을 통해 획득되고 정리되어야 한다. 초기 진단의 절차 이후에도 지도자들은 아동에 대한 과제 활동 지도와 관련하여 지속적인 특성 파악이 진행되어야 하고 보호자들과의 상담은 유용한 정보들을 얻게 되는 수단이 된다. 이렇게 진행되는 상담의 과정에서 지도자들은 보호자들에게 지도 과정에서 나타나는 아동의 참여 상태와 변화 성과에 대한 정보를 제공함으로써 프로그램에 대한 이해와 신뢰를 구축하게 된다. 특별히 지도자는 상담 과정에서 수요자의 요구 사항을 파악하고 이에 대한 사항을 지도 내용에 반영함으로써 참가 아동과 보호자의 프로그램 만족도를 극대화할 수 있다.

발달장애 아동 체육 프로그램에서 상담은 지도자들에게도 참여 당사자들에게도 매우 유익한 결과를 낳게 할 수 있는 절차이다. 그러나 상담 과정에서 오해가 발생하는 경우도 있고 이로 인해 아동의 프로그램 참여가 중단될 수도 있다는 것을 주의해야 한다. 특히, 아동과 가정의 개인 정보에 대한 비밀 유지 문제나 장애에 대한 미숙한 이해로 인해 마음의 상처를 주는 상담의 내용들은 심각하게 고려해야 할 부분이다. 발달장애 아동에 대한 활동지도 이상으로 상담에는 준비되어야 할 사항들이 적지 않다. 그 중에서도 상담자들 사이에 편안한 관계를 형성할 수 있는 시간적 여유와 단단한 신뢰 관계를 만드는 것이 상담의 가치와 효과성을 높일 수 있는 기반이 된다.

(5) 사후 평가 단계

발달장애 아동의 체육 프로그램 진행 절차에서 사후 평가는 지도의 효과와 참가 아동의 향상 정도를 판단하는 과정(Dunn, 2010)으로 아동에게 설정된 프로그램의 목표 달성 여부를 확인하는 것이다. 즉, 초기 진단이 수업이 이루어지기 전에 수업하고자 하는 활동의 수준을 측정하여 파악하는 것이라면, 사후 평가는 초기 진단을 통해 개별적으로 선정된 참가 아동의 구체적인 목표 달성 여부를 파악하는 것이다. 따라서 사후 평가는 초기 진단의 방법과 가능한 동일한 방식으로 진행되는 것이 바람직하며, 사후 평가 결과를 통해 목표 달성을 명확히 확인하고 달성되지 못한 내용에 대해 프로그램을 연장해서 할 것인지 혹은 성취도에 따라 새로운 활동을 도입할 것인지를 판단한다. 사후 평가를 하는 과정에서 가능한 초기 진단의 내용들이 누락되는 일이 없도록 주의를 기울여야 하며 사후 평가 결과를 쓸모없는 자료로 놔두는 것이 아니라 차후 지도를 위한 새로운 초기 진단 자료로 활용할 수 있어야 한다.

　발달장애 아동에 대한 체육 프로그램 진행 절차는 체계적인 지도를 꾀할 수 있다는 장점을 가지고 있지만 지도자들에게 적지 않은 업무를 주는 것이 사실이다. 그러나 발달장애 아동 체육 프로그램에 대한 효과적인 운영을 추구한다면 그러한 업무의 증가를 피하기는 어렵다. 단 어떤 주제와 방식의 체육 프로그램을 운영하던지 지도자 혼자서 그 모든 단계의 업무를 처리하는 것이 아니라 적절한 보조 인력의 활용과 협력 지도 방식을 바람직하게 운영하면 업무의 부담을 줄이면서 프로그램의 목표를 효과적으로 달성할 수 있다. 이와 관련하여 프로그램 관리자들은 프로그램 지도와 진행을 도와줄 수 있는 보조교사나 초기 진단이나 사후 평가에 대한 지식과 경험을 제공해 줄 수 있는 전문가, 적절한 수업 환경을 제공해 줄 수 있는 관계 인원 및 보호자의 협조가 필수적으로 요구된다. 발달장애 아동에 대한 신체활동 지도는 획일적인 접근이나 독단적인 방식으로는 효과적인 진행도 어려울 뿐 아니라 지도의 목표를 달성하기도 어렵다. 다시 말해, 발달장애 아동 체육 프로그램의 합리적 진행은 전문성을 가진 운영자와 지도자들이 함께 계획하고 준비하며, 평가하는 공동의 작업과정으로 현장 지도자들은 그러한 협력 팀 구성을 진행 절차에서 반드시 고려해야 한다.

3) 체육 프로그램 구성 방안

　발달장애 아동 체육 프로그램에서 현장 지도자들에게 가장 고민되는 운영 사항 중 하나는 아동마다 차이 나는 특성과 수준을 어떻게 효율적으로 프로그램 내에 반영할 수 있을지에 대한 것이다. 실제 발달장애 아동들에 대한 체육 프로그램을 진행하다보면 프로그램 내에 다수의 아동들이 참가하면서 어느 수준에 맞추어 활동 과제를 제시하는 것이 바람직한 것인지 혼동을 겪는다. 물론 지도자와 아동이 항상 1:1 인원 비율을 갖출 수 있다면 완전한 개별 프로그램을 구성함으로써 프로그램 구성 수준에 대한 선택 문제를 해소할 수 있겠지만 프로그램 시행 현장의 여건도 충분하지 못할뿐더러 장기적으로 참가자들 간의 상호작용 효과를 감안한다면 소그룹 방식의 프로그램 진행이 효과적 대안이 될 수 있다. 그러나 단순히 소수 인원의 그룹 형태로 진행한다고 해서 적합한 프로그램 수준과 내용을 쉽게 선정할 수 있는 것은 아니다. 따라서 체육 지도자들은 자신이 운영해야 하는 프로그램의 효과와 효율성을 높일 수 있는 적정한 구성 기준을 가져야 한다.

발달장애 아동 체육 프로그램의
구성 개념과 원리

(1) 수준별 프로그램 구성

발달장애인들의 적극적인 신체활동 기회 제공을 목적으로 하는 국제 스페셜올림픽위원회에서는 발달장애인들의 체육 프로그램 구성에 대한 수준을 제시하고 그에 따른 다양한 신체활동 이벤트와 종목별 경기를 개최한다.

수준별 체육 프로그램의 구성 특징은 발달장애 아동들이 갖고 있는 인지 능력과 운동기술의 수준을 복합적으로 고려하여 아동의 발달 단계에 따른 적합한 활동 난이도를 선정할 수 있게 한다는 것이다. 물론 이러한 프로그램 구성 방식은 프로그램의 큰 방향을 선정하는 기준으로서 그 과정에는 참가 아동에 대한 개별적 세부 지도 과제 및 지도 방식이 고려되어야 합리적인 지도가 진행될 수 있다.

수준별 체육 프로그램은 '감각-지각 운동기술 수준'의 Level 1, '기본운동기술-게임 수준'의 Level 2, '종목 스포츠 기술 수준'의 Level 3로 구분할 수 있다.

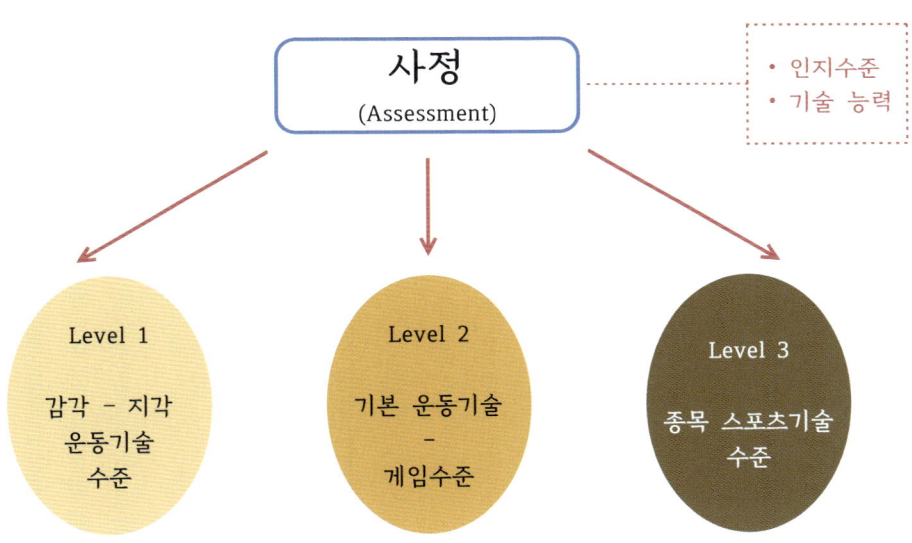

그림 23. 발달장애 아동 체육 프로그램 구성 수준

지도자들은 일단 발달장애 아동이 어느 Level의 프로그램에 적합한지를 판단하는 절차를 거쳐야 하는데 이를 위해 대상 아동의 참가 당시 인지와 기능 수준을 확인하는 것을 사정 assessment[21])이라고 한다.

---

21) 사정(assessment)는 학문의 영역에 따라 조금씩 달리 정의되고 있지만 체육학 분야에서는 '대상의 움직임 특성과 수준에 대해 수치를 부여하는 것(Burton & Miller, 1998)'이라는 의미를 담고 있으며, 특수체육 분야에서는 '진단과 평가'의 개념을 포괄하여 대상자의 수행 수준과 특성을 파악하는 포괄적인 개념으로 활용된다.

Level 1 수준은 감각과 지각 운동기술에 대한 경험을 중심으로 신체활동 과제를 진행하는 첫 번째 단계 프로그램이다. Level 1의 프로그램은 참가 대상 아동들이 시각, 청각 등 오감과 균형 감각에 대한 적절한 반응이 어렵고 자기 신체에 대한 인식이 미숙할 뿐 아니라 의사소통에 필요한 지적 기능이 제한될 경우 제공된다.

국제 스페셜올림픽에서는 이와 관련된 신체활동 프로그램 모델을 'Recreation Model'로 제시하고 있다. 즉 Level 1 수준의 프로그램은 일반적 체육에서 활용되는 적극적인 운동기술 측면을 강조하기보다는 발달장애 아동들에게 감각적 자극을 다양하게 제공하고 그와 관련된 지각 능력을 향상시키는 것을 목표로 한다.

그림 24. Level 1 수준 프로그램 구성의 특징

Level 2 수준은 대근을 사용하는 기본운동기술에 대한 이해 및 기술 향상 과제 활동이 포함되는 프로그램이다. 기본운동기술은 여러 종목 경기에 참여하기 위한 단위 기술을 의미하는 것으로 던지기, 차기, 치기, 굴리기, 튀기기와 같은 조작기술과 달리기, 홉, 슬라이드, 갤럽과 같은 이동기술로 구성된다. 기본운동기술을 충분히 경험하고 습득하는 것은 향후 다양한 스포츠 종목에 참여할 수 있는 기반을 마련하는 측면에서 큰 가치를 갖고 있다. 특히 향후 또래와의 통합 체육 상황에서 최소한의 수정 변형 방식이 기본운동기술을 수행할 수 있을 때 가능하다는 점에서도 기본운동기술의 습득은 발달장애 아동들에게 중요한 의미를 갖는다. 국제 스페셜올림픽에서는 기본운동기술 활동을 중심으로 한 신체활동 프로그램을 'Development Model'로 제시하고 있다.

Level 2 수준의 프로그램에 참가하는 발달장애 아동은 능숙하지 않지만 이동기술과 조작기술을 자의적으로 시행할 수 있는 운동기술 수준을 갖고, 단순한 언어적 지시에 대해 반응할 수 있는 인지와 의사소통 능력을 갖는 경우이다. 더불어 Level 2의 프로그램에는 일정 수준의 기본운동기술 능력을 바탕으로 복잡하지 않은 놀이 방식의 게임 활동 과제들이 포함될 수 있다.

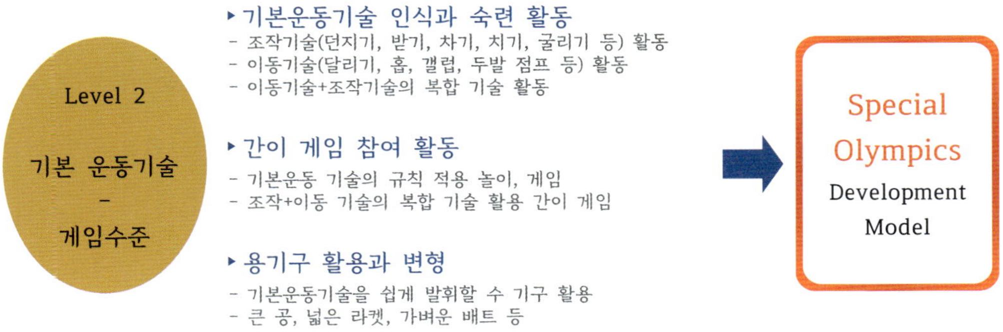

그림 25. Level 2 수준 프로그램 구성의 특징

Level 3 수준은 기본운동기술에 대한 완전한 인식과 함께 능숙하지는 않아도 종목별 경기에 참여할 수 있을 정도의 복합기술(조작기술과 이동기술이 혼합 또는 개개의 조작기술을 동시 수행)을 수행할 수 있는 발달장애 아동이 참여하는 프로그램이다. Level 3 수준의 프로그램은 경기 기술을 향상시켜 개인 간 또는 팀별 경쟁에서 승리할 수 있는 기능을 갖출 수 있게 하는 목표를 갖는다. 예를 들어 Level 2 프로그램에서 차기와 달리기를 충분히 경험한 아동이라면 Level 3의 프로그램에서는 축구의 드리블 기술을 세련되게 수행할 수 있는 연습과 훈련의 기회를 제공함으로써 축구 경기에 참여하는 것까지를 포함한다. Level 3 수준의 프로그램을 충분히 경험한 발달장애 아동들은 큰 도움이나 경기규칙의 변형 없이도 또래 친구들과 학교나 지역사회에서 종목별 스포츠를 즐기는 것이 가능해진다. 국제 스페셜올림픽에서는 Level 3 수준의 체육 프로그램을 'Competitive Model'로 설명하고 있다.

그림 26. Level 3 수준 프로그램 구성의 특징

결국 발달장애 아동들에 대한 수준별 프로그램 구성은 아동의 발달 수준에 적합한 프로그램의 내용과 방식을 선정하는데 기준을 제공할 뿐 아니라 단계적 발전 과정을 통해 발달장애 아동의 체육 프로그램이 지향하는 스포츠에서의 정상화 normalization 를 체계적으로 성취해갈 수 있다는 장점을 갖고 있다.

(2) 종목(특정 활동) 중심의 프로그램 구성

현장의 지도자들은 발달장애 아동의 체육 프로그램을 종목이나 특정 과제활동을 주제로 구성하는 경우가 있다. 이러한 체육 프로그램의 구성 방식은 기관의 요구나 참가자들의 욕구가 아동의 전반적 운동발달보다는 즉각적으로 눈에 보이는 특정 운동기술의 변화를 확인하려는 경향이 있기 때문이다. 체육 프로그램이 갖는 가치 차원에서 참가자들의 만족감을 좀 더 강조한다면 수요자들의 요구에 의한 종목이나 특정 활동 중심의 프로그램 구성에 대한 진행도 고려될 필요가 있다. 단, 종목이나 특정 활동을 주제로 선정하여 체육 프로그램을 구성하더라도 몇 가지 원칙은 동일하게 적용되어야 한다.

첫째는 종목이나 특정 활동에서 요구되는 신체 움직임 능력, 운동기술, 인지 수준에 대한 초기 진단을 통해 어느 수준에서 세부적인 과제 참여를 시작해야 할 것인지를 파악해야 한다. 예를 들어 농구 주제의 발달장애 아동 체육 프로그램을 진행한다면 농구 경기에 참여하는데 필요한 운동기술의 수준과 개념 이해 및 의사소통 능력을 먼저 확인한다. 발달장애 아동에 따라 개인 차이가 있겠지만 대부분 현장 상황에서 아동들이 곧바로 농구 경기를 수행할 수 있는 경우는 거의 없다. 때로는 농구공의 개념과 특성을 이해하지 못하고 언어적 의사소통도 쉽지 않으며, 농구 기술의 핵심인 던지기와 받기, 튀기기 등의 기본운동기술도 상황에 맞게 수행하지 못하는 사례가 대부분이다. 즉, 종목 참여라는 프로그램의 기대와 목표는 명확하지만 실제 발달장애 아동 수준은 그와 관련된 최소한의 기본운동기술 습득도 되어 있지 못한 경우가 많다. 따라서 지도자들은 농구라는 종목의 주제 특징을 유지하되 아동들이 갖는 운동발달의 수준에 따라 개별 과제활동의 난이도를 달리 고려하여 제시해야 한다.

둘째는 체육 프로그램 진행과정에서 아동의 참여 능력에 대한 지속적인 중간 평가를 진행함으로써 농구 주제와 연계된 운동기술 과제 단계를 합리적으로 조정해야 한다. 즉 농구공에 대한 개념 인식과 특성을 이해할 수 있는 초기 과제활동이 진행되었다면 농구공을 특성에 맞게 다룰 수 있는지를 확인하고 기초적인 농구관련 기본운동기술 연습 과제로 연계될 수 있게 한다. 이 시기 단순한 방식의 던지기와 받기, 달리기의 활동 경험들은 점차 농구 경기에 적용될 수 있는 복합적인 운동기술 연습으로 자연스럽게 연결될 수 있다. 물론 여기까지 진행되는 과정이 어떤 아동에게는 주 2회 3개월의 짧은 시간이 소요될 수도 있고 어떤 아동에게는 1년 이상의 긴 시간이 필요할 수도 있다는 것을 지도자와 보호자들은 감안해야 한다.

농구에 필요한 기본운동기술을 복합적으로 수행할 수 있고 그와 관련된 개념들이 인식되면 점차 아동들은 간이 농구 게임과 경기 방식으로 진행되는 농구에 참여할 수 있는 신체활동 수준을 갖게 된다.

특정 활동에 해당하는 줄넘기를 주제로 체육 프로그램을 진행하는 경우 프로그램의 목표는 발달장애 아동이 개인 줄넘기를 정해진 횟수만큼 시행하도록 선정될 것이다. 그러나 대부분의 발달장애 아동들은 처음부터 보편적인 줄넘기 연습 방식으로 프로그램에 참여하기 어려운 경우가 대부분이다. 따라서 지도자는 목표 지향적인 세부 과제활동을 계획하되 대상 아동의 운동기능이나 줄넘기와 관련된 개념 인식 정도를 먼저 진단해야 한다.

만약 아동이 줄에 대한 인식이나 돌리기에 대한 수행 개념조차 미숙하다면 이와 관련된 개념 인식 활동부터 감각-지각 과제활동을 제시할 필요가 있다. 예를 들어 줄을 만지고 돌리고 흔드는 과정을 통해 반복적으로 줄에 대한 언어적 자극을 제공하는 것이다. 또한 줄이 움직이는 속도와 방향에 대한 느낌을 충분히 경험할 수 있는 단순 활동 과제에 참여하게 한다. 이러한 과정은 아동이 줄넘기라는 특정 활동 과제를 수행하기 위해 반드시 요구되는 전제 조건이다. 때로는 무조건 줄을 돌리면서 넘도록 하는 상황 속에서 줄에 대한 두려움을 아동이 갖게 될 경우 훨씬 더딘 기술 습득의 시간을 초래하기도 한다.

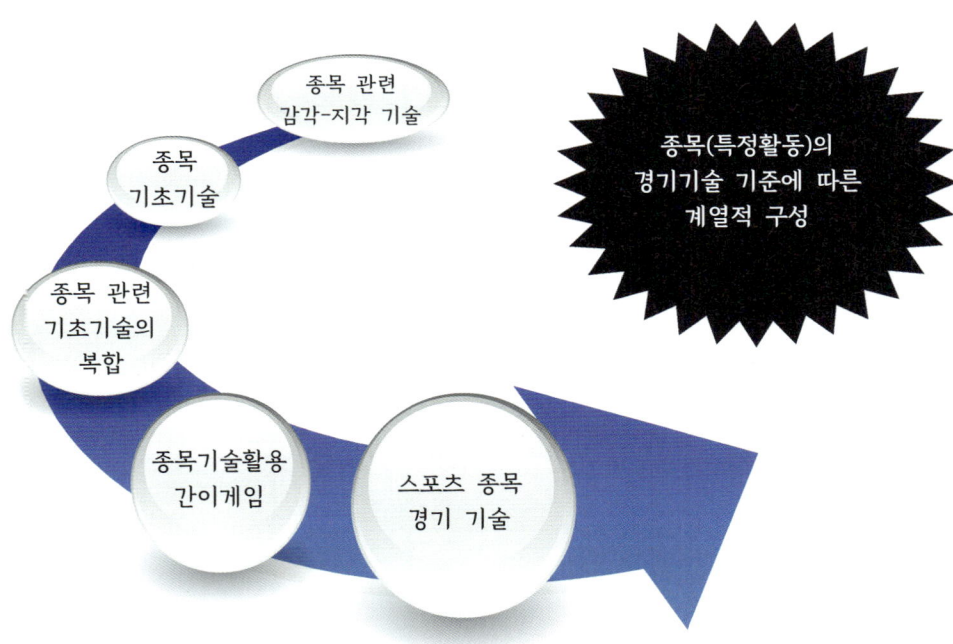

그림 27. 종목(특정 활동) 중심의 발달장애 아동 체육 프로그램 구성 특징

줄에 대한 적응과 개념이 인식되었다면 줄넘기 방식으로 줄만 돌려보는 기초적 기술과 줄 없이 두발 점프만 경험할 수 있도록 한다. 물론 이 과정에서 제공되는 다양한 세부 활동은 아동에게 가능한 즐거움과 성취감을 제공할 수 있도록 구성하는 것이 바람직하다.

줄넘기에 필요한 돌리기와 점프 기술을 습득하였다고 이것을 복합적으로 수행하는 것은 시간에 맞추어 각 동작들을 적합하게 수행하는 어려운 협응 기능이 필요하다. 능숙한 지도자들은 이 단계에서 단체 줄넘기 방식의 경험을 아동에게 충분히 제공함으로써 협응 과정도 단계적으로 분리하여 지도하는 특징을 나타낸다. 결국 특정 활동에 대한 최종 기술 습득도 경기 종목 기술을 습득해 가는 과정과 마찬가지로 목표를 향한 단계적 계열성을 갖는 것이 중요하다.

특수체육 전문가들 사이에서는 발달장애 아동의 수준별 프로그램 구성이 아동의 전반적 발달 자극 차원에서 더 유용하다고 언급하기도 하지만 상황과 욕구에 따른 종목과 특정 활동 중심의 프로그램 구성도 충분히 현장에서는 가치를 발휘할 수 있다. 단, 어떤 방식의 프로그램 구성 기준을 갖더라도 지도 과정에서 발달장애 아동들의 개별적 특성과 수준을 고려한 세부 활동과제를 세심하게 고려해야 된다는 것과 그 과정에서 아동이 즐거움과 성취감을 지속적으로 얻을 수 있도록 계획되고 준비되어야 한다는 원칙은 동일하게 적용되어야 한다.

IV

발달장애 아동의 운동기술
진단과 평가

이런 저런 이야기

20년 전 처음 장애아동 체육 프로그램의 지도자를 맡게 되었을 때 아는 것이라고는 얄팍한 체육학 전공 지식과 체육교육 전공자로서 여러 종목들에 대한 참여 경험뿐이었다.

당시에는 장애아동들을 가르친다는 것에 대해 뭔지 모를 책임감을 갖고 그저 열심히 사랑하는 마음으로 가르치면 된다고 믿었다. 몇 개월 동안의 체육 프로그램 지도를 마치고 남았던 것은 열심히 가르쳤다는 뿌듯함과 지도 대상이었던 자폐성장애 아동과의 애매한 친숙함 뿐 이었다.

수개월 동안 도대체 지도자로서 무엇을 가르친 것인지, 가르쳐 온 것들에 대한 성과는 무엇인지에 대해 자료나 근거는 없었다. 그저 한 학기 동안 열심히 지도했던 스스로에게 겸연쩍은 위로의 뜻을 담아서 '아이가 많이 좋아 졌어'라고 혼자 생각할 뿐이었다. 이렇게 지도의 성과를 확인할 수 없는 몇 번의 과정이 반복되면서 지도자로서 자존감은 떨어지게 되었고 '계속 장애아동들을 지도하는 것이 옳은가?'라는 회의감에도 빠지게 되었다.

목표가 없는 장애아동 체육 프로그램 운영은 지도자로 하여금 스스로 지도를 포기하게 만드는 원인이 되고, 장애 아동의 보호자들은 프로그램 참가에 대한 성과를 확인할 수 없어 절실한 필요성을 느끼지 못하게 된다.

발달장애 아동 체육 프로그램에서의 "진단과 평가"는 아동들에 대한 수준과 특성을 파악하여 프로그램 참여 전과 후를 합리적으로 비교할 수 있게 하는 절차적 개념이다. 진단과 평가를 수행하는 것이 체육 프로그램에서 중요한 또 하나의 이유는 정확한 진단을 통해 지도자들이 프로그램을 시행하는 목표를 합리적이고 구체적으로 선정할 수 있다는 것이다.

발달장애 아동의 체육 프로그램의 운영 방식은 각 개별 아동의 특성과 수준에 따라 가장 적합한 과제활동을 선정함으로써 체육이 추구하는 건강한 인간을 육성하고자 하는 것이다. 따라서 지도자가 무엇을, 어떻게 진단하고 평가할 것인가에 대한 지식과 활용 능력이 없다면 의미 있는 발달장애 아동 체육 프로그램을 시행할 수도 없게 된다.

발달장애 아동의 운동기술
진단과 평가

1. 진단과 평가의 개념 및 필요성

특수체육은 신체와 정신, 사회적 기능 등의 손상으로 인해 일반적인 체육활동에 참여하기 어려운 대상자들이 특성과 수준에 따라 수정·변형된 방식으로 참가하는 계획적인 신체활동이다(김의수, 2003). 특수체육의 한 분야인 발달장애 아동 체육 프로그램의 지도자로서의 역할을 한다는 것은 대상 아동의 개별적 특성과 기능 수준을 고려하여 안전하고 효율적인 형태의 신체활동 방법을 선택하고 지도하는 것을 의미한다.

발달장애 아동의 체육 지도 경험을 가지고 있는 지도자들은 발달장애 아동들의 특성과 수준을 정확히 파악한 후 효과적인 지도 방법을 선택하는 것이 쉽지 않다는 것을 알고 있다. 왜냐하면 발달장애가 갖는 특성상 동일한 장애 판정을 받았더라도 아동들에 따라 너무도 다른 성향과 운동기술 수준을 나타내기 때문이다.

국제적인 수준의 운동기술 능력을 가지고 있는 선수라도 발달장애 아동의 체육 프로그램에서는 훌륭한 지도자가 된다고 보장할 수 없는 이유도 이 때문이다. 보편적인 체육교육이나 스포츠 코칭 분야에서도 지도자가 잘하는 것과 지도 대상을 잘 가르치는 것에는 차이가 있는 것이 현실이다. 발달장애 아동의 체육 지도자는 다양한 신체활동 분야에 대한 충분한 경험을 기본으로 발달장애 아동의 개별 특성과 수준을 파악할 수 있는 능력을 갖추는 것이 핵심 역량이다.

발달장애 아동 체육 프로그램에서 '진단과 평가'는 대상 아동들의 개인적 다양성을 이해하여 구체적으로 확인함으로써 목표를 선정하고 실제 지도로 연계시키는 프로그램 시행의 필수 전제 조건이다.

장애인들을 대상으로 하는 체육지도 분야에서 참가 대상자들의 다양성을 효과적으로 적용하기 위한 핵심 원리가 '개별화 individualized 지도'이다. 이러한 개별화 지도에서 진단과 평가는 대상자에게 합리적인 목표와 적합한 지도 내용을 선정하기 위한 필수 전제 과정으로 인식된다.

1) 진단(diagnosis)과 평가(evaluation)의 관련 용어 정의

발달장애 아동 체육 프로그램의 지도자 또는 관련자로서 진단 diagnosis 과 평가 evaluation 에 관련된 용어들의 정의를 명확히 알고 있을 필요가 있다. 종종 이러한 용어들은 학문 분야별, 연구자별 혹은 지도 현장별로 상황과 목적에 따라 조금씩 다른 의미로 활용되지만 발달장애 아동 체육 분야 내에서는 올바른 의사소통과 정확한 정보 공유를 위해 명확하게 인식해야 한다.

진단과 평가는 발달장애 아동 체육 프로그램의 지도 절차상 적용되는 프로그램 실행 용어이며, 이와 유사하게 활용되는 사정 assessment 은 진단과 평가의 용어 개념을 포괄하는 의미론적 상위 개념으로 볼 수 있다. 이러한 방식의 용어 규정은 사회·문화적 배경과 용어를 활용하는 입장에 따라 달라질 수 있다.

(1) 사정(assessment)

사정 assessment 에 대한 사전적 의미들을 공통적으로 추출하면 '측정을 통하여 대상의 수준을 파악하는 것'이다. 특수체육 분야에서는 선별이나 진단, 평가 등의 단계에서 시행되는 모든 자료 수집과정과 이를 통해 의사결정을 수행하는 것(김의수, 2003), 또는 문제를 확인하고 교육적 의사결정 및 평가에 필요한 자료를 수집하는 과정(최승권, 2018)으로 정의한다.

사정에 대한 정의들이 대체로 과정과 행위, 결과에 이르는 광범위한 의미로 설명되기 때문에 실제 진행되는 체육 프로그램에서 언제, 무엇을, 어떻게 하는 것인지 구체적으로 규정하기는 어렵다. 이런 이유로 사정과 진단, 평가의 용어는 체육 지도 현장에서뿐 아니라 전문 학술 분야에서도 서로 혼용되어 사용되는 경우가 빈번히 발생한다. 이러한 상황에서 사정은 지도가 이루어지는 단계와 목적을 기준으로 '진단을 위한 사정'과 '평가를 목적으로 하는 사정'으로 구분되기도 한다(여광응, 조용태 역, 1994). 이에 따라 발달장애 아동 체육 프로그램에서의 사정은 지도 대상 아동의 수준을 파악하는 진단과 평가의 절차적 단계를 모두 포함하는 상위 개념으로 규정한다.

체육 프로그램에서 대표적인 사정의 대상은 운동기술과 체력 요인에 대한 것이다. 이는 체육 프로그램의 가장 핵심적인 콘텐츠들이 운동기술과 체력에 관련되어 있으며, 이와 관련된 대상 아동의 수준을 정확히 파악해야만 합리적인 목표를 선정할 수 있고 세부 지도 내용을 계획하며, 프로그램 진행 후에 운동 참여의 효과를 명확히 확인할 수 있기 때문이다. 지도자들은 대상 아동의 사정 자료를 확보하기 위해 측정 measurement 과 검사 test 의 방식을 주로 사용하며, 목적과 여건에 따라 상담이나 관찰의 방법을 활용하기도 한다.

발달장애 아동 체육 프로그램에서 사정 대상 항목들은 운동기술 및 체력 요인에 집중되지만 정의적, 인지적, 사회적 영역과 관련된 아동 특성을 파악하기 요인들도 포함할 수 있다. 하지만 이러한 영역의 사정은 해당 분야에 대한 측정과 검사 관련 전문 지식이 요구되기 때문에 해당 분야의 전문가들과 협력이 필요하다. 국외의 경우 특수체육 프로그램 운영을 위해 여러 분야의 사정 전문가와 협력하여 대상자를 지도하기도 하는데 이 또한 그러한 이유에서 출발한다.

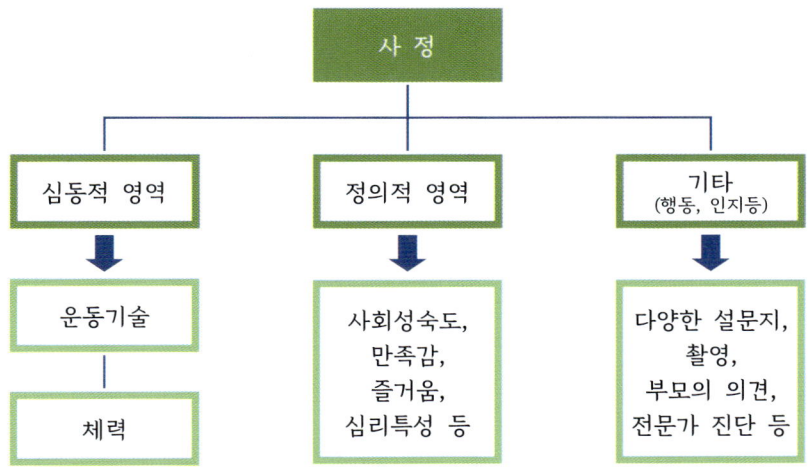

그림 28. 장애인체육에서의 사정(assessment) 분야
(김의수, 2003 참조)

(2) 진단(diagnosis)

진단 diagnosis 은 '대상의 수준과 특성을 파악하는 것'이라는 사정 assessment 의 광의적 개념을 동일하게 반영한다. 단, 체육 프로그램의 진행 절차에서 발달장애 아동에 대한 계획적인 지도가 이루어지기 전 대상 아동의 수행 능력과 수준을 파악하는 실행적 측면의 용어이다. 진단은 프로그램 진행 단계에서 그것이 진행되는 시기적 특징을 강조하여 '초기 진단'이라는 용어로도 사용된다.

진단의 대상 영역은 사정의 대상 영역과 같은 범위를 갖지만 시행되는 체육 프로그램의 주제 활동이나 과제, 또는 종목과 직접적으로 연계되는 운동 기술 및 체력에 초점을 맞추게 된다. 즉 진단은 발달장애 아동의 전반적 특성이나 기능 수준을 파악하는 의도보다 특정 프로그램 과제 활동 참여 전 수행 수준을 파악함으로써 합리적인 목표와 상세한 지도 계획을 작성하는 근거로서의 가치를 갖게 된다.

초기 진단의 대상 내용으로 발달장애 아동의 장애 정도와 개인적 행동 특성, 성향 등을 선정하는 것도 체육 프로그램 지도의 효율성을 높이기 위해 필요하다.

(3) 평가(evaluation)

평가 evaluation 는 사용되는 분야에 따라 폭넓은 의미로 사용되는 용어이다. 단순히 시험을 보는 것부터 일련의 자료를 수집하여 가치 판단을 하는 것까지 때로는 좁은 의미로 때로는 넓고 모호한 의미로 사용된다. 체육 프로그램에 적용될 수 있는 평가의 핵심 개념은 '성과 정도를 확인하고 판단하는 것'이다.

체육 프로그램에서 평가는 아동이 일정 기간 프로그램에 참가한 후 효과 또는 변화 정도를 파악하거나 운동을 통해 어떤 성과를 달성하였는지를 확인하는 것이다.

발달장애 체육 프로그램의 진행 절차에서 지도자는 초기 진단의 결과를 기반으로 아동의 개별적 프로그램 목표를 선정하는 과정을 거친다. 지도자는 프로그램 종료 후 아동에게 선정된 목표가 달성되었는지를 확인하는 절차를 거침으로써 의미 있는 평가를 할 수 있다.

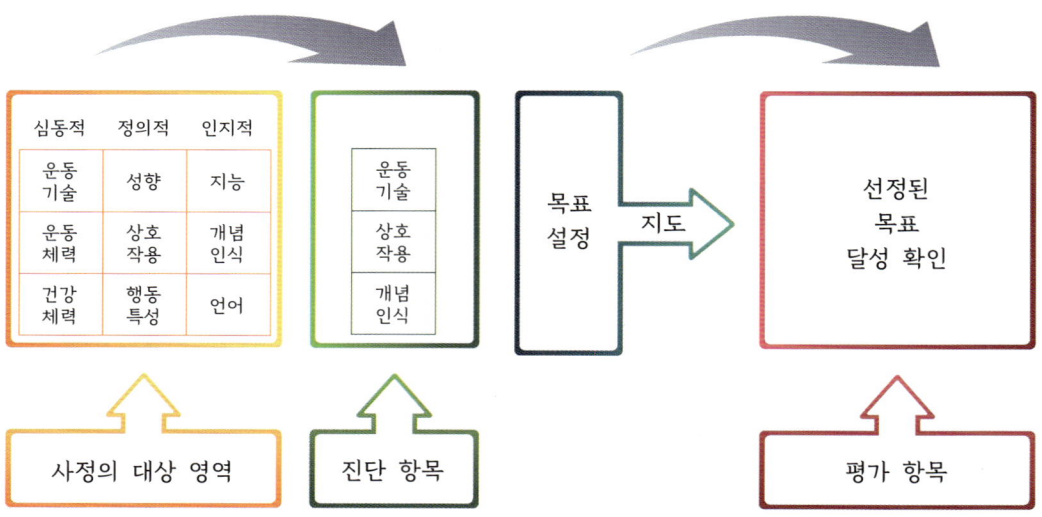

그림 29. 사정, 진단, 평가의 개념적 관계

2) 진단(diagnosis)과 평가(evaluation)의 필요성 및 가치

장애인들이 참여하는 체육 프로그램들이 보편적인 일반체육 프로그램과 구별되는 가장 큰 차이점은 참여 대상자의 개별적인 특성과 수준을 감안하여 다양한 신체활동 경험을 제공하는 것이다.

발달장애 아동의 체육 프로그램 역시 장애인체육 프로그램의 한 분야로서 프로그램의 가치를 발휘하기 위해서는 발달장애 아동들의 장애 특성과 아동 개개인이 갖고 있는 수행 수준에 대한 파악이 전제되어야 한다. 또한 발달장애 아동의 과제 활동 참여가 어느 정도의 효과를 나타내었

발달장애 아동의 운동기술
진단과 평가

는지를 프로그램 후에 명확히 제시함으로써 단계적인 상향식 발달을 지속적으로 추구할 수 있어야 한다.

　진단은 체육 프로그램의 세부 활동들이 지도되기 전 대상 아동의 수행 수준을 확인하는 절차로서 주제 활동과 관련된 아동의 운동기술 발달과 인지 능력을 포함한 정서적 성향을 파악한다. 이를 통해 얻는 진단 자료는 아동의 실제적 운동기술 수준에 따라 합리적 목표를 선정하는 기준이 되고, 세부 개별화된 지도 계획을 작성하는 근거가 된다. 결국, 발달장애 아동의 체육 프로그램에서 진단은 프로그램의 전문성과 체계성을 확보하고 구체적 목표를 지향할 수 있는 기반 자료로써의 가치를 갖는다.

　평가는 개별화 지도 계획에 따라 일정 기간 진행된 이후 체육 프로그램이 발달장애 아동에게 효과가 있었는지를 확인하는 절차이다. 발달장애 아동들의 계획적인 신체활동을 단순하게 유희적인 시간 보내기 정도로 인식하는 것은 체육 프로그램 본연의 가치를 이해하지 못하는 것이다. 아동에 따라 파악된 진단의 결과로부터 꼭 필요한 기능에 대한 구체적인 목표를 선정하고 최종적으로 그것이 달성되었는지를 평가하는 절차를 거침으로써 발달장애 아동의 체육 프로그램은 가치를 갖게 된다. 목표 달성 여부를 확인하는 평가는 차후 아동에게 요구되는 새로운 운동기술의 과제를 선택하는 합리적 기준이 되거나 달성되지 못한 목표 기술에 대해 추가적인 프로그램 제공의 근거가 되어 체계적인 운동발달을 추구할 수 있는 기반을 마련한다.

■ 발달장애 체육 프로그램에서 진단과 평가의 가치 요약
　√ 대상 아동이 특수체육 서비스를 필요로 하는지를 판단할 수 있다.
　√ 객관적이고 세부적인 현재 수행 수준을 파악할 수 있다.
　√ 현실적이고 합리적인 프로그램 목표를 선정할 수 있다.
　√ 목표를 달성하기 위한 개별화 지도 내용을 선정할 수 있다.
　√ 특성에 적합한 맞춤형 지도 방법을 선택할 수 있다.
　√ 제공된 프로그램의 효과 여부를 확인할 수 있다.

2. 운동발달 진단과 평가 방법

 발달장애 아동의 체육 프로그램 지도자로서 무엇을 어떻게 진단하고 평가할 것인가의 문제는 전문성을 확인할 수 있는 핵심적인 사항이다. 공식적인 검사 도구를 사용해야 할 것인지 혹은 자신만의 방식으로 진행해야 할 것인지에 대한 결정부터 어떤 운동기술 영역을 진단하고 평가하는 것이 프로그램의 실제 지도와 연계성을 가질 수 있을지도 결정을 해야 한다.

1) 진단과 평가의 방식

 지도자들은 여러 가지 진단과 평가의 방식을 선택할 수 있지만 현장에서 주로 활용될 수 있는 것은 운동발달 단계에 따른 검사도구이다. 인간의 운동기술 발달 과정을 반사운동 - 감각운동기술 - 지각운동기술 - 기본대근운동기술 - 게임기술 - 전문스포츠기술 순서로 구분할 때 아동의 운동기술 수준과 시행할 체육 프로그램 주제에 따라 필요한 검사들을 선택하게 된다. 그러나 각각의 운동기술 검사도구들은 대부분 발달장애 아동들을 대상으로 개발된 것이 아니라 보편적 운동발달의 수준을 파악하기 위한 것들이다. 따라서 체육 프로그램 지도 현장에서 발달장애 아동에 대한 운동기술 수준을 파악하기 위해 공식적으로 개발된 정형화된 검사도구들을 활용할 때에는 몇 가지 사항을 주의해야 한다.

 첫째는 진단과 평가를 위해 선택한 검사도구가 프로그램 시행과 관련하여 어떤 자료로 활용될 것인지를 계획해야 한다. 단순히 체육학 분야에서 널리 사용되는 운동기술 검사로서 참가 아동의 프로그램 실행과는 직접적 관련이 없다면 굳이 많은 시간과 노력을 소비할 필요가 없다. 대부분의 공식적으로 개발된 정형화된 운동기술 검사는 프로그램에서 시행되는 세부 활동의 수행 수준을 세심히 파악하기보다 큰 틀에서 운동발달의 정도를 확인할 수 있기 때문이다.

 둘째는 보편적 대상을 기준으로 개발된 운동기술 검사의 진행 방식과 세부 내용들이 발달장애 아동들에게 적합한지를 먼저 확인할 필요가 있다. 적지 않은 발달장애 아동들은 검사를 수행하는데 필요한 개념 인식과 적극적 동기가 부족한 특성을 갖기 때문에 검사 결과에 대한 신뢰성이 낮게 나타날 수 있다. 즉 지도자가 억지로 검사를 진행해서 객관화된 결과를 얻기는 하지만 그것이 정확한 아동의 운동기술 수준이라고 확신하기 어려운 경우가 많다. 진단과 평가를 하는 이유가 참가 대상 아동의 정확한 수행 수준을 파악하는 것임을 감안한다면 의미 없는 자료가 되거나 오히려 아동의 수행수준을 오판하게 만들 수도 있다. 그럼에도 불구하고 공식적으로 개발된 운동기술 검사도구들은 지도자들과 보호자들에게 또래의 연령 아동들과 비교할 수 있는 객관적 지표를 제공하고 전반적 운동발달의 상황을 확인할 수 있다는 점에서 유용성을 갖고 있다.

아러 〈표 18〉에 제시된 검사도구들은 발달장애 아동들을 대상으로 지도자들이 적용해 볼 수 있는 정형화된 운동기술과 체력 검사도구들이다.

☑ 〈표 18〉 발달장애 아동 적용 가능 운동기술 및 체력 검사도구

검사도구명	검사 개요	개발자(연도)
Purcue perceptual-motor survey	- 자세조절 및 지각운동 영역 검사 - 균형과 자세, 신체상과 분화, 지각-운동 조화, 시각 제어, 형태지각 수준 파악 - 6~10세까지의 아동들을 평가. 22개 문항으로 구성, 다섯 가지 범주	Roach & Kepart (1966)
K-DTVP-3 한국판 아동 시지각 발달검사	- 지각과 협응운동 영역 검사 - 눈-손 협응, 따라 그리기, 도형-배경, 시각 통합, 형태 항상성 파악 - 4~12세 아동 대상, 5개 하위 범주 구성	문수백 (2016)
Test of Gross motor Development Test-2	- 대근 기본운동기술 검사 - 이동기술 6개, 조작기술 6개로 대근을 사용하는 기본운동기술 검사 - 만 3-10세 아동 대상(개발 시 일부 지적장애 아동 표본 포함) - 2019년 TGMD-3 출시 예정	Ulrich (2000)
Bruininks - Oseretsky Test of Motor Proficiency-2	- 대근 및 소근운동 기술 검사 - 대근육 및 소근육 운동, 균형성 검사의 8개 영역, 53개 하위 검사 구성(14개 하위 검사로 구성된 단축 검사 가능) - 만 4~21세 대상	Bruininks& Bruininks (2005)
Brockport Physical Fitness Test	- 건강관련 체력 검사 - 심폐, 근력 및 근지구력, 유연성, 신체조성 요인의 13개 검사 항목 구성 - 10~17세의 지적장애, 척수장애, 뇌성마비, 절단장애, 시각장애 및 비장애인 적용 가능	Winnick & Short(1999)
장애학생 건강체력 평가 PAPS-D	- 한국형 장애학생 건강관련 체력 검사 - 심폐, 근력 및 근지구력, 유연성, 순발력, 체지방 5개 영역, 18개 검사 항목 구성, 별도 자기신체평가 포함 - 초·중·고 장애학생 대상	국립 특수교육원 (2013)

발달장애 아동 체육 현장에서 진단과 평가는 정형화된 규준[22]이나 준거[23]가 제시된 운동기술 발달 검사나 체력 검사 도구를 사용하기도 하지만 실제로 지도자들이 유용하게 활용할 수 있는 방식은 다양한 신체활동들을 과제분석해서 만드는 루브릭 rubric 방식이다. 루브릭이란 대상자의 수행능력 수준을 파악하기 위해 사용하는 특정한 기준 또는 준거들의 집합을 의미한다 (Smith, 1997).

☑ 〈표 19〉 루브릭 방식의 체크리스트 활용 예

성 명	△○○	학년	초등 4	초기진단일	00년 3월16일
장애유형	지적장애 2급	연령	13살	검사자	박철순

확인 항목	확인된 수행 수준 정도				
	1	2	3	4	5
1. 태권도 기술에 사용되는 신체 부위를 인식하는가?					
2. 주춤서기 자세를 인지하고 수행할 수 있는가?					
3. 주먹지르기 구호에 맞춰 수행이 가능한가?					
4. 앞차기 구호에 맞춰 양쪽 모두 수행이 가능한가?					
5. 앞뒤좌우 방향에 대한 인식이 있는가?					
6. 돌려차기와 앞차기를 구분하여 시행할 수 있는가?					
7. 양쪽 발 옆차기를 구호에 맞춰 수행할 수 있는가?					
〈비고: 질적 수준〉					

항목1: 팔, 다리 등 주요한 부분만 인식한다.
항목2: 시범을 보여줄 때만 가능하다.
항목3: 팔의 동작이 정확하지 않고 구호에 맞춰 수행하지 못한다.
항목4: 오른쪽 발은 가능하나 왼쪽 발은 중심을 잡지 못하고 구호에 맞추는 것이 어렵다.
항목5: 방향을 정확히 판단하지 못한다.
항목6: 구분하여 수행하지 못한다.
항목7: 양쪽 모두 옆차기 동작이 어려우며 이해하지 못한다.

---

[22] 검사에서의 규준은 다른 사람들과의 비교를 목적으로 기준을 제시하는 것을 의미한다. 예를 들어 집단에서 피검자의 수준을 순위 또는 등급으로 제시하기 위한 검사가 규준지향 검사이다.

[23] 준거는 상대적 비교를 위한 것이 아니라 개인 능력에 대한 절대적 수준과 변화를 확인하기 위해 기준을 제시하는 것이다. 예를 들어 11세 아동이 윗몸일으키기를 1분에 20회를 수행할 수 있을 때 근지구력이 건강하다고 판정하는 방식이 준거지향 검사이다.

발달장애 아동의 운동기술
진단과 평가

　루브릭 방식의 진단과 평가는 체육 프로그램에서 실제 계획된 주제 활동의 운동기술 요소를 구체적으로 분석하여 핵심 동작이나 움직임을 확인할 수 있게 체크리스트를 작성한다. 지도자가 작성한 체크리스트를 하나씩 확인함으로써 지도 대상 아동의 운동기술 수행 수준을 세심히 파악할 수 있게 된다. 따라서 루브릭 방식의 검사는 체크리스트를 제작할 때 지도자의 경험적 판단이 중요하게 작용하고 진단과 평가 상황에서도 주관적 기준이 크게 개입될 수 있는 가능성이 있다. 그러나 특별히 아동에 대한 공식적 운동기술 검사 자료가 필요한 상황이 아니라면 지도자들은 체크리스트에 기록된 검사 결과들을 통해 구체적이고 실용적인 목표를 선정하고 지도해야 할 세부 활동을 미흡한 동작과 운동기술에 맞추어 진행할 수 있다. 또한 프로그램 종료 후 평가를 진행할 때도 진단 시 사용한 체크리스트를 재확인함으로써 아동의 목표 달성 및 기술 수준 변화에 대한 유용한 평가 결과를 얻을 수가 있다. 이러한 장점으로 인해 루브릭 검사 방식을 현장중심 authentic 의 검사라고 구분한다.

　발달장애 아동 체육 프로그램의 진단과 평가에 활용될 수 있는 표준화된 공식 검사나 현장 지도자에 의해 만들어지는 다양한 주관적 검사들은 프로그램이 진행되는 여건과 목표에 따라 융통성 있게 선택될 수 있다. 다만 최근의 흐름은 객관적 신뢰성이 요구되는 학술 연구자들은 정형화된 검사를 주로 사용하고 지도의 효율성을 추구하는 현장 지도자들은 비정형화된 검사 방식으로 진단과 평가를 수행하는 경우가 많다.

　진단과 평가의 결과를 활용하는 방식으로 구분할 때 규준지향과 준거지향으로 나누어 설명한다. 규준지향 방식은 진단과 평가의 결과를 집단 속에서 상대적 수준을 파악하는 목적으로 활용하는 것이고 준거지향 방식은 절대적 기준을 설정하여 그 기준을 충족하였는지를 확인하려는 목적을 갖는다. 일반적인 체육학 연구나 장애아동 관련 기관에서는 대부분 진단과 평가에 대한 자료를 규준지향 방식으로 해석하는 것을 선호한다. 이는 측정과 검사를 통해 발달장애 아동이 다른 아동과 어느 정도 차이가 나는지 혹은 상대적인 수준과 위치는 어떤지가 주요 관심사이기 때문이다. 그러나 현장 지도자의 입장에서 규준지향 방식의 진단과 평가는 큰 가치를 부여하기 어렵다. 왜냐하면 자신이 지도하는 발달장애 아동의 상대적 운동수준을 파악한다고 하더라도 실제 치육 프로그램의 지도에는 크게 활용될 수 없기 때문이다. 오히려 지도자는 지도하는 아동의 현형 수행수준을 정확히 진단하여 목표를 선정하고 그 목표에 대한 절대 기준을 충족하였는지를 확인하는 준거지향 방식이 합리적일 수 있다.

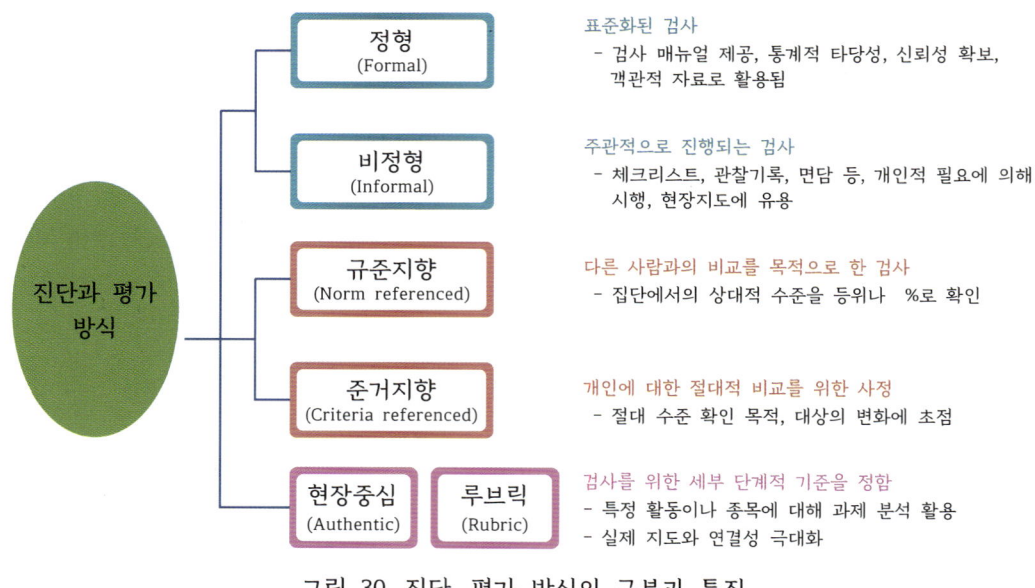

그림 30. 진단, 평가 방식의 구분과 특징

2) 감각-지각 운동기술 발달의 진단과 평가

발달장애 체육 프로그램에 관련된 지도자들에게 감각-지각 운동기술에 대한 진단과 평가는 익숙하지 않는 내용이다. 보편적인 체육의 개념이 적극적이고 경쟁적인 대근활동 차원에서만 인식되어 왔기 때문에 그 이하 수준의 운동발달 단계에서 진행되는 운동기술 형태와 패턴에 대해서는 관심을 갖지 못했던 것이 현실이다. 그러나 발달장애 아동에 대한 지도 분야에서는 대상 아동들의 낮은 발달 특성이 감안된 신체활동을 지도해야 한다는 측면에서 감각-지각운동 기술에 대한 것이 매우 중요하다. 물론 이러한 상황에서도 지도자들은 발달장애 아동의 개인적 운동 발달 수준을 별도로 파악하여 적합한 체육 프로그램 수준과 내용을 결정해야 한다.

감각운동은 주위 환경에서 들어오는 여러 가지 자극을 감각기관을 통해 받아들이고 뇌로 전달하는 과정에서 수행되는 움직임 기술이다. 즉 시각 자극에 대하여 고개를 돌리고 몸을 움직이는 것과 같이 단순하지만 모든 운동기술에 기반이 되는 동작수행 개념이다. 감각운동기능의 진단과 평가는 발달장애 아동이 감각을 활용한 움직임 기술을 적절히 반응하거나 수행하고 있는지를 확인한다. 감각운동기술과 관련된 주요 감각은 시각, 청각, 촉각, 평형감각 등이다. 감각운동기술을 검사하는 일부 정형화된 검사들이 있기는 하지만 현장 체육 지도자들이 매번 그러한 검사도구를 사용하여 측정하는 것은 그리 효율적이지는 않다. 예를 들어 시각-운동 통합발달검사 developmental test of visual-motor integration, 감각통합검사도구 sensory profile 등이 발달 수준이 낮은 장애인들의 감각운동기술을 추정할 수 있는 표준화된 검사도구이지만 100여 개가 넘는 설문을 진행해야 하거나 기하 도형을 활용하여 상당히 많은 시간을 소요해야 한다는 측면에서 현장 활용성은 높지 않다. 또한 신체활동 상황에서 감각운동 기능은 대부분 지각운동 기술과 결합하여 확인할 수 있기 때문에 감각운동에 대한 것만 진단하고 평가하는 것은 특별한 상황(예: 중증 전신마비를 갖는 장애 대상자의 감각적 기능 정도만을 확인하려고 할 때나 중증의 발달장애로 인해 감각기능에 치명적인 손상을 갖고 있는 경우)을 제외하고는 효용성이 높지 않다.

지각운동은 감각기관을 통해 뇌로 전달된 신경정보를 통합하고 해석하여 진행(김선진, 2003)되는 신체움직임 기술이다. 감각운동 분야와 마찬가지로 지각운동은 일반 체육지도자들에게 주요한 관심사가 아니다. 왜냐하면 지각운동기술의 주요 발달 시기가 보편적인 상황에서는 만 2-4세 시기에 진행됨으로 종목 중심의 일반 체육활동을 지도하는 지도자들이 굳이 신경 써서 지도 내용에 반영할 만한 사항이 아니기 때문이다. 그러나 발달장애 아동 체육 지도자들에게 지각운동은 일반 체육지도자들과 같이 쉽게 간과할 대상이 아니다. 현장에서 발달장애 아동을 지도하는 경우 운동발달 수준에 따라 지각운동 영역의 신체활동 지도가 필수적인 경우들이 적지 않기 때문이다. 예를 들어 발달장애 아동들은 신체활동에 대한 개념 인식이나 주변 환경(거리, 속도, 방향 등)에 따라 적합한 신체 움직임을 발휘하기 어려운 경우들이 상당 수 존재한다. 공을 차거나 튀기는 대근운동기술 차원의 능숙함 문제가 아니라 공을 쳐다보거나 공의 움직임에 따라 자신의 신체를 적합하게 반응하는 것부터 어려운 아동들을 지도해야 해야 하는 것이다. 이런 상황이 발생하게 될 경우 발달장애 아동에게 무엇을, 어떻게 지도해야할 것인가에 대한 해답이 감각-지각 운동기술과 관련되어 있다.

발달장애 아동의 체육 프로그램 진행 절차에 따라 감각-지각 운동기술 수준을 진단하고 평가할 수 있는 감각-지각 운동기술의 사정 assessment 은 필수적으로 요구된다. 감각운동기술과 마찬가지로 지각운동기술을 공식적으로 측정할 수 있는 표준화된 검사도구[24]들이 개발되어 있지만 이 역시 현장 지도자들에게는 활용성이 높지가 않다. 따라서 지도자와 보호자들은 감각과 지각운동 영역의 구성 요인과 특징을 인식함으로써 현장 체육지도 상황에서 간단하게 수준을 진단하고 평가할 수 있도록 해야 한다. 즉 발달장애 아동들이 자연스럽게 나타내는 움직임 상황들을 관찰함으로써 감각운동 기능과 지각운동 기능이 적절히 수행되는지를 확인할 수 있다.

감각운동의 경우 시각, 청각 등 인간의 오감 기관을 자극했을 때 대상 아동이 의도적인 움직임 반응을 나타내는 지를 확인함으로써 감각운동 기술에 대한 프로그램의 필요성을 결정할 수 있다. 이와 함께 단순하게 시행할 수 있는 균형감각 활동의 수행 수준을 관찰하여 확인하는 것도 감각운동 기술에 대한 진단과 평가에 필요하다. 아래 〈표 20〉는 지도자와 보호자들이 간단

---

[24] 본 책의 〈표 17〉 발달장애 아동 적용 가능 운동기술 및 체력 검사도구 참조

히 확인할 수 있는 단순한 감각운동 기술 체크리스트이다. 만약 각각의 항목별 내용 중 불가능한 수준으로 체크될 경우 대상 아동에게는 감각기관을 자극하여 움직임을 유발할 수 있는 수준의 프로그램 과제가 제공되어야 할 필요성이 있다.

☑ 〈표 20〉 감각운동기술의 진단과 평가 체크리스트 예

| 감각운동 항목 | 확인 내용 | 수행 수준 ||
		가능	불가능
시각운동기술	- 지도자 손에 든 공을 크게 좌우로 움직이면 그 공을 따라 눈의 시선과 목이 따라 움직인다.		
	- 지도자가 공을 던지면 시선이 공의 움직임을 따라가며 몸이 움직인다.		
청각운동기술	- 뒤에서 불렀을 때 소리가 나는 쪽으로 몸을 움직여 반응한다.		
	- 자신의 이름이 호명될 때 손을 들어 반응한다(출석 확인할 때 활용).		
균형감각기술	- 앉은 자세로 5초 이상을 유지할 수 있다.		
	- 선 상태에서 한쪽 발을 10cm 정도 들고 2초 이상 유지할 수 있다.		

지각운동 기술을 진단, 평가할 때는 조금 더 상세한 항목에 대한 내용 확인이 필요하다. Gallahue와 Cleland(2003)은 운동발달상에 나타나는 지각운동이 신체지각, 공간지각, 방향지각, 시간지각으로 크게 구분되고, 이에 따른 운동기술을 충분히 경험하고 학습할 때 향후 대근중심의 기본운동기술과 종목별 스포츠 기술을 효과적으로 습득할 수 있다고 제시하였다. 따라서 지도자들은 지각운동 기술의 진단과 평가를 위해 아래 〈표 21〉과 같은 지각영역 기준 요소를 확인하여 〈표 22〉의 체크리스트를 작성함으로써 현장 지도에 유용한 진단과 평가를 할 수 있다.

발달장애 아동의 체육 프로그램 지도자들은 지각운동기술 체크리스트를 확인하여 수행이 불가능한 부분이 발생할 경우 해당 지각운동기술을 향상시킬 수 있는 프로그램의 계획과 진행이 필요하다.

☑ 〈표 21〉 지각운동의 요소(Gallahue & Cleland, 2003)

신체지각	공간지각	방향지각	시간지각
- 신체부위 알기 - 신체부위가 무엇을 할 수 있는지 알기 - 신체부위가 어떻게 효율적으로 움직일 수 있는지 알기	- 주관적 위치 알기 - 객관적 위치 알기 - 멀고 가까움에 대한 인식 - 높고, 낮음 등에 대한 공간 인식	- 전, 후, 좌, 우에 대한 인식 - 다양한 방향성에 대한 인식	- 동시성 - 연속성 - 리듬

☑ 〈표 22〉 지각운동기술의 진단과 평가 체크리스트 예

감각운동 항목	확인 내용	수행 수준	
		가능	불가능
신체지각 운동기술	- 지도자가 호칭하는 신체부위(머리, 손, 허리, 발목, 어깨 등)를 움직일 수 있다.		
	- 지도자의 간단한 움직임을 보고 따라하여 움직일 수 있다.		
공간지각 운동기술	- 50cm×50cm 너비(자신의 키의 50%로 길이 선정)의 공간을 부딪치지 않고 지나갈 수 있다.		
	- 20cm(대상자의 무릎 높이 선정) 정도 높이의 선을 건드리지 않고 넘을 수 있다.		
방향지각 운동기술	- 훌라후프 안에서 앞, 뒤, 좌, 우의 지시에 따라 훌라후프 밖으로 이동할 수 있다.		
	- 선 상태에서 한쪽 발을 10cm 정도 들고 2초 이상 유지할 수 있다.		
시간지각 운동기술	- 눈앞에서 측면으로 구르는 공을 타이밍에 맞춰 건드릴 수 있다.		
	- 지도자의 박수 리듬에 맞추어 박수를 치거나 발 구름을 할 수 있다.		

3) 대근 기본운동기술 발달의 진단과 평가

　대근육을 이용한 기본운동기술은 인간의 운동발달 과정에서 적극적이고 능동적 신체활동을 위한 필수 요건이다. 즉, 모든 게임과 종목별 활동에 요구되는 다양한 방식의 '이동기술'과 '조작기술'에 해당하는 기능적 움직임을 의미한다. 예를 들어 축구라는 스포츠에 원활히 참여하기 위해서는 '달리기', '점프'의 이동기술과 '차기', '던지기'와 같은 조작기술이 습득되어야 한다.

　발달장애 아동의 체육 프로그램에서 보편적인 스포츠 종목 지도가 어려운 경우는 대부분 아동들이 대근을 이용한 기본운동기술이 발달되지 못했기 때문이다. 이처럼 기본운동기술은 종목 스포츠를 수행하기 위한 단위 기술로서 발달장애 체육 지도자들은 기본운동기술에 대한 진단과 평가를 할 수 있어야 한다. 발달장애 체육 현장에서 기본운동기술 수준을 진단하고 평가할 수 있는 대표적인 검사는 TGMD Ⅱ(Test of Gross Motor Development Ⅱ, Ulrich, 2000)이다. TGMD Ⅱ는 발달장애 아동을 위해 개발된 검사도구는 아니지만 최초 개발 시 지적장애 아동이 모집단에 일부 포함되었다는 것과 비교적 유년기(만 3-10세)를 대상으로 한다는 점에서 빈번히 사용되고 있다. 또한 학령기 발달장애 아동들에게 기본운동기술의 습득은 운동발달 측면에서뿐 아니라 학교에서의 통합 활동 가능성을 높일 수 있다는 점도 이 검사가 발달장애 분야에 자주 활용되는 이유이다.

　TGMD Ⅱ 검사는 다음과 같은 네 가지 특징을 가지고 있다. 첫째, 취학 전이나 초등학교 저학년에서 자주 가르치고 있는 기본운동기술 내용을 반영한 검사, 둘째, 최소한의 매뉴얼 교육을 받은 지도자들이 사용할 수 있는 검사, 셋째, 규준지향이면서 준거지향으로 활용할 수 있는 검사, 마지막으로 표준화된 검사로 개발되었지만 각각의 하위 검사 항목들을 활용하여 체육 프로그램 주제 활동과 연계된 기술운동기술 수준을 진단, 평가할 수 있는 점이다.

　TGMD Ⅱ는 2개의 이동, 조작기술 영역으로 분류되는 12가지 하위 기본운동기술 검사로 구성된다. 이동운동기술의 하위 검사는 달리기, 갤럽, 홉, 립, 제자리멀리뛰기, 슬라이드이며, 물체조작운동기술의 하위 검사는 치기, 튀기기, 받기, 차기, 언더핸드 굴리기, 오버핸드 던지기로 구성된다.

발달장애 아동의 운동기술
진단과 평가

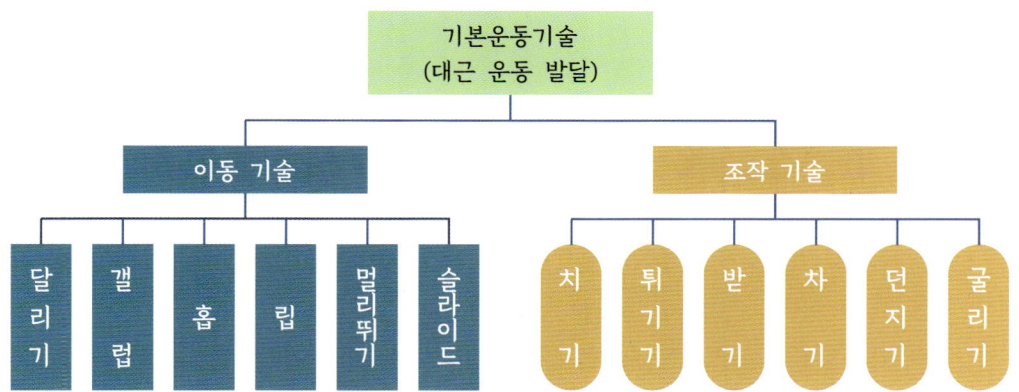

그림 31. TGMD-II의 검사 영역과 하위 검사 항목

검사 매뉴얼에서 제시하고 있는 점수 산출 방식은 각각의 하위 검사에 대하여 두 번씩 시도해 제시되어 있는 수행 준거를 충족시킬 때 1점, 충족하지 못할 때 0점을 부여한다. 이렇게 부여된 점수를 표준점수로 변환하여 또래 연령들 사이에서 피검사 아동의 퍼센타일을 구할 수 있으며, 실제 운동발달 연령도 확인이 가능하다.

☑ 〈표 23〉 TGMD-II의 점수 부여 양식 예

기술	지 침	수 행 기 준	1차	2차	점수
조작운동 기술 차기	벽으로부터 9m 떨어진 곳에 한 선을 표시하고, 6m 떨어진 곳에 다른 선을 표시한다. 벽에서 가까운 선 위의 콩주머니에 공을 올려놓는다. 아동에게 다른 쪽 선에 서도록 지시한다. 아동에게 달려와서 벽을 향해 공을 세게 차도록 지시한다. 두 번 반복한다.	1. 공에 빠른 속도로 접근한다.			
		2. 공을 차기에 앞서 순간적인 립 동작이나 넓은 보폭이 있다.			
		3. 차지 않는 발은 공의 바로 옆이나 뒤에 위치한다.			
		4. 주로 사용하는 발의 인스텝이나 발 앞꿈치로 찬다.			

※ 각 수행기준을 만족하면 1점, 만족하지 못하면 0점을 부여하는 방식으로 점수 부여

발달장애 아동의 체육 프로그램을 진행하는 지도자들의 경우 TGMD II의 전체 검사 항목들을 프로그램을 시행할 때마다 진단, 평가하는 것보다는 프로그램 주제 활동과 직접적으로 연관된 기본운동기술 하위 검사 항목을 선택하는 방식으로 활용성을 높일 수 있다. 예를 들어 축구 종목 프로그램을 운영하게 되는 경우 참가 아동들의 발달 수준이 바로 게임이나 경기 방식으로

진행되기 어려운 경우 축구 경기와 직접 관련된 이동기술의 달리기, 홉 검사와 조작기술의 차기 검사를 선택하여 운동수행 수준을 진단하고, 그 결과에 따라 축구 기술에 요구되는 기본운동기술 과제들을 단계적으로 구성하여 프로그램을 진행할 수 있다. 또한 일정 기간 운영된 축구 프로그램 종료 후에 진단 시 사용했던 검사 항목들을 다시 적용하여 운동기술 수행 능력의 변화 정도를 평가할 수 있다.

4) 스포츠 종목 운동기술의 진단과 평가

발달장애 아동들에 대한 스포츠 종목별 운동기술 진단 및 평가는 다른 발달 영역의 운동기술들과 달리 지도자들의 경험과 창의성이 강조되는 분야이다. 감각-지각이나 기본운동기술 영역 운동발달의 경우 지도자들이 바로 적용하거나 응용할 수 있는 표준화된 검사도구들이 존재하지만 수많은 스포츠 종목별로 발달장애 아동들에게 직접 활용할 수 운동기술 검사는 찾기가 어렵기 때문이다. 따라서 발달장애 아동에 대한 스포츠 종목별 운동기술의 진단과 평가는 지도자들이 쌓아 온 종목 참가 경험과 발달장애 아동 지도 경험을 토대로 스스로 제작하여 사용해야 할 경우가 많다. 그럼에도 불구하고 스포츠 종목에 참여할 수 있는 정도의 발달장애 아동들이라면 일부 스포츠 종목에서 비장애인들을 대상으로 개발한 운동기술 검사들을 참고할 수 있는 여지가 있다. 지도자들이 참고할만한 기존의 종목별 운동기술 검사 도구들을 찾지 못할 경우에는 각 종목에서 요구되는 세부 운동기술들을 과제 분석하여 수행기준을 만들고 그것을 활용해 진단, 평가하는 방법을 선택할 수 있다.

(1) 기존 스포츠 종목 운동기술 검사의 활용

본 장에서 제시하는 몇 가지의 종목별 운동기술 검사는 비장애인 또는 스페셜올림픽에 참가하는 발달장애인들을 대상으로 개발된 내용들이다. 일부의 종목 운동기술 검사 들은 기본운동기술만 습득되어 있다면 발달장애 아동들에게 바로 적용할 수 있지만 지도 대상 아동의 운동기술 숙련 정도를 고려하여 거리 또는 크기, 시간 등을 조절하여 활용하는 것이 바람직하다. 왜냐하면 이러한 종목 운동기술 검사는 발달장애 아동들의 경기력 향상을 지향하는 것과 함께 종목별 운동기술 진단과 평가를 통해 단계적으로 각 종목의 게임과 경기에 참여하고 즐길 수 있도록 하는 것이 주요한 목적이기 때문이다.

① 미국체육학회(AAHPERD) 농구기술 검사

· 목적: 농구 종목 기술 측정
· 검사 항목: 드리블, 수비, 패스, 슈팅
· 검사 대상: 10살∞대학생 연령

 드리블

- 드리블하며 정해진 코스를 이동
- 2회 시행하여 진행된 시간을 합산

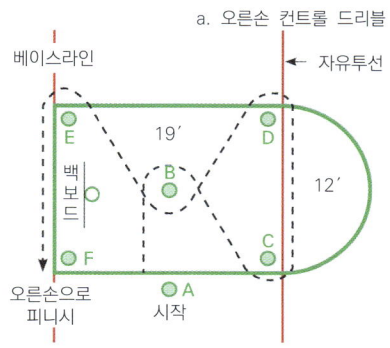

⟨1'(1ft)=30.48cm⟩

 패스

- 30초간 A∞F까지 표적 맞추기를 왕복
- 2회 점수의 총합 산출
- 표적 맞추기 성공 2점, 실패 1점

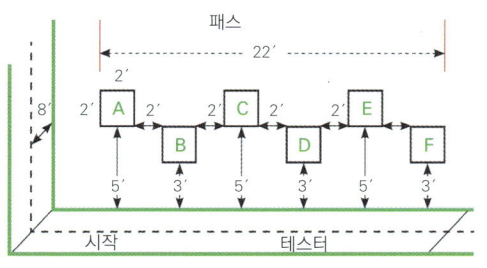

⟨1'(1ft)=30.48cm⟩

 수비

- 손으로 정해진 라인 지점을 닿으며 빠르게 이동
- 2회 시행하여 진행된 시간을 합산

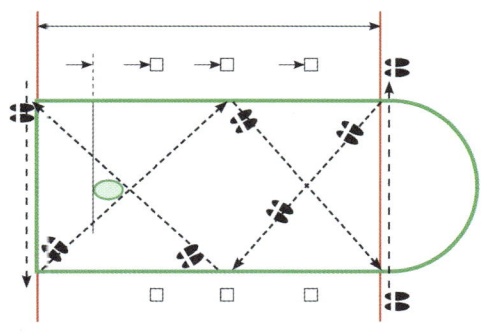

 슛

- 60초간 정해진 위치를 돌며 슛 시행
- 2회 시행하고 슛 성공 점수 합산

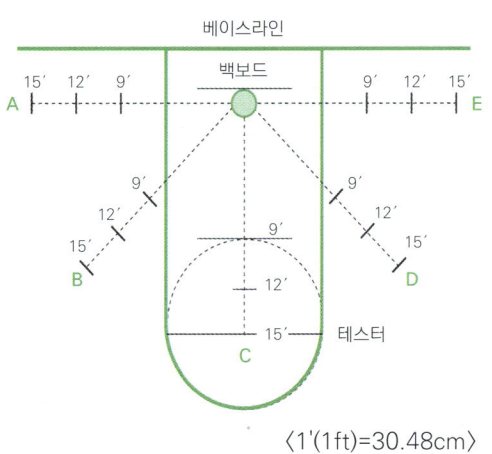

⟨1'(1ft)=30.48cm⟩

② 축구 기술 검사

- **목적:** 축구 종목기술 측정
- **검사 항목:** 드리블, 슛, 패스 등
- **검사 대상:** 스페셜올림픽 참가 발달장애인

 드리블

- 드리블하며 정해진 직선 코스를 이동
- 진행된 시간을 측정하여 포인트로 표기
- 드리블 중 볼에 손을 대면 5점 감점

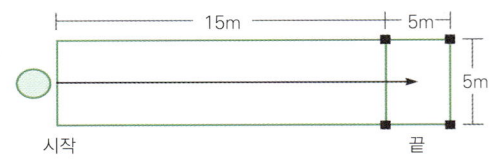

점수 산출 방법 (진행 시간 → 포인트)
```
5~10  ················· 60
11~15 ················· 55
16~20 ················· 50
21~25 ················· 45
26~30 ················· 40
31~35 ················· 35
36~40 ················· 30
41~45 ················· 25
46~50 ················· 20
51~55 ················· 15
55초 이상 ··············· 10
```

 슛

- 골대로부터 6m거리 지점에 놓인 공을 5회 슛을 시행
- 2분 안에 5회 슛을 시도하여 성공한 횟수를 각 10 포인트로 계산
- 1개 공에 대해 1회의 차기만 허용

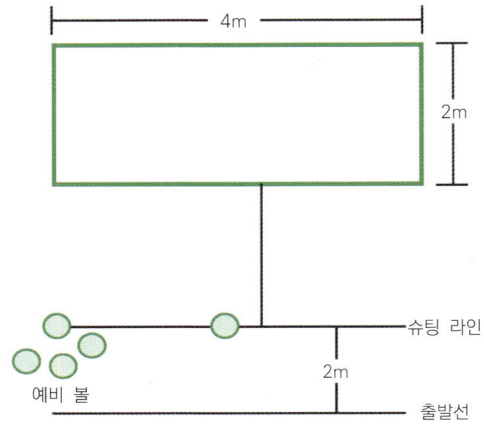

 볼 컨트롤과 패스

- 출발 지점에서 7m 떨어진 곳에 코치가 공을 패스해 주면 발로 컨트롤 함
- 코치 쪽에 세워진 기둥(원뿔 콘)까지 드리블해 이동하고 10m 거리에서 정해진 구역으로 패스 시행
- 코치가 처음 공을 패스한 시점부터 선수가 목표 구역으로 패스한 시점까지의 시간으로 측정, 지정 구역에 패스를 성공하면 측정된 시간에서 10초를 뺌

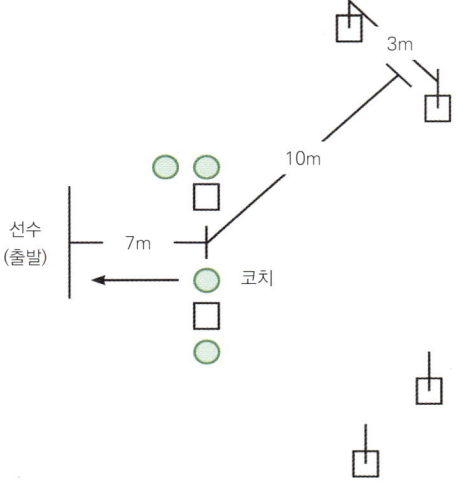

③ 골프 운동기술 검사

- 목적: 골프 종목 기술 측정
- 검사 항목: 퍼팅, 칩샷, 우드샷 등
- 검사 대상: 스페셜올림픽 참가 발달장애인

 퍼팅

- 퍼팅 지점에서 5번의 퍼팅 시도
- 5회 퍼팅 시행 포인트 결과를 합산
- 퍼팅 지점을 8m로 이동하여 롱퍼팅 수행 수준 측정도 가능

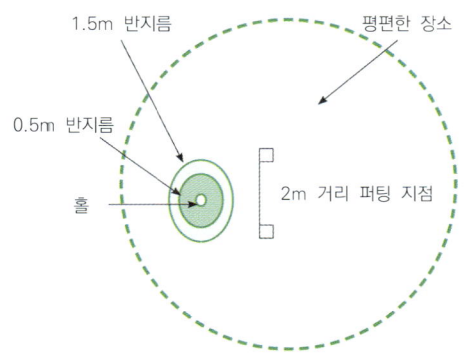

 칩샷

- 타석에서 5번의 칩샷 시도
- 5회 칩샷 시행 포인트 결과를 합산

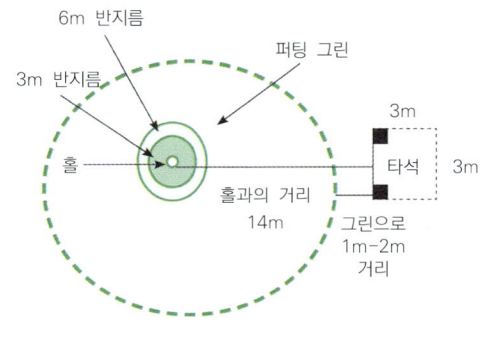

 우드샷

- 타석 구역에서 우드 클럽를 이용하여 샷을 5번 시행
- 매회 공이 떨어진 지점의 포인트 점수를 합산

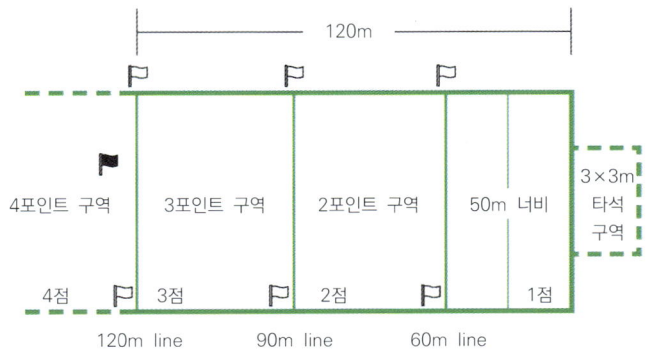

④ 배드민턴 운동기술 검사

- 목적: 배드민턴 종목 기술 측정
- 검사 항목: 핸드 피딩, 라켓 피딩, 서비스, UPs 검사,
- 검사 대상: 스페셜올림픽 참가 발달장애인

 핸드 피딩

- 코치가 한 번에 여러 개의 셔틀콕을 들고 다트를 던지듯이 선수에게 던진다.
- 선수는 라켓으로 셔틀콕을 치는 것이 성공할 때마다 1점이 주어진다.
- 10회 시도하여 성공한 점수를 합산

 라켓 피딩

- 코치가 셔틀콕을 들고 연속하여 오버헤드 스트로크로 쳐서 선수에게 보낸다.
- 선수가 셔틀콕을 받아 치면 1점으로 계산한다.
- 2분간 성공한 횟수를 점수로 합산

 서비스

- 선수가 서비스 코트의 한 쪽에서 5회의 서비스 시도
- 셔틀콕이 서비스 구역 안에 떨어질 때마다 10점, 실패는 0점으로 계산

 UPs 검사

- 선수가 2m 지름 원 안에서 셔틀콕을 반복해서 공중으로 1m 이상 쳐올리는 것을 반복
- 30초 간 시행하고 시행된 횟수 당 1점으로 계산

(2) 과제분석을 이용한 종목 운동기술 검사의 활용

종목별 운동기술을 진단하고 평가할 때 기존에 제시된 방식으로는 발달장애 아동들에게 적용하기 어려운 경우가 발생하기도 한다. 따라서 지도자들은 지도하는 발달장애 아동의 특성을 반영하여 자신만의 새로운 진단, 평가 방식을 고안하여 적용해야 할 때가 적지 않다.

과제분석은 활동이나 과제를 세부적으로 구분하여 성취되어야 할 수행기준을 설명하는 것을 의미한다. 따라서 지도해야 할 종목의 주요 기술들을 구분하고, 각 기술에서 요구되는 성취 수준을 작성함으로써 해당 종목 운동기술 수준을 진단하고 평가할 수 있는 검사를 자체 제작할 수 있다.

단, 이러한 검사도구를 제작할 때 체육지도자는 과제분석을 하는 종목의 특성 이해와 충분한 경험이 필수적이다. 어떤 이들은 '발달장애 아동의 체육지도자는 실기 능력이 크게 중요하지 않다'라고 섣부르게 이야기하는 경우도 있다. 이것은 발달장애 체육 프로그램이 갖고 있는 특성과 가치를 잘 알지 못하는 사람들의 오해이다.

발달장애 아동들의 체육은 일반체육과 전혀 다른 것이 아니라 기존 체육활동을 장애특성에 맞추어 수정하고 변형하여 지도하는 것이다. 따라서 지도해야 할 종목이나 활동의 특성과 방식

을 더 잘 알아야 그것을 적합하게 수정·변형할 수가 있다.

예를 들어 인라인을 타지 못하는 지도자가 아동에게 인라인을 지도할 수 있겠는가? 인라인 기술을 진단하고 평가하기 위한 운동기술들을 과제분석 해낼 수 있을 것인가? 장애 특성과 수준에 따라 적절히 인라인 주요 기술들을 변형하여 지도할 수 있을 것인가? 이 모든 질문에 대한 답은 "NO!"이다. 과제분석을 이용한 종목별 운동기술 검사는 현장에 매우 유용하지만 그것을 작성하는 지도자의 경험과 노하우에 따라 효과적일 수도 있고, 그렇지 못할 수도 있다.

다음은 발달장애 아동들에게 인라인을 지도하는 지도자가 과제분석을 이용하여 작성한 운동기술 검사표의 사례이다.

☑ 〈표 24〉 인라인 기술 사정을 운동기술 검사표

기술	지침	수행기준 (각 1점)	진단	평가
1 장비 착용	도움 없이 스스로 인라인장비를 착용하도록 한다.	1. 각 부위에 맞는 보호 장비를 착용한다. (손목, 팔꿈치, 무릎)		
		2. 정확하게 인라인을 신는다. (방향이 맞는지 확인)		
		3. 헬멧을 정확히 쓴다. (앞뒤 구분)		
		4. 인라인 끈을 조일 수 있다.		
2 서기	50cm 원안에서 T-자 서기를 수행하도록 한다. 두 번 반복한다.	1. 양팔을 벌린다.		
		2. 양쪽 무릎이 펴져있다.		
		3. 오른발 2번 휠과 3번 휠 사이에 왼발 4번 휠을 90도로 붙인다.		
		4. T-자 상태에서 자세를 유지한다.		
3 걷기	① 5m의 거리를 콘이나 테이프로 표시한다. 학생에게 V자로 서게 한다. ② 양발을 교차하면서 V자 모양을 만들어 앞으로 전진 하도록 지시한다. 두 번 반복하여 실시한다.	1. 팔을 앞으로 나란히 한다.		
		2. V자 서기를 한다.		
		3. 양쪽 무릎을 굽힌다.		
		4. 한쪽 발씩 V자로 나아간다.		
		5. 지면에서 20cm이상 다리가 떨어진다.		
		6. 5m의 거리동안 V자 걷기를 수행한다.		

상기 인라인 종목 운동기술 진단, 평가 검사의 사례를 보면 먼저 인라인 수행을 위해 요구되는 주요 운동기술 항목(장비 착용, 서기, 걷기 등)을 분석하고 각 기술 수행의 세부 충족 기준이 상세히 제시되어 있다. 지도자들은 이러한 방식을 각 종목에 응용하여 지도하고자 하는 종목들의 검사표를 작성함으로써 진단과 평가의 효과적인 도구로 활용할 수 있다.

아래의 예는 볼링 종목에 대한 운동기술 진단과 평가 검사표를 제작하기 위한 과제분석의 과정을 구조화한 것이다.

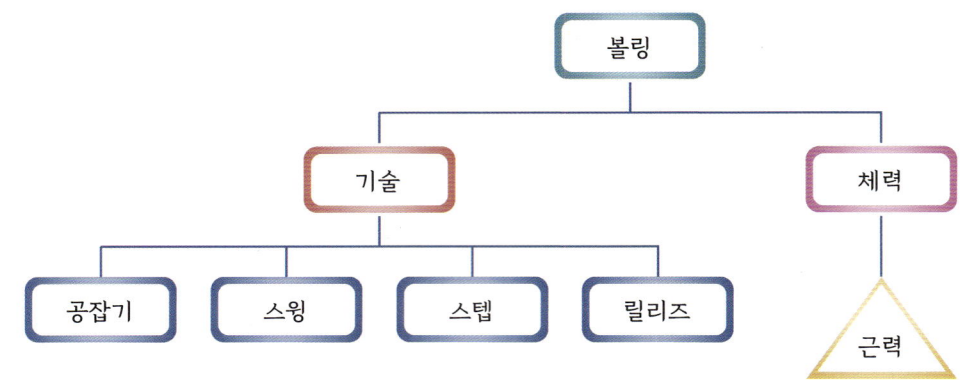

큰 틀에서 볼링 종목에 대한 운동기술 항목들을 분석하여 나누고
각 항목별로 세부 수행 준거를 기술함으로써 지도자의 전문성을 나타내야 함!

그림 32. 볼링 종목에서의 운동기술 진단, 평가를 위한 과제분석 예

발달장애 아동 체육 프로그램의 주제가 볼링 종목으로 정해진 상황에서 참가 대상 아동들이 기본운동기술 수준을 갖춘 수준이라면 지도자는 볼링을 수행하기 위한 주요 운동기술 항목을 먼저 분석한다. 상기의 예는 '공잡기', '스윙', '스텝', '릴리즈'로 항목을 분석 구분하였다. 이러한 주요기술 항목의 선정은 지도자의 경험을 바탕으로 분석되거나 기존 볼링 종목 지도서에 제시된 내용들이 참고된다. 여기서 중요한 것은 지도자가 발달장애 아동들의 여러 특성을 종합적으로 감안하여 각 종목의 운동기술 항목을 어느 정도까지 세분화할 것인지를 판단하는 것이다. 추가적으로 볼링 종목을 수행하는데 아동들에게 요구되는 필수적인 체력 요인이 있다면 과제분석에 포함시키는 것도 고려할 수 있다. 운동기술 항목과 함께 체력 요인을 선정하여 진단, 평가함으로써 볼링 프로그램 시행 콘텐츠를 합리적으로 구성할 수가 있다.

스페셜올림픽코리아에서는 발달장애 아동의 통합 스포츠 참여 활성화를 위해 매년 종목별로 통합스포츠 지도 매뉴얼을 개발하여 보급하고 있다. 아래의 예는 스페셜올림픽 코리아에서 제시한 축구 종목의 종합 사정 체계와 진단 및 평가 내용이다.

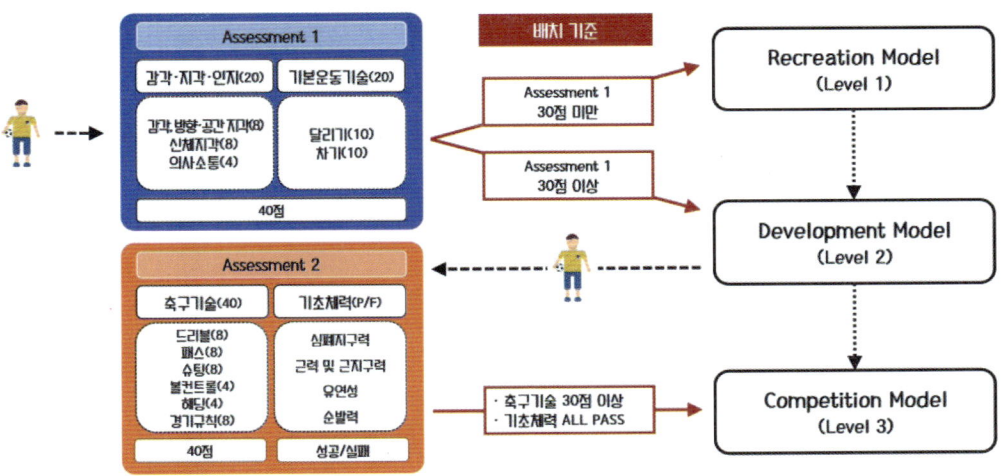

그림 33. 발달장애인을 위한 축구 종목 진단과 평가 체계(스페셜올림픽코리아, 2015)

상기의 축구 종목 진단과 평가 체계는 발달장애 아동들의 발달 수준을 고려하여 1, 2단계의 사정 assessment 으로 구분한 것이 가장 큰 특징이다. 즉 아동이 어느 정도의 운동기술 능력을 가지고 있는지를 모를 경우 1단계 기본 진단 과정을 거쳐 최소한의 운동기술 습득 여부를 파악하여 점수에 따라 다음 2단계 사정을 진행할 것인지 여부를 결정하는 방식이다. 1단계에서는 축구 종목 운동기술과 관련되어 있는 감각-지각, 인지 영역과 기본운동기술을 확인할 수 있는 검사 항목으로 총 40점을 부여할 수 있다. 이 사정 체계가 더 효과적인 것은 진단의 결과로 얻은 점수에 따라 그 수준에 맞는 프로그램 모델과 내용을 연계하여 지도할 수 있다는 점 때문이다.

2단계 운동기술 사정은 축구 종목과 관련되어 있는 기본운동기술이 충분히 습득되어 있는 경우 경기 기술과 체력의 수준을 파악하는 2개 영역으로 구성되어 있다. 축구 기술의 6개 항목(경기규칙 인식 포함) 40점 중 30점 이상을 획득하고 정해진 체력 요인별 통과 기준을 충족하는 아동은 경쟁적인 축구 경기 프로그램에 참여할 수 있도록 진행된다. 2019년 현재까지 스페셜올림픽코리아에서는 축구, 농구, 배구, 플로어하키에 대하여 상기와 같은 방식의 사정 체계를 갖춘 통합스포츠 지도법 매뉴얼을 제공하고 있다.

V

발달장애 아동의 체육 프로그램 콘텐츠와 지도방법

이런 저런 이야기

지난 20여 년 동안 장애아동들의 체육 프로그램을 진행하면서 1년에 한 두 번은 꼭 받게 되는 전화가 있다. 그리고 그러한 전화 통화의 내용은 이상하게도 똑같은 질문과 답변이 여지없이 반복되어 오고간다.

몇 주 전에도 전화벨이 울리고 사투리 억양이 강한 여성분이 본인 소개를 하셨다.

"안녕하세요? 교수님. 저는 ○○ 복지관에서 근무하는 △△△입니다."

언제나 통화의 시작은 이렇게 진행되었고 몇 마디 짧은 인사말이 끝나면 여느 때와 다름없이 똑같은 질문이 수화기 너머로 들려왔다.

"장애아동을 대상으로 체육 프로그램을 하려고 하는데 「좋은 프로그램」을 좀 소개시켜 주세요."

10년 넘도록 매년 반복해서 들었던 질문이지만 잠시 또 난감함에 빠졌다.

장애아동들을 대상으로 진행하는 '좋은 체육 프로그램'은 있지도 않고, 없지도 않다. 정확히 말하면 좋은 체육 프로그램이 되기 위한 여러 가지 요건들은 있지만 누구에게나 혹은 어디에서나 적용될 수 있는 좋은 체육 프로그램이라는 것은 존재하지 않는다. 장애아동들에 대한 좋은 체육 프로그램은 대상과 환경에 따라 달라지는 것이고 특히, 발달장애 아동에 대한 체육 프로그램은 아동의 특성과 수준별로 적합한 체제와 방식, 활동 콘텐츠들이 서로 조화를 이룰 때 좋은 체육 프로그램이 될 수 있다.

그동안 전화기 너머로 질문과 상의를 하셨던 많은 분들은 좋은 체육 프로그램을 진행하고자 할 때 필요한 신체활동 콘텐츠들을 원했던 것 같다.

본 단원에서 제시되는 신체활동 콘텐츠들은 발달장애 아동들이 갖는 운동발달의 수준에 따라 적용할 수 있는 것들이다. 어떤 콘텐츠도 절대적으로 좋은 것은 없다. 그러나 발달장애 아동들에 따라 적합하게 선택되고 바람직한 방법으로 지도된다면 분명 좋은 콘텐츠가 될 것이다. 본 책에서 제시한 여러 콘텐츠들이 좋은 체육 프로그램을 개발하고 운영하고자 하는 분들께 도움이 되기를 바란다.

발달장애 아동의 체육 프로그램
콘텐츠와 지도방법

V

1   체육 프로그램 콘텐츠 개요

　본 단원에서 제시하는 발달장애 아동의 체육 프로그램을 위한 운동영역은 Gallahue와 Ozmun(2001)의 운동발달단계와 Ulrich(2000)의 대근운동발달검사의 움직임 기술 습득 단계를 토대로 구성하였다. 콘텐츠의 영역은 감각운동 영역, 지각운동 영역, 기본운동기술 영역, 게임 영역으로 단계별 구분하였으며, 마지막에는 발달장애 아동들이 비장애아동과 함께 참여할 수 있는 통합체육 활동 콘텐츠를 추가하였다.

　감각운동 영역은 시각, 청각, 촉각, 균형감각을 자극하고 경험할 수 있는 활동을 선정하였고, 지각운동 영역은 신체부위와 신체움직임에 대한 신체지각, 기준 위치와 개방 및 폐쇄공간에 대한 공간지각, 편측성과 방향성에 대한 방향지각, 동시성, 연속성, 리듬의 속도지각으로 활동 주제를 선정하였다.

　기본운동기술 영역은 달리기, 갤럽, 홉, 립, 멀리뛰기, 슬라이드의 이동기술과 치기, 튀기기, 받기, 차기, 던지기, 굴리기 활동과 관련된 조작기술로 구분하였다.

　게임 영역의 경우 감각·지각운동 영역, 기본운동기술 영역의 활동 등을 간단한 규칙을 적용하여 새롭게 고안하였다. 마지막으로 통합체육 프로그램 콘텐츠들은 운동기술 발달 단계에 따른 것은 아니지만 발달장애 아동들의 통합체육 필요성을 감안하여 포함시켰다.

　본 단원에서 제시되는 여러 콘텐츠는 동작들에 대한 설명 외에도 각 프로그램마다 '핵심 어휘' 및 '함께하기' 활동을 포함하여 활용의 폭을 넓히고자 하였다. 또한 발달장애 아동의 체육 프로그램이 갖는 다양한 가치를 추구할 수 있도록 언어와 관련한 인지적 측면, 상호작용과 관련된 정의적 측면 등이 활동 콘텐츠에 적용될 수 있게 제시하였다.

　본 프로그램에서 제시하는 '핵심 어휘'를 활용하여 아동의 의사소통 특성에 적합하게 제시할 경우 활동 참여와 능동적 수행범위를 확장시킬 수 있을 것이다. 또한 각 프로그램의 후반부에는 또래 친구들 또는 가족 구성원과 함께 할 수 있는 활동을 구성하여 다양한 상호작용의 기회를 제공하고자 하였다.

☑ 〈표 25〉 발달장애 아동을 위한 영역별 체육 프로그램 활동 콘텐츠 목록

영역	활동내용	활동주제
감각운동 영역 프로그램 (7개)	시각	빛을 봐요
		색깔을 봐요
	청각	박수 소리를 들어요
		음악을 들어요
	촉각	공을 만져요
		차갑고 따뜻해요
	평형감각	그네에 앉아요
지각운동 영역 프로그램 (17개)	신체지각	머리 어깨 무릎 발
		나의 몸 너의 몸
		내 몸에 닿아요
		몸으로 말해요
	공간지각	폭탄 옮기기
		계란 한판 놀이
		공 가져오기
		삼원색 부동산
		산골짝의 다람쥐
	방향지각	꽃게 걸음
		밴드 당기고 밀기
		GPS놀이
	속도지각	떨어지는 물폭탄
		추적! 도미노!
		날아라 비행기
		똑딱똑딱 메트로놈
		엉덩이 짐볼 드럼
기본운동기술 영역 프로그램 (12개)	기본이동기술	달리기
		갤럽
		홉
		립
		멀리뛰기
		슬라이드
	물체조작기술	치기
		튀기기
		받기
		차기
		던지기
		굴리기

영역	활동내용	활동주제
게임 영역 프로그램 (10개)	기본이동기술 응용 게임	산 넘고 강 건너
		나는야 스파이
		낙하산 게임
		캥거루 달리기
		달걀 구출작전
	물체조작기술 응용 게임	짐볼 경주
		공이 넘치는 우리집
		풍선배구
		피칭다트
		킥볼링
비장애아동과 통합체육 프로그램 (15개)	축구	패스
		트래핑
		드리블
	플로어볼	패스
		리시브
		드리블
	티볼	스윙
		오버핸드 드로잉
		캐치
	농구	패스
		슛
		드리블
		리바운드
	이벤트 통합체육 프로그램	조정
		볼링

2 감각운동 영역 콘텐츠

감각운동 — 빛을 봐요 (시각)

★ 전구를 통한 빛의 명암 체험하기

☐ **준비물**
- 색깔이 다른 전구
- 빛의 퍼지는 정도가 다른 형광등, 백열등 전구

☐ **핵심 어휘**
- 켜다, 끄다
- 밝다, 어둡다
- 같다, 다르다

☐ **기본활동**

- 불이 켜진 상태의 전구와 불이 꺼진 상태의 전구를 아동의 앞에 둔다.
- 지도자는 전구의 끄고 켬을 천천히 반복적으로 제시한다.

Tip!
✓ 깨지기 쉬운 전구의 경우 안전사고에 유의하여 다뤄야 한다.

□ 응용활동

빛의 퍼지는 정도가 다른 형광등, 백열등 전구 보여주기

각기 다른 색깔의 전구 보여주기

<함께하기>

친구 그림자 보여주기

Tip!
- ✓ 친구들의 그림자가 아이의 시선에서 보이도록 자리를 배치한다.
- ✓ 불을 끄는 것을 무서워하는 아동은 참여시키지 않는다.
- ✓ 어두운 상태에서 안전사고가 발생하지 않도록 안전에 유의한다.

감각 운동 — 색깔을 봐요 (시각)

★ 다양한 색깔 경험하기

□ **준비물**
- 다양한 색의 셀로판지

□ **핵심 어휘**
- 같다, 다르다
- 밝다, 어둡다
- 색깔

□ **기본활동**

- 지도자는 1가지 색의 셀로판지만을 창문에 부착한다.
- 셀로판지가 붙은 부분과 붙어있지 않은 부분이 명확히 구별되도록 한다.
- 다양한 색의 셀로판지를 창문에 부착한다.

Tip!
- ✓ 아동이 셀로판지 조각을 삼키지 않도록 주의한다.
- ✓ 셀로판지를 여러 겹으로 겹쳐 다양한 색을 경험할 수 있게 한다.

□ 응용활동

다양한 형태의 셀로판지 조각 보여주기

Tip!
- ✓ 셀로판지를 다양한 크기와 모양으로 오린다.
- ✓ 오려진 셀로판지를 창문에 부착해둔다.
- ✓ 셀로판지 조각이 아동의 입에 들어가지 않도록 주의한다.

<함께하기>

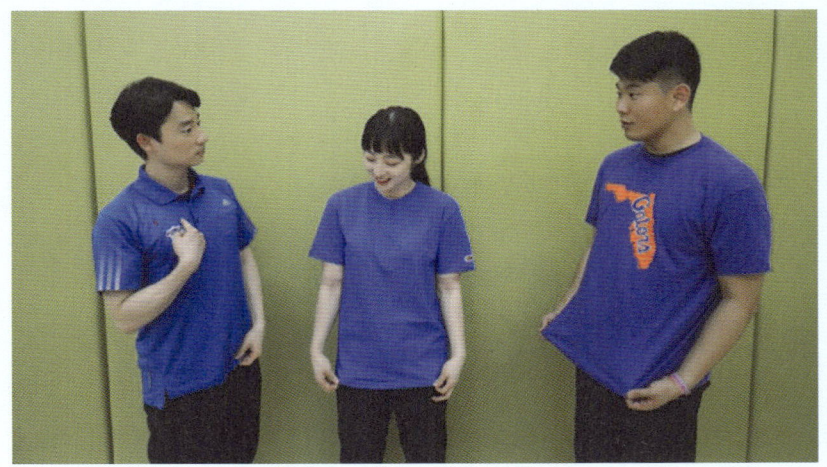

특정 요일에 동일한 색의 옷 입고 오기

Tip!
- ✓ 요일별로 각각 다른 색을 지정해 횟수를 조절할 수 있다.
- ✓ 시각적으로 쉽게 인식할 수 있는 원색 위주의 색을 지정해주는 것이 좋다.

발달장애 아동 체육 프로그램의
이해와 실제

감각운동 — 박수 소리를 들어요 (청각)

★ 박수 소리로 청각 자극 경험하기

☐ **준비물**
- 호각
- 탬버린
- 트라이앵글

☐ **핵심 어휘**
- 크다, 작다
- 멀다, 가깝다
- 앞쪽, 뒤쪽, 오른쪽, 왼쪽

☐ **기본활동**

- 지도자는 아동의 정면에서 눈을 맞춘다.
- 적당한 거리를 두고 박수 소리를 들려준다.

Tip!
- ✓ 아이가 박수 소리에 놀라지 않도록 거리와 박수 소리 크기 조절에 유의한다.
- ✓ 박수 대신 호각, 탬버린, 트라이앵글 등으로 대체할 수도 있다.

□ 응용활동

앞, 뒤, 좌, 우 위치에서 박수 소리 들려주기   멀리 또는 가깝게 서서 박수 소리 번갈아 들려주기

Tip!
- 박수 대신 호각, 탬버린, 트라이앵글 등으로 대체할 수 있다.

<함께하기>

다양한 위치에서 무작위로 박수 소리 들려주기

Tip!
- 가족이나 친구들이 아동의 주변에 위치해 무작위 순서로 박수를 친다.
- 박수 대신 호각, 탬버린, 트라이앵글 등으로 대체할 수 있다.

음악을 들어요
(청각)

★ 음악과 다양한 종류의 소리 체험하기

☐ **준비물**
- 오디오
- 스피커
- 음원 파일

☐ **핵심 어휘**
- 시끄럽다, 조용하다
- 음악, 소리

☐ **기본활동**

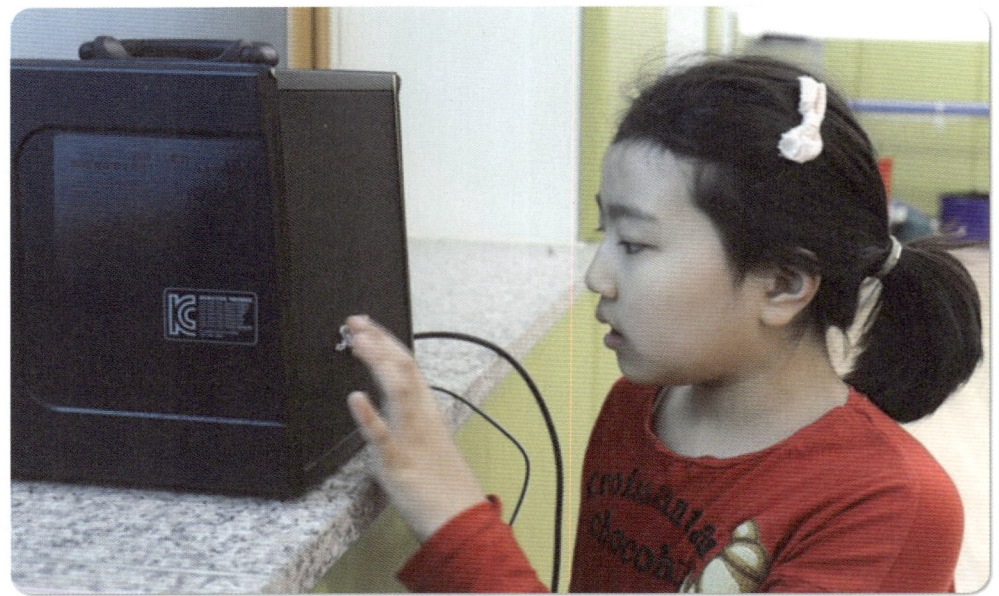

- 아동으로부터 적절히 떨어진 위치에 오디오를 설치한다.
- 클래식 음악을 들려준다.

Tip!
- ✓ 스피커 볼륨이 너무 크거나 너무 작지 않도록 적절히 조절해준다.
- ✓ 오디오가 없는 경우 스마트폰이나 컴퓨터를 이용할 수 있다.
- ✓ 클래식 음악 대신 동요나 아동이 좋아하는 노래로 대체할 수 있다.

□ 응용활동

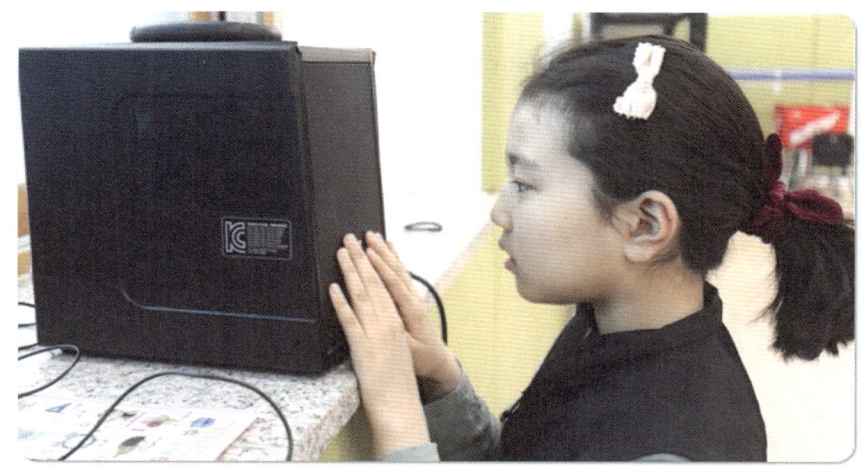

파도 소리 들려주기   시냇물 소리 들려주기   숲속 새소리 들려주기

Tip!
- ✓ 인공적인 음악이나 소리가 아닌 다양한 자연의 소리를 들려준다.
- ✓ 스피커의 볼륨 조절에 유의한다.
- ✓ 오디오가 없는 경우 스마트폰이나 컴퓨터를 이용할 수 있다.

<함께하기>

지도자가 묘사하는 소리를 듣고 무엇인지 맞추기

Tip!
- ✓ 지도자는 입으로 다양한 물체와 동물 및 자연의 소리를 들려준다.
- ✓ 아동들은 소리를 듣고 어떤 소리인지를 대답하거나 대상의 모습을 표현할 수 있게 한다.

공을 만져요
(촉각)

★ **표면, 강직도, 크기가 다른 공을 체험하기**

☐ **준비물**
- 감각고무공
- 테니스공, 야구공, 티볼
- 볼풀

☐ **핵심 어휘**
- 울퉁불퉁하다, 매끈하다
- 까칠까칠하다, 매끈하다
- 딱딱하다
- 같다, 다르다
- 크다, 작다

☐ **기본활동**

 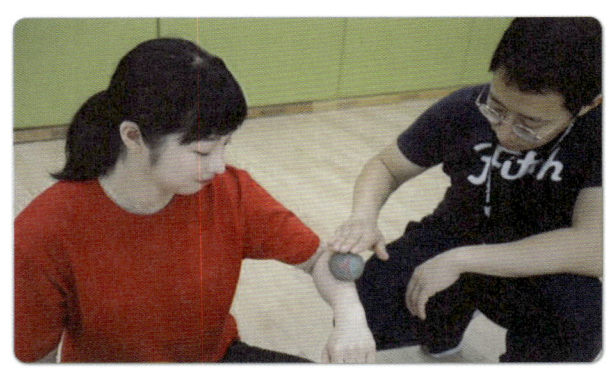

- 아동의 손에 울퉁불퉁한 감각고무공을 쥐어준다.
- 감각고무공을 아동의 팔, 다리 등에 갖다 대어 촉감을 신체의 다양한 부위로 느끼도록 해준다.

Tip!
- ✓ 신체의 다양한 부위를 통해서도 공의 촉감을 경험할 수 있도록 하되 천천히, 부드럽게 갖다 댄다.
- ✓ 아동이 촉감을 싫어할 경우 자극을 멈춘다.

□ 응용활동

야구공과 테니스공을
양손에 각각 동시에 쥐어주기

티볼과 테니스공을 양손에
각각 동시에 쥐어주기

Tip!
- ✓ 아동이 공을 던지며 장난치지 않도록 주의한다.
- ✓ 아동이 공을 입에 넣지 않도록 주의한다.
- ✓ 아동이 촉감을 싫어할 경우 자극의 제시를 멈춘다.

<함께하기>

다양한 공이 들어있는 볼풀에 빠지기

Tip!
- ✓ 공의 촉감을 몸의 다양한 부위로 체험할 수 있도록 다양한 공이 들어있는 볼풀을 만들어준다.

차갑고 따뜻해요
(촉각)

★ 다른 온도 경험하기

☐ 준비물
- 핫팩, 아이스팩
- 차가운 물, 따뜻한 물
- 얼음
- 대야

☐ 핵심 어휘
- 차갑다, 따뜻하다
- 얼음

☐ 기본활동

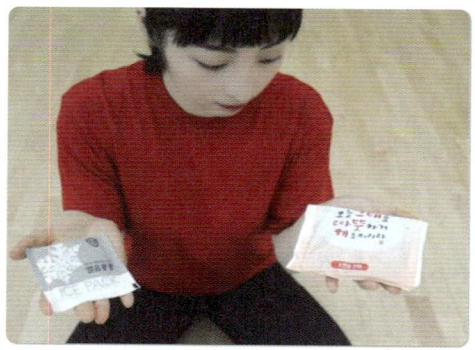

- 핫팩과 아이스팩을 아동의 손에 번갈아 쥐어준다.
- 핫팩과 아이스팩을 양손 동시에 각각 쥐어준다.

Tip!
✓ 핫팩이 너무 뜨겁게 가열되지 않도록 유의한다.
✓ 핫팩과 아이스팩이 찢어지지 않도록 안전사고에 유의한다.
✓ 아동이 핫팩과 아이스팩을 입에 넣지 않도록 주의한다.

□ 응용활동

차가운 물, 따뜻한 물에 번갈아
손 넣어주기

차가운 물, 따뜻한 물에
각각 한 손씩 넣어주기

Tip!
- ✓ 대야에 담는 물이 너무 차갑거나 너무 뜨거워서 활동에 거부감을 갖지 않도록 주의한다.
- ✓ 아동이 물을 쏟거나 튀기는 등의 장난을 치지 않도록 유의한다.

<함께하기>

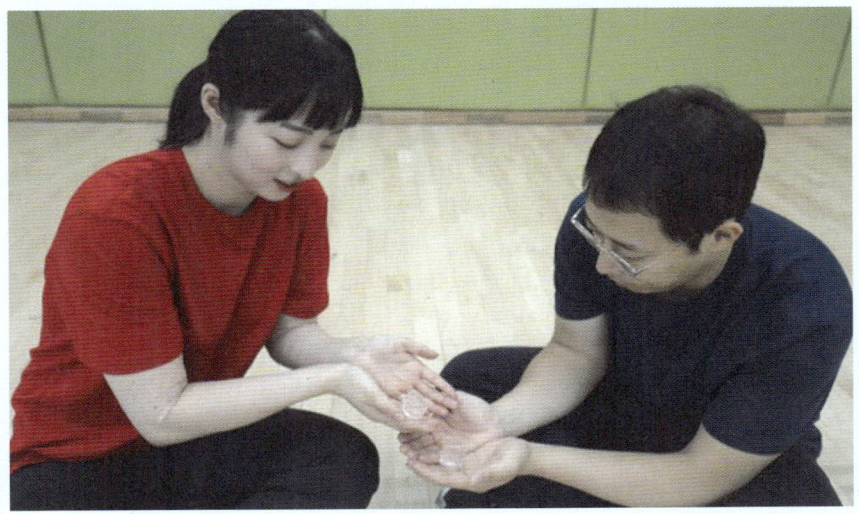

얼음 전달해주기

Tip!
- ✓ 친구들과 서로 주고받을 수 있는 적당한 크기의 얼음을 준비한다.
- ✓ 아동의 손에 있는 얼음을 친구의 손으로 전달한다.
- ✓ 얼음이 바닥에 떨어질 경우 미끄러울 수 있으니 안전사고 예방에 주의를 기울인다.

감각 운동

그네에 앉아요
(평형감각)

★ 평형감각 체험하기

□ **준비물**
- 그네
- 보수볼
- 짐볼

□ **핵심 어휘**
- 그네
- 앉다, 서다
- 엎드리다
- 앞, 뒤

□ **기본활동**

- 지도자는 아동을 그네에 바른 자세로 앉힌다.
- 그네를 앞, 뒤로 밀어준다.
- 그네를 좌, 우로 밀어준다.
- 그네의 줄을 꼬아 천천히 회전을 시켜준다.

Tip!
- ✓ 그네에서 아동이 떨어지지 않도록 안전사고에 주의한다.
- ✓ 그네의 속도감을 다양하게 하되 속도의 변화를 천천히 느낄 수 있도록 밀어준다.
- ✓ 그네가 너무 빨리 회전하지 않도록 줄을 적당한 정도로만 꼬아준다.

□ 응용활동

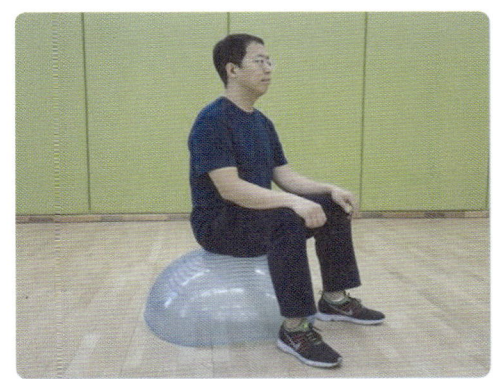
보수볼 위에 바른 자세로 앉기

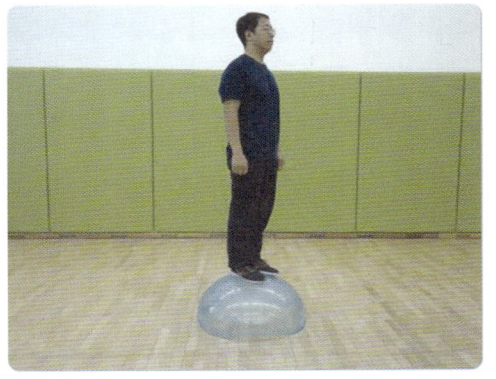
보수볼 위에 바른 자세로 서기

Tip!
✓ 필요한 경우 손을 잡는 등의 보조를 통해 아동의 활동을 돕는다.

<함께하기>

보조 받아 짐볼 위에 엎드리기

Tip!
✓ 아동이 넘어지지 않도록 안전에 유의한다. 주변에 부딪힐 수 있는 물건을 치운다.
✓ 지도자는 아동이 짐볼 위에서 평형성을 유지하도록 손을 잡아주거나 등을 받쳐주는 등의 보조를 해준다.

3 지각운동 영역 콘텐츠

지각운동 — 머리 어깨 무릎 발
(신체지각-신체부위)

★ 자신의 신체 부위 지각하기

☐ **준비물**
- 오디오
- 스피커
- 음원 파일

☐ **핵심 어휘**
- 머리, 어깨, 무릎, 발
- 짚다

☐ **기본활동**

- 지도자는 아동을 마주 보고 선 채 '머리 어깨 무릎 발' 노래 가사에 맞춰 자신의 신체 부위를 짚는 율동을 한다.
- 아동은 지도자를 보며 '머리 어깨 무릎 발' 노래에 맞춰 가사에 해당하는 자신의 신체 부위를 짚는다.

Tip!
- ✓ 지도자가 큰 동작의 시범을 통해 아동이 율동에 사용되는 신체분절을 관찰하고 따라할 수 있도록 유도한다.
- ✓ 아동의 동작 습득에 어려움을 겪는 경우 부분별로 나누어 연습하되 천천히 동작을 수행하도록 한다.

□ 응용활동

신체 부위 듣고 손으로 짚어보기

신체 부위 말하며 손으로 짚어보기

Tip!
- ✓ '듣고 짚어보기' 활동에서 지도자는 무작위로 신체 부위 중 한 가지의 이름을 말하고 아동은 자신의 해당 신체 부위에 손을 갖다 댄다.
- ✓ '말하고 짚어보기' 활동에서 아동은 스스로 신체 부위 이름을 말하고 해당 부위를 짚어본다.

<함께하기>

- 지도자가 '임금님 가라사대 두 팔 들어'라고 할 경우 아동은 지도자의 말을 듣고 동작을 보며 두 팔을 든다.
- 신체의 다양한 부위를 골고루 사용할 수 있도록 게임을 진행한다.

지각운동

나의 몸 너의 몸
(신체지각-신체부위)

★ 타인의 신체 부위 지각하기

☐ **준비물**
- 사람 모양이 그려진 그림판
- 반짝이 스티커
- 신체 부위 이름 스티커
- 스케치북, 색연필(크레파스)
- 대형 도화지

☐ **핵심 어휘**
- 몸, 팔, 다리, 머리, 어깨, 무릎, 발
- 눕다
- 붙이다
- 그리다, 색칠하다

☐ **기본활동**

- 지도자가 말하는 신체 부위 이름을 듣고 사람 모양 그림판으로 다가간다.
- 해당하는 신체 부위에 스티커를 붙인다.

Tip!
- ✓ 스티커를 붙이기 쉽도록 그림판을 크게 제작한다.
- ✓ 아동이 천천히 생각해볼 수 있도록 충분한 시간을 부여한다.

□ 응용활동

몸 그리기

몸 색칠하기

Tip!
- ✓ 신체 부위를 각기 다른 색으로 색칠한다.
- ✓ 아동이 자유로운 형태로 몸을 그릴 수 있도록 유도한다.

<함께하기>

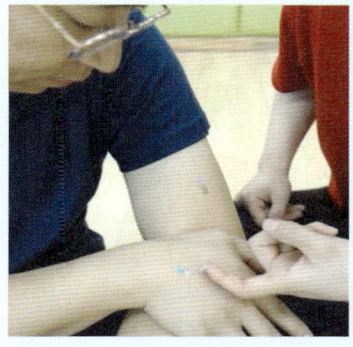
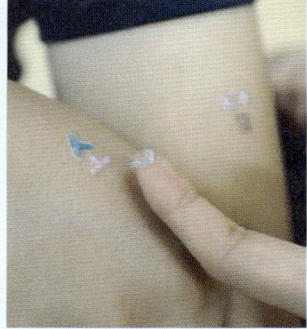
친구의 신체 부위에 스티커 붙이기

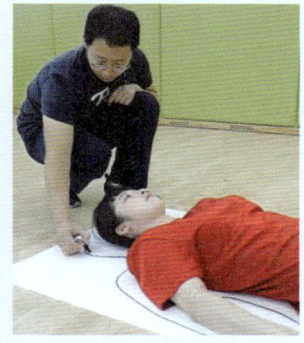
서로의 몸 도화지에 그리기

Tip!
- ✓ 지도자가 소리로 지시하는 신체 부위에 스티커를 붙인다. 스티커를 붙일 때는 해당되는 신체 부위를 반복적으로 말하게 한다.
- ✓ 아동을 도화지에 눕히고 몸의 외곽선을 따라 그림을 그려준다.
- ✓ 다른 사람이 눕고 아동이 누워 있는 사람의 외곽선을 따라 그림을 그린다.
- ✓ 완성된 몸의 그림을 나란히 두고 비교해본다.

지각운동

내 몸에 닿아요
(신체지각-신체움직임)

★ 신체 부위 활용하기

□ **준비물**
- 짐볼
- 풍선

□ **핵심 어휘**
- 머리, 어깨, 팔, 손, 무릎, 다리, 발
- 닿다
- 오른쪽, 왼쪽

□ **기본활동**

- 지도자는 신체 부위 중 한 가지의 이름을 말한다. (ex. 오른발)
- 아동은 해당 신체 부위를 짐볼에 갖다 댄다.

Tip!
- ✓ 짐볼에 신체 부위를 갖다 대는 동작을 취하다가 넘어지거나 안전사고가 발생할 수 있는 어려운 동작은 요구하지 않는다.
- ✓ 아동이 활동을 어려워하는 경우 약간의 도움을 제공한다.

□ 응용활동

짐볼에 닿기

떨어지는 풍선에 닿기

Tip!
- 지도자는 신체 부위 중 두 가지의 이름을 제시한다.
- (ex. 오른손과 왼손 / 오른손과 오른발)
- 아동은 두 가지 부위를 함께 짐볼에 갖다 댄다.

Tip!
- 지도자는 신체 부위 중 한 가지의 이름을 제시하고 풍선을 아동의 키보다 높이 띄운다.
- 아동은 지도자가 제시한 신체 부위로 풍선에 닿는다.

<함께하기>

- 지도자는 신체 부위 중 한 가지의 이름을 제시한다.
- 아동은 친구들과 동시에 풍선을 각자 머리 위로 띄운 후 지도자가 제시한 신체 부위로 풍선에 닿는다.
- 활동 중 풍선이 터지는 일이 발생하지 않도록 주의한다.

몸으로 말해요
(신체지각-신체움직임)

★ 신체를 활용하여 다양한 표현하기

□ **준비물**
- 직선, 곡선 그림 카드
- 동물 그림 카드
- 오디오 (스피커)
- 음원 파일

□ **핵심 어휘**
- 몸, 머리, 어깨, 팔, 손, 무릎, 다리, 발
- 표현하다
- 따라하다

□ **기본활동**

- 지도자는 직선과 곡선이 그려진 그림 카드를 아동에게 보여준다.
- 아동은 지도자가 제시한 카드를 보며 직선과 곡선을 몸으로 자유롭게 표현한다.

Tip!
- ✓ 다양한 형태의 직선과 곡선이 그려진 그림 카드를 준비한다.
- ✓ 직선과 곡선의 차이점에 대한 설명을 함께 해주어 아동의 이해를 돕는다.

□ 응용활동

도형을 몸으로 표현하기

동물 그림을 몸으로 표현하기

Tip!
- ✓ 아동에게 도형, 동물이 그려진 그림 카드를 보여준다.
- ✓ 아동이 따라하고 싶은 도형, 동물을 선택해 신체로 표현한다.
- ✓ 아동이 이해에 어려움을 겪을 경우 천천히 설명해주도록 한다.

<함께하기>

친구들과 함께 작은 동물원 노래를 들으며 가사에 맞게 신체 표현하기

Tip!
- ✓ 지도자는 작은 동물원 노래를 반복해서 들려주며 간단한 율동 시범을 보인다.
- ✓ 아동이 지도자의 율동을 따라하거나 표현하고 싶은대로 표현할 수 있도록 허용한다.

폭탄 옮기기
(공간지각-자기기준위치)

★ 자신의 위치를 기준으로 위, 아래 익히기

□ 준비물
- 폭탄모형
- 의자
- 책상
- 모래주머니

□ 핵심 어휘
- 위쪽, 아래쪽
- 높다, 낮다
- 옮기다

□ 기본활동

- 다수의 폭탄모형을 바닥에 놓고, 의자를 배치한다.
- 아동은 지도자의 지시에 따라 폭탄을 의자 위·아래로 옮긴다.

Tip!
✓ 지도자는 아동에게 바닥에 있는 폭탄모형과 의자를 통해 위·아래를 설명한다.

□ 응용활동

박스 위 폭탄 옮기기

모래주머니 옮기기

Tip!
- ✓ 아동이 흥미를 가지고 있는 사물이나 기구를 활용하여 활동에 반영해도 좋다.

<함께하기>

친구와 협동하여 폭탄을 안전지대로 옮기기

Tip!
- ✓ 친구들과의 언어 및 신체의 상호작용이 충분히 유발될 수 있게 한다.
- ✓ 여러 명이 줄지어 폭탄을 옮기는 방식도 적용할 수 있다.

계란 한판 놀이
(공간지각-자기기준위치)

★ **자신을 기준으로 왼쪽과 오른쪽 익히기**

□ **준비물**
- 빨간공, 파란공
- 계란판
- 탁구공
- 숟가락

□ **핵심 어휘**
- 앞쪽, 뒤쪽, 왼쪽, 오른쪽
- 빨간색, 파란색
- 옮기다

□ **기본활동**

- 지도자는 아동을 제자리에 앉힌 뒤 아동의 왼쪽과 오른쪽에 계란판을 놓는다.
- 아동은 파란공을 자신의 왼쪽 계란판에 넣고 빨간공은 자신의 오른쪽 계란판에 넣는다.

Tip!
✓ 지도자는 아동의 위치와 아동의 좌·우에 위치한 계란판을 설명한다.

□ 응용활동

다양한 색깔의 공을 사용하여 활동하기

다양한 종류의 공을 사용하여 활동하기

앞·뒤에 계란판을 배치하여 활동하기

<함께하기>

친구와 협동하여 숟가락으로 공을 계란판에 옮기기

Tip!
- 지도자는 전후좌우의 순서를 불규칙적으로 제시하여 아동이 다양한 방향을 지각할 수 있게 한다.

발달장애 아동 체육 프로그램의
이해와 실제

공 가져오기
(공간지각-사물기준위치)

★ 표적구를 기준으로 왼쪽과 오른쪽 익히기

☐ **준비물**
- 하얀색 공
- 빨간색 공
- 파란색 공
- 고깔

☐ **핵심 어휘**
- 왼쪽, 오른쪽, 앞쪽, 뒤쪽
- 빨간색, 파란색, 하얀색
- 옮기다, 가져오다

☐ **기본활동**

- 지도자는 아동과 3m 떨어진 곳에 빨간색, 하얀색, 파란색 공을 차례대로 놓는다.
- 지도자는 아동에게 하얀색 공의 좌·우에 위치한 공을 가져오게 한다.
- 아동은 지도자의 지시에 따라 3m 떨어진 곳에 걸어가서 공을 가져온다.

Tip!

✓ 지도자는 하얀색 공을 중심으로 좌·우에 위치한 공을 설명한다.
✓ 처음에는 색깔 중심으로 공을 가져오지만, 익숙해지면 방향 지시만으로 공을 가져오도록 한다.

발달장애 아동의 체육 프로그램
콘텐츠와 지도방법

□ **응용활동**

좌·우에 같은 색깔의 공을 사용하여 활동하기

고깔을 중심으로 좌, 우, 앞, 뒤로 이동하며 서기

<함께하기>

- 지도자는 삼각콘 좌·우에 놓인 바구니의 위치를 규칙적, 비규칙적으로 호명한다.
- 아동은 지도자가 호명하는 위치에 놓은 바구니에 공을 넣는다.

Tip!
✓ 아동의 수준에 따라 바구니의 개수와 공의 색깔을 다양하게 하여 제시한다.

발달장애 아동 체육 프로그램의
이해와 실제

삼원색 부동산
(공간지각-공간활용)

★ **자신의 공간을 인식하기**

☐ **준비물**
- 빨간색 훌라후프
- 노란색 훌라후프
- 초록색 훌라후프
- 신문지, 돗자리, 큰 박스

☐ **핵심 어휘**
- 자신의 공간
- 제한된 공간
- 기다리다

☐ **기본활동**

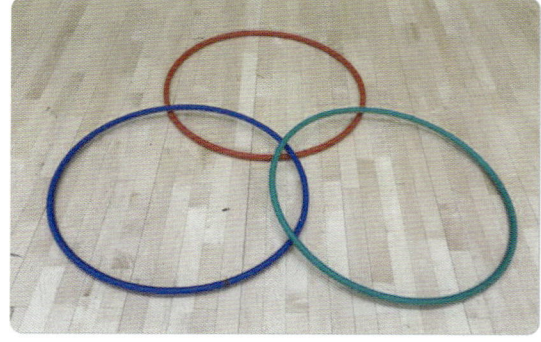

- 빨간색 훌라후프, 노란색 훌라후프, 초록색 훌라후프를 색의 삼원색 모형처럼 겹치게 배치한다.
- 아동은 지도자의 지시에 따라 자신의 영역을 배정 받고 1분 동안 기다린다.

Tip!
- ✓ 지도자는 아동에게 배정된 공간과 제한되는 공간에 대해 명확히 설명한다.
- ✓ 훌라후프별 색과 공간에 대한 지각이 동시에 지각될 수 있게 진행한다.
- ✓ 훌라후프가 겹쳐지는 공간에 대해 자신의 공간으로 인식해야 할지 말아야 할지를 인식할 수 있게 한다.

발달장애 아동의 체육 프로그램
콘텐츠와 지도방법

□ 응용활동

큰 박스를 활용하기

돗자리를 활용하기

신문지를 활용하기

<함께하기>

친구와 협동하여 신문지 위에 올라가기

Tip!
✓ 아동이 신문지나 보자기를 밟고 미끄러지지 않도록 주의한다.

산골짝의 다람쥐
(공간지각-공간활용)

지각운동

★ 다양하게 주어진 공간을 통과하기

☐ **준비물**
- 원통 매트 터널
- 소프트볼
- 훌라후프
- 그물, 낙하산

☐ **핵심 어휘**
- 통과하다
- 들어가다

☐ **기본활동**

- 원통 매트 터널을 준비한다.
- 아동은 지도자의 지시에 따라 원통을 통과한다.
- 지도자가 소프트볼로 원통의 입구를 막은 곳은 아동이 통과하지 못한다.

Tip!

✓ 폐쇄된 공간에서 두려움을 느끼는 아동의 경우 훌라후프로 대체한다.
✓ 터널에서 나올 때 다치지 않도록 매트 위에 원통을 놓고 실시한다.
✓ 지도자는 아동의 신체가 커서 원통에 들어가지 못할 경우, 그물이나 낙하산 밑을 아동이 통과하는 방식으로 수업을 대체할 수 있다.

□ 응용활동

터널을 활용하여 활동하기

훌라후프를 활용하여 활동하기

그물을 활용하여 활동하기

<함께하기>

친구들과 협동하여 낙하산 밑으로 통과하기

Tip!
- ✓ 낙하산을 들어주는 시간을 조절하여 통과하는 속도를 다양하게 한다.
- ✓ 바닥에 놓인 낙하산을 기어가면서 통과할 수 있다.

꽃게 걸음
(방향지각-편측성)

★ **꽃게처럼 옆으로 걸으며 이동하기**

☐ 준비물
- 표시 테이프
- 벽면

☐ 핵심 어휘
- 왼쪽, 오른쪽
- 꽃게 걸음

☐ 기본활동

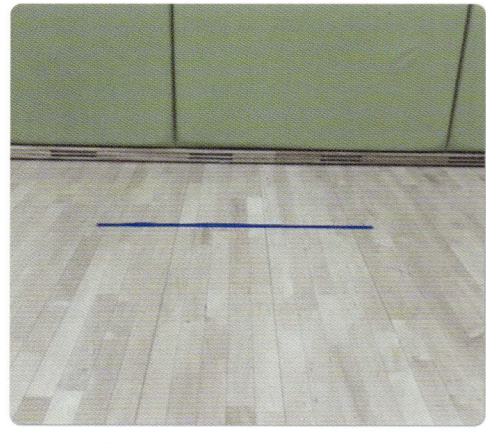

- 지도자는 벽면에서 50cm 뒤로 이동한 뒤, 표시 테이프를 사용하여 바닥에 좌·우 3m 라인을 표시한다.
- 아동은 표시 테이프의 왼쪽에 서서 벽을 손으로 짚고 선다.
- 아동은 표시 테이프를 따라 오른쪽으로 꽃게처럼 옆걸음으로 이동한다.

□ 응용활동

표시 테이프의 오른쪽에 서서
왼쪽으로 이동하기

벽을 짚지 않고 이동하기

<함께하기>

친구와 함께 선따라 꽃게처럼 옆으로 이동하기

Tip!
- ✓ 아동이 균형을 잡지 못하고 넘어질 수 있으니 지도자는 아동이 다치지 않게 보조해주면서 활동한다.
- ✓ 선의 모양을 직선, 삼각형, 사각형으로 다양하게 구성한다.

밴드 당기고 밀기
(방향지각-편측성)

지각운동

★ 편측성 운동 체험하기

□ **준비물**
- 고정바
- 탄성 밴드

□ **핵심 어휘**
- 왼손, 오른손
- 왼발, 오른발
- 당기다, 밀다

□ **기본활동**

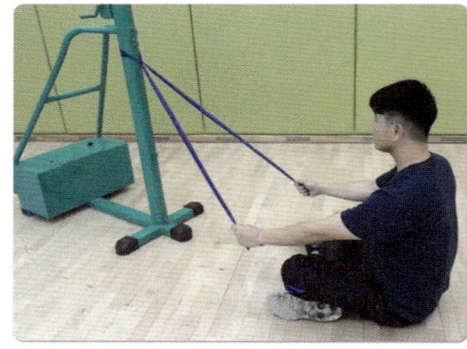 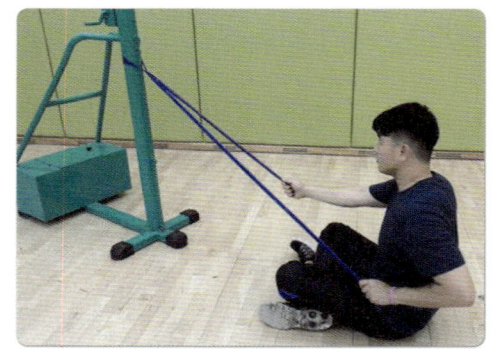

- 지도자는 고정바에서 3m 뒤에 아동을 앉힌 뒤, 고정대에 매어놓은 밴드를 아동이 양손으로 잡게 한다.
- 아동의 오른손은 고정하고 왼손으로만 밴드를 잡아당기도록 한다.
- 반대로 왼손을 고정하고 오른손으로만 밴드를 잡아당기도록 한다.

Tip!
- ✓ 아동의 안전을 위해 밴드를 단단하게 고정해야 한다.
- ✓ 편측성 동작을 익히기 위해 양손을 동시에 움직이지 않고 한쪽만 움직이도록 한다.

발달장애 아동의 체육 프로그램
콘텐츠와 지도방법

□ 응용활동

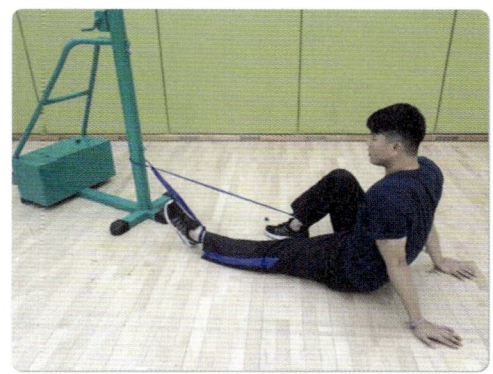

양발 번갈아 당기기

손과 발을 같이 사용하여 당기기

<함께하기>

친구들과 함께 손을 잡고 밀고 줄다리기 놀이하기

Tip!
- 처음 시도할 때는 경쟁적인 방식으로 과격하게 하지 말고 손과 팔의 힘을 좌우로 사용하여 밀고 당기는 경험을 갖게 한다.
- 자신의 의지로 좌우로 밀고 당기는 힘의 강약을 조절할 수 있도록 지도한다.

GPS 놀이
(방향지각-방향성)

★ **자신의 위치를 파악하고 방향성 익히기**

☐ **준비물**
- 표시 테이프
- 스쿠터보드
- 짐볼

☐ **핵심 어휘**
- 앞쪽, 뒤쪽, 왼쪽, 오른쪽
- 이동한다, 움직이다

☐ **기본활동**

 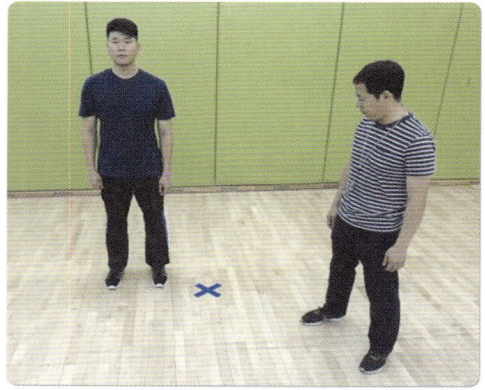

- 지도자는 50cm 길이의 선을 교차하여 X 모양을 만들어 바닥에 표시한다.
- 아동은 지도자의 지시에 따라 X 모양을 기준으로 좌·우·앞·뒤로 움직인다.

Tip!
- ✓ 지도자는 아동의 위치에 따라 좌·우·앞·뒤 방향 개념을 먼저 설명한다.
- ✓ 지도자는 아동에게 명확하게 방향을 제시해야 한다.

발달장애 아동의 체육 프로그램
콘텐츠와 지도방법

□ 응용활동

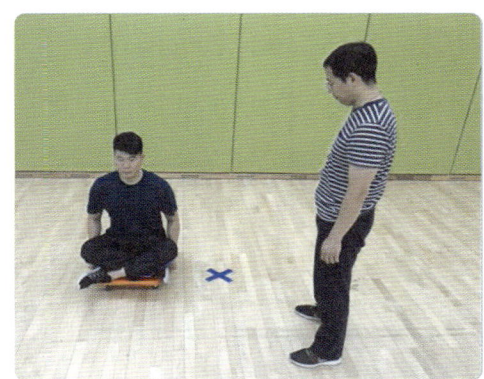

스쿠터보드에 앉아 GPS 따라가기

짐볼 위에 앉아 GPS 따라가기

<함께하기>

친구와 함께 짐볼 위에 앉아 GPS 놀이하기

Tip!
- ✓ 아동이 지나치게 과격한 도구 사용으로 상해가 발생하지 않도록 주의해야 한다.

217

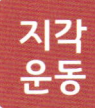

떨어지는 물폭탄
(시간지각-동시성)

★ 양손에서 물풍선이 동시에 떨어지는 것을 관찰하기

☐ **준비물**
- 물풍선
- 야구공, 농구공
- 스카프

☐ **핵심 어휘**
- 떨어지다
- 무겁다, 가볍다
- 크다, 작다
- 동시에, 똑같이

☐ **기본활동**

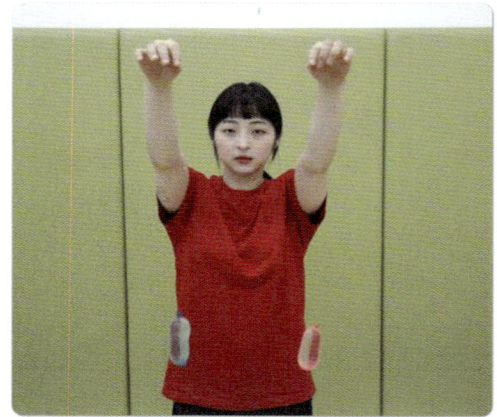

- 지도자는 아동의 양손에 물이 들어간 풍선을 쥐어준다.
- 아동은 지도자의 지시에 따라 동시에 물풍선을 떨어뜨린다.

Tip!
- ✓ 지도자는 활동 전 시범을 통해 동시성을 설명한다.
- ✓ 물풍선의 크기가 같도록 물의 양을 동일하게 한다.

□ 응용활동

크기가 다른 공으로 활동하기

공과 스카프를 사용하여 활동하기

Tip!
- 공기의 저항이 같으면 무게에 상관없이 같이 떨어지고, 공기의 저항이 달라지면 다른 속도로 떨어진다는 것을 설명한다.

<함께하기>

지도자와 동시에 물풍선, 공 떨어뜨리기

Tip!
- 아동이 친구에게 물풍선과 공을 던지지 않도록 지도한다.

추적! 도미노!
(시간지각-연속성)

★ 연속적으로 쓰러지는 도미노 체험하기

□ 준비물
- 도미노
- 책

□ 핵심 어휘
- 세우다, 밀다
- 연속성

□ 기본활동

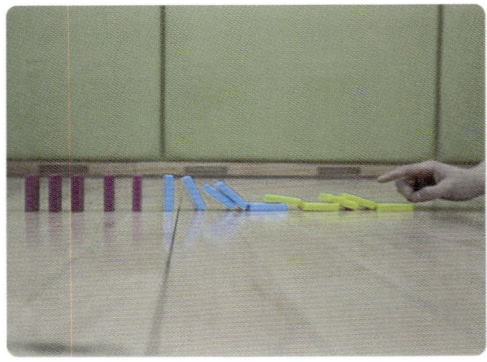

- 지도자는 아동과 함께 도미노를 연속적으로 세운다.
- 아동은 지도자의 지시에 따라 첫 번째 도미노를 쓰러트린다.

Tip!
- ✓ 지도자는 도미노가 연속적으로 쓰러지는 과정에서 아동의 주의집중을 유도한다.
- ✓ 쓰러진 도미노를 통해 연속적인 움직임의 결과를 확인하도록 한다.

□ 응용활동

책을 활용하여 도미노 놀이하기   곡선으로 도미노 세우기   두 줄의 도미노를 세워 동시에 쓰러트리기

<함께하기>

친구와 협동하여 도미노 놀이하기

Tip!
- 처음에는 크기가 큰 도미노부터 시작하여 점차 작은 크기를 활용한다.
- 도미노가 중간에 무너지면 아동이 크게 실망할 수 있으므로 포기하지 않도록 개수를 조절하여 제시한다.

날아라 비행기
(시간지각-연속성)

★ 연속적으로 날아가는 비행기를 관찰하기

□ **준비물**
- 종이비행기

□ **핵심 어휘**
- 멀다, 가깝다
- 날리다, 던지다
- 연속성

□ **기본활동**

- 종이비행기를 준비한다.
- 아동은 지도자의 지시에 따라 종이비행기를 던진다.
- 지도자는 종이비행기가 날아간 방향으로 아동과 함께 이동한다.

Tip!
- ✓ 교사는 아동이 날린 종이비행기가 어떻게 이동하는지 관찰한 뒤, 비행기가 비행한 길을 따라 같이 이동한다.

□ 응용활동

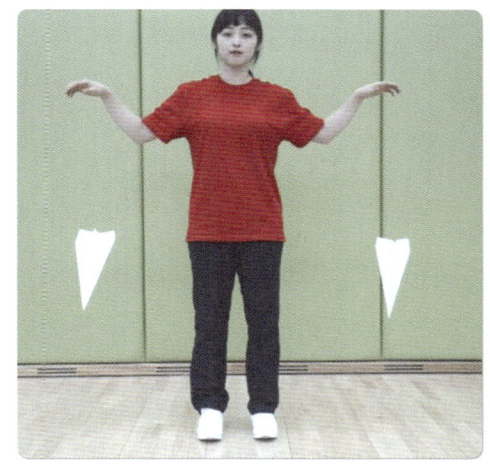

종이비행기 2개 동시에 떨어뜨리기

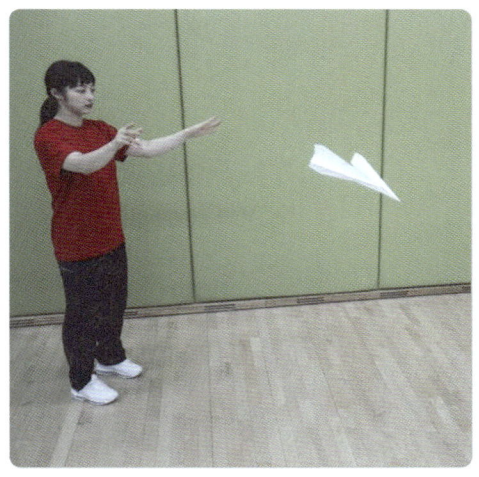

종이비행기 2개 동시에 날리기

<함께하기>

친구들과 같이 종이비행기 날려보기

Tip!
✓ 아동이 종이비행기를 친구들의 얼굴을 향해 던지지 않도록 유의한다.

똑딱똑딱 메트로놈
(시간지각-리듬)

지각 운동

★ 청각 자극에 따라 리듬 속도 익히기

☐ **준비물**
- 메트로놈
- 리듬스틱, 탬버린
- 트라이앵글, 소고
- 각종 타악기

☐ **핵심 어휘**
- 리듬 속도
- 들리다
- 치다

☐ **기본활동**

- 지도자는 리듬스틱과 메트로놈 기기를 30BPM으로 맞춰 준비한다.
- 아동은 메트로놈 기기 소리에 따라 리듬스틱을 친다.

Tip!
- ✓ 지도자는 메트로놈 기기 소리가 아동에게 잘 들릴 수 있는 곳에 배치한다.
- ✓ 지도자는 메트로놈 기기가 없는 경우, 메트로놈 어플리케이션 및 인터넷상의 메트로놈 음원을 찾아 사용한다.

발달장애 아동의 체육 프로그램
콘텐츠와 지도방법

□ 응용활동

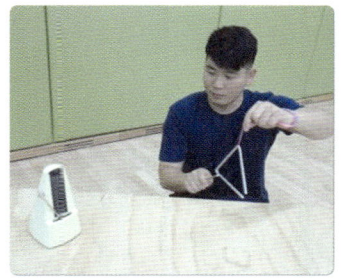  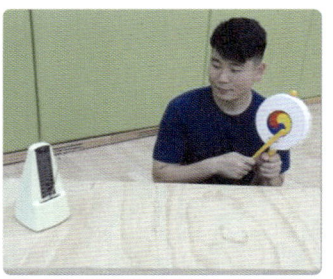

트라이앵글을 사용하여 활동하기   탬버린을 사용하여 활동하기   소고를 사용하여 활동하기

<함께하기>

친구들과 함께 다양한 타악기로 메트로놈 놀이하기

Tip!
- 메트로놈 소리가 잘 들릴 수 있도록 스피커를 연결하여 들려준다.
- 최대한 악기 소리가 메트로놈 박자와 동시에 날 수 있게 지도한다.

지각운동

엉덩이 짐볼드럼
(시간지각-리듬)

★ 리듬 속도에 따라 움직여보기

☐ **준비물**
- 짐볼

☐ **핵심 어휘**
- 천천히, 빠르게
- 앉다. 일어나다

☐ **기본활동**

 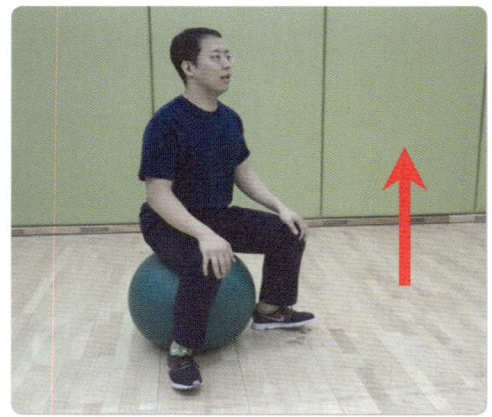

- 짐볼을 준비한다.
- 아동은 짐볼 위에 앉는다.
- 아동은 지도자의 지시에 따라 앉은 상태에서 반동을 이용해 제자리에서 앉았다 일어났다를 반복한다.

Tip!
- ✓ 지도자는 아동이 일정한 속도로 동작을 반복할 수 있도록 도와준다.
- ✓ 평형성 능력에 따라 짐볼 외에도 나무상자나 낮은 책상을 사용할 수 있다.

□ 응용활동

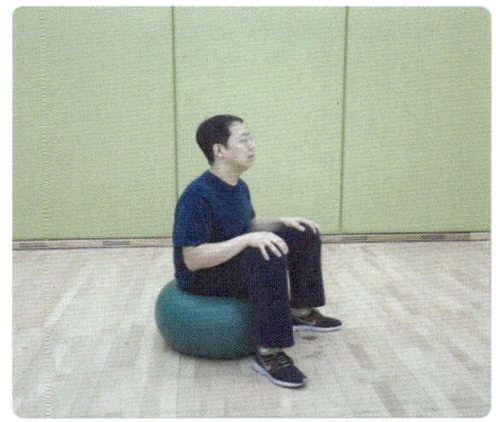

느린 반동으로 짐볼 놀이하기

빠른 반동으로 짐볼 놀이하기

<함께하기>

지도자의 리듬스틱 소리에 맞춰 친구들과 함께 짐볼 놀이하기

Tip!
- ✓ 아동이 짐볼에서 넘어지지 않도록 주의해야 한다.
- ✓ 균형 능력 낮은 아동의 경우 바닥에 매트를 깔고 안전하게 활동을 진행한다.
- ✓ 지도자는 리듬스틱의 소리와 속도를 조절하여 다양한 방식으로 짐볼 놀이가 진행될 수 있게 한다.

4 기본운동기술 영역 콘텐츠

기본운동기술

달리기
(기본이동기술)

★ 팔과 다리를 리듬에 맞춰 교차하며 뛰기

□ 준비물
- 콘
- 2인3각용 끈
- 수건

□ 핵심 어휘
- 느리다, 빠르다
- 걷다, 뛰다, 달리다

□ 기본활동

- 팔과 다리를 서로 엇갈려 움직이고, 팔꿈치를 구부린다.
- 발뒤꿈치나 앞꿈치의 일부만 이용하여 이지와 착지를 한다.
- 땅에 딛지 않은 발은 뒤로 90도 정도로 구부린다.

Tip!
- ✓ 과도한 움직임으로 인해 넘어지지 않도록 주의한다. .
- ✓ 무릎 및 발목관절의 운동범위가 좁은 경우에는 걷기로 대체할 수 있다.

□ 응용활동

셔틀런 달리기

지그재그 달리기

Tip!
- ✓ 셔틀런의 경우 청각적 주의집중력을 향상시킬 수 있다.
- ✓ 지그재그 달리기는 방향전환 기술을 익히는데 유용하다.

<함께하기>

2인 3각 경기

수건돌리기

Tip!
- ✓ 달리기를 통해 리듬감과 속도감, 그리고 협동심을 익힐 수 있다.

발달장애 아동 체육 프로그램의
이해와 실제

갤럽
(기본이동기술)

★ 양발을 교차하지 않고 무게중심을 이동하며 뛰기

☐ 준비물
- 말에 관한 사진 및 영상
- 오른 발바닥과 왼 발바닥 모형
- 줄넘기
- 발바닥 모양 패드

☐ 핵심 어휘
- 높다, 낮다
- 멀다, 가깝다

☐ 기본활동

- 한 발을 내딛으면서 반대발이 내딛는 발 옆이나 뒤에서 이동한다.
- 두발이 동시에 땅에서 떨어진다.
- 리듬감을 유지하며 연속적으로 갤럽을 실시한다.

Tip!
✓ 말이 뛰는 사진과 영상을 보여주고 지도자의 시범을 통해 동작과 리듬감을 익힐 수 있도록 한다.

□ 응용활동

발바닥 모양을 보며 갤럽으로 이동하기

Tip!

- ✓ 발 모양에 따른 신체상을 익힐 수 있다.
- ✓ 발바닥 모양의 패드가 없을 경우 테이프로 대체할 수 있다.

<함께하기>

갤럽을 이용하며 줄넘기하기

Tip!

- ✓ 일정한 리듬감을 익히면서 달리기 줄넘기를 실시한다.
- ✓ 달리기 줄넘기를 수행할 수 없는 경우 걷기 줄넘기로 대체한다.

홉
(기본이동기술)

기본운동기술

★ 한발로 뛰며 이동하기

☐ **준비물**
- 오른 발바닥과 왼 발바닥 모형
- 사다리 모형

☐ **핵심 어휘**
- 높다, 낮다
- 멀다, 가깝다

☐ **기본활동**

- 땅에 딛지 않은 다리의 무릎을 굽혀 든다.
- 양팔의 팔꿈치를 구부려 팔을 뒤에서 앞으로 들어 올릴 때 땅에 딛은 발로 뛰고 착지한다.
- 한 발로 연속적으로 호핑을 실시하고 발을 바꾸어준다.

Tip!
- ✓ 한 발로 균형을 잘 잡지 못하는 경우 지도자가 앞에서 보조해준다.
- ✓ 연속해서 3번 이상 홉을 할 수 없는 경우에는 발을 교대하여 사용할 수 있도록 한다.

□ 응용활동

줄 사다리 홉으로 이동

파란색(오른발), 빨간색(왼발)
발바닥 모양에 따라 홉으로 이동

<함께하기>

- 무릎을 뒤로 구부린 다음 손으로 잡는다.
- 홉핑의 형태로 닭싸움을 한다

Tip!
✓ 낙상의 위험을 방지하기 위해 바닥에 매트를 깔고 홉핑 닭싸움을 실시한다.

립
(기본이동기술)

★ 한 발로 점프하여 반대발로 착지하기

☐ **준비물**
- 색 테이프
- 유니바

☐ **핵심 어휘**
- 높다, 낮다
- 멀다, 가깝다

☐ **기본활동**

- 아동 선 곳 전방 3m에 낮은 장애물(콩주머니)을 설치한다.
- 장애물까지 뛰어가 한쪽 발을 앞으로 뻗으며 뛰어 넘는다.
- 한 발로 이지하여 반대발로 착지하게 한다.
- 이 때 추진력을 내는 발의 반대팔이 앞으로 향하게 한다.

ip!
- ✓ 장애물은 콩주머니 수준의 낮은 높이로 준비한다.

□ 응용활동

큰 걸음 걷기

장애물 건너뛰기

Tip!
- ✓ 아동이 유니바를 이용한 장애물에 대해 거부감이 있을 때에는 바닥에 색 테이프를 붙인 후 뛰어 넘도록 한다.
- ✓ 유니바의 높이는 아동의 수준에 따라 조절하면 된다.

<함께하기>

- 술래가 아닌 아동이 립을 이용하여 다섯발을 뛴다.
- 술래가 립을 이용하여 다섯발을 뛴다.
- 술래가 손을 이용하여 술래가 아닌 아동을 터치하게 되면 아웃이 된다.
- 아웃된 아동은 술래가 된다.

Tip!
- ✓ 연속 뛰기의 숫자는 아동의 수준을 고려하여 실시한다.

발달장애 아동 체육 프로그램의
이해와 실제

멀리뛰기
(기본이동기술)

★ 두 발을 동시에 점프하고 착지하기

☐ **준비물**
- 색 테이프
- 줄자
- 원형 패드
- 발구름판
- 훌라후프

☐ **핵심 어휘**
- 높다, 낮다
- 멀다, 가깝다

☐ **기본활동**

- 출발선에 서서 무릎을 구부린 채 팔을 앞뒤로 움직여 추진력을 만든다.
- 팔을 앞과 위로 힘껏 펴며 머리 위로 최대한 들어 올린다.
- 두 발을 동시에 이지한다.
- 들어 올린 팔을 힘껏 내리며 착지한다.

Tip!
✓ 두 발이 동시에 점프하고 착지할 수 있도록 지도한다.

☐ 응용활동

개구리 뛰기

발구름판을 이용하여 멀리 뛰기

Tip!
✓ 아동의 머리가 바닥에 부딪히지 않도록 매트를 깔고 시행한다

<함께하기>

- 출발서에서 5m를 달린 후 점프하여 훌라후프 안에 정확한 자세로 착지한다.
- 앞사람이 첫 번째 매트에 있는 훌라후프에 착지하면 다음 사람이 출발한다.

Tip!
✓ 멀리뛰기 기술이 숙달되면 훌라후프를 제거하고 힘껏 뛰어보도록 한다.

슬라이드
(기본이동기술)

★ 옆으로 뛰며 이동하기

☐ **준비물**
- 콘
- 평균대
- 색 테이프

☐ **핵심 어휘**
- 돌리다
- 나란히 하다
- 이동하다

☐ **기본활동**

- 이동방향을 향해 몸을 옆으로 돌린 다음, 어깨를 나란히 정렬한다.
- 발을 내딛은 후 중심을 이동시켜 옆으로 점프하며 이동한다.
- 점프가 연속적으로 이루어지도록 하고 한 방향이 익숙해지면 반대방향으로 실시한다.

Tip!
- ✓ 반드시 이동방향을 향해 몸을 돌려 방해물이 있는지를 확인하게 한다.
- ✓ 아동이 리듬감을 유지하며 슬라이드를 수행하도록 지도자는 호각을 통해 규칙적인 소리를 제시한다.

발달장애 아동의 체육 프로그램
콘텐츠와 지도방법

□ 응용활동

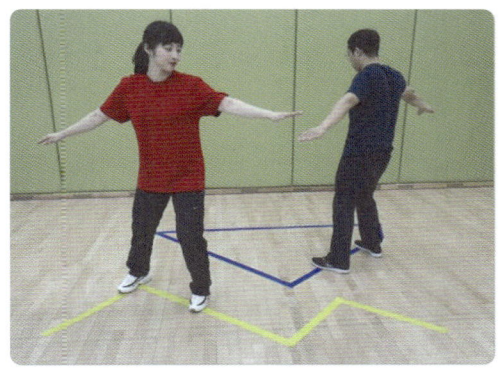
다양한 모양의 선 따라 슬라이드로 이동하기

평균대 옆으로 걷기

Tip!
✓ 평균대가 높아 아동의 낙상이 우려되는 경우 평균대 밑에 푹신한 매트를 설치해야 한다.

<함께하기>

'옆에 옆에 옆에' 동요에 맞춰 춤추기

Tip!
✓ '옆에 옆에 옆에' 동요를 재생시킨다.
✓ 노래의 다양한 동작은 최대한 단순화시켜서 슬라이드 중심의 활동이 이루어지게 한다.

치기
(물체조작기술)

★ 몸을 회전하면서 배트로 공 치기

☐ 준비물
- 티볼용 공 (배구공 등)
- 배팅 티
- 배트
- 골프채
- 풍선
- 신문지로 만든 공

☐ 핵심 어휘
- 치다
- 보다
- 잡다
- 올리다

☐ 기본활동

- 주로 사용하는 손을 위에, 반대손을 아래에 위치시켜 배트를 잡는다.
- 발을 배팅 티와 나란히 한 다음 배트를 어깨 위로 들어 올린다
- 엉덩이와 어깨를 회전시키면서 스윙을 한다
- 앞발 쪽으로 무게중심을 이동시키면서 배트로 공을 맞춘다.

Tip!
- ✓ 목표물을 잘 응시할 수 있도록 아동이 좋아하는 색의 공을 이용한다.
- ✓ 목표물을 잘 치지 못할 경우, 큰 공을 활용할 수 있다.

발달장애 아동의 체육 프로그램
콘텐츠와 지도방법

☐ **응용활동**

매달린 풍선 치기

아동용 골프채로 작은 공 치기

Tip!
- ✓ 아동이 배트나 골프채를 휘두르는 주변에 사람이 있는지를 반드시 확인해야 한다.

<함께하기>

배트로 신문지 공치기

지도자가 던져주는 공 치기

Tip!
- ✓ 신문지 공치기의 경우 신문지 공의 크기를 다양하게 하여 쉽게 칠 수 있는 방법으로 시작한다.
- ✓ 지도자가 공을 던져 치는 연습을 처음 할 때는 아동이 배트를 휘두르는 타이밍을 인식할 수 있도록 "하나~ 둘~ 셋!"의 소리를 함께 해준다.

튀기기
(물체조작기술)

★ 제자리에서 한 손으로 연속하여 공 튀기기

□ 준비물
- 배구공
- 짐볼
- 작은 낙하산

□ 핵심 어휘
- 튀기다
- 잡다
- 누르다

□ 기본활동

- 허리 높이에서 한 손으로 공을 튀긴다.
- 손바닥이 아닌 손가락으로 공을 아랫방향으로 민다.
- 자주 사용하는 발 앞쪽 혹은 옆쪽에 공을 튀긴다.
- 발을 고정한 채 연속으로 공을 튀긴다.

Tip!
✓ 아동의 특성을 고려하여 공 크기를 결정할 수 있다.
✓ 공이 잘 튀기도록 공의 바람을 채워 넣는다.

□ 응용활동

제자리 짐볼 튀기기

걸으며 짐볼 튀기기

Tip!
- 처음에는 주로 사용하는 손으로 공을 튀기다가 익숙해지면 반대손을 사용한다.
- 양손을 사용하여 튀긴다.

<함께하기>

볼 바운스 함께하기

Tip!
- 공을 튀길 때 높낮이를 조절하며 다양한 무게의 공을 활용하여 볼 바운스를 진행한다.

받기
(물체조작기술)

기본운동기술

★ 공중에서 날아오는 공 받기

☐ **준비물**
- 티볼용 공(배구공 등)
- 바구니
- 풍선
- 스카프
- 벨크로 캐치볼 세트

☐ **핵심 어휘**
- 보다
- 잡다
- 받다

☐ **기본활동**

- 몸 앞으로 팔꿈치를 유연하게 구부려 손을 내민다.
- 공을 받기 위해 팔을 앞으로 뻗는다.
- 손만 이용하여 공을 받는다.

Tip!
✓ 아동이 날아오는 공에 맞아 상해를 입지 않도록 공에 대한 주의집중을 유도한다.

□ 응용활동

바구니로 풍선 받기

스카프 받기

<함께하기>

벨크로 캐치볼

Tip!

✓ 상대방이 던지는 공을 끝까지 눈으로 추적하며 받도록 한다.
✓ 공이 날아올 때 몸을 이동하여 안정적인 자세를 취한다.
✓ 상대방은 높이를 조절하여 공을 던져서 시간 차이에 따라 공을 받을 수 있도록 한다.

기본 운동 기술

차기
(물체조작기술)

★ 발의 안쪽이나 발끝으로 공 차기

☐ 준비물
- 축구공
- 제기
- 짐볼
- 풍선

☐ 핵심 어휘
- 차다
- 보다
- 맞히다
- 정확하다, 빗나가다

☐ 기본활동

- 공에 빠른 속도로 접근한다.
- 공을 차기 위해 순간적인 립 동작이나 보폭을 넓게 한다.
- 차지 않은 디딤발을 공의 옆이나 뒤에 위치시킨다.
- 주로 사용하는 발의 안쪽이나 발끝으로 공을 찬다.

Tip!
✓ 아동의 수준이나 흥미에 따라 말랑말랑하거나 가벼운 공을 사용한다.

□ 응용활동

제기 차기

짐볼 차기

<함께하기>

다함께 풍선 차기

Tip!
- ✓ 지나친 경쟁심을 유도하기 보다는 차기 기술을 익히는데 초점을 둔다.
- ✓ 풍선을 떨어트리지 않고 연속해서 차도록 한다.
- ✓ 풍선을 찰 때마다 발의 안쪽, 바깥쪽, 가운데 등의 발모양을 정해놓고 연속해서 찬다.

던지기
(물체조작기술)

★ 머리 위로 팔을 올려 공 던지기

☐ **준비물**
- 야구공
- 배구공
- 바구니
- 종이비행기
- 막대기
- 고리

☐ **핵심 어휘**
- 어깨
- 던지다, 받다
- 돌리다
- 숙이다

☐ **기본활동**

- 손과 팔을 내려 와인드업 자세를 취한다.
- 던지는 방향을 향해 엉덩이와 어깨를 회전시킨다.
- 던지는 팔의 반대발을 앞으로 내딛으며 체중을 이동시킨다.
- 볼을 던진 후 던진 팔을 대각선 방향으로 끝까지 내린다.

Tip!
- ✓ 아동이 지나치게 과격한 스윙 동작으로 인해 부상당하지 않도록 주의한다.
- ✓ 아동이 주로 사용하는 손과 팔을 파악하여 수행하도록 한다.

□ 응용활동

종이비행기 날리기

두 손 오버헤드 공 던지기

Tip!
✓ 상대방을 고려하여 너무 세게 던지지 않도록 주지시켜야 한다

<함께하기>

투호 놀이

고리 던지기

Tip!
✓ 던져지는 교구들이 아동의 얼굴로 향하지 않게 주의한다.

굴리기
(물체조작기술)

★ **목표지점을 향해 공 굴리기**

□ **준비물**
- 배구공
- 콘
- 원형통
- 굴렁쇠
- 펀볼

□ **핵심 어휘**
- 굴리다
- 놓다
- 튀어오르다

□ **기본활동**

- 무릎을 굽혀 몸을 낮춘다.
- 가슴은 목표물(콘 등)을 향하고 공을 든 손은 아래에서 뒤로 움직인다.
- 던지는 팔의 반대발을 앞으로 내딛으며 체중을 이동하면서 굴린다.
- 볼을 던진 후 던진 팔을 대각선 위로 들어 올린다.

Tip!
✓ 펀볼을 굴릴 때 아동이 주로 사용하는 손과 팔을 파악하여 수행하도록 한다.

□ 응용활동

원형통 굴리기

굴렁쇠 굴리기

Tip!
✓ 미끄럼틀의 방향에 따라 굴러가는 방향이 다양하므로 표적에 따라 방향을 조준하여 굴리는 연습을 합니다.

<함께하기>

앉아서 친구와 공 굴리기

친구와 대형 FUN볼 굴리기

Tip!
✓ 아동이 펀볼의 위쪽을 밀어 미끌어 넘어지거나 공위로 올라 타지 않도록 주의한다.

5. 게임기술 영역 콘텐츠

게임기술 — 산 넘고 강 건너 (이동기술 응용 게임)

★ 징검다리 및 지형을 지나 목표지점까지 이동하기

□ 준비물
- 스텝박스
- 평균대
- 밸런스보드
- 마커
- 그 밖에 다양한 징검다리 교구

□ 핵심 어휘
- 넘어가다
- 건너가다
- 멀다, 가깝다
- 높다, 낮다
- 좁다, 넓다

활용되는 운동기술	
지각운동	신체지각 공간지각 방향지각
기본운동기술	달리기 갤럽 립

□ 기본활동

- 출발 신호를 듣고 목표지점까지 설치되어 있는 다양한 징검다리 및 지형을 건넌다.
- 징검다리나 지형에서 벗어날 경우 출발지점으로 돌아와 처음부터 다시 실시한다.

Tip!
- ✓ 모든 징검다리 활동 수행에 걸린 시간을 측정하는 게임으로 진행할 수 있다.
- ✓ 사전에 코너별로 이동하는 방법에 대한 연습을 진행하는 것이 좋다.
- ✓ 낙상 위험을 방지하기 위해 징검다리 밑에 매트를 설치하는 것이 좋다.

발달장애 아동의 체육 프로그램
콘텐츠와 지도방법

□ 응용활동

거리, 높이 등이 변화된
징검다리 코스로 이동하기

섞어 배치된 징검다리 중 특정한 색,
모양의 징검다리만 선택하여 이동하기

Tip!
- ✓ 아동의 수행수준에 따라 난이도를 조절하되 어려운 코스를 포함하는 경우 시간제한 없이 게임을 진행할 수 있다.
- ✓ 뽑기나 퀴즈 등의 방식을 통해 색, 모양에 대한 정보를 제공할 수 있다.

<함께하기>

두 개의 경로와 참가자 그룹을 만들어 릴레이 경기 참여하기

Tip!
- ✓ 아동의 수행수준에 따라 '응용활동'과 '함께하기'를 적절히 섞는 방법으로 진행이 가능하며, 특히 특정 징검다리 이동을 어려워하는 아동이 있는 경우 또래의 도움을 통해 실시할 수 있도록 지도하는 것이 좋다.

나는야 스파이
(이동기술 응용 게임)

게임기술

★ 가상의 레이저를 신체에 닿지 않게 통과하여 목표지점까지 이동하기

□ **준비물**
- 줄(탄성 스레드)
- 테이프
- 기둥 장애물(필요시)
- 목표물(인형 또는 로봇)

□ **핵심 어휘**
- 넘어가다
- 건너가다
- 멀다, 가깝다
- 높다, 낮다
- 좁다, 넓다

활용되는 운동기술	
지각운동	공간지각
	방향지각
	속도지각
기본운동기술	달리기
	슬라이드
	립

□ **기본활동**

- 줄이 몸에 닿지 않게 통과하여 목표물을 획득한다.
- 줄이 몸에 닿은 경우 출발지점으로 다시 돌아와 실시한다.
- 목표물을 획득했다면 같은 방법을 통해 출발지점으로 다시 돌아온다.

Tip!
- ✓ 아동이 과제에 대한 흥미를 느낄 수 있도록 영화클립영상 혹은 상황극을 제공해주는 것이 좋다.
- ✓ 아동의 이동기술, 신장, 보폭 등을 고려하여 줄의 개수, 넓이, 높이를 조절할 수 있다.
- ✓ 아동의 수행수준에 따라 굵고 단단한 줄로 대체하거나 몸이 줄에 닿더라도 활동에 계속 참여하도록 규칙을 변형하여 진행할 수 있다.

□ 응용활동

이동이 직접 줄을 설치하여 활동과제 만들기

움직이는 줄 피하기

<함께하기>

여러 아동이 손을 잡고 함께 줄을 피해 이동하기

참가자 그룹을 나누어 릴레이 경기 참여하기

Tip!
- 아동의 수행수준에 따라 '응용활동'과 '함께하기'를 적절히 섞는 방법으로 진행이 가능하며, 특히 과제수행을 어려워하는 아동이 있는 경우 또래의 도움을 통해 실시할 수 있도록 지도하는 것이 좋다.

낙하산 게임
(이동기술 응용 게임)

★ 다양한 낙하산 활동 과제를 수행하기

□ 준비물
- 낙하산(파라수트)
- 여러 가지 색깔의 볼풀공
- 다양한 크기의 공

□ 핵심 어휘
- 찾다
- 들어올리다
- 피하다
- 흔들다
- 넓다, 좁다

활용되는 운동기술	
지각운동	신체지각 공간지각 방향지각
기본운동기술	달리기

□ 기본활동

- 볼풀공 위에 낙하산을 덮어놓고 주위에 선다.
- 사전에 교사가 정해준 공의 색깔을 확인한다.
- 시작 신호와 함께 낙하산 밑으로 들어가 정해진 색깔의 공을 찾는다.

Tip!
- ✓ 색깔을 정할 때는 아동이 좋아하는 색을 고른다던지, 주변 사물의 색을 정하는 등의 방법으로 변형하여 흥미를 유발하는 것이 좋다.
- ✓ 공의 개수로 난이도를 조절하되 공을 찾는데 어려움을 겪는 아동의 경우 낙하산을 간헐적으로 들어주는 도움을 줄 수 있다.
- ✓ 폐소 공포를 느끼는 아동은 참여시키지 않는다.

발달장애 아동의 체육 프로그램
콘텐츠와 지도방법

□ 응용활동

낙하산을 높이 들었을 때 교사가 지목한 색깔의 공을 가지고 돌아오기 / 낙하산을 높이 들었을 때 교사가 호명하는 아동이 빈자리로 이동하기

Tip!
- 낙하산 아래에서 이동할 때 낙하산이 떨어져서 몸에 닿기 전에 빠져나오도록 하는 규칙을 반영하면 아동이 더 큰 박진감을 느끼게 할 수 있다.

<함께하기>

낙하산을 번쩍 들어 공을 높이 올리기 / 교사의 지시에 따라 공을 떨어트리지 않고 낙하산 움직이기(펼치기, 좁히기, 흔들기 회전하기, 이동하기 등)

Tip!
- 음악을 틀어놓고 리듬이나 가사에 따라 과제를 수행하는 활동으로 변형하여 아동의 흥미를 극도할 수 있다.

발달장애 아동 체육 프로그램의
이해와 실제

게임 기술

캥거루 달리기
(이동기술 응용 게임)

★ 캥거루 주머니에 들어가 목표지점으로 이동하기

□ **준비물**
- 캥거루달리기 주머니
- 고깔

□ **핵심 어휘**
- 뛰다
- 들다
- 높다, 낮다
- 피하다

활용되는 운동기술	
지각운동	신체지각
	공간지각
	방향지각
	속도지각
기본운동기술	달리기
	멀리뛰기

□ **기본활동**

- 캥거루달리기 주머니에 들어간다.
- 시작 신호와 함께 목표지점으로 뛰어간다.
- 목표지점을 돌아 시작지점으로 돌아온다.

Tip!
✓ 캥거루달리기 주머니가 익숙하지 않은 아동은 주머니 속에서 스스로 움직임을 제어할 수 있도록 사전에 연습기회를 제공한다.

발달장애 아동의 체육 프로그램
콘텐츠와 지도방법

□ 응용활동

고깔을 피해 지그재그로 이동하기

장애물 넘어 이동하기

<함께하기>

캥거루달리기 주머니를 바통 삼아
릴레이 경주 참여하기

큰 캥거루주머니 속에서
2인1조로 함께 이동하기

Tip!
✓ 큰 캥거루주머니에서 이동할 때는 이동구호(예: 하나-둘)를 통해 호흡을 맞춰 뛰도록 사전 연습기회를 제공한다.

게임 기술

달걀 구출작전
(이동기술 응용 게임)

★ 한발로만 이동하여 목표지점에 있는 달걀 옮기기

☐ **준비물**
- 탁구공
- 그릇
- 발바닥 마커
- 노끈
- 풍선

☐ **핵심 어휘**
- 뛰다
- 들다
- 높다, 낮다
- 피하다

활용되는 운동기술	
지각운동	신체지각
	공간지각
	방향지각
	속도지각
기본운동기술	홉
	립

☐ **기본활동**

- 시작 신호와 함께 징검다리를 건너 목표지점으로 이동한다.
- 징검다리 위에선 어느 발이든 한 발로만 설 수 있다.
- 목표지점에 놓인 바구니에 있는 탁구공을 시작 지점으로 옮긴다.

Tip!
✓ 활동 전에 제자리에서 홉 연습을 충분히 해야 한다.

□ 응용활동

탁구공 옮기는 도구를 변형하여 참여하기   발바닥 마커를 한발로만 이동하기

Tip!
✓ 발바닥 마커의 위치나 거리를 조절하여 난이도를 조절할 수 있다.

<함께하기>

닭다리로 뛰어다니며 풍선 꼬리잡기

Tip!
✓ 부상 위험을 최소화하기 위해 매트나 모래 등의 푹신한 바닥 위에서 진행해야 한다.

짐볼 경주
(물체조작기술 응용 게임)

게임 기술

★ 짐볼을 가지고 빠르게 목표지점을 돌아오기

□ 준비물
- 짐볼
- 고깔

□ 핵심 어휘
- 출발하다
- 굴리다
- 돌아오다
- 세다, 약하다
- 빠르다, 느리다

활용되는 운동기술	
지각운동	공간지각
	방향지각
	속도지각
기본운동기술	달리기
	굴리기
	튀기기

□ 기본활동

- 출발지점에서 짐볼을 가지고 목표지점을 응시하며 대기한다.
- 출발신호에 따라 짐볼을 목표지점으로 굴리거나 튀기며 달려간다.
- 목표지점을 돌아 출발지점으로 다시 돌아온다.

Tip!
✓ 아동이 목표지점 부근에서 방향전환을 어려워하는 경우 공을 굴리거나 튀기는 강도 내지는 달리는 속도에 대한 부분을 유의하도록 상기시켜 준다.

□ 응용활동

짐볼과 함께 이동하며 장애물 피하기

손을 제외한 신체부위로 짐볼을 이동시키기

<함께하기>

참가자 그룹을 나누어 릴레이 경기 참여하기

그룹 전체가 경주에 참여하기

Tip!
- 아동의 수행수준에 따라 '응용활동'과 '함께하기'를 적절히 섞는 방법으로 진행이 가능하며, 특히 과제수행을 어려워하는 아동이 있는 경우 또래의 도움을 통해 실시할 수 있도록 지도하는 것이 좋다.

공이 넘치는 우리집
(물체조작기술 응용 게임)

★ 흩어져있는 공을 자기 진영의 훌라후프 안으로 모으기

□ 준비물
- 훌라후프
- 여러 가지 색깔의 볼풀공
- 다양한 크기의 공

□ 핵심 어휘
- 달리다
- 잡다
- 받다
- 던지다
- 빠르다, 느리다

활용되는 운동기술	
지각운동	공간지각
	방향지각
	속도지각
기본운동기술	달리기
	던지기
	받기

□ 기본활동

- 흩어져있는 볼풀공들과 한가운데 있는 훌라후프를 응시하고 대기한다.
- 시작신호에 따라 볼풀공을 훌라후프 안으로 모은다.
- 훌라후프 안에 꽉 찬 볼풀공 위에 나머지 볼풀공을 쌓아 올린다.

Tip!
- ✓ 제한시간을 설정하거나 볼풀공을 다 쌓는데 걸린 시간을 측정하여 게임을 진행한다.
- ✓ 볼풀공이 지나치게 멀리 나가지 않도록 펜스를 설치하여 진행하면 훨씬 효율적으로 게임을 진행할 수 있다.

□ 응용활동

지도자가 지정한 색깔의 공 모으기

다양한 크기의 공을 모아서 쌓기

Tip!
- 훌라후프의 크기를 조절하거나 공이 흘러나가지 않을 수 있는 공간경계를 바꿔주는 활동으로 쌓기 난이도를 조절할 수 있다.

<함께하기>

상대 진영(훌라후프)에 있는 공을 자기진영에 제한시간 동안 옮기기

동료와 협력하여 던지고 받기를 통해 공을 훌라후프에 운반하기

Tip!
- 아동들이 서로 공을 빼앗으려 하거나 불필요한 다툼이 발생하지 않도록 게임 중 몸을 부딪치지 않는 규칙을 만들어 진행하는 것이 좋다.

게임 기술

풍선배구
(물체조작기술 응용 게임)

★ 주위에 있는 풍선을 목표지점을 향해 쳐서 넘기기

☐ **준비물**
- 풍선
- 아동의 신장보다 높은 네트

☐ **핵심 어휘**
- 치다
- 넘기다
- 세다, 약하다
- 높다, 낮다
- 찾다

활용되는 운동기술	
지각운동	공간지각
	방향지각
	속도지각
기본운동기술	달리기
	던지기
	치기

☐ **기본활동**

- 출발지점에 서서 시작 신호를 기다린다.
- 지도자가 시작 신호와 함께 풍선을 던져주면 떨어지지 않도록 풍선을 쳐서 목표지점(네트) 너머로 넘긴다.
- 풍선을 손으로 잡아서 멈추게 하거나 풍선이 땅에 떨어지면 탈락한다.

Tip!
- ✓ 풍선을 치면서도 목표지점(네트위치)에 대해 인식할 수 있도록 하는 것이 중요하다.
- ✓ 아동이 풍선을 지나치게 세게 쳐서 바람직한 과제수행이 어려운 경우 약하게 치면서도 잘 할 수 있도록 힘조절 개념을 설명하며 시범과 신체적 보조를 지원할 필요가 있다.

□ 응용활동

높게 설치된 훌라후프에 풍선 쳐서 넣기

제한시간 안에 많은 풍선 넘기기

Tip!
- 그룹에 치기 과제를 어려워하는 아동이 있는 경우 단순하게 잡아서 던지는 활동으로 대체할 수 있다.

<함께하기>

친구에게 풍선을 토스하여 목표지점에 옮기기

두 그룹으로 나누어 제한시간 동안 자기 진영에 있는 풍선을 상대 진영에 넘기기

Tip!
- 경기 중에 네트 밑으로 풍선이 오고 가지 않도록 환경을 구성한다.
- 종료 신호에 동작을 멈추고 다함께 각 진영에 있는 풍선의 개수를 세어본다.

발달장애 아동 체육 프로그램의
이해와 실제

게임 기술

피칭 다트
(물체조작기술 응용 게임)

★ 정확한 송구를 통해 정해진 규칙에 따른 점수 획득하기

☐ **준비물**
- 피칭타겟(후크볼)
- 벨크로볼
- 벨크로볼 글러브
- 고깔

☐ **핵심 어휘**
- 던지다
- 받다
- 세다, 약하다
- 멀다, 가깝다
- 높다, 낮다

활용되는 운동기술	
지각운동	공간지각
	방향지각
	속도지각
기본운동기술	달리기
	던지기
	받기

☐ **기본활동**

- 벨크로볼 글러브를 끼고 지도자와 공을 주고받는다.
- 공을 떨어뜨리거나 못 잡게 되면 공을 주고받은 횟수에 해당하는 피칭타겟 숫자에 맞춰서 해당점수를 획득한다.
- 성공 횟수가 피칭타겟 최고 숫자에 다다른 경우 바로 달려가서 해당 숫자에 던지기를 실시한다.

Tip!
- ✓ 피칭타겟이 없는 경우 숫자가 쓰여진 벽을 활용하여 맞출 수 있도록 환경조성이 필요하다.
- ✓ 지도자가 다양한 방향(높게, 낮게, 좌측, 우측)으로 던져주기를 통해 아동의 수행수준에 맞는 받기 기술을 유도한다.

□ 응용활동

굴리거나 튀겨서 주고 받기

거리를 점차 늘여가며 주고 받기

Tip!
- 다양한 던지기 방법과 받기 방법에 대한 기본자세 연습을 사전에 실시하고 게임을 진행하는 것이 좋다.

<함께하기>

팀원들과 공을 이어받은 횟수의 피칭타겟 숫자를 맞춰서 점수 획득하기

두 팀으로 나누어 상대 골대에 많이 넣는 경기에 참여하기

Tip!
- 제한시간 동안의 총 획득점수를 계수하는 방식으로 게임을 진행할 수 있다.
- 신체접촉으로 인한 부상을 방지 및 원활한 경기 진행을 위해 1) 다른 사람과 신체 접촉하지 않기, 2) 공 잡은 사람은 움직이지 않기, 3) 공을 떨어뜨리면 상대방에게 공격권 넘기기 규칙을 정해두고 게임을 진행한다.

킥볼링
(물체조작기술 응용 게임)

게임 기술

★ 세워져 있는 모든 고깔을 발로 차서 쓰러뜨리기

□ 준비물
- 고깔
- 납작콘
- 축구공(또는 아동이 발로 차기 좋은 공)
- 박스

□ 핵심 어휘
- 차다
- 받다
- 세다, 약하다
- 멀다, 가깝다

활용되는 운동기술	
지각운동	공간지각 방향지각 속도지각
기본운동기술	달리기 립 차기

□ 기본활동

- 시작 신호와 함께 흩어져있는 고깔을 발로 모두 쓰러뜨린다.
- 고깔을 모두 쓰러뜨린 후 출발지점으로 뛰어서 돌아온다.

Tip!
- ✓ 고깔을 모두 쓰러뜨리고 돌아오는데 걸리는 시간을 측정하는 방식으로 게임을 진행할 수 있다.
- ✓ 고깔의 개수와 흩어진 반경을 조절하여 난이도를 설정할 수 있으며, 고깔을 세워둔 형태를 다양화하여(별, 네모, 동그라미 혹은 '아동이 임의로 만든 모양'으로) 아동의 흥미를 유도할 수 있다.

□ 응용활동

원 바깥에 세워져 있는 공들을
차서 고깔 쓰러뜨리기

공을 차서 쌓여있는 박스 무너뜨리기

Tip!
- 아동이 벗어난 공을 가져오지 않고 활동에만 집중할 수 있도록 여러 개의 공을 비치해주는 것이 좋다.

<함께하기>

팀원들과 함께 고깔 쓰러뜨리기

팀원들과 함께 공을 차서 고깔 쓰러뜨리기

6 통합체육 프로그램 콘텐츠

통합체육 — 패스 (축구)

★ 발로 공을 차서 정확히 상대에게 보내기

☐ **준비물**
- 축구공
- 고깔
- 볼링핀

☐ **핵심 어휘**
- 안쪽, 바깥쪽
- 방향

☐ **기본활동**

- 선수 2명은 3m 간격으로 마주보고 선다.
- 선수 사이에 2m 간격으로 고깔을 설치한다.
- 인사이드 패스 자세로 고깔 사이를 통과하며 공을 주고 받는다.

Tip!
- ✓ 공을 찰 때 주축이 되는 다리의 무릎을 조금 굽히고 반대발의 발 안쪽과 발등을 다양하게 이용하여 공을 차도록 한다.
- ✓ 선수의 수준에 따라 선수간 거리를 늘리거나 고깔 사이의 간격을 좁힌다.

□ 응용활동

공중으로 패스하기

머리로 패스하기

<함께하기>

- 7m 전방에 볼링핀 10개를 설치한다.
- 1명당 연속으로 2회씩 공을 차서 넘어트린 볼링핀의 개수를 더한다.
- 10프레임을 진행하면서 전체 점수를 구하여 승자를 결정한다.

Tip!
- ✓ 팀별 점수를 합산하여 개인별, 팀별 협동학습이 되도록 한다.
- ✓ 금과 볼링핀을 다양하게 변형하여 활동을 실시한다.

트래핑
(축구)

★ 발이나 가슴으로 안전하게 공을 소유하기

☐ 준비물
- 축구공
- 고깔
- 훌라후프

☐ 핵심 어휘
- 안전하다
- 소유하다

☐ 기본활동

- 2명의 선수가 2m 간격으로 선다.
- 공을 받는 선수 앞에 1m 간격으로 고깔 4개를 설치한다.
- 고깔을 옮겨 가며 상대가 패스하는 공을 받는다.

Tip!
- ✓ 공받기는 상대의 패스를 안전하게 자신의 것으로 만드는 것으로 공을 받은 이후 공이 최대한 자신에게 가까이 있을 수 있도록 한다.
- ✓ 한 명이 패스를 하면 반대쪽에 있는 사람이 발 안쪽과, 바깥쪽을 사용하여 공을 받는다.

□ 응용활동

가슴으로 공받기

달려가며 패스하기

<함께하기>

- 5명씩 두팀으로 나눈다.
- 트래핑게임을 실시하는 선수의 발 앞에 작은 훌라후프를 둔다.
- 무릎, 가슴, 머리 순서로 지도자가 던저주는 공을 훌라후프 안에 바운드되도록 한다.
- 1명의 선수당 2회씩 실시하여 성공은 1점, 실패는 0점으로 계산한 뒤 팀 전체의 점수를 합산하여 경쟁한다.

Tip!
✓ 지도자는 공의 속도와 거리를 조절하여 다양한 난이도로 게임을 실시할 수 있도록 공을 던진다.

통합체육

드리블
(축구)

★ 발로 공을 다루며 원하는 방향으로 이동하기

☐ **준비물**
- 축구공
- 고깔
- 드리블폴

☐ **핵심 어휘**
- 출발지점, 도착지점
- 돌아오다

☐ **기본활동**

- 2m 간격으로 10개의 고깔을 설치한다.
- 지그재그 방법으로 공을 드리블하여 10개의 고깔을 통과한다.
- 돌아올 때는 고깔을 돌지 않고 직선으로 출발지점까지 드리블한다.

Tip!
- ✓ 주로 사용하는 발의 바깥쪽으로 공을 차며 드리블을 실시한다.
- ✓ 선수의 수준에 따라 고깔의 높낮이를 다양하게 제시한다.
- ✓ 능숙해질수록 고깔 간의 거리를 좁히고 드리블하는 속도를 빠르게 할 수 있도록 진행한다.

발달장애 아동의 체육 프로그램
콘텐츠와 지도방법

□ 응용활동

폴을 통과하며 드리블하기

번호 순서에 따라 고깔 돌아 드리블하기

<함께하기>

- 5명씩 두팀으로 나누어 출발선에서 대기한다.
- 첫 번째 선수가 10개의 고깔을 지그재그로 통과하여 출발지에 서있는 두 번째 선수에게 패스한다.
- 두 번째부터 다섯 번째 선수까지 동일하게 실시하고 다섯 번째 선수는 고깔을 돌아 직선으로 출발지까지 드리블해서 돌아온다.
- 다섯 번째 선수가 먼저 들어온 팀이 승리한다.

통합체육

패스
(플로어볼)

★ 블레이드로 공을 쳐서 정확히 상대에게 보내기

☐ **준비물**
- 플로어볼 전용 스틱
- 플로어볼 전용 공
- 고깔
- 점수판

☐ **핵심 어휘**
- 블레이드
- 누르다
- 중심이동(뒤에서 앞으로)

☐ **기본활동**

- 선수 2명은 3m 간격으로 마주보고 선다.
- 선수 사이에 고깔을 1m 간격으로 설치한다.
- 포핸드 자세로 고깔 사이를 통과하며 상대방을 향해 공을 패스한다.

Tip!
- ✓ 패스하는 순간 무게 중심이 몸의 후방에서 전방으로 이동한다.
- ✓ 공이 뜨지 않도록 블레이드를 바닥에 누르면서 패스한다.

□ 응용활동

백핸드 패스하기

백핸드와 포핸드 번갈아가며 패스하기

<함께하기>

- 출발선 전방 10m 이후 지역에 점수가 적힌 판을 설치한다.
- 5명씩 파랑팀, 빨강팀으로 구분하고 선수 1인당 팀 색깔의 공 3개씩을 가진다.
- 점수판 위에 공을 올리기 위해 양팀은 번갈아가며 공을 친다.
- 다른 팀의 공은 쳐낼 수 있으며, 최종적으로 점수판 위에 있는 공의 점수를 합친다.

Tip!
✓ 다양한 형태와 크기의 공을 제시하여 공 다루는 능력을 향상시킬 수 있다.

리시브
(플로어볼)

★ 블레이드로 안정적으로 공을 소유하기

☐ **준비물**
- 플로어볼 전용 스틱
- 플로어볼 전용 공
- 고깔

☐ **핵심 어휘**
- 속도
- 중심이동(앞에서 뒤로)

☐ **기본활동**

- 2명의 선수가 2m 간격으로 서고 리시브 연습을 할 선수를 정한다.
- 리시브를 하는 선수 앞에 1m 간격으로 고깔 4개를 설치한다.
- 고깔을 옮겨가며 상대의 공을 받는다.

Tip!
- ✓ 블레이드를 앞발 옆에 두고 공의 속도에 맞추어 그대로 뒤로 빼면서 공의 속도를 줄여 리시브 한다.
- ✓ 공을 뒤로 뺄 때는 앞발의 앞꿈치를 살짝 들며 몸의 무게 중심도 뒤로 이동한다.

□ 응용활동

공중볼 리시브하기   발을 이용하여 리시브하기

<함께하기>

- 3m 간격으로 2개의 고깔 뒤로 각각 5명씩 선다.
- 가장 앞에 있는 선수는 반대편 선수를 향해 패스를 하고 반대편 줄의 맨 뒤로 이동한다.
- 패스와 리시브의 순환이 반복적으로 이루어지게 한다.

Tip!
- ✓ 고깔의 거리를 다채롭게 하여 단거리, 중거리, 장거리 패스 연습을 할 수 있다.
- ✓ 3각, 4각, 5각형 등으로 형태를 변형하여 패스와 리시브 연습을 할 수 있다.

통합체육

드리블
(플로어볼)

★ 플로어볼 스틱을 조작하여 원하는 곳으로 공 몰고가기

☐ **준비물**
- 플로어볼 전용 스틱
- 플로어볼 전용 공
- 고깔

☐ **핵심 어휘**
- 출발, 도착
- 돌아오다
- 지키다, 빼앗다

☐ **기본활동**

- 1m 간격으로 8개의 고깔을 설치한다.
- 블레이드의 안쪽, 바깥쪽을 번갈아 이용하여 짧게 치면서 공을 드리블하여 8개의 고깔을 통과한다.
- 돌아올 때는 고깔을 돌지 않고 직선으로 출발지점까지 드리블한다.

Tip!
- ✓ 공을 때리는 것보다 미는 듯한 느낌으로 드리블을 실시한다.
- ✓ 선수의 운동능력 수준에 따라 방향, 거리, 속도를 달리해 활동을 실시한다.

발달장애 아동의 체육 프로그램
콘텐츠와 지도방법

□ 응용활동

한손으로 드리블하기

상대방으로부터 공을 지키며 드리블하기

<함께하기>

- 고깔 25개로 원을 만들고 선수 4명이 각자의 스틱과 공을 가지고 들어간다.
- 지도자의 호각 소리와 함께 자신의 공은 지키면서 상대의 공은 고깔 바깥으로 밀어낸다.
- 자신의 공이 바깥으로 나간 선수는 탈락이며 최종적으로 원 안에 있는 선수가 승리한다.

Tip!
✓ 경쟁 영역은 선수의 운동 수행 수준을 고려하여 넓히거나 좁힐 수 있다.

스윙
(티볼)

★ 원하는 곳으로 공을 쳐서 보내기

☐ **준비물**
- 티볼용 공
- 배팅 티
- 배트
- 베이스
- 고깔

☐ **핵심 어휘**
- 레벨스윙
- 어퍼스윙
- 다운스윙

☐ **기본활동**

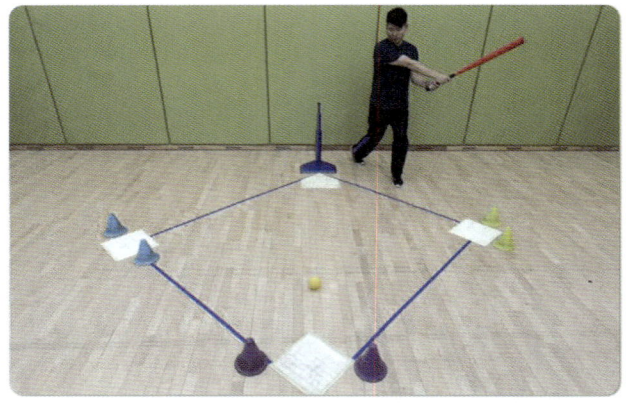

- 1루, 2루, 3루에 각각 2m 사이의 고깔 2개씩 설치한다.
- 타자는 1루, 2루, 3루에 설치된 고깔 사이로 한 번씩 공을 친다.
- 타자는 3번 동안 공을 치지 못하면 아웃이다.

Tip!
- ✓ 배팅 티의 높이는 타자의 허리 높이로 조절한다.
- ✓ 처음 스윙에서는 수평면을 따라 공의 가운데를 맞춰 강한 직선타를 유도하는 레벨스윙을 연습한다.
- ✓ 티볼 공이 작아서 스윙이 어려운 경우 공의 크기를 배구공, 농구공 등으로 변형하여 참여하도록 한다.

발달장애 아동의 체육 프로그램
콘텐츠와 지도방법

□ 응용활동

골프 스윙과 유사한 어퍼스윙하기

땅볼을 유도하는 다운스윙하기

Tip!
- 공이 날아가는 방향을 고려하여 레벨스윙, 어퍼스윙, 다운스윙을 활용한다.

<함께하기>

- 3명씩 팀을 이룬다.
- 첫 번째 스윙에서 바운드되지 않고 펜스에 가까이 맞추는 선수가 1점을 얻는다.
- 두 번째 스윙에서는 전방 25m에서 설치한 고깔을 콩과한 선수가 1점을 얻는다.
- 서 번째 스윙에서는 전방 10m에 1m 간격으로 설치된 고깔 사이를 통과한 선수가 1점을 얻는다.
- 선수 1명당 각 단계를 2회 반복하고 팀별 점수를 산출한다.

오버핸드 드로잉
(티볼)

★ 오버핸드 방식으로 공을 던져 원하는 곳을 맞추기

☐ 준비물
- 티볼용 공

☐ 핵심 어휘
- 멀다
- 높다
- 맞추다
- 빠르다

☐ 기본활동

- 선수 1명은 벽과 20m 간격으로 선다.
- 벽을 향하여 공을 던진다.

Tip!
- ✓ 공을 던지는 방향으로 왼쪽 어깨를 향하게 하여 준비자세를 취한다.
- ✓ 공을 든 팔의 팔꿈치가 어깨와 직각이 되도록 들어올려 팔꿈치를 앞으로 내밀면서 손목 스냅을 이용해 던진다.

□ 응용활동

멀리, 높게 던지기

표적 던지기

<함께하기>

- 팀별 3명씩으로 구성한다.
- 던지는 선 전방 15m 떨어진 곳에 책상을 설치하여 장애물 10개를 놓는다.
- 지도자의 호각 소리에 맞춰 3명이 동시에 책상에 놓여진 장애물 10개를 공으로 쓰러트린다.
- 벽을 맞고 튕겨나오는 공을 다시 던진다.
- 모두 쓰러진 시간을 측정하여 빠른 팀이 승리한다.

통합체육

캐치
(티볼)

★ 안전하게 날아오는 공 받기

☐ **준비물**
- 티볼용 공
- 글러브

☐ **핵심 어휘**
- 날아오다
- 굴러오다

☐ **기본활동**

- 10m 간격으로 두 명의 선수가 선다.
- 상대방이 공을 던지면 높이에 따라 자세를 바꾸어 안전하게 공을 받는다.

Tip!

- ✓ 두 발을 어깨 너비로 넓혀 글러브를 가슴 앞에 대는 준비 자세를 취한다.
- ✓ 공중에서 날아오는 공은 한 손으로 받되 다른 쪽 손으로 함께 감싸서 가슴쪽으로 끌어당긴다.
- ✓ 땅으로 굴러오는 공은 글러브를 땅에 갖다 대고 무릎을 굽혀 받은 후 공을 감싸서 가슴쪽으로 끌어당긴다.

발달장애 아동의 체육 프로그램
콘텐츠와 지도방법

□ 응용활동

높이 날아오는 공 움직이며 받기

공 받은 후 던질 준비하기

<함께하기>

- 두 명이 한 팀을 이루어 15m 거리의 고깔 옆에 선다.
- 파트너와 티볼공을 주고 받으며 떨어트리지 않고 주고 받은 횟수를 센다.
- 공을 받을 때는 고깔과 떨어져도 상관없지만 던질 때는 고깔 옆에서 던진다.

패스
(농구)

★ 공을 안전하게 받아 동료에게 건네주기

☐ 준비물
- 농구공

☐ 핵심 어휘
- 체스트
- 바운드
- 오버헤드
- 속공

☐ 기본활동

- 선수 2명은 3m 간격으로 마주보고 선다.
- 체스트패스, 바운드패스, 오버헤드패스를 사용하여 공을 주고 받는다.

Tip!
- ✓ 체스트패스는 한쪽 발을 패스하는 방향으로 내딛으면서 양 손목의 스냅까지 사용하여 패스한다.
- ✓ 바운드패스는 수비수의 예측을 피하기 위해 바닥에 공을 강하게 튀겨 빠르게 한다.
- ✓ 오버헤드패스는 수비 머리 위로 패스하는 것이기 때문에 수비수가 자신보다 클 경우에는 사용하지 않는 것이 좋다.

□ 응용활동

| 달려가면서 패스 주고 받기 | 상대가 원하는 높이와 방향으로 패스하기 |

Tip!
- ✓ 오버헤드 패스의 경우에는 속공의 상황에서도 많이 사용하기 때문에 한 선수는 제자리에 서고 다른 선수가 달리면서 연습한다.

<함께하기>

- 두 명의 선수는 각각 공 1개씩을 들고 있는다.
- 저글링과 유사하지만 선수간 공을 주고 받는 것이다.
- 한 명은 오버헤드패스를 하는 동시에 바운드로 패스된 공을 받는다. 반대쪽에 있는 사람은 바운드패스를 한 후 바로 오버헤드로 패스된 공을 받는다.

Tip!
- ✓ 동시에 공을 주고 받는 상황에서 얼굴에 패스된 공이 맞지 않도록 주의가 필요하고 처음에는 가까운 거리에서 주고 받는 타이밍을 익힐 수 있게 한다.

통합체육 — 슛 (농구)

★ 원(투)핸드 점프슛과 레이업 슛으로 득점하기

☐ 준비물
- 농구공
- 고깔

☐ 핵심 어휘
- 점프슛
- 레이업슛
- 돌아오다

☐ 기본활동

- 골대 아래에서 원(투)핸드 점프슛을 시도하여 성공하면 하프코트 방향으로 한 발 뒤로 물러서 슛을 시도한다.
- 반복적으로 한발씩 뒤로 물러서면서 슛을 반복 연습한다.
- 3점 라인까지 이동하여 연습한다.

- 센터서클에 고깔을 설치한다.
- 고깔에서 출발하여 레이업슛 실시한다.
- 성공한 공을 드리블해서 고깔을 돌아 다시 레이업슛을 연습한다.

□ 응용활동

패스를 받아 원(투)핸드 점프슛 하기

패스를 받아 레이업 슛 하기

<함께하기>

- 자유투를 시작으로 설치된 고깔을 돌며 지정 위치에서 슛을 실시하고 마지막 레이업 슛까지 성공한 사람이 승리한다.
- 실패할 경우 성공할 때까지 다음 단계로 넘어갈 수 없다.
- 슛한 공이 골대를 맞추지 못한 경우 이전 단계의 고깔로 되돌아가는 벌칙을 적용한다.

드리블
(농구)

★ 손으로 공 튀기며 원하는 곳으로 이동하기

□ 준비물
- 농구공
- 고깔
- 접시콘
- 종이 박스

□ 핵심 어휘
- 사이드라인
- 앤드라인
- 속공

□ 기본활동

- 제자리에서 양손으로 두 개의 공을 드리블한다.
- 양손으로 두 개의 공을 드리블하며 전진하고 고깔을 돌아 제자리로 돌아온다.

Tip!
- ✓ 제자리나 이동하면서 드리블하는 공의 손이 서로 바뀌도록 한다.
- ✓ 공 한 개로 드리블할 때는 공을 가랑이 사이로 통과시키거나 허리 뒤로 돌려 드리블 연습을 할 수 있다.

□ 응용활동

종이 박스 뒤로 한바퀴 돌아 드리블하기

낮은 장애물 두 개를 놓고 장애물
좌측, 중간, 우측 순서로 드리블 하기

<함께하기>

- 3명이 한 팀이 되어 코트를 가로질러 뛰어 속공 레이업을 한다.
- 1명은 엔드라인 가운데, 2명은 각각 앤드라인 끝에 선다.
- 지도자의 호각소리에 따라 엔드라인 끝에 선 선수들은 빠르게 달리고 앤드라인 가운데 있던 선수는 드리블하다가 나머지 두 선수가 센터라인에 도달하면 둘 중 한 명에게 패스한다.
- 퍼스를 받은 선수는 드리블을 짧게 하고 반대편 선수에게 패스한다.
- 마지막 공을 받은 선수는 레이업슛을 한다.

리바운드
(농구)

★ 골대 맞은 공을 상대보다 빠르게 낚아채기

□ 준비물
- 농구공
- 고깔

□ 핵심 어휘
- 백보드
- 등지다
- 밀어내다

□ 기본활동

- 2명의 선수는 골대 아래에 선다.
- 지도자는 공을 백보드에 맞춘다.
- 백보드에 맞고 떨어지는 공을 리바운드한다.

Tip!
- ✓ 상대보다 리바운드를 잘 잡기 위해 상대를 등지고 안쪽 자리를 차지한다.
- ✓ 한 손이나 두 손을 사용할 수 있으며 리바운드한 선수는 공을 배쪽으로 끌어당기며 엉덩이를 뒤로 빼서 안전하게 공을 지킨다.

발달장애 아동의 체육 프로그램
콘텐츠와 지도방법

□ 응용활동

골대 넘어 백보드를 맞춘 반대쪽으로 이동해 리바운드하기

상대방 밀어내며 리바운드하기

Tip!
- ✓ 백보드를 맞추어 튀어나오는 공을 리바운드 하는 경우 좌우를 번갈아가며 연습할 수 있게 한다.

<함께하기>

- 3점슛 라인의 왼쪽, 가운데, 오른쪽에 고깔을 설치한다.
- 2명은 왼쪽 고깔에 서 있다가 지도자의 호각소리에 맞추어 골대로 뛰어 오고 지도자는 공을 바닥에서 높게 튕겨 높이 뜨도록 한다.
- 바닥에 튕겨진 공을 리바운드 경쟁해서 따낸 선수가 점프슛을 성공하면 1점을 획득한다.
- 가운데, 오른쪽 고깔에서 서서 동일한 리바운드 경쟁을 하고 총점을 계산하여 승자를 정한다.

통합체육 — 실내 조정 경기 (조정)

★ 실내조정활동을 통한 통합스포츠경기 참여하기

☐ **준비물**
- 로잉머신
- 스크린

☐ **핵심 어휘**
- 젓기, 당기기
- 스트로크

☐ **기본활동**

- 로잉머신 좌석에 앉아서 자신의 배가 로잉머신과 연결되었는지 점검한다.
- 무릎을 구부려 핸들을 잡고 기다린다.
- 지도자의 호각소리에 따라 스트로크를 실시한다.
- 스트로크에 따라 스크린에서 배가 나아가는 것을 확인한다.

Tip!
- ✓ 실내조정이 처음인 경우에는 '강한 스트로크'에 초점을 두지만 점차 '강하고 긴 스트로크'를 할 수 있도록 지도한다.
- ✓ 선수들이 화면을 보면서 강도에 따른 속도, 도착지점까지의 거리를 확인할 수 있도록 안내한다.

□ 응용활동

7-장 빠른 속도로 이동하는 거리 확인하기

2인 1조(스탠딩, 싯팅)로 호흡 맞춰 스트로크하기

<함께하기>

- 장애선수 2명과 비장애선수 2명이 한팀을 이룬다.
- 4명이 함께 스트로크를 실시하여 1km의 거리에 도착하는 시간을 확인한다.

Tip!
✓ 개인의 체력 수준을 고려하여 진행하고 처음에는 게임에 참여시키기보다 낮은 강도 수준부터 연습하여 점차적으로 강도를 높인 후 게임 방식으로 실시한다.

이벤트 통합체육 프로그램
(볼링)

★ 볼링 활동을 통한 통합스포츠경기 참여하기

□ 준비물
- 볼링골프 표적판
- 볼링골프용 공 혹은 보치아공
- 놀이용 볼링핀
- 놀이용 볼링공
- 볼링램프
- 범퍼레일

□ 핵심 어휘
- 점수
- 스트라이크
- 스페어

□ 기본활동

- 선수가 서있는 곳과 10m 떨어진 곳에 볼링골프 표적을 설치한다.
- 공을 굴려 높은 점수의 홀에 넣는다.
- 1명의 선수는 3번을 던져 전체 점수를 합산한다.

Tip!
- 선수의 기능 수준에 따라 볼링골프 표적판의 위치를 조절하도록 한다.
- 점수를 합산하는 것 이외에 표적에 들어간 공의 개수로 점수를 부여할 수 있다.
- 본 활동은 실외에서도 할 수 있기 때문에 공원이나 놀이터에서도 진행한다.

발달장애 아동의 체육 프로그램
콘텐츠와 지도방법

□ 응용활동

범퍼레일을 사용하여 볼링 치기

볼링램프를 이용하여 볼링 치기

<함께하기>

- 4명으로 한 팀을 이루어 10프레임까지 경기를 실시한다.
- 개별 점수를 합산하여 팀 점수를 계산하고 승리 팀을 선정한다.

Tip!
✓ 이벤트 볼링경기에 참가하는 선수는 볼링의 수행수준이 다양하므로 볼링램프나 범퍼레일을 사용하여 많은 선수가 참가할 수 있도록 한다.
✓ 팀을 이룰 때 장애인 선수, 부모님, 비장애인 선수가 함께 팀을 구성하여 게임한다.

VI

발달장애 아동 체육 프로그램 운영 사례

이런 저런 이야기

최근 들어 발달장애 아동들이 참여할 수 있는 체육 프로그램들이 점점 늘어가고 있는 것을 느낄 수가 있다.

지역별 장애인 공공기관에서는 빠지지 않고 개설되는 것이 장애인체육 프로그램들이고, 사설 발달장애 아동 센터에서 진행되는 내용들은 신체활동과 관련된 것들이 늘어가고 있다.

우리는 늘 양적으로 늘어나는 것에 대해 장밋빛 기대를 하지만 이러한 체육 프로그램들의 확대가 장애인들에게 질적 효용성을 갖게 하는지는 확신하기 어렵다.

발달장애 아동들에 대해 진행되는 체육 프로그램이 질적으로 충분히 완성도를 갖추었는지 판단하기는 쉽지가 않다. 왜냐하면 같은 발달장애 아동 체육 프로그램에 참여한 아동 혹은 보호자들이라도 서로가 느끼는 만족감이 다를 수 있기 때문이다.

"무엇이 그러한 만족감의 차이를 나타나게 하는 것일까?"

질적으로 성숙한 체육 프로그램들은 갖추어야 할 최소한의 기준들이 있으며, 그러한 기준들을 갖추고 있는 체육 프로그램의 참가자들은 대부분 높은 만족도를 표시하게 된다.

발달장애 아동의 체육 프로그램은 최소한

- '발달장애 아동과 가족들에 대한 특성을 이해하고 공감할 수 있는 지도자가 배치'되어 있어야 하고,
- '각각의 아동들에 대한 개별화된 지도 방식과 절차가 적용'되어야 하며,
- '아동들 참여에 방해가 되지 않는 환경 조성을 감안'해야 한다.

더불어 발달장애 아동의 체육 프로그램 운영자와 관리자는 '체육의 가치와 목적을 올바르게 이해'하고 있어야 한다.

발달장애 아동의 보호자와 지도자 및 관리자는 좋은 체육 프로그램을 만들어가는 중요한 협력자들이다. 협력자들이 다양한 사례들을 확인하고 경험한다는 것은 좋은 체육 프로그램을 만드는 지름길이 될 수 있다.

발달장애 아동 체육 프로그램
운영 사례

VI

발달장애 아동 K 체육교실 프로그램

발달장애 아동의 체육 프로그램들은 그룹 형태로 진행되는 경우가 많다. 특히 장애인 공공기관이나 교육기관에서 체육 프로그램이 개설되는 대부분의 경우는 소수의 지도자와 다수의 발달장애 아동이 포함된 상태로 진행된다.

많은 인원들이 하나의 체육 프로그램에 참여한다는 것 자체가 좋고 나쁜 프로그램을 결정하는 절대 기준이 되지는 않는다. 체육 프로그램의 주제나 목표에 따라서는 그룹 형태의 진행이 더 긍정적인 효과를 나타낼 수도 있으며, 현장의 여건을 감안할 때 그룹 형태의 프로그램 운영은 효율성이 높기 때문이다. 그러나 그룹 방식으로 진행되는 체육 프로그램이라는 이유로 참가하는 발달장애 아동들의 개별적 특성을 반영하지 못 한다면 좋은 체육 프로그램이 될 가능성은 낮다. 따라서 지도자와 참가 아동의 비율 차이가 크게 나는 것은 바람직하지 못하다. 예를 들어 체육 프로그램의 지도자와 발달장애 아동이 1 : 10 이상의 비율로 진행되는 경우에는 지도자가 아무리 경험이 풍부하고 초인적 능력을 발휘한다고 하더라도 참가 아동의 개별적 특성을 반영한 프로그램을 효과적으로 운영하는 것은 불가능하다.

하나의 주제 혹은 동일 시간에 진행되는 그룹 체육 프로그램의 전체 아동의 수가 30명이 넘을 수도 있다. 중요한 것은 그 프로그램 내에서 한 사람이 지도하고 관리해야 하는 담당 아동의 인원이 3-5명을 초과하지 않도록 계획하는 것이다. 물론 이러한 인원 배치는 참가하게 될 발달장애 아동들의 구체적 장애유형과 특성에 따라 융통성을 가질 수는 있지만 참가대상 아동들이 발달장애의 범주 안에 있다면 융통성의 여지는 그리 크지 않다.

발달장애 아동에 대한 체육 프로그램이 그룹 방식으로 진행되더라도 각 개인의 특성과 수준에 따른 개별화 지도 계획이 프로그램에 반영되어야 하는 원칙은 변경될 수 없는 사항이다.

'발달장애 아동 K 체육 교실'은 10년 이상 진행된 실제 발달장애 아동 체육 프로그램의 사례이다. 어떤 체육 프로그램도 모든 사항들을 완벽히 진행할 수 없을 뿐더러 참가자 모두에게 만족감을 주기는 쉽지 않다. 그럼에도 불구하고 10년 이상 꾸준히 발달장애 아동 대상을 대상으로 진행되어 온 체육 프로그램은 새롭게 체육 프로그램을 운영하고자 하는 지도자들과 체육 프로그램 참여를 고려하는 당사자들에게 참고가 될 수 있을 것이다.

1) 발달장애 아동 K 체육교실의 기본 운영 구조

K 체육교실은 비영리 교육기관으로 4개월 단위, 매주 1회 90분간 발달장애 아동들에 대한 체육 프로그램을 진행한다. 체육 프로그램에 참가하는 발달장애 아동 수는 매 분기별 30명 이내로 구성된다.

전체 체육교실 프로그램은 3개의 팀으로 분리되어 '기초 운동기술', '인라인 종목', '사이클 종목'의 주제 활동별로 세부 프로그램이 진행되고 각 팀별 참가 아동은 10명 이내의 인원으로 편성된다.

각 팀에는 팀 프로그램을 계획하고 진행하는 팀장과 부팀장 및 발달장애 아동을 직접 개별화 지도하는 담당 지도자들이 편성된다. 담당 지도자들은 팀별로 참가하는 아동의 인원 및 개인 특성을 고려하여 3-5명 이상이 배치되어 지도자당 1-3명의 담당 아동을 지도한다.

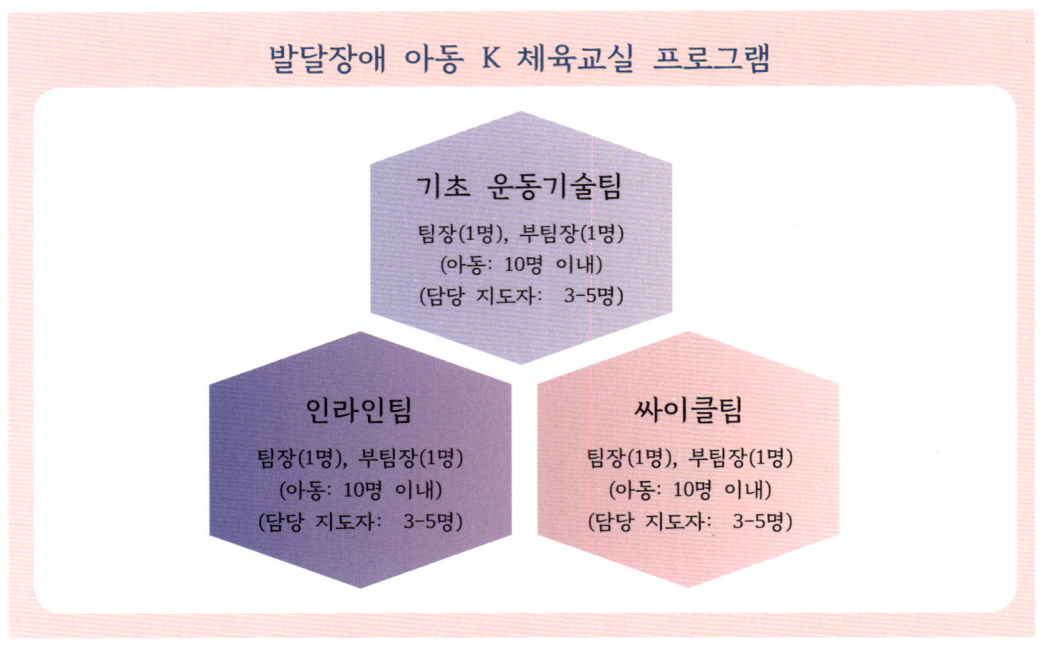

그림 34. 발달장애 아동 체육 프로그램 구조와 편성 사례

상기와 같은 팀별 편성과 소그룹 방식의 개별화 지도는 발달장애 아동들의 상호작용을 극대화 하면서 각 팀에 속한 개별 아동들의 특성과 수준이 반영된 지도가 가능한 장점을 갖는다.

각 팀의 팀장들은 팀별 주제 활동에 대한 운영계획을 작성하고 프로그램 진행을 주도하는 역할을 한다. 또한 팀장은 프로그램의 시작과 종료 시점에 팀 주제 활동에 대한 공통 진단, 평가를 계획하여 진행한다.

각 팀의 부팀장들은 프로그램 진행 중 팀장의 운영을 보조하면서 팀에서 필요한 기구와 장비들을 준비하고 관리하는 역할을 맡는다. 그리고 팀별 진단과 평가 및 개별 지도자들의 지도 상황에 대해 촬영하여 자료를 제공 및 정리하는 작업을 한다.

담당 지도자들은 특성에 따라 배치된 발달장애 아동 1-3명을 담당하여 팀 주제 활동과 연계된 개별화 지도를 맡게 된다. 1명의 담당 지도자가 2명 이상의 아동을 맡게 되는 경우는 아동들의 성향이나 운동기술 수준이 유사할 때이며 비교적 비슷한 수준의 개별화된 목표와 과제활동으로 지도를 진행하게 된다.

팀장, 부팀장, 담당 지도자 외에도 K 체육교실에는 프로그램의 운영과 관리를 위해 총괄 운영진(총괄 책임자, 담당자)과 참가 아동 부모회 임원진(회장, 총무)이 구성된 운영 협의체가 있다. 총괄 운영진은 체육교실 프로그램에 대한 포괄적 계획 작성을 담당하고 이에 대한 진행 협의 및 예산의 관리와 집행은 부모회 임원진들이 맡는다.

☑ **사례의 시사점 〈포괄적 계획 단계〉**
· 체육 프로그램 내에서의 운영, 관리, 지도 역할이 체계적으로 시행
· 발달장애 아동들의 특성과 수준을 개별적으로 반영할 수 있는 구조와 인원 편성
· 참가자들의 욕구를 반영하여 선택할 수 있는 세부 하위 주제별 체육 프로그램 편성

· 다수의 담당 지도자 및 운영진의 확보 관건
· 발달장애 아동 지도 및 세부 하위 체육 프로그램에 대한 지도자의 전문성 확보 관건
· 발달장애 아동 부모들과의 협력체 구성 및 신뢰 관계 유지 관건
· 주 1회 시행에 대한 시간적 제약성

2) 포괄적 계획 단계

발달장애 아동 체육 프로그램의 합리적인 진행 절차[25]의 첫 단계인 '포괄적 계획' 단계와 관련된 K 체육교실 프로그램은 세부 프로그램의 주제 선정, 참가 아동과 운영진 모집, 프로그램 진행 기간 및 시간과 장소 선정, 체육교실 목적 안내와 교육, 예산 관련 계획 등이 포함되어 있다.

① 주제 프로그램의 선정과 운영

K 체육교실은 매년 분기별로 진행되는 발달장애 아동 체육 프로그램으로서 총괄 운영진과

---
[25] 본 책의 Ⅲ단원 중 2장 '체육 프로그램 지도 절차와 단계' 참조

특수체육 전문성을 갖춘 팀장들이 연 단위로 프로그램의 하위 주제를 협의하여 결정한다. 기본적으로 정기적인 체육 활동을 처음 경험하는 대상 아동들을 위해 기초 운동기술 참여 경험을 제공하는 단위 프로그램을 고정적으로 진행한다. 이 프로그램에서는 아동들의 운동발달 수준에 따라 감각-지각운동, 대근 중심의 기본운동기술 및 이와 연계된 놀이, 게임 활동이 계획되고 진행된다. 나머지 2개의 하위 프로그램은 종목 중심의 프로그램이 선정되는데 종목 선정의 기준은 발달장애 아동들이 또래의 다른 친구들과 함께 참여할 수 있는 것이나 가족들이 일상생활에서 함께 즐길 수 있는 생활체육 종목이다.

K 체육교실 프로그램은 참가 아동들이 최대 3년 동안 프로그램에 참여할 수 있도록 규정을 정해놓고 있으며 대부분 참가 아동은 각각의 세부 프로그램을 1년 단위로 참여하여 기초 운동기술의 향상과 2개 종목에서의 참여 경험을 얻을 수 있게 진행되고 있다. 종목 프로그램의 변경 혹은 지속 진행에 대한 것은 연말에 진행되는 학부모의 의견을 수렴하여 운영 협의체에서 결정한다.

② **참가 아동과 운영진 모집**

K 체육교실에 참가하는 아동의 모집은 프로그램 운영 기관 사무실에서 연중 상시로 접수를 받는다. 기관 홈페이지를 통한 정기적인 프로그램 참가자 모집 안내를 보고 접수하는 참가자들도 있지만 대부분은 기존 참가자들의 개인적 안내와 홍보를 통해 접수하는 경우가 많다. 이러한 모집 방식 때문에 매번 프로그램을 시작할 때 별도의 대대적인 홍보나 공고를 하지는 않는다. 상시 접수 명단 순서에 따라 참가할 수 있는 가용 인원만큼 보호자들에게 연락을 취하고 최종적인 의사를 확인한 후 참가 아동을 선정한다. K 체육교실의 경우 3년의 프로그램 수료 기한을 마치는 아동이 생길 경우 새로운 참가자를 모집하기 때문에 분기별 1-3명의 신규 발달장애 아동이 새로 참여하는 상황이다.

운영진의 경우는 특별한 상황이 아닌 이상 총괄 운영진(책임자, 담당자)의 변동 없이 각 팀 팀장과 부팀장이 연별로 새로 선정되는데 가능한 변동 없이 진행하는 것을 원칙으로 하고 있다. 비영리 목적으로 진행되는 K 체육교실의 경우 유일하게 부모회에서 인건비를 지급 받는 대상은 팀장들이다. 그만큼 각 팀별 프로그램에 대한 전문성을 발휘하기 위해 중요한 책임이 팀장들에게 부여된다는 것을 의미한다. 팀장을 선발하는 기준은 특수체육을 학부과정에서 전공하고 대학원 석사 이상의 과정을 거친 전공자이다. 팀장이 변경되어야 할 상황이면 대학의 특수체육 전공 학과에 의뢰, 추천을 받아 선정한다. 물론 이 선정과정에서 발달장애 아동들에 대한 체육 지도 경험은 가장 우선시 되는 조건이다.

K 체육교실에서 부팀장과 개별 담당 지도자를 모집하고 선정하는 것은 늘 어려운 상황을 겪게 된다. 프로그램 총괄 운영 책임자와 담당자의 역할 중 가장 중요하고 힘든 과정에 해당된다. 부팀장과 개별 담당 지도자들은 대부분 분기별로 모집된 자원봉사자들로 구성된다. 팀

별 3-5명으로 총 15명 정도로 전문성과 책임감을 갖춘 부팀장과 개별 지도자들을 모집하는 것은 쉬운 일이 아니다. K 체육교실에서는 특수체육이나 체육 및 특수교육을 전공하는 대학생들을 자원지도자로 모집한다. 물론 이러한 모집은 단순히 SNS나 홈페이지에 홍보를 한다고 해결될 수 있는 것은 아니다. 매 학기 관련 전공이 개설되어 있는 인근 대학에 자원봉사 협조 요청을 보내면서 장애아동 지도와 관련 있는 인적 네트워크를 총동원하기도 한다. K 체육교실에서 진행하고 있는 효과적이고 안정적인 방법은 특수체육 또는 체육을 전공하는 학과의 지도실습 교과목과 연결하거나 자원봉사 학점 시스템과 연계하는 것이다. 이러한 담당 지도자의 모집 방식은 지도자들에 대한 체육 프로그램 교육도 용이하게 진행될 수 있다는 장점이 있다.

체육교실 프로그램의 포괄적 계획 단계에서 적정한 운영진들을 모집하고 참가 아동의 수준을 고려한 배치가 확정되면 다음의 절차들은 비교적 수월하게 진행된다.

③ 장소 및 기간과 시간 선정

체육 프로그램의 경우는 기본적으로 신체활동이 전제되기 때문에 활동에 적합한 장소를 찾고 선정하는 것이 중요하다. K 체육교실 프로그램의 경우 진행하는 세 가지 하위 체육 프로그램들의 특성이 다르기 때문에 장소 또한 별도의 장소를 확보해야 한다. 다행히 K 체육교실 프로그램을 운영하는 교육기관에서는 실내 기초 운동기술 프로그램을 진행할 수 있는 다목적 체육관을 보유하고 있기 때문에 안정적인 장소 확보가 가능했고 인라인이나 사이클 같은 실외활동 프로그램은 인근 지역사회 공원을 활용함으로써 비교적 어려움 없이 프로그램을 진행하고 있다. 단 지역사회 공공시설을 체육 프로그램 장소로 선정할 경우 시설 관리 기관에 대한 문의나 협조를 사전에 진행할 필요가 있다. 대부분의 공공 공원시설들은 주민들의 개인적 활용은 문제 삼지 않지만 단체 활동의 경우에는 승인을 요구하는 경우가 있기 때문이다.

K 체육교실 프로그램은 분기 단위로 12회를 정기적으로 진행하고 있으나 담당 지도자들의 모집 여건으로 인해 대학의 학기 운영 기간과 시기를 맞추고 있다. 즉, 매년 3월부터 6월까지 1차 프로그램을 운영하고 9월부터 12월까지 2차 프로그램을 개설하여 운영한다. 이와 관련하여 체육 프로그램이 시행되는 요일은 매주 토요일에 11시부터 90분간 진행되고 있다.

K 체육교실 프로그램의 경우는 자원봉사 지도자와 운영진 모집과 관련된 상황이 프로그램 진행 기간과 시간 선정에 주요한 기준이 되고 있다.

④ 체육교실 목적 및 가치 안내와 교육

발달장애 아동의 체육 프로그램이 바람직하게 운영되기 위해서는 운영진과 참가자들이 운영 목적과 가치에 대해 공감하는 과정이 필수적으로 요구된다. 이들 사이에서 프로그램을 바라보는 방향과 관점이 다르게 되면 프로그램 진행 중에 문제가 발생할 가능성이 항상 있기 때문이다. 또한 프로그램을 총괄적으로 운영하는 담당자와 실제 현장지도 역할을 담당하는 지도자들 사이에서도 동일한 문제가 발생할 수 있으며, 이러한 생각과 태도의 차이는 체육 프로그램의 효과성을 떨어뜨리는 원인이 되기도 한다.

K 체육교실 프로그램에서는 상기와 같은 문제를 해소하기 위해 포괄적 계획 단계에서 담당 지도자들을 대상으로 사전 교육 일정을 계획하고 1-2회에 걸쳐 프로그램 운영 목적, 가치 및 역할과 책임에 대한 교육을 진행한다. 또한 참가 아동들의 보호자들을 대상으로 체육 프로그램이 진행되기 전 개학식 명칭으로 체육 프로그램이 지향하는 방향과 운영 철학 및 참여의 가치 등을 설명하는 행사를 진행하고 있다.

⑤ **예산 관련 계획**

어떤 체육 프로그램을 운영하더라도 최소한의 운영비용이 발생하게 된다. K 체육교실 프로그램은 교육기관과 장애아동 부모회 주관으로 진행되는 비영리 프로그램이기 때문에 예산 관련 수입과 지출에 관한 모든 업무는 부모회 임원진들이 관리를 한다. 단 프로그램 진행에 소요되는 기자재와 소모품들에 대한 것은 운영진들이 부모회에 요청하는 방식으로 협의를 진행하게 된다. 부모회에서는 참가 아동 부모들에게 최소한의 실비 기준 분기별 회비를 받아 지출 계획을 세운다. 대부분의 예산 지출은 팀장 인건비와 기구 및 용품비, 보험료, 아동들의 간식비 항목으로 구성되며, 일부 상해 발생 시 지원금에 대해서는 별도로 적립하는 예산 구조를 갖고 있다.

발달장애 체육 프로그램을 운영하는 기관이나 조직의 성격에 따라 예산 구조는 상당히 달라질 수가 있다. 어떤 경우에는 정부 지원금이나 후원금으로만 운영되기도 하며, 사설 센터들의 경우는 전혀 다른 방식의 예산 계획을 작성해야 할 수도 있다. 포괄적 계획 단계에서 작성되는 예산 계획에서 중요한 것은 명확한 지출 항목들에 대한 선정과 합리적인 자금 확보 및 지출 계획이 투명하게 진행되는 것이다.

3) 초기 진단 단계

포괄적 계획 단계를 진행한 이후 K 체육교실 프로그램은 편성된 팀별로 주제 활동이 진행된다. 가장 먼저 팀장과 담당 지도자들은 팀 주제 활동에 대한 참가 아동의 특성과 운동기술 수행 수준을 진단한다. 이 시점의 초기 진단은 팀의 공통 사정 항목들과 함께 담당 지도자별로 작성된 주관적 진단 과정이 동시에 진행되고 초기 진단의 검사 과정들은 가능한 영상으로 촬영하여 보관한다.

각 팀별로 진행되는 공통 초기 진단 내용은 주제 활동 참여에 요구되는 기술들 중 핵심적인 것들을 가능한 객관적으로 파악하고 담당 지도자들은 아동의 세부적인 특성이 감안된 개별적 운동기술과 지도 과정 중 참고해야 할 태도 및 성향을 구체적으로 파악·분석하여 정리한다.

K 체육교실 프로그램에서 팀(인라인 종목) 사정 양식 일부와 담당 지도자들이 진행한 초기 진단의 사례는 아래 표와 같다.

☑ 〈표 26〉 인라인 팀 공통 운동기술 사정 양식 예(자세 및 주행 기술 관련)

기술	도구/ 검사장소	지 침	수 행 기 준	1차	2차	점수
1. 서기	인라인스케이트, 체육관 또는 평평한 바닥	아동 스스로 인라인스케이트를 신고 서 있도록 한다.	1. 무릎이 약간 굽혀져 있다.			
			2. 시선은 정면을 향해 있다.			
			3. 안정된 자세로 10초 이상 유지한다.			
2. 걷기	인라인스케이트, 체육관 또는 평평한 바닥	인라인스케이트를 신고 평평한 바닥 위에서 앞으로 걸어가도록 지시한다.	1. V자의 발 모양을 유지한다.			
			2. 지면에서 약 30cm 이상 발이 떨어진다.			
			3. 발을 들고 1초 이상 멈추는 순간이 있다.			
			4. 팔을 자연스럽게 흔들며 걷는다.			
			5. 5보 이상 걸을 수 있다.			
3. 직선 주행	인라인스케이트, 넓은 공간, 콘 2개, 호루라기	2개의 콘을 15m 간격으로 두고 출발신호와 함께 직선주행을 왕복하도록 한다. 두 번 반복한다.	1. V자 발 모양을 유지하면서 주행한다.			
			2. 상체를 낮추고 주행한다.			
			3. 무게중심의 이동이 있다.			
			4. 양 발을 균형 있게 사용한다.			
			5. 양 팔과 다리를 엇갈려 흔든다.			
			6. 지면을 밀어낸 발을 뒤로 당기는 팔로우 동작이 있다.			
			7. 무릎이 굽혀진 상태에서 주행한다.			
			8. 한쪽 바깥팔과 반대쪽 바깥발이 완전히 펴지는 순간이 있다.			

기술	도구/ 검사장소	지침	수행 기준	1차	2차	점수
4. 곡선 주로 주행	인라인 스케이트, 곡선주로, 호루라기	직선주로에서 곡선주로로 바뀌는 시작점부터 주행을 시작하여 직선주로로 바뀌는 지점까지 주행한다. 반대 방향으로도 시행한다.	1. 양 발이 X자로 교차된다.			
			2. 자세를 낮추고 주행한다.			
			3. 안쪽 팔을 흔들면서 주행한다.			
			4. 몸이 원 안쪽으로 기울어진다.			
			5. 양 발이 교차된 후 1초 이상 멈추는 순간이 있다.			
			6. 교차 중 뒷발을 원 바깥으로 밀어낸다.			
			7. 반대 방향 곡선주로에서도 주행한다.			
5. 멈추기	인라인스케이트, 콘 2개, 넓은 공간	콘 1개로는 출발선을 표시해놓고 나머지 1개로는 멈춰야 할 지점에 대해 표시한다. 다른 한 개의 콘 앞에서 멈추도록 지시한다.	1. 시선은 정면을 향한다.			
			2. 무릎을 굽혀 엉덩이를 뒤로 뺀다.			
			3. 양 팔은 정면을 향한다.			
			4. 2초 이상 힐 브레이크를 한다.			
			5. 완전히 정지할 때까지 힐이 지면에 닿아있다.			
			6. 정해진 지점에 멈출 수 있다.			

발달장애 아동 체육 프로그램
운영 사례

〈표 27〉 사이클 주제 활동 담당 지도자 초기 진단 사례 1

일 시	담당 아동	장애 유형	지도자	지도자 연락처	보호자 연락처
2019. 0. 0	△△△	지적장애 2급	◇◇◇	010-000-0000	010-000-0000

진단 내용	진단 결과
활동 참여 특성	△△가 준비 체조를 시작할 때에 딱 맞춰서 와서 바로 인사를 나누고 체조를 시작했다. △△가 낯을 많이 가리는 성격이라 페스티벌 체조에 더 흥미를 가질 수 있도록 큰 동작으로 보여주었지만 아직까지는 환경에 적응하지 못하고 부끄러워하는 모습을 보였다. 자전거를 다치지 않고 타기 위해서 준비 운동을 열심히 해야 한다고 말해주었더니 그 다음 차례인 스트레칭을 할 때에는 지도자의 도움을 받아 잘 따라주었다. 다리를 옆으로 벌리는 스트레칭을 할 때 △△의 유연성이 아주 좋다는 것을 느낄 수 있었다.
진단 내용 및 결과	1. 보호 장비 착용 　- 각 부위(팔꿈치, 무릎)에 맞는 보호 장비를 착용한다. (1점) 　　: 각 부위에 맞는 보호 장비를 구분할 수는 있었지만, 끈을 끼우고 붙이는 데에 지도자의 도움이 필요했다. 　- 헬멧의 앞뒤를 구분하여 정확히 쓴다. (3점) 　　: 헬멧을 고정하는 부분을 풀고 잠그는 것을 완벽하게 수행했고, 앞뒤를 구분하여 쓸 수 있었다. 2. 자전거 끌고 이동하기 　- 자전거를 고정시킨 후에 다리를 사용하여 거치대를 푼다. (2점) 　　: 거치대를 풀려면 어느 곳을 눌러야하는지 알려주면 다리를 사용하여 거치대를 풀 수 있었다. 　- 핸들을 잡고 목표 지점까지 자전거를 끌고 간다. (3점) 　　: 지정해 준 목표 지점까지 아무 문제없이 핸들을 잡고 자전거를 끌고 갈 수 있었다. 　- 목표 지점에서 자전거를 세운 뒤 다리를 사용하여 거치대를 고정시킨다. (2점) 　　: 목표 지점에 자전거를 세우고 자전거를 멈추어 고정시킬 수는 있었지만, 스스로 거치대를 고정시키지 못했다. 3. 자전거 타기 　- 도움 없이 자전거 안장에 앉는다. (2점) 　　: 자전거 안장에 앉을 수 있지만 불안한 모습을 보였다. 　- 한 발은 페달에 올리고 반대 발은 바닥을 지탱한다. (2점) 　　: 몸이 고정되지 않고 흔들리는 모습을 보였다.

☑ 〈표 28〉 인라인 주제 활동 담당 지도자 초기 진단 사례 2

일 시	담당 아동	장애 유형	지도자	지도자 연락처	보호자 연락처
2019. 0. 0	△△△	발달장애 3급	◇◇◇	010-000-0000	010-000-0000

진단 내용 및 결과	1. [지도자와 학생간의 친밀감 형성 관련] △△이가 처음에 낯을 가려서 불러도 응답하지 않았다. 30여 분 동안 라포 형성 활동을 한 후 조금 망설였지만 얼굴을 쳐다보는 모습을 보였다. 몇 가지 질문에 대한 답변도 가능하고 자신이 원하는 것에 대한 의사표현을 할 수 있다. ① 팀장과 지도자를 보며 자세를 잘 따라한다. 작년에는 △△이에게 말하랴, 자세 잡아주랴 바빴는데 △△이와 어느 정도 의사소통이 원활해져 한결 수월했다. 예전엔 따라하는데 오래 걸렸던 동작들을 곧잘 따라하는 모습을 보였다. ② 오랜만에 시작된 체육교실 분위기에 어리둥절해 하는 것 같기도 했지만 즐거워 보였다. 페스티벌을 할 때 △△이의 활동범위가 넓다. 2. [인라인 장비 착용] 지도자의 도움을 최소화 하여 인라인 장비를 착용한다. 시범을 보고 스스로 하려는 의지를 보였다. 혼자 하는 것은 벅차서 중간에 "선생님 도와주세요."라고 해서 도와주는 방식으로 진행했다. 3. [인라인 기술]. 1) 서기 10초 동안 가만히 서 있을 수 있는지 평가하였다. 5초 동안은 서 있다가 이내 움찔하기 시작하며 움직인다. △△이는 인라인을 타지 않은 상태에서도 가만히 서 있게 하는데 시간이 걸려서 가만히 있도록 하는 법과 다리에 힘을 주는 법을 가르쳐주어야 겠다. 2) 넘어지기 넘어졌을 때 앞으로 숙인 상태에서 땅을 짚고 일어날 수 있는지 평가하였다. 2학기 때는 옆으로, 뒤로 일어나려고 해서 일어나는데 시간이 오래 걸렸었는데 반복했던 경험 때문인지 어려움 없이 바로 앞으로 숙여서 일어나는 모습을 보였다. 3) 옆으로 걷기 2학기 때 많이 연습했던 옆으로 걷기를 할 수 있는지 평가하였다. 자세가 정확하지는 않았지만 이 역시 반복했던 경험으로 인해 큰 어려움이 없어보였다. 하지만 한 발 한 발 내딛을 때마다 몸의 움직임이 커서 다리를 비롯한 몸 전체를 가만히 있게 하는 법을 가르쳐 주는 게 이번 학기의 주된 목표가 될 것 같다. 4) 주행 처음에만 손을 잡아주면서 균형을 잡아주자 혼자 주행할 수 있었다. 하지만 아직은

발달장애 아동 체육 프로그램
운영 사례

주행이라기보다 걷기에 가까운 자세다. 이제 걷기는 어느 정도 돼서 주행을 가르쳐 주면 될 것 같다. 문제는 △△이가 인라인에 익숙해지니까 작년처럼 여기저기 도망가는 것이다. △△이가 움직이고 싶은 만큼 움직이게 하면 다칠 것이고 제지하기만 한다면 △△이가 인라인에 흥미를 잃을 것이기 때문에 그 중간지점을 찾는 것 또한 이번 학기의 목표이다.

5) 라이딩
첫 진단 과정이라서 △△이에게 인라인에 대한 감을 찾아주고자 정해놓은 목적지까지 라이딩을 갔다. 지난번 프로그램에서는 손을 잡아주는 시간이 대부분이었는데 이번엔 오르막, 내리막을 제외하고 △△이 스스로 탔다. 이젠 △△이가 인라인 타는 것에 흥미를 느껴서 혼자서 많이 타보려고 하는 것 같다. 하지만 몸의 움직임, 발의 근력을 비롯해서 아직 전체적인 자세는 미숙하다.

팀별 공통 운동기술 사정과 개별 지도자들의 초기 진단은 프로그램이 시작되는 초기에 1-2회 정도를 진행하게 된다. 아동들에 따라 초기 진단의 기간은 달라질 수 있으며 특히, 체육 프로그램에 처음 참가하는 아동의 경우에는 좀 더 여유 있게 운영된다.

초기 진단의 결과들은 담당 지도자에게 모두 수합된 후 차후 진행되는 아동별로 작성되는 개별화 지도계획의 목표 및 과제 활동 선정의 근거로 활용된다.

☑ 사례의 시사점 〈초기 진단 단계〉
· 주제 활동별 초기 진단 구체성과 실제성 확보
· 실제 지도와 연계할 수 있는 초기 진단 내용 진행
· 아동 특성에 따른 초기 진단 기간과 내용의 융통성 확보
· 개별 담당 지도자의 초기 진단의 가치 및 활용성 인식 필요
· 관리자와 지도자 및 보호자 사이에 초기 진단 개념 공감이 전제되어야 함
· 초기 진단 시기 중 아동 특성 파악을 위해 보호자들과의 긴밀한 정보 소통 요구

4) 개별화 지도계획 작성 단계

발달장애 아동 체육 프로그램의 핵심 지도 원리는 개별 아동의 특성과 수준을 반영하는 것이다. K 체육교실 프로그램은 팀별 주제 활동에 대한 초기 진단 결과를 근거로 담당 지도자가 아동별 세부 목표를 선정하고, 이를 달성할 수 있는 세부 프로그램 진행 내용과 순서를 미리 작성한다. K 체육교실에서는 이러한 내용을 담고 있는 담당 지도자의 문서를 '개별화 지도일지'라고 지칭한다.

개별화 지도일지는 초기 진단과정 이후 분기별로 아동별 목표와 세부 프로그램 항목들이 작성되며 매주 프로그램 진행 사항과 특이점들이 지도자들에 의해 지속적으로 업데이트된다. 이러한 과정에서 지도자들은 처음 계획했던 목표를 수정하거나 과제의 내용들을 변경하기도 한다. 지도 대상 아동에 따라 나타내는 특성이 초기 진단 시와는 달라지는 경우들이 발생하기 때문이다. 목표의 변경이나 과제의 수정이 필요할 때는 보호자들의 의견 수렴과 협의를 진행하고 이에 대한 사항들도 지도일지에 기록된다.

각 팀의 팀장들은 매주 팀에 속한 지도자들의 개별화 지도일지를 검토하면서 지도에 도움이 될 수 있는 사항들을 수시로 전달하는 과정을 거친다.

K 체육교실 프로그램 담당 지도자의 지도일지 포함 항목과 지도일지 사례는 아래와 같다.

☑ 〈표 29〉 개별화 계획 지도일지 주요 항목과 내용

항 목	내 용
· 아동 인적 사항 및 아동 특성 〈초기/상시〉	- 성명, 생년월일, 장애유형과 등급, 보호자 연락처 - 프로그램 진행 중 아동 행동 특이 사항
· 초기 진단〈초기〉	- 초기 운동기술 진단의 검사 항목과 기준 및 결과
· 목표〈초기 및 변동시〉	- 진단 결과에 근거한 분기(3개월) 수준에서의 구체적 목표 - 아동에 따라 월별 단기 목표를 선정하기도 함
· 지도 내용과 순서〈상시〉	- 목표 달성과 연관된 지도 내용 항목들을 진행 순서에 따라 표기 - 지도와 관련된 필요 사항(기구 및 용품, 촬영 사항 등)
· 보호자 및 관리자 협의 사항 〈상시〉	- 매주 프로그램 시행 후 보호자들과의 상담 및 협의 사항 - 프로그램 관리자의 운영 지침 및 안내 사항
· 평가〈후기〉	- 프로그램 종료 전 평가 계획과 평가 결과

발달장애 아동 체육 프로그램 운영 사례

☑ 〈표 30〉 담당 지도자 개별화 지도일지(5회차 진행 중) 사례

일 시	담당 아동	장애 유형	지도자	지도자 연락처	보호자 연락처
2019. 0. 0	△△△	지적장애 2급	◇◇◇	010-000-0000	010-000-0000

	과제 내용	활동 내용
프로그램 진행 사항	1) 기본신체활동	〈체조 및 워밍업〉 페스티벌 음악에 맞추어 체조를 한 후 스트레칭 실시 ■ 시작 체조 　오늘도 지난 수업처럼 신나게 체조를 할 수 있냐고 물었을 때 △△가 "할 수 있어요. 재밌을 것 같아요." 라는 반응을 보였다. 아동이 불참한 다른 지도자들과 함께 앞에서 체조를 보여주었고, △△는 웃으면서 동작을 따라했다. 매주 반복해서 체조를 해서 동작을 점점 외워가는 것 같았다. 스트레칭을 할 때에도 연주가 가장 자신 있어 하는 부분이라서 그런지 아주 적극적으로 했다. 스트레칭 동작 중 목 돌리기와 몸통을 크게 돌리는 동작, 페스티벌 체조 중 한 바퀴를 돌고 지도자와 하이파이브를 하는 동작이 있는데 △△가 그 동작을 어려워하는 것 같아서 다음 수업 때 차근차근 알려주어야겠다고 생각했다. ■ 마무리 체조 　수업에 잘 참여해줘서 음료수를 사주고 마지막 체조까지 열심히 하기로 약속을 했다. △△는 약속대로 적극적으로 체조를 따라했다. 처음 수업 때는 체조를 아예 하지 않고 지도자가 하는 것을 보기만 했었는데 오늘은 직접 따라하고 동작을 조금씩 외워가는 모습을 보여주어서 고맙고 뿌듯했다.
	2) 주제 활동	1. 보호 장비 착용하기 　이제 보호 장비를 착용하는 활동은 부위별 보호 장비를 구분하고 끈도 바로 붙일 수 있는 등 너무 완벽하게 수행한다. 헬멧도 알아서 머리를 정리한 후 자신에게 편하게 착용한다. 그렇기 때문에 앞으로는 착용하는데 걸리는 시간을 줄이는 연습을 할 것이다. 2. 스스로 자전거 직진 주행하기 　보호 장비를 착용하고 바로 자전거를 끌고 타보는 활동을 했다. 사람이 없을 때 시작 지점과 목표 지점을 정해주고 지도자가 출발하라는 신호에 맞춰서 출발 후 목표 지점에서 브레이크를 잡도록 했는데, 저번 시간보다 훨씬 더 안정적으로 타는 모습을 보였지만, 아직까지 앞을 보거나 브레이크를 잡고 안전하게 자전거를 멈추는 부분에서는 연습이 더 필요한 것 같았다. 3. 지그재그 주행하기 　다른 아동이 지그재그 연습하는 것을 보여주면서 △△에게 어떻게 하는 것인지 이해를 시켜준 후에 콘 다섯 개를 세워놓고 지그재그로 통

	과하는 활동을 했다. 걱정과 달리 바로 성공을 했다. 그래서 수준을 더 높여서 콘 두 개를 더 놓고 일곱 개를 통과하는 연습을 해보았는데 약간 불안하기는 했지만 성공적으로 활동을 마쳤다. 다음 수업 때는 개수를 늘릴 분만이 아니라 콘의 간격을 더 좁혀서 연습을 해 볼 계획이다. 4. 다른 지도자의 이름을 외우고 친해지기 　저번 시간에 '주지도자, 보조지도자, △△ 선생님' 세 명의 이름을 외우고 간 것을 이번 수업 때 다시 물어보았는데 그대로 기억하고 있었다. 오늘은 체조를 시작하기 전에 인라인팀 지도자들의 이름을 외우고 친해지는 시간을 가졌다. 그러나 다른 지도자나 아동이 △△에게 이름을 물어보았을 때 자신의 이름을 말해주는 것을 부끄러워하는 것이 느껴져서 다음 수업 때 △△가 스스로 이름을 자신 있게 말하는 것을 연습할 것이다.
지도 반성	오늘은 체육교실을 시작한 후 처음으로 날씨가 좋은 날이었다. 그래서인지 △△의 컨디션이 너무 좋아보였다. △△가 10분 정도 일찍 와서 다른 지도자와 친해지는 시간을 가졌는데 대화를 나누거나 안아주는 등 초반보다 분위기에 많이 적응한 모습을 볼 수 있었고 저번 시간에 외웠던 지도자들의 이름을 계속 기억하고 있어서 뿌듯했다. 행사로 인해 수업 장소에 사람이 많이 붐벼서 △△가 당황하거나 수업에 집중하지 못하는 모습을 보일까봐 걱정했는데 전혀 문제없이 잘 따라주었다. 수업을 시작하고 자전거를 고정시키고 페달 굴리는 것을 하지 않고 바로 직진 주행을 해보았는데 저번 시간 이후로 자신감이 붙어서인지 실력이 눈에 띄게 늘었다는 생각이 들었다. 콘을 세워놓고 지그재그로 통과하는 활동도 자신감 있게 성공했고, 응용하여 콘의 개수를 더 늘려서도 진행해보았다. △△가 자전거에 관심을 가지고 충분히 친해졌다는 것이 느껴져서 다행인 것 같았다. 오늘 가장 인상 깊었던 것은 △△에게 "힘들면 조금 쉬었다가 다시 타볼까?"라고 여러 번 물어볼 때마다 계속 할 수 있다는 의지를 보여준 것이었다. 앞으로 △△가 여러 부분에서 더 발전할 수 있도록 옆에서 끊임없는 도움을 주는 것이 내가 지도자로서 해야 하는 역할이라고 생각한다.
팀 장과의 협의내용	지도를 할 때 좀 더 느리고 정확하게 의사를 전달하도록 요청 받음
다음 차 계획	- 콘의 개수를 늘리고, 간격을 좁혀서 지그재그 연습을 할 것이다. - 오르막길, 내리막길 주행연습을 할 것이다. - 브레이크를 잡고 자전거를 안전하게 멈추는 연습을 할 것이다. - 사진을 찍거나 산책을 하며 다양한 경험을 할 계획이다. - 다른 참가 아동의 이름을 외우고, 자기 이름을 자신 있게 말하는 연습을 할 것이다.
보호자 의견	- 프로그램 참여 전 △△가 기대를 많이 하고 온다며 흥미를 잃지 않는 것에 더 주의를 기울여 지도해줄 것을 부탁함

　아동별 담당 지도자가 작성한 개별화 지도일지는 프로그램 마지막 평가회 시 아동의 보호자들에게 전달됨으로써 프로그램 지도 내용과 성과를 직접 확인할 수 있게 한다. 그리고 이렇게 작성된 지도일지는 총괄 운영팀에서 수합하여 보관하면서 차후 담당 지도자가 변경될 때 새로운 지도자들에게 지도일지를 전달하는 시스템을 운영하고 있다.

발달장애 아동 체육 프로그램
운영 사례

☑ 사례의 시사점 〈개별화 지도계획 단계〉

· 개별화 지도계획에 대한 명확한 내용과 시스템 정립
· 담당지도자-팀장-보호자 사이의 개별화 지도계획 정보 공유
· 개별화 지도일지의 활용성 극대화(관계자들 사이 정보 소통, 차후 지도자 변경 시 지도 연계 근거)

· 담당 지도자의 개별화 지도일지 필요성 인식과 작성을 위한 전문성 필요
· 지도일지에 대한 상시 점검 체계 요구

5) 지도 및 상담 단계

K 체육교실 프로그램의 지도 기간은 분기별 12주의 프로그램 중 약 7~8주 정도에 해당한다. 물론 참가 아동들은 3년의 기간을 지속하여 프로그램에 참여할 수 있기 때문에 분기별 지도 내용들은 가능한 지속적으로 연계되는 것이 일반적인 상황이다.

프로그램에서의 지도는 이전 단계 작성된 아동별 개별화 지도계획대로 꼼꼼히 진행된다. 중요한 것은 지도자들의 계획대로 진행되지 못할 변수가 발생할 경우 적절히 대처할 수 있도록 하는 것이다. 때로는 아동들의 행동 특성으로 인해 과제 활동이 급작스럽게 중단되는 경우도 있으며 때로는 예상치 못한 주변 환경의 변화로 인해 과제를 변경해야 하는 경우도 발생된다.

개인별 아동에 대한 지도는 전적으로 담당 지도자의 역할과 책임으로 인식되어 가능한 개별 지도 과정에서는 운영자 또는 팀장조차 사소한 간섭이 발생되지 않도록 하는 분위기로 진행된다.

한편, K 체육교실 프로그램의 경우 담당 지도자의 개별 지도 이외에 팀별로 진행되는 단체 활동지도가 매 회 프로그램마다 진행된다.

1회 프로그램 진행 시간 90분 중 팀별 활동은 준비 체조, 출석 확인, 체력활동, 사회성 활동, 정리 체조를 포함하여 약 40분 정도로 진행되며 나머지의 시간은 주제 활동과 관련된 담당 지도자의 개별 지도 시간이다. 개별화 지도가 진행될 때 팀장은 개별 지도자를 순회하며 추가적으로 필요한 사항들을 점검하고 변수 상황에 대한 공동대처와 함께 지도 Tip을 안내하고 있다.

K 체육교실에서 매 프로그램 진행 시 각 팀별로 진행되는 지도 과정의 예(기초운동기술팀)는 아래 그림과 같다.

준비 단계 (팀별 단체)
- 프로그램 전 키드짐 자유활동(10분, 사전 도착 아동 대상)
- 준비 운동: 리듬체조 및 스트레칭 체조(10분)
- 템포트레이닝 <다양한 음악에 맞춰 달리기>(5분)
- 출석 확인(5분)

본 운동 (단체 & 개별)
- 단체 주제 활동 <기본운동기술 던지기 표적활동, 줄넘기, 사회성 함양 활동>(20분)
- 주제 활동 관련 개별화 과제 활동 <아동 수준별>(30분)

정리 단계 (팀별 단체)
- 활동 내용 정리 <아동별 활동 내용 스스로 이야기 하기>(5분)
- 정리 운동: 음악 체조(5분)
- 단체 마무리 구호

그림 35. 주제 활동 그룹 지도과정의 사례

발달장애 체육 프로그램에서의 상담은 주로 담당 지도자와 아동의 부모 사이에 진행되는 것이 일반적이다. K 체육교실 프로그램에서 상담은 프로그램 접수 시에 운영 담당자와 부모 사이에 이루어지는 기본 상담과 프로그램 진행 중 담당 지도자와 보호자 사이에 긴밀하게 진행되는 수시 상담으로 구분된다.

기본 상담은 아동이 처음 체육 프로그램에 접수할 때 아동에 대한 개략적인 신상 정보들과 특성을 확인함으로써 지도자 및 팀 배정을 결정하는데 참고한다. 또한 담당자들은 체육 프로그램에 대한 운영 방식과 특징들을 보호자들에게 안내하면서 아동이 원하는 활동 유형을 선택할 수 있는 기회를 제공한다.

수시 상담은 체육 프로그램이 시작되기 전 아동에게 담당 지도자 배정이 완료되면서 바로 진행되기도 하며, 이때는 전화 및 대면 상담을 통해 담당 아동의 특성들을 파악하기 위한 정보를 수집한다. 본격적인 상담은 현장 지도가 진행되면서 매회 프로그램 시작 전과 종료 후에 보호자들과 주요한 아동의 상태나 프로그램 지도사항들에 협의하는 방식으로 진행된다. 현장 체육 프로그램에서 별도의 상담 시간을 할애하는 것은 보호자와 담당 지도자 각자의 여건 때문에 실질적으로 쉽지가 않다. 따라서 K 체육교실에서는 매주 프로그램이 시작되기 전과 후의 시간을 활용하여 상담을 진행한다. 상담의 주요 내용들은 아동의 최근 심리적, 행동적인 변화들에 대한 것과 프로그램 진행 중 아동에게 나타나는 변화와 특징들에 대한 것이 주를 이룬다.

지도자와 아동의 보호자들 사이에 진행되는 상담은 지도에 필요한 정보를 공유하는 측면에서 매우 유용한 가치를 갖고 있을 뿐 아니라 프로그램에서의 지도 내용이 가정으로 연계될 수 있는 계기를 만들기도 한다. 또한 지도자들은 이러한 상담을 통해 보호자들과 신뢰 관계를 형성할 수 있으며 그렇게 구축된 신뢰는 프로그램의 진행 효율성과 참가자들의 만족도를 높이는데 중요한 역할을 한다.

☑ 〈표 31〉 체육 프로그램에서의 상담 구분과 내용

구 분	상담 내용
기본 상담	- 프로그램 첫 접수 시 운영 담당자와 보호자간 시행 - 참가 아동에 대한 개인 인적 사항 - 체육 프로그램 운영 방식과 특징 안내 - 참가자 요구 사항 확인
수시 상담	- 프로그램 기간 중 담당 지도자와 보호자 사이에 진행 - 매회 프로그램 전, 후 시간을 활용 - 가정에서의 아동 특성 공유 - 프로그램 시행 중 아동의 특성 공유 - 프로그램 참여 후 변화 공유 - 행동관리 연계 사항 공유

☑ 사례의 시사점 〈지도 및 상담 단계〉

· 기본 상담과 수시 상담 체계 운영
· 상담의 내용과 결과에 대한 활용
· 상담을 통한 공급자와 수요자 사이의 신뢰 구축

· 짧은 시간 상담 방식으로 인한 제한점
· 담당 지도자들의 상담 전문성 확보가 관건

6) 사후 평가 단계

프로그램 평가회 차례

1. 프로그램 운영 책임자 인사
2. 학부모 회장 인사
3. 팀별 프로그램 평가 발표(영상)
4. 졸업장 및 수료증 수여
5. 다음 분기 프로그램 일정 안내
6. 팀별 모임(요청사항 및 만족도 설문)

그림 36. 프로그램 평가회 차례

체육 프로그램에서의 사후 평가는 프로그램 시작 당시에 선정한 아동들의 목표를 달성했는지를 확인하는 과정이다.

K 체육교실 프로그램의 사후 평가는 팀별 프로그램 평가와 담당 지도자의 개별 지도 평가로 구분되어 진행된다.

팀별 평가 결과는 분기 말에 프로그램 평가회를 개최하여 프로그램 관계자들이 모두 참석한 상태에서 보고된다. 팀별 평가는 각각의 아동에 대한 세세한 평가 결과를 제시하기보다는 팀 프로그램의 진행된 내용을 확인하고 프로그램 중에 나타난 아동들의 참여 변화를 영상 중심으로 소개함으로써 팀별 목표 달성 정도를 가늠할 수 있도록 진행된다. 또한 분기 말 평가회에서는 아동들의 참여를 독려할 수 있는 시상 및 수료증을 수여함으로써 발달장애 아동들의 성과를 독려하는 가치를 발휘한다.

발달장애 아동 체육 프로그램
운영 사례

VI

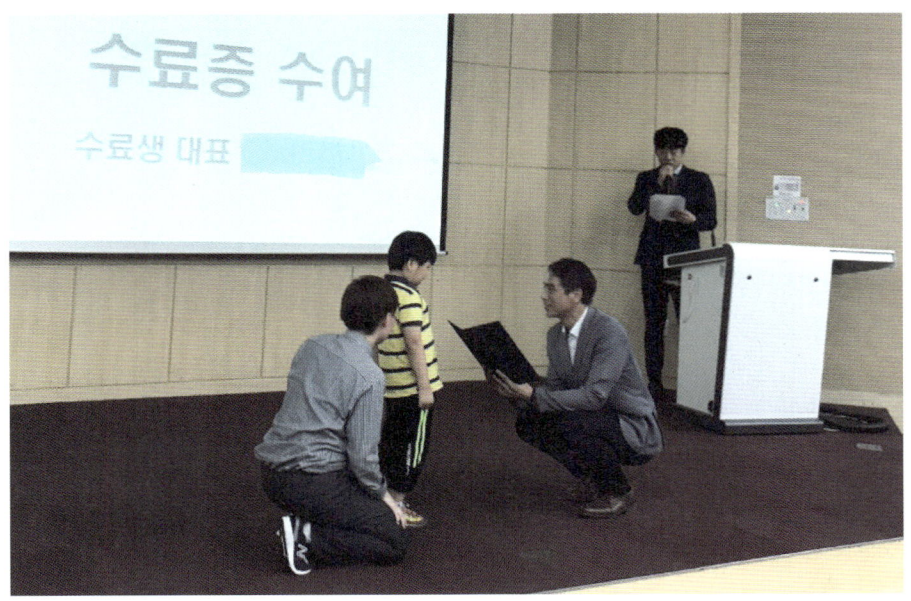

그림 37. 참가자 수료증 수여식

담당 지도자별로 진행되는 사후 평가는 프로그램 종료 1주 전에 진행된다. 지도자들은 각자 선정했던 아동의 목표를 사전에 계획한 평가 도구들을 사용하여 확인하는 과정을 거치고 이에 대한 평가 결과를 정리한다. 대부분의 경우는 프로그램이 시행될 때 사용했던 진단 검사의 방식을 적용함으로써 프로그램 전후의 변화를 객관적으로 확인할 수 있게 진행된다.

사후 평가 결과는 별도의 파일로 묶어서 팀장과 담당 아동의 보호자에게 전달된다. 이 파일에는 프로그램 초기에 선정되었던 아동의 운동기술 및 참여 특성에 대한 구체적 목표 달성 여부가 제시되고 매회 기록된 지도자의 지도일지도 함께 포함된다.

K 체육교실 프로그램은 특별히 각 담당 지도자들의 평가 보고서를 상호 공유하는 사례발표를 진행한다. 이러한 사례 발표는 서로 다른 발달장애 아동들의 특성을 폭넓게 이해하려는 것과 발달장애 아동 지도 시 유용한 지도법들을 공유하고자 하는 목적으로 진행된다.

담당 지도자들이 담당 아동의 보호자에게 전달하고 사례발표를 진행한 사후 평가와 관련된 보고 내용은 아래의 그림과 같다.

개별 평가 보고 목차

1. 아동소개 및 특성
2. 초기진단평가
3. 장단기목표
4. 지도과정
5. 사후평가
6. 지도소감

5-1 사후평가 – 보호장비 착용

헬멧 착용

무릎 보호대 팔꿈치 보호대 구분

평가기준	점수
헬멧 앞뒤를 구분하여 착용할 수 있는가?	O(2점)
헬멧 줄이 꼬이지 않게 착용할 수 있는가?	O(2점)
무릎 보호대와 팔꿈치 보호대를 올바른 위치에 착용할 수 있는가?	△(1점)

5-2 사후평가- 자전거 거치대 풀기 및 끌고 이동하기

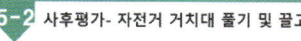
자전거 거치대 풀기 및 끌고 이동하기

평가기준	점수
자전거를 고정시킨 후 거치대를 풀 수 있는가?	O(2점)
핸들을 잡고 목표지점까지 자전거를 끌고 이동할 수 있는가?	O(2점)

5-3 사후평가 – 자전거 탑승 및 직선주행

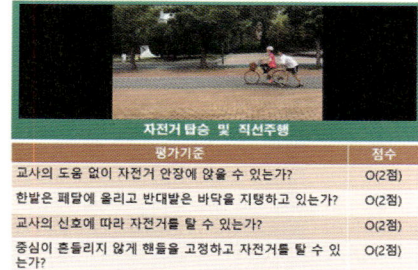
자전거 탑승 및 직선주행

평가기준	점수
교사의 도움 없이 자전거 안장에 앉을 수 있는가?	O(2점)
한발은 페달에 올리고 반대발은 바닥을 지탱하고 있는가?	O(2점)
교사의 신호에 따라 자전거를 탈 수 있는가?	O(2점)
중심이 흔들리지 않게 핸들을 고정하고 자전거를 탈 수 있는가?	O(2점)

5-4 사후평가 – 지그재그주행

지그재그 주행

평가기준	점수
교사의 신호에 따라 방향전환을 할 수 있는가?	O(2점)
5개의 삼각콘을 쓰러뜨리지 않고 지그재그로 통과할 수 있는가?	O(2점)

5-5 사후평가- 자전거 정지하기 및 자전거 정리하기

자전거 정지하기 / 자전거 정리하기

평가기준	점수
자전거를 원하는 위치에서 브레이크를 사용하여 정지할 수 있는가?	X(0점)
자전거를 원하는 장소에 정리할 수 있는가?	△(1점)

초기 진단 항목과 점수	목표	사후 평가 결과
보호 장비 착용(3/6점)	보호 장비 착용 항목 5점	5점 〈목표 달성〉
거치대 풀기와 끌고 이동(2/4점)	거치대 풀기와 끌고 이동 3점	4점 〈목표 달성〉
탑승 및 직선주행(1/8점)	탑승 및 직선주행 6점	8점 〈목표 달성〉
지그재그 주행(0/4점)	지그재그 주행 3점	4점 〈목표 달성〉
정지하기와 정리하기(0/4점)	정지하기와 정리하기 3점	1점 〈목표 미달성〉

그림 38. 담당 지도자 개별 사후 평가 사례

초기의 개별 담당 지도자의 사후 평가 결과를 전달 받은 아동의 보호자들은 프로그램 참여 후 자녀들이 어떤 성과를 얻게 되었는지를 명확히 확인하게 된다. 또한 가정에서 자녀와 함께 자전거 활동을 하면서 안전을 위해 어떤 부분을 고려해서 타야 할지도 미리 인식할 수 있게 해 준다.

체육 프로그램의 운영진은 각 아동의 평가 결과를 통해 아동을 담당하는 지도자가 변경되더라도 어떤 과제와 내용들을 지도해야 할지에 대한 구체적인 지침을 제공할 수가 있다. 결국 체육 프로그램에서의 사후 평가는 지도의 연속성을 보장하고 새로운 수행 수준 진단의 가치를 갖게 됨으로써 차후 프로그램에서의 진행 효율성을 높일 수 있는 자료가 된다.

☑ **사례의 시사점 〈사후 평가 단계〉**
- '초기 진단' – '목표 설정' – '사후 평가'의 연계성 확립
- 사후 평가 결과에 대한 수요자 제공 시스템 진행
- 차후 프로그램의 효율적 진행을 위한 근거 자료 가치

- 아동별 충분한 사후 평가 시간 확보
- 팀별 주제 활동 평가와 담당지도자 개별 평가의 연계성 유지

참고문헌

American College of Sports Medicine(2003). Exercise management for person with chronic disease and disabilities, Champaign, IL, Human Kinetic

American Psychiatric Association(2013). Diagnostic and statistical manual of mental disorders(5th ed.). Arlington, VA: Author.

Anderson, L. W. (2005). Objectives, evaluation, and the improvement of education. Studies in educational evaluation, 31(2), 102-113.

Auxter, D. P., & Huettig, C.(2001). Principles and methods of adapted physical education and recreation(9th ed.). Fairfield, PA: MC Graw Hill.

Ayres, A. J.(1974). The Development of Sensory Integrative Theory and Practice: A Collection of the Works of A. Jean Ayres. Kendall/Hunt Pub Co.

Bailey, D. B., & Gariepy, J.(2008). Critical periods. In M. M. Haith, & J. B. Benson(Eds.), Encyclopedia of infant and early childhood development(pp.322-332). San Diego, CA: Elsevier.

Bambara, L. M., & Kern, L.(2005). Individualized supports for students with problem behaviors: Designing positive behavior plans. New York: The Guilford Press.

Bandura, A.(1977). Social learning theory. Englewood Cliffs, NJ: Prentice Hall.

Berchtold, N. C., Chinn, G., Chou, M., Kesslak, J. P., & Cotman, C. W.(2005). Exercise primes a molecular memory for brain-derived neurotrophic factor protein induction in the rat hippocampus. Neuroscience, 133, 853-861.

Bernard V. H.(1987). Fundamental Motor Skill Performance of Non-Handicapped and Educable Mentally Impaired Students. Education and Training in Mental Retardation, Vol. 22(3), 197-204.

Bernstein, N. A. 1967. The co-ordination and regulation of movements, Oxford: Pergamon Press.

Bloom, B. S. (Ed.). Engelhart, M.D., Furst, E.J., Hill, W.H., Krathwohl, D.R.(1956). Taxonomy of Educational Objectives, Handbook I: The Cognitive Domain. New York: David McKay Co Inc.

Bray, N. W., Fletcher, K. L., & Turner, L. A.(1997). Cognitive competencies and strategy use in individuals with mental retardation. In W. E. MacLean, Jr. (Ed.), Ellis' handbook of mental deficiency, psychological theory and research (3rd ed.) (pp. 197-217). Mahwah, NJ: Erlbaum.

Bruininks R. H., & Bruininks B. D.(2005). Bruininks-Oseretsky Test of Motor Proficiency(2nd ed.). Minneapolis MN: NCS Pearson

Bruni, Maryanne (1998). Fine Motor Skills in Children with Down Syndrome: A Guide for Parents and Professionals. Bethesda, MD: Woodbine House

참고문헌

Burton, A. W., & Miller, D. E. (1998). Movement skill assessment. Champaign, IL: Human Kinetics

Chapman, R. S., & Hesketh, L.(2000). The behavioral phenotype of Down syndrome. Mental Retardation and Developmental Disabilities Research Review, 6, 84-95.

Clark, J. E., & Whitall, J.(1989). What is motor development? The lessons of history. Quest, 41, 183-202.

Coakly. J.(2004). Sport in Society. NY: Mcgraw hill

Crair, M., Gillespie, D., & Stryker, M.(1998). The role of visual experience in the development of columns in cat visual cortex. Science, 279, 566-570. David McKay Co.

Durn, J. M., & Leitschuh, C. A.(2010). Special physical education (9th ed.). Dubuque, IA:

Eliot, L. (1999). What´s going on in there? -how the brain and mind develop in the first five years of life. New York: Bantan Books.

Examiners Manual (2nd ed.). Circle Pines MN: American Guidance Service Inc.

Fowler, A. E.(1986). The development of language structure in children with down syndrome. The developmental perspective (pp. 302-328) New York: Cambridge University Press

Fowler, C.(1986). An event approach to the study of speech perception from a direct-realist perspective, J. Phon. 14, 3-28.

Frey, G. C., & Chow, B.(2006). Relationship between BMI, physical fitness, and motor skills in youth with mild intellectual disabilities. International Journal of Obesity, 30(5), 861-867.

Gallahue, D. L. & Ozmun, J. C.(1998). "Understanding Motor Development. Infants, children, adults.". Boston: McGraw-Hill Companies

Gallahue, D. L., & Cleland, F.(2003). Developmental Physical Education for Today's Chlidren, IL: Human Kinetics

Gallahue, D.L., Ozmun, J.C., & Goodway, J.D.(2012). Understanding Motor Development: Infants, Children, Adolescents, Adults (7 th Edition). McGraw-Hill, New York.

Harrow, A.J. (1972). A Taxonomy of the Psychomotor Domain. New York: David McKay Co.

Haywood, K.M., & Getchell, N.(2014). Life Span Motor Development(6th Edition). Champaign, Illinois: Human Kinetics

Henry, F. M., & Harrison, J. S.(1961). Refractoriness of a fast movement. Perceptual and Motor Skills, 13, 351-354.

Hillman C. H, Erickson K. I, Kramer A. F.(2008). Be smart, exercise your heart: exercise effects on brain and cognition. Nat Rev Neurosci 9, 58-65.

International Federation of Adapted Physical Activity(IFAPA)(2018). What is APA. 2018. 6. 4. http://ifapa.net/what-is-apa/

Jansma, P., & French, R.(1994). Special Physical Education: Physical activities, sports, and recreation. New Jersey: Prentice-Hall.

Julia V. D. & Denis, B.(1997). Assessment in Occupational Therapy and Physical Therapy. WP: Saunders Company

Keogh, J. F.(1977). The study of movement skill development. Quest 28(1), 76-88.

Krathwohl, D. R., Bloom, B.S., Masia, B. B.(1973). Taxonomy of Educational Objectives, the Classification of Educational Goals. Handbook II: Affective Domain. New York: David McKay Co., Inc.

Lerner, R. M., Theokas, C., & Bobek, D. L.(2005). Concepts and Theories of Human Development: Historical and Contemporary Dimensions. In M. H. Bornstein & M. E. Lamb (Eds.), Developmental science: An advanced textbook(pp. 3-43). Mahwah, NJ, US: Lawrence Erlbaum Associates Publishers

M. Rhonda, F., & Rebecca R. F.(2000). Examiner's Manual Peabody Developmental Motor Scales(2nd ed.). AT: Pro-ed

MacDonald, M., Lord, C., & Ulrich, D. A.(2013). The Relationship of Motor Skills and Social Communicative Skills in School-Aged Children With Autism Spectrum Disorder. Adapted Physical Activity Quarterly, 30, 271-282.

Magill, R.(1993). Augmented feedback in skill acquisition. In R.N. Singer, M. Murphey, & L.K. Tennant (Eds.), Handbook of research on sport psychology (pp. 193-212). New York: Macmillian

Montessori, M.(1964) The Montessori method. New York, Schocken Books, Inc.

Morin, B., & Reid, G.(1985). A quantitative and qualitative assessment of autistic individuals on selected motor task. Adapted Physical Activity Quarterly, 2(1), 43-55.

Newell, K. M. 1986. "Constraints on the development of coordination". In Motor development in children. Aspects of coordination and control, Edited by: Wade, M. G. and Whiting, H. T.A. 341-60. Dordrecht, , The Netherlands: Martinus Nijhoff.

Okely, A. D., Booth, M. L., & Chey, T.(2004). Relationships between body composition and fundamental movement skills among children and adolescents. Research Quarterly for Exercise and Sport, 75, 238-247.

Ozonoff, S., Dawson, G., & Mc Partland, J.(2002). A parent's guide to asperger syndrome and high-functioning autism. New York: Guilford Press

Piaget, J.(1952). The Origins of Intelligence in Children. NY: International Universities Press

Ratey, J. J., & Hagerman, E.(2008). Spark: The revolutionary new science of exercise and the brain. NY: Little, Brown and Co.

Reid & Collier(2002). Motor behavior and the autism spectrum disorders: Introduction. Palaestra, 18(4), 20-27, 44.

Reid, G., Collier, D., & Morin, B.(1983). The motor performance of autistic individuals. In: R. L. Eason, T. L. Smith, & F. Caron (Eds.), Adapted physical activity: From theory to application(pp. 129-141). Champaign, IL: Human Kinetics

Rimmer, J. H., & Yamaki, K.(2006). Obesity and intellectual disability. Mental retardation and development disabilities, 12, 22-27.

Rimmer, J.H., Rowland, J., & Yamaki, K.(2007). Obesity and secondary conditions in adolescents with disabilities: Addressing the needs of an underserved population. Journal of Adolescent Health, 41, 224-229.

Roach & Kepart(1966). The Purdue perceptual-motor survey. Columbus, Ohio : C. E. Merrill Books

Robin S. Chapman, H. K. Seung, S. E. Schwartz, & E. R. Bird(1998). Language Skills of Children and Adolescents With Down Syndrome. Journal of Speech, Language, and Hearing Research, Vol. 41(4), 861-878.

Schmidt, R. A.(1975). A schema theory of discrete motor skill learning. Psychological Review, 82, 225-260

Sherrill, C.(1998). Adapted physical activity, recreation and sport(5th ed.) Madison, WI: : WCB/McGraw-Hill

Sherrill, C.(2004). Adapted physical education and recreation: A crossdisciplinary and lifespan, Dubuque, IW: WCB/McGraw-Hill

Sherrill. C.(1997). Adaptation theory: The essence of our profession and discipline. In I. Morisbak & P. E. Jorgensen(Eds.), Quality of life through adapted physical activity. 10th ISAPA Symposium Proceedings(pp. 31-45). Omslag, Norway:BB Grafisk

Smith, T. K.(1997). Authentic assessment: Using a portfolio card in physical education. Journal of Physical Education, Recreation an Dance. 68(4), 48-52.

Staples, K., Todd, T., & Reid, G.(2006). Physical activity instruction and autism spectrum disorders. ACHPER Healthy Lifestyles Journal, 53, 17-23.

Thomas, . R., & Thomas K. T.(1989)_ What is motor development: What does it belong? Quest, 41, 203-212.

Ulrich D. A. (1985). Test of Gross Motor Development, Austin, TX: Pro-Ed Publishers

Ulrich, D. A.(2000). Test of Gross Motor Development, 2nd ed. Austin, TX: Pro-Ed Publishers

Ulrich, D.A. (2014) Test of Gross Motor Development, 3th ed. Personal communication.

WCB/McGraw Hill

WHO(2005). Some Highlights of the 58th World Health Assembly. World Heath Organization

Williamson, P., Carnahan, C. R., & Jacobs, J. A.(2012). Reading comprehension profiles of high-functioning students on the autism spectrum: A grounded theory. Exceptional Children, 78(4), 449-469.

Winnic, J. P., & Short, F. X.(1999). The Brockport physical fitness test technical manual. Champaign, IL: Human Kinetics

강현석 외 7인 공역(2005). 교육과정 수업평가를 위한 분류학. 서울: 아카데미프레스

교육부(2017). 장애인 등에 대한 특수교육법 시행령(약칭: 특수교육법 시행령), 제10조(특수교육대상자의 선정 기준) 별표

국립국어원(2018). 표준국어대사전. http://stdweb2.korean.go.kr/search/View.jsp?idx=431257

국립특수교육원(2009). 특수교육학 용어사전. 교육과학기술부

국립특수교육원(2013). 장애학생 건강체력평가(PAPS-D) 개발 종합보고서. 서울: 한림문화사

권희연, 정병운(2016). 신경발달장애를 중심으로 한 DSM-5의 변화: 특수교육적 함의를 중심으로. 지적장애연구, 제 18집 2호. 117-139.

김경미, 김정미, 노종수, 박수현, 유은영, 장문영, 최은희, 최정실(2006). 감각통합과 아동. 서울: 군자출판사

김경숙(1995). 자폐아의 체격과 체력에 관한 연구. 한국특수체육학회지, 13(1), 41-54.

김경원, 송우엽(2009) 운동발달의 이해. 서울: 레인보우북스

김기룡, 김삼섭, 나경은(2016). 한국, 미국 및 일본 발달장애인법 비교: 장애인 정책의 핵심 개념에 기반한 비교 분석. 발달장애연구. 20(2). pp.129~174.

김두희(2012). 자폐성장애 학생의 명료화 행위에 관한 질적 연구. 특수교육재활과학연구 2012. vol. 51(2), pp.27-56.

김선진(2003). 운동발달의 이해. 서울: 서울대학교 출판부.

김선진(2013). 운동발달의 이해(제2 개정판) 서울: 서울대학교 출판부.

김원경, 신진숙, 박현옥, 김용욱, 김미숙, 윤광보, 김경화, 김정현, 강창욱, 박정식, 김정연, 곽승철, 한홍석, 박미혜, 홍종관(2017). 최신 특수교육학개론. 경기: 양서원

김의수(2003). 장애아동 체육교실의 이론과 실제. 서울: 무지개사

김의수, 이인경, 최승권 공역(1992). 장애학생을 위한 특수체육(Horvat 원저 1990). 서울: 태근문화사

노형규(2012). 발달장애인 신체활동 프로그램 유형과 효과에 대한 메타분석. 한국특수체육학회지. 20(3). pp.17-28.

노형규, 오광진(2005). 정서장애 및 정신지체 아동의 신체활동 지도를 위한 특수체육지도자들의 준비요건. 한국특수체육학회지, 13(2). pp.43-55.

노형규, 이동철(2016). 재활체육의 역할 탐색 및 장애인체육과의 연계 방안. 한국특수체육학회지, 24(1). pp53-70.

대한장애인체육회(2019). 2018 장애인 생활체육 실태조사. 대한장애인체육회

문수백 (2016). K-DTVP-III. 서울: 도서출판 학지사.

박용천, 우상수(2003). 감각운동이 자폐성 장애아의 상동행동에 미치는 효과. 한국특수체육학회, Vol. 11(2), 133-143.

박용천, 우상수(2003). 감각운동이 자폐성 장애아의 상동행동에 미치는 효과. 한국특수체육학회지, 11(2) 2003 pp. 133-143.

박지혜, 김화수, 박정식(2014). 지적장애 아동의 화용언어 특성. 지적장애연구, Vol. 16(2). 153-175.

방명애, 최하영(2009). 발달장애아동의 문제행동 중재. 서울: 시그마프레스

보건복지부(2015). 발달장애인 권리보장 및 지원에 관한 법률. 보건복지부

보건복지부(2017). 발달장애인 권리보장 및 지원에 관한 법률. 보건복지부

보건복지부(2018). 2018 장애아동 가족지원사업안내. 보건복지부

부산광역시교육청(2014). 장애학생의 문제행동 중재 매뉴얼. 부산: 도도북스

서울시 장애인자립지원과(2018). 2019년 발달장애인 주간활동서비스 지원사업 추진계획(안). 서울특별시

송은희(2002). 일반아동과 장애아동의 감각 통합 기능에 관한 비교연구. 미간행 석사학위 논문. 서울: 이화여자대학교 대학원

스페셜올림픽코리아(2015). 스페셜올림픽 통합스포츠 축구지도법 매뉴얼. 서울: 레인보우북스

신경계 운동치료학 편찬위원회, 2018. 신경계 운동치료. 서울: 범문에듀케이션

신기철(2012). 체육교사의 전문성으로서 학습 과제 분석 능력. 체육과학연구원 스포츠둥지. https://www.sportnest.kr/1230

양문봉(2000). 자폐스펙트럼장애. 서울: 자폐연구.

참고문헌

양영애 외 21인 번역(2014). 작업치료사와 물리치료사를 위한 인간발달과 수행. 서울: 정담미디어.
여광응, 조용태 역(1994). 장애유아의 조기교육. 서울: 특수교육
오연주, 이경실, 김현지, 박경애(2000). 유아 동작 교육의 이론과 실제. 서울: 창지사
이승희, 조홍중(2001). 발달장애 개념에 대한 특수교육학적 고찰, 발달장애학회지 제5권 p.17-30.
이은경, 홍양자, 정복자(2011) 지각운동기능중심의 특수체육활동이 발달장애유아의 대근운동기술에 미치는 영향과 운동발달 단계별 특성. 한국특수체육학회지 2011. 제19권 제3호. pp. 89-102.
장애인등에 대한 특수교육법(2017). 교육부
장애인복지법 시행규칙(2019). 보건복지부
장애인복지법(2017). 보건복지부
장호연 역(2018). 스스로 치유하는 뇌. 서울: 동아시아 출판사
장휘숙(2001). 아동발달. 박영사, 서울
전우천(2011). 발달장애 아동의 사회적 기술 향상을 위한 현장체험학습 지원 시스템의 설계 및 구현. 디지털콘텐츠학회 논문지 v.12 no.1 pp.33-48.
정대영(2011). 특수교육학. 서울: 창지사.
정동영 외 15인(2011). 특수교육학개론. 경기: 교육과학사
정영숙, 이상복(2002). 아동의 발달장애 구조함수모형의 측정과 개발. 정서·학습장애연구, 18(1), 19-36.
정지완, 박재국, 김영미(2012). 운동교육 프로그램이 정신지체아동의 동작모방 능력과 균형능력에 미치는 효과. 특수아동교육연구, 14(1), 147-178.
조광순(2004). 발달장애아동 진단·평가의 과제. 발달장애학회지, 8(2), 121~137.
조남기, 김택천(2012). 학교폭력 예방을 위한 스포츠의 역할. 한국체육정책학회, Vol. 10(1). 47-60.
차혜경(2008). 발달장애아동 어머니의 양육경험 -끝없는 긴장의 재구성-. 중앙대학교 대학원 박사학위논문
최경주(2006). 정신지체 아동의 듣기 추론 특성 연구. 단국대학교 대학원 미간행 석사학위논문.
최승권(2018). 특수체육론. 서울: 레인보우북스.
최승권, 강유석, 김권일, 김기홍, 박병도, 양한나, 오광진, 이병진, 이용호, 이인경, 이재원, 이현수, 한동기(2014). 특수체육과 장애인스포츠. 서울: 무지개사.
최승권, 강유석, 김권일, 노형규, 박병도, 양한나, 오광진, 이용호, 이재원, 정이루리, 한동기(2015). 장애인스포츠지도사와 특수교사를 위한 특수체육론. 서울: 무지개사.
최승오(2017). 발달장애인의 움직임 장애에 관한 고찰. 한국특수체육학회지 2017. 제25권 제3호. pp. 117-130.
통계청 한국표준질병사인분류(2018). http://www.kcdcode.co.kr/browse/contents
한동기(2004). 특수체육의 이론과 실제. 서울: 무지개사.
허채원(2017). 장애인부모와 전문가의 발달장애인지원법 인식과 실효성 연구. 대구대학교 대학원. 박사학위논문.